最新 基本経営学用語辞典

改訂版

吉田和夫　大橋昭一
［監修］

深山 明　海道ノブチカ　廣瀬幹好
［編］

同文舘出版

は し が き

　現在，わが国において経営問題で強い関心の的となっているものは，端的にみて，昨2014(平成26)年6月に制定・公布された「会社法の改正」である。もともと会社法は2005(平成17)年に，それまで商法などの中に散在していた会社に関する規定を1つの法律にまとめたもので，その意味では画期的なものであったが，実際に運用されてみると規定に曖昧な所や不十分な所があることがわかり，少なくともそうした点を補正することが必要とされてきた。

　今回の会社法改正の中心点はここにあり，関連していくつかの点で制度の拡充や新設が行われた。その意味ではこれまでの会社法の基本的枠組みはそのまま維持されているものであるが，しかし，今回の改正で強く注目されることは，社外役員(社外取締役・社外監査役等)の強化・充実の方向が強く打ち出されていることである。すべての大会社，例えば上場会社に社外取締役を置くよう義務づけることは，見送られたが，この義務づけいかんは2年後(平成28年)に再検討されることが，今回改正案では明記されるものとなっている(改正案付則25条)。

　大企業を中心にした企業の社会的公器性が，会社法でも強く要請される時代になったのである。本辞典では，何よりも今回の会社法改正に即応して内容を改め，ここに改訂版として世に送り出すものである。一方，世界的にみると，経営のグローバ

ル化はますます進展し，経営の場はこれまで考えられなかった規模で大きく，広く，かつ複雑なものとなっている。しかもスピード性が一段と高いものとなっている。こうした時代に本辞典がこれまで以上に多くの人たちのものとなり，経営の学習と実践に役立つことを，執筆者一同心から念願するものである。

　なお，本辞典の執筆・編集の基本的心構えは，次ページ以下の「まえがき」で述べているので，ご高覧願いたい。これは，本辞典旧版の「はしがき」を再録したものであるが，内容上は本改訂版でも変わるところはない。

　今回の改訂に際しても，同文舘出版株式会社代表取締役社長中島治久氏,同社取締役編集局局長 市川良之氏から格別のすすめと助力をいただいた。ここに記し，改めて同社の皆様に深甚なる謝意を申し上げるものである。

　2015 年 3 月

監修者

吉 田 和 夫 ・ 大 橋 昭 一

編者

深山　明・海道ノブチカ・廣瀬幹好

まえがき

　近年,世界的に経営のあり方は1つの曲がり角に来ている。それは,大きく分けると2点にみられる。1つは,グローバル化が一段と進行し,経営は,善きにつけ悪しきにつけ,ますます世界的な動向のなかで動かざるをえないものとなっていることである。今回のアメリカ発といわれる世界的大不況は,その最たるものである。これは,他方において,中国をはじめとする旧来の発展途上国の目覚ましい発展と対（つい）をなしており,現代経営の土台そのものを揺るがすものとなっている。

　これと重なって進んでいるものに,先進諸国における物経済からサービス経済への本格的移行の問題がある。サービス経済への移行は,すでに早くから指摘されてきたことであるが,今回は,これまでとは性格が異なることが注目される。それは端的には,知識経営が格段に重視されているところに現れている。自動車の新モデルの開発でも,現在では,ソフトウェア分野のそれが7割ほどの比重を占めるといわれる。旧来の物中心的経営は変化を余儀なくされている。

　経営学の真価が問われるのは,まさにこの時である。経営の建て直し,経営のさらなる発展に役立つ真の経営学が求められている。この時にあたり,ここに『最新・基本経営学用語辞典』を世に送ることは,監修・編集にあたった者としてまことに意義深いことであり,責任の重さを痛感している。

もともと本辞典は，1994（平成6）年第1版を刊行した『基本経営学用語辞典』が前身である。同書は幸い多くの読者を得て，版を重ね，毎年のように増刷りしてきた。この辞典に託したわれわれ一同の願いが読者に届き，経営学の学習，普及において予期以上のお役に立つことができたものと考えている。

　今回，この願いをさらに深く大きなものとし，企業経営等でも未曽有な困難が続いている時代において，経営の発展にさらに役立つものとするよう，旧来版の一新を図って，新作といってもいいものを世におくることとした。まず，編者が交代するとともに，執筆者の大幅入れ替えを行った。収録項目については全面的な見直しを図った。新規項目をいくつか設けるとともに，旧来項目についても入れ替えを行ったり，いくつかの項目では全面的書き直しを行った。本書は，内容的には全くの新著といってよいものであり，書名も『最新・基本経営学用語辞典』として再出発するものとなっている。

　その際，本書は，最初『基本経営学用語辞典』として出発した精神は，これをしっかり堅持するものとし，この『最新・基本経営学用語辞典』でも根本的指針としている。それは次の諸点にある。

　まず，経営学は絶えず進歩・発展を続け，新しい考え方が種々展開されているが，経営学の学習には，土台となる基本的用語や概念をしっかり理解しておくことが不可欠であり，本辞典はそれに役立つものであることである。どの学問でもそうであるが，新しい用語にしろ，高度な理論や能力にしろ，しっかりと

した基礎のうえでのみ，身についてものとなる。

さらに，本辞典は，何よりも，経営学の基本用語について，基本的な説明をわかり易く，簡潔に行うことを根本的な方針としていることである。その場合，コンピュータ・ITや，先に成立した会社法に関連した用語などについても可能な限り収録し，基本的な説明を行い，高度な学習にも十分役立つようにしている。

本辞典では，このように「基本的」という言葉を二重の意味で用いているが，こうした根本的特徴以外に，経営学の学習に役立つよう，なお次の諸点で工夫を凝らし，特色としている。

第1に，関連ある用語を対（つい）にして見出語とし，関連づけて意味を理解してもらえるように配慮している。

第2に，見出語にはなく，文中に出てくるだけの用語についても，できる限り基本的意味を記述するようにして，用語を十分理解してもらうようにするとともに，それらの用語を巻末に索引として，収録している。

第3に，それぞれの用語が本来どのような形で，あるいはいかなる論者により提起されたものであるかについて必要に応じて言及し，一層進んだ学習に役立つよう努めている。

第4に，本辞典冒頭において各分野・領域ごとに体系的目次を掲載し，体系的学習に寄与できるように図っている。

本辞典は，このような特徴をもつものであり，経営学の学習，経営理論の駆使，経営の実践において，初学者はもちろんであるが，すでに高度な知識や能力を有する専門家，研究者，経営

者，管理者，実務活動家の人々，団体や組織の運営に関与している人々や経営学の学習に関心あるすべての人々にとって，座右の手引きとして大いに有益なものであると信じる。

　本辞典がさらに広く受け入れられ，21世紀をリードする経営学と経営のさらなる進歩・発展に資するものであることを，執筆者一同とともに心から念願している。

　本辞典の発行は，もともと同文舘出版株式会社代表取締役社長　中島治久氏，同社取締役編集局局長　市川良之氏のすすめで着手したものであるが，今回も同様である。両氏始め同社のすべての方々に深甚なる謝意を申し上げる次第である。

　2010年3月

監修者・編者一同

執筆者紹介(50音順, 2018年9月10日現在)

阿辻　茂夫(関西大学教授)
石井　真一(大阪市立大学教授)
市川　　貢(京都産業大学名誉教授)
伊藤　健市(関西大学名誉教授)
今西　宏次(同志社大学教授)
大橋　昭一(和歌山大学客員教授)
奥林　康司(神戸大学名誉教授)
小澤　優子(神戸学院大学准教授)
海道ノブチカ(関西学院大学名誉教授)
梶脇　裕二(龍谷大学教授)
片岡　信之(龍谷大学名誉教授)
片岡　　進(関西大学准教授)
上林　憲雄(神戸大学教授)
久保田秀樹(甲南大学教授)
柴田　　明(日本大学准教授)
陶山　計介(関西大学教授)
関野　　賢(近畿大学教授)
瀬見　　博(関西学院大学教授)
竹林　浩志(和歌山大学准教授)
谷本　　啓(同志社大学准教授)
角野　信夫(元神戸学院大学教授)

仲田　正機(立命館大学名誉教授)
西村　　剛(尾道市立大学教授)
西村　成弘(関西大学教授)
馬場　大治(甲南大学教授)
平野　恭平(神戸大学准教授)
廣瀬　幹好(関西大学教授)
福井　幸男(関西外国語大学教授)
藤澤　武史(関西学院大学教授)
牧浦　健二(近畿大学名誉教授)
正亀　芳造(桃山学院大学教授)
松本　雄一(関西学院大学教授)
水原　　熙(関西学院大学名誉教授)
深山　　明(関西学院大学名誉教授)
宗像　正幸(神戸大学名誉教授)
森田　雅也(関西大学教授)
山縣　正幸(近畿大学教授)
山口　隆之(関西学院大学教授)
吉田　和夫(関西学院大学名誉教授)
渡辺　　峻(立命館大学名誉教授)
渡辺　敏雄(関西学院大学教授)

[利用の手引]
1. 項目配列
   ① 見出項目は，現代仮名づかいにより，50音順に配列した。
   ② 長音は配列上母音に準じる。
      〈例〉マーケティング「マ<u>ア</u>ケティング」
   ③ 濁音・半濁音は，配列上清音とする。
      〈例〉逆輸入「<u>きゃ</u>くゆにゅう」
   ④ 欧語を発音に準じてかたかなで表わすことが，一般的になっているものは，それに従った。それ以外はアルファベット読みで配列した。
      〈例〉FORTRAN「フォートラン」
      　　 TQC　　　「ティ・キュー・シー」

2. 参照項目
   解説文の末尾に(☞)で示された項目は，より一層理解を深くするための参照項目(見出項目)を意味する。

3. 体系的目次，欧語略記目次
   学習の便を考え，冒頭に経営学の各分野ごとに体系的目次を掲げた。また，別途，欧語略記目次も掲げた。

4. 索　　引
   見出項目を含め，本文中の項目を索引として，和文・欧文の順で巻末に収録した。

5. 原則として，「見出語」の後に，欧文表記(主として英文)を掲げた。

体系順項目一覧

1. 基本概念と理論

経営学 …………………………… 65	インターディシプリナリー・アプローチ ………………………… 14
経営経済学 ……………………… 68	ヒューリスティック・アプローチ ………………………… 221
経営管理学(論) ………………… 67	適応的探求法 …………………… 187
アメリカ経営学の特徴 …………… 6	コンティンジェンシー理論 ……… 96
アメリカ経営学の学派分類 ……… 6	社会—技術システム論 ………… 124
管理過程学派 …………………… 42	連合体理論 ……………………… 275
経験学派 ………………………… 73	所有権理論 ……………………… 141
人間関係論学派 ………………… 204	コア・コンピタンス ……………… 81
社会システム学派 ……………… 125	シナジー ………………………… 120
意思決定理論学派 ……………… 11	複雑系 …………………………… 228
数理学派 ………………………… 145	経済人仮説 ……………………… 74
制度論学派 ……………………… 152	全人仮説 ………………………… 158
経営学の古典理論 ……………… 66	社会人モデル …………………… 125
経営学の新古典理論 …………… 66	組織人モデル …………………… 167
経営学の近代理論 ……………… 66	経営人モデル …………………… 70
ドイツ経営学の特徴 …………… 191	複雑人モデル …………………… 228
私経済学 ………………………… 112	ビジネス ………………………… 218
ドイツ経営学方法論争 ………… 191	経営資源 ………………………… 69
ドイツ経営学の学派分類 ……… 191	企業目標 ………………………… 49
理論的学派 ……………………… 272	利潤と利益 ……………………… 269
技術論的学派 …………………… 52	付加価値 ………………………… 228
規範論的学派 …………………… 54	生産性(労働生産性) …………… 149
意思決定志向的経営学 ………… 11	経済性(経済原則) ……………… 74
システム志向的経営学 ………… 117	収益性(営利原則,営利主義) …… 128
新規範主義経営学 ……………… 142	制約された合理性 ……………… 155
構成主義経営学 ………………… 84	満足基準 ………………………… 254
労働志向的個別経済学 ………… 277	利潤極大化説 …………………… 270
環境志向的経営学 ……………… 38	経営合理化 ……………………… 69
日本経営学の特徴 ……………… 203	
個別資本理論(批判経営学) …… 94	

最適化基準 102
顧客の創造 89
ゴーイング・コンサーン 87
経営共同体 67
コーポレート・ガバナンス 88
所有と経営の分離 141
エージェンシーの理論 18
専門経営者 159
経営者支配 70
経営者革命 70
ステークホルダー(利害関係者) 146
経営民主化 72
コーポレート・アイデンティティ 88
経営風土 72
経営理念 73
経営権 68
経営倫理 73
経営の社会的責任 71
社会的責任投資(SRI) 126
アカウンタビリティ 5
フィランソロピー 226
企業文化 49
メセナ 257
ビジネス・アメニティ 219
パブリック・リレーションズ 212
コンプライアンス 98

2. 基礎用語と関連分野

資本主義 121
社会主義 125
脱工業化社会 173
ポストモダンとトランスモダン 243
持続可能な発展 118
分業 237
競争 57
独占 195
寡占 32
管理価格 42
規模の経済 55
範囲の経済 213
連結の経済 274
取引コスト 199
埋没原価 248
機会原価 44
未来原価 256
不確実性 228
部分的無知 230
イノベーション 13
インフラストラクチャー 15
エコロジー 19
環境 37
環境アセスメント 38
環境マネジメント 38
セリーズ原則 157
ライフサイクルアセスメント 265
公害 81
共生 57
市場の失敗 116
外部経済と外部不経済 30
産業 107
標準産業分類 222
資本集約型産業 121
労働集約型産業 278
知識集約型産業 178
地域産業 176
地場産業 120
公益事業 81
サービス産業 100
家制度 9
社会関係資本 124
エキジット・アンド・ヴォイス 19
拮抗力(カウンターヴェイリング・

パワー)	54	ゲーム理論	75
合理化運動	87	囚人のジレンマ	130
生産性向上運動	150	アクターネットワーク理論	5
パラダイム	213	パーキンソンの法則	209
価値判断	32	ブラック・ボックス・モデル	231
経験対象と認識対象	74	デモンストレーション効果	189
論理実証主義	280	モラル・ハザード	260
批判的合理主義	221	ビジネス・ゲーム	219
官房学	41	アントレプレナーシップ	8
商業学	132	テクノストラクチュア	187
プラグマティズム	231	経営コンサルタント	69
行動科学	85	中小企業診断士	181
新制度派経済学	143	社会保険労務士	126
記述科学	50	公認会計士と税理士	85
価格理論(価格分析)	31	シンクタンク	142
役割理論	261	日本工業規格(JIS)	204
学習理論	31	デ・ファクト・スタンダード	189
Z理論	156	サーブクォール	101

3. 企業形態と経営形態

企　業	46	公開会社と非公開会社	81
経　営	65	政　府	154
法　人	240	地方公共団体	180
社団法人	127	地方公営企業	179
財団法人	102	公企業	81
一般法人と公益法人	12	公　庫	82
会　社	28	独立行政法人	197
株式会社	34	公私合同企業(第3セクター)	83
持分会社	259	コラボレーション(パートナーシップ)	95
合名会社	86		
合資会社	83	特殊法人	195
合同会社	84	非営利組織	216
相互会社	163	組　合	61
有限会社	261	匿名組合	196
ホールディングカンパニー	242	協同組合	58
上場会社	133	協業組合	57
大会社・中会社・小会社	170	企業組合	46

有限責任事業組合·················262	コンツェルン·····················96
家　業··························31	財　閥·························103
中小企業························180	コンビナート·····················97
中堅企業························180	トラスト························198
同族企業························194	コングロマリット·················96
企業民営化·······················49	独占禁止政策····················195
企業国有化·······················47	規制緩和·························52
企業の倒産と再生・更正···········48	異業種交流························9
B to B, B to C··················215	日本的経営······················204
企業結合形態·····················47	集団主義························130
企業提携·························47	企業内移動·······················48
会社合併·························28	経営家族主義·····················67
経営統合と事業統合···············71	終身雇用制······················129
事業者団体······················111	年功制··························206
カルテル·························37	アメリカ的経営の特徴··············7
シンジケート····················143	ドイツ的経営の特徴··············192
企業系列·························47	ヨーロッパ会社(SE)··············263
企業グループ(企業集団)···········46	労資共同決定制··················276
下請企業(サポーティング・インダストリー)······119	OEM(相手先ブランド製品生産)····22
関係会社·························38	ベンチャー・ビジネス············239
株式持ち合い·····················36	エクセレント・カンパニー········19

4．システム・情報・コンピュータ

システム························116	·····························193
インプット・アウトプット·········15	ホメオスタシス··················244
オープン・システム···············24	自己組織化······················114
クローズド・システム·············63	システム監査····················117
システム分析····················118	一般システム理論·················12
システム・エンジニアリング······117	トータル・システム・アプローチ·····194
システム・ダイナミックス········118	
システム設計····················117	ファジー理論····················225
ネットワーク····················205	ルース・カプリング・モデル······273
ネットワーク組織················206	最小有効多様性の法則············102
サイバネティクス················103	シミュレーション················123
フィードバック制御··············226	モンテカルロ法··················260
等結果性(エクイファイナリティ)	情報とデータ····················135

情報理論	137	非ノイマン型コンピュータ	220
情報管理	135	ファジーコンピュータ	225
ディジタル技術	184	コンピュータ言語	97
セマンティクス	157	ハードウェア	210
コミュニケーション	95	アーキテクチャ	3
認知過程	205	CPU(中央処理装置)	109
パターン認識	211	メモリ(RAM・ROM)	258
情報の非対称性	137	IC・LSI・VLSI	3
エントロピー	22	ソフトウェア	169
情報創造力	136	プログラミング	236
データ処理	186	アルゴリズム	7
情報処理システム	136	オペレーティングシステム	25
SIS	19	サーバ	100
記号モデル	49	インターフェイス	14
データ通信	186	並列処理	238
ビッグデータ	220	マン・マシンシステム	254
電子マネー	190	コンピュータ・リテラシー	98
LAN	266	エンタープライズ・アーキテクチャ	21
コンピュータ	97	サース	100
ユビキタス	263	コンピュータ・グラフィックス	97
コンピュータシステム	98	オープンソース	24
イントラネット	15	ホームページ	242
ノイマン型コンピュータ	206	ブログ	235
オートマトン	23	ウェブ 2.0	16
人工知能	142	ICT 革命	4
自然言語処理	118		
バイオコンピュータ	211		

5. 機構と管理

トップ・マネジメント	197		196
ミドル・マネジメント	255	指名委員会等設置会社(方式)	124
ロワー・マネジメント	280	監査等委員会設置会社(方式)	39
全般経営層	158	執行役	119
部門管理層	230	CEO	108
取締役・取締役会	198	執行役員	119
代表取締役	171	監査役	39
特別取締役による取締役会の決議		監査役会(ドイツ)	39

会計参与……………………27	ライン部門……………………266
会計監査人……………………27	スタッフ部門…………………146
社外役員(社外重役)……………126	ゼネラル・スタッフ……………156
職長・作業長…………………138	管理スタッフ……………………43
直接部門と間接部門……………182	サービス・スタッフ……………100
複数本社制……………………229	専門スタッフ…………………159
会社分割………………………28	委員会組織………………………9
ボトムアップ経営とトップダウン経営……243	職能制分権化…………………138
分権的管理と集権的管理………237	連邦制分権化…………………275
管　理…………………………41	事業部制………………………111
管理の要素……………………44	事業本部制……………………112
マネジメント・サイクル………252	カンパニー制組織………………40
管理原則………………………43	忌避宣言権……………………55
権限と責任……………………79	社内振替価格…………………127
権限委譲………………………79	内部統制………………………200
管理の幅………………………43	プロジェクト型組織……………236
例外の原則……………………273	マトリックス型組織……………252
階層化の原則…………………29	官僚制組織……………………44
専門化の原則…………………159	目標設定理論…………………258
命令の一元制…………………257	目標による管理………………258
管理限界………………………42	ベンチマーキング………………239
公式組織………………………83	組織間関係……………………166
非公式組織……………………218	マネジリアル・グリッド………253
職務明細書……………………141	スピンアウト…………………147
職能の水平的分化……………139	組織スラック…………………168
職能の垂直的分化……………139	アストン・アプローチ……………6
直系式組織……………………183	成行管理………………………202
職能的組織……………………138	テイラー・システム……………185
ライン・スタッフ組織…………265	フォード・システム……………226
	リスク・マネジメント…………270

6. 組織と人間行動

組　織…………………………165	組織均衡………………………166
組織原則………………………167	組織人格と個人人格(組織目的と個人動機)……………167
協働体系………………………59	
貢献と誘因……………………82	権限と権威………………………78
協働意欲………………………58	権限受容説……………………79

公式的権限説	83
無関心圏	256
受容圏	132
能　率	207
有効性	262
説得の方法	156
分化-統合化モデル	237
パワー	213
状況の法則	133
動態的組織	194
革新的組織	32
組織開発	165
組織行動	167
組織の失敗	168
組織影響力の理論	165
連結ピン理論	274
マクロ組織論とミクロ組織論	249
意思決定	10
意思決定の種類	11
意思決定前提	11
メタ意思決定	257
組織的意思決定の理論	168
業務的意思決定	59
管理的意思決定	43
戦略的意思決定	160
デシジョン・ツリー	188
ペイオフ・マトリックス	238
ベイジアン決定理論	238
ミニマックス原理／マキシミン原理	255
アクション・リサーチ	5
欲求階層説	264
欲求水準	264
自己実現	113
創造性訓練	164
満足-生産性仮説・不満足-生産性仮説	254
動機づけ	192
モラール	260
成長動機	152
達成動機	174
X理論－Y理論	20
システム4	118
マクレランドの動機理論	249
帰属理論	53
経路－目標理論	75
公平理論	86
期待理論	54
コンフリクト	98
帰属意識	53
グループ・ダイナミックス	63
ソーシャル・スキル	164
ソシオメトリー	165
チームワーク	177
リーダーシップ	267
リーダーシップ・スタイル	268
ミシガン研究	255
オハイオ研究	24
リーダーシップPM論	268
フィードラーのリーダーシップ・コンティンジェンシー理論	226
ホーソン実験	241
従業員態度調査	129

7. 労務と人事

労務管理と人事管理	279
疎外された労働	164
ワーク・ライフ・バランス	281
内部労働市場	201
フル・タイマーとパート・タイマー	234

非正規労働(者)	220	労働分配率	278
知識労働者	179	賃金満足モデル	183
就業規則	129	OJTとOff-JT	23
資格制度	110	監督者教育	40
コンピテンシー	97	ロール・プレーイング	279
昇進と昇格	134	センシティビティ・トレーニング	158
職務適性検査	140		
自己申告制度	114	ブレーン・ストーミング	234
人事考課	143	小集団活動	133
ハロー効果	213	改善運動	29
キャリア・デベロップメント・プログラム	57	QCサークル(ZD運動)	57
		TQC	184
専門職制度	159	自律の作業集団	141
コース別人事管理	88	職務拡大	139
人事相談制度	143	職務充実	140
カフェテリアプラン	33	ジョブ・ローテーション	141
福利厚生制度	229	エンパワーメント	22
フリンジ・ベネフィット	233	動機づけ要因－衛生要因	192
従業員援助プログラム(EAP)	128	RTAモデル	3
賃金体系	183	労働の人間化	278
基準内賃金と基準外賃金	52	人的資本	144
総合給	163	人的資源管理	144
時間給	111	社内報	128
出来高給	187	能力主義	207
生活(保障)給	147	成果主義	147
年俸制	206	在宅勤務	102
年功給	206	ヘッド・ハンティング	239
職務給(仕事給)	139	フレックス・タイム	235
職務分析	140	裁量労働制	105
職務評価	140	ワーク・シェアリング	281
職能給	138	労務監査	278
割増給	282	労使関係	275
能率給	207	労働組合	277
歩合給	224	団体交渉	176
役割給	261	不当労働行為	230
COLA	88	労働協約	276
成果配分制度	148	定年制	185
従業員持株制度	129	先任権制度	158
最低賃金制度	102	一時解雇制度	12

8. 資本と財務

資　本	120
自己資本	113
他人資本	174
短期資本	175
長期資本	181
運転資本	17
株　式	34
株主権	36
株式会社における責任追及等の訴え（株主代表訴訟）	35
株式の種類（種類株式）	36
単元株制度	175
増資と減資	163
授権資本制度	131
配当性向	211
ストック・オプション	146
株　価	34
株価収益率（PER）	34
第三者割当	170
第三者割当新株発行における特則	171
自己株式	113
個人株主	93
機関株主（法人株主）	45
特別支配株主の株式売渡請求	196
インベスター・リレーションズ	15
新株予約権	142
社　債	126
債　券	101
手　形	187
企業間信用	46
デリバティブ	190
ファイナンシャル・レバレッジ	224
投資利益率（ROI）	193
資本の動化（動員）	122
擬制資本	53
創業者利得	162
財務管理	104
利益計画	269
利益管理	269
資本コスト	121
資本維持	120
資本図表	122
資金繰り計画	112
キャッシュ・フロー	56
減価償却	77
MAPI法	251
ローマン＝ルフチ効果	279
回収期間法	28
内部利益率法	200
正味現在価値法	137
自己金融	113
内部金融と外部金融	200
直接金融と間接金融	182
含み資産	229
資本装備率	122
原価理論	77
原価関数	76
原価管理	76
アイドル・コスト	4
オペレーティング・レバレッジ	25
ポートフォリオ理論	242

信用取引……………………144	CAPM ……………………108
証券代位……………………133	モジリアニ＝ミラー理論（MM 理論）……………………259
インサイダー取引………………13	
クラークソン・モデル……………61	法人税……………………240

9. 技術と研究開発

技　　術……………………49	グ……………………14
生産技術……………………148	コンカレント・エンジニアリング…95
技術管理……………………51	人間工学……………………205
技術シナジー………………51	動作研究……………………193
技術移転……………………50	サーブリッグ………………101
技術提携……………………51	微細動作研究………………218
クロス・ライセンス…………65	標準化………………………221
ロイヤルティ………………275	時間研究……………………111
トレード・シークレット……199	PTS 法………………………215
知的経営資源………………179	職務設計……………………140
知的所有権…………………179	作業簡素化…………………106
工業所有権……………………82	ワーク・サンプリング……281
ビジネスモデル特許…………219	ワーク・メジャーメント…281
技術革新……………………50	最適生産規模………………103
研究開発費……………………77	資材所要量計画……………114
研究開発費……………………78	プラント・レイアウト……232
研究開発プロジェクト………78	工程開発………………………84
研究開発戦略…………………77	リード・タイム……………268
ニーズとシーズ……………202	操業度………………………162
基礎研究……………………53	手順計画……………………188
応用研究……………………22	日程計画……………………203
ジェネリック・テクノロジー…110	PERT ………………………209
ムーアの法則………………256	クリティカル・パス・メソッド…62
製法革新……………………155	運搬分析………………………17
製品革新……………………152	フィージビリティ・スタディ……225
デザイン開発………………187	ナノテクノロジー…………201
計画的陳腐化…………………73	マイクロエレクトロニクス…248
高付加価値化…………………85	巨大科学………………………59
価値分析（VA）と価値工学（VE）…32	レアメタル…………………273
インダストリアル・エンジニアリン	高分子材料……………………86

10. 生産とFA

生産理論……………………151
生産関数……………………148
生産要素……………………150
機械制大工業…………………45
マニュファクチュア(工場制手工業)
　……………………………252
熟練の移転…………………131
機　械…………………………44
機械の種類……………………45
NC工作機械…………………20
トランスファーマシン……198
マシニングセンター………250
DNC…………………………184
ロボット……………………280
オートメーション……………23
ファクトリー・オートメーション
　……………………………224
FMS……………………………21
CAD・CAM・CAP・CAT………56
MAP（マップ）………………251
CIM（シム）…………………124
IMS………………………………3
生産計画……………………149
生産管理……………………148
設備管理……………………156
工程管理………………………84
個別生産………………………94
組別生産(ロット別生産)……61
大量生産……………………172
注文生産……………………181
見込み生産(市場生産, 在庫生産)
　……………………………255
多品種少量生産……………174
グループ・テクノロジー……63

万能職場作業組織…………214
機種別職場作業組織…………52
品種別職場作業組織………223
流れ作業組織………………201
タクト・システム…………172
コンベア・システム…………99
互換性部品生産方式…………89
モジュール生産方式………259
セル生産方式………………157
マス・カスタマイゼーション……250
混流生産………………………99
自動加工プログラミング…120
トヨタ生産方式……………197
ジャスト・イン・タイム…127
一個流しの生産………………12
かんばん方式…………………41
自働化………………………119
チーム作業…………………176
多工程持ち…………………172
リーン生産方式……………268
サウスエセックス研究……105
ライン・レイアウト………266
ライン・バランシング……266
品質管理……………………223
検　査…………………………79
安全管理…………………………7
在庫管理……………………101
外注管理………………………29
ボーナス・ペナルティ・システム
　……………………………242
生産系列化…………………149
生産販売統合システム……150
生産性のジレンマ…………150

11. マーケティングと物流

マーケティングと販売…………245
需給斉合……………………130
マネジリアル・マーケティング…253
マーケティング・コンセプト……246
マーケティング・ミックス………247
マーケティング・リサーチ………248
マーケティング・マネジメント…247
テスト・マーケティング…………189
ダイレクト・マーケティング……172
マクロ・マーケティングとミクロ・
　マーケティング…………………249
ソーシャル・マーケティング……164
非営利組織のマーケティング……217
リレーションシップ・マーケティン
　グ…………………………………272
マーケティング組織………………247
マーケティング・コスト…………245
マーケティング情報システム……246
マーケティング・インテリジェン
　ス・システム……………………245
マーチャンダイジング……………248
プロダクト・コンセプト…………236
プロダクト・ミックス……………236
最寄り品・買い回り品・専門品…259
信用商品……………………………144
製品ライフ・サイクル……………154
ブランド(商標)……………………232
ブランド・ロイヤルティ…………233
ブランド・エクイティ……………232
マーケティング・チャネル………247
テリトリー制………………………190
フランチャイズ・システム………232
チェーン・ストア…………………177
ボランタリー・チェーン…………244
特約店(代理店)……………………196
卸売商………………………………26

小売商………………………………87
百貨店………………………………221
スーパーマーケット………………145
ディスカウント・ストア…………185
ゼネラル・マーチャンダイズ・スト
　ア…………………………………157
ストア・オートメーション………146
インストア・マーチャンダイジング
　………………………………………14
商品管理……………………………134
オーダー・エントリー・システム…23
POSシステム(バーコード)………243
顧客管理システム(顧客データベー
　ス)…………………………………89
販売促進……………………………214
販売員管理…………………………214
ディーラー・ヘルプス……………184
販売系列化…………………………214
販売予測……………………………215
広　告………………………………82
パブリシティ………………………212
ヒーブ………………………………216
割賦販売……………………………33
消費者信用…………………………134
CS(消費者満足・顧客満足)………109
消費者行動論………………………134
コンシューマリズム………………96
マーケティング戦略………………246
市場調査……………………………116
定量調査と定性調査………………186
市場セグメント……………………116
標的市場……………………………222
ニッチ市場…………………………203
マーケット・シェア………………245
製品差別化…………………………153
製品多様化…………………………153

価格競争	30
価格政策	30
再販売価格維持政策	104
差別価格制度	106
非価格競争	217
市場集計化戦略	115
市場細分化戦略	115
製造物責任制度	151
オルダースン理論	26
アイドマの法則	4
小売りの輪の理論	87
マテリアルズ・ハンドリング	251
ロジスティクス	279
物流管理	229
ジャスト・イン・タイム物流	127
情報ネットワーク型流通システム	136
物流拠点(配送センター)	230
サプライチェーン・マネジメント	106

12. 事務とOA

事　務	123
事務分析	124
事務管理	123
クライアントとサーバー	61
帳票設計と帳票管理	182
文書管理	237
フローチャート	235
コード(コーディング)	88
ワン・ライティング・システム	282
報告システム	240
稟議制度	272
ファイリング・システム	224
カムアップシステム	36
情報検索	135
シーケンシャル編成	109
シーケンシャル制御	109
総務部	164
秘　書	220
ファシリティ・マネジメント	225
サテライト・オフィス	106
オフィス環境	25
オフィス・オートメーション	24
フレキシブル・オフィス・オートメーション	234
プレゼンテーション支援システム	235
パブリック・ドメイン・ソフトウェア	212
ハイパーメディア	211
グループウェア	62
マルチ・ベンダー	254
EDI	8
意思決定支援システム	10
エキスパートシステム	19
グローバル・ポジショニング・システム(GPS)	64
地理情報システム(GIS)	183
高度道路交通システム(ITS)	85
デザイン・マネジメント	188
情報通信ネットワーク	136
アウトソーシング	5
知　識	177
暗黙知と形式知	8
水平思考	144
知識ベース	178
知識工学	178
ナレッジ・マネジメント	202
テレ・コミュニケーション	190
Eメール	9
光通信	217

13. 政策・計画・戦略

経営政策·······································70
価値連鎖·······································33
比較優位·····································217
競争優位·······································58
差別的優位性·······························107
需要予測·····································132
目標利益率·································258
外生変数と内生変数······················29
待ち行列モデル··························251
ごみ箱モデル·······························95
企業成長モデル···························47
売上高極大化モデル······················16
戦略的革新モデル·····················160
探索理論·····································175
ギャップ分析·······························56
ABC 分析······································18
SWOT 分析·································145
投入産出分析·····························194
トレンド分析·····························199
費用・便益分析··························222
VRIO 分析····································17
ＯＲ··22
リニア・プログラミング···········271
ノンリニア・プログラミング······208
経営計画·······································68
短期計画·····································175
長期計画·····································181
戦略的経営計画··························161
アンソニー・モデル······················7
PPBS···216
ロジスティック曲線··················279
経営方針·······································72
ポリシー・ミックス··················244
戦略と戦術·································160
ドメイン·····································197
戦略形成·····································160

戦略的経営·································161
経営戦略·······································71
事業戦略·····································111
製品ポートフォリオ・マネジメント
　···154
事業ポートフォリオ・マネジメント
　···112
戦略的ポートフォリオ計画·········161
プル戦略とプッシュ戦略···········234
川上作戦と川下作戦······················37
戦略の提携·································161
バーチャル・コーポレーション····209
成長戦略·····································151
外部成長戦略·······························30
製品―市場戦略··························153
市場開発戦略·····························115
市場浸透戦略·····························115
製品開発戦略·····························152
フルライン戦略··························234
多角化戦略·································172
集中化戦略·································130
競争戦略·······································58
コスト・リーダーシップ戦略······93
プライス・リーダーシップ戦略····231
市場地位別戦略··························116
知識集約化戦略··························178
組織間関係戦略··························166
集合戦略·····································129
クラスター戦略···························62
ランチェスター戦略··················267
ギルモア＝ブランデンバーグ・モデ
ル···60
参入障壁·····································108
減量経営·······································80
リストラクチュアリング···········270
リエンジニアリング··················269

体系順目項一覧

脱成熟化……………………173
M&A………………………21
株式公開買付け……………………35

レバレッジド・バイアウト………273
マネジメント・バイアウト………252

14. 国際化・グローバル化

国際化とグローバル化……………90
国際分業……………………92
産業内貿易……………………107
企業内貿易……………………48
輸出事業部……………………262
国際事業部……………………91
海外子会社……………………27
地域統括本社……………………176
合弁事業……………………86
グローバル企業……………………63
マルチ・ドメスティック企業……253
多国籍企業モデル……………………173
製品輸出……………………154
国際製品戦略……………………91
現地仕様製品……………………80
部分改良製品……………………230
世界共通製品……………………155
輸出マーケティング……………………263
国際マーケティング……………………92
グローバル・マーケティング・マネジメント……………………64
輸出ドライブ……………………263
輸出代替……………………262
ダンピング……………………176
非関税障壁……………………218
関　税……………………39
タックス・ヘイブン……………………173
三角貿易……………………107
プラント輸出……………………232
国際生産……………………91
ノックダウン生産……………………207
オフショア生産……………………25

現地調達……………………80
国際購買管理……………………90
資本輸出……………………123
対外投資……………………170
対外直接投資……………………170
間接投資……………………40
開発輸入……………………29
逆輸入……………………55
研究開発の国際化……………………78
逆エンジニアリング……………………55
ライセンシング……………………265
グローバル・コンピュータ・ネットワーク……………………64
国際ロジスティクス……………………93
グローバル戦略……………………64
エスノセントリック(本国志向)……20
ポリセントリック(現地志向)……244
リージョナリズム……………………267
現地化……………………80
経営現地化政策……………………68
国際戦略提携……………………92
国際カルテル……………………90
国際トラスト……………………92
輸出自主規制……………………262
国際市場細分化……………………91
関税同盟……………………40
EU……………………9
ボーダーレス化……………………241
クロス・カルチャー……………………65
カントリー・リスク……………………40
異文化インターフェイス……………………13
国際交渉……………………90

FOB(本船渡し値段)……………21
CIF(運賃・保険料込み値段)……108
トランスファー・プライス………198
為替リスク・マネジメント…………37
デット・サービス・レシオ(債務返済比率)………………………189
スピルオーバー効果………………147
ブーメラン効果……………………226
折衷理論……………………………155
内部化理論…………………………200
ヘクシャー＝オーリンの定理……239

15. 会計と経営分析

会計原則……………………………27
財務会計……………………………104
財務諸表……………………………104
キャッシュフロー計算書……………56
財産目録……………………………101
貸借対照表…………………………171
資本等式……………………………122
貸借対照表等式……………………171
資　産………………………………114
流動資産……………………………271
当座資産……………………………193
棚卸資産……………………………174
金融資産……………………………60
繰延資産……………………………62
固定資産……………………………93
暖簾(のれん)(営業権)……………208
引当金………………………………218
負　債………………………………229
流動負債……………………………271
固定負債……………………………94
資本金………………………………121
法定準備金…………………………241
剰余金………………………………137
ワン・イヤー・ルール……………282
棚卸資産評価………………………174
損益計算書…………………………169
期間損益計算………………………45
当期業績主義………………………192
包括主義……………………………240
収益と費用…………………………128
売上総利益…………………………16
販売費・一般管理費………………215
営業利益……………………………18
営業外損益…………………………18
経常利益……………………………74
特別損益……………………………196
税引前当期純利益…………………152
当期純利益…………………………192
債務超過……………………………105
粉飾決算……………………………238
インカム・ゲインとキャピタル・ゲイン………………………………13
管理会計……………………………41
限界利益……………………………76
管理可能費・管理不能費…………42
原　価………………………………75
原価計算……………………………76
直接原価計算………………………182
標準原価計算………………………222
変動費と固定費……………………239
コミッティド・キャパシティ・コスト………………………………94
フル・コスト主義…………………233
予算統制……………………………264
ゼロベース予算……………………158
経営分析……………………………72
安全性分析……………………………7
収益性分析…………………………128

生産性分析……………………150
活動性分析……………………33
総合収益性管理………………163
損益分岐点分析………………169
趨勢法…………………………145
標準原価差異分析(予算差異分析)
………………………………222
自己資本比率…………………114
流動比率と当座比率(酸性試験比率)
………………………………271
固定比率と固定長期適合率……93
手元流動性……………………189
連結決算………………………274
意思決定会計……………………10
会計監査・業務監査・内部監査……27
国際会計基準・国際財務報告基準…89
情報開示(ディスクロージャー)……135

16. 人・企業・団体

アベグレン…………………………6
アンゾフ……………………………8
池内信行（いけうちのぶゆき）……10
ウェーバー，マックス……………16
上田貞次郎（うえだていじろう）…16
北川宗蔵（きたがわそうぞう）……54
ギルブレス…………………………59
グーテンベルク……………………60
クーンツ……………………………60
古林喜楽（こばやしよしもと）……94
サイモン…………………………105
佐々木吉郎（ささききちろう）…106
シェーア…………………………109
シェーンプルーク………………110
シェルドン………………………110
シュマーレンバッハ……………131
シュミット，フリッツ…………131
シュンペーター…………………132
チャンドラー……………………180
テイラー…………………………185
ドラッカー………………………198
中西寅雄（なかにしとらお）……201
ニックリッシュ…………………203
ハーズバーグ……………………209
バーナード………………………210
バーナム…………………………210
バーリ＝ミーンズ………………210
ハイネン…………………………211
馬場克三（ばばかつぞう）………212
馬場敬治（ばばけいじ）…………212
平井泰太郎（ひらいやすたろう）…223
ファヨール………………………225
フォード，ヘンリー……………227
フォレット………………………228
古川栄一（ふるかわえいいち）…233
ポーター…………………………241
マクレガー………………………249
増地庸治郎（ましちようじろう）…250
マズロー…………………………250
村本福松（むらもとふくまつ）…256
メイヨー…………………………257
リーガー…………………………267
リッカート………………………270
IBM…………………………………4
ゼネラル・モーターズ…………157
フォード・モーター……………227
フォルクスワーゲン……………227
AFL・CIO…………………………18
DGB（デーゲーベー）……………186
連　合……………………………274
経団連………………………………75
日本生産性本部…………………204

ビジネス・スクール(MBA) ……… 219
ISO …………………………………… 3

17. 欧語略記一覧(ABC 順)

AFL・CIO ……………………………18
B to B, B to C ……………………… 215
CAD・CAM・CAP・CAT ………… 56
CAPM ……………………………… 108
CEO ………………………………… 108
CIF …………………………………… 108
CIM(シム) ………………………… 123
COLA(コーラ) ………………………88
CPU ………………………………… 109
CS …………………………………… 109
DGB(デーゲーベー) ……………… 186
DNC ………………………………… 184
EAP ………………………………… 128
EDI …………………………………… 8
EU …………………………………… 9
FMS …………………………………21
FOB …………………………………21
IBM ………………………………… 4
IMS ………………………………… 3
IC・LSI・VLSI …………………… 3
ICT 革命 …………………………… 4
ISO …………………………………… 3
LAN ………………………………… 266
MAP ………………………………… 251

MM 理論 …………………………… 259
MAPI 法 …………………………… 251
MBA ………………………………… 219
M&A …………………………………21
NC 工作機械 ……………………… 20
OEM …………………………………22
OJT と Off-JT ………………………23
OR ……………………………………22
PERT ……………………………… 209
POS ………………………………… 243
PPBS ……………………………… 216
PTS 法 ……………………………… 215
QC サークル ………………………… 57
RAM・ROM ……………………… 258
RTA モデル ………………………… 3
R&D …………………………………77
SIS …………………………………… 20
SRI ………………………………… 126
TQC ………………………………… 184
VA ……………………………………32
VE ……………………………………32
VRIO 分析 …………………………17
ZD 運動 ……………………………… 57

最新・基本経営学用語辞典
（改訂版）

〔あ〕

アーキテクチャ〔architecture〕 コンピュータシステム全体の設計思想ないしハードウェアの基本的な構成原理の総称である。現代のディジタルコンピュータのアーキテクチャは，ノイマン(von Neumann, J.)の構成原理をもとにしているが，その構造上の制約が情報処理機能のうえで，大きな障壁となっている。(☞ハードウェア，ノイマン型コンピュータ) （阿辻）

RTAモデル〔requisite task attributes model〕 仕事には作業方法の選択の仕方や知識の程度などで違いがあり，それが職務満足などに影響する。RTA(必須課業属性)は仕事に必要な人間行動の諸要素を，多様性，自律性，相互作用性，知識，熟練，責任の6要素でとらえたもので，それを点数化して指標とする(RTA指標)。しかし仕事に際しては，賃金や作業条件なども作用する(関連課業属性)。さらにそれぞれの人がもつ個人的な条件(年齢や信条など)も作用して，結果に個人差がでる。例えば働くことに意欲をもつ人では作業複雑化は満足感を大にするが，働くことに意欲のない人ではそうなるとは限らない。1965年ターナー(Turner, A. N.)／ローレンス(Lawrence, P.R.)により提起されたもの。 （大橋）

ISO〔International Organization for Standardization：国際標準化機構〕 経済の国際化・グローバル化に対応し，経営活動の諸側面の一定の質，水準の保証の目安，基礎となる実践プロセス，手続き上の形式条件を国際規格として制定する国際組織。現在150以上の国，地域が加盟している。この機構が定めた国際規格の内で，現在発効中なのは，品質管理のための共通規格を定めたISO9000シリーズ(1987-)，および環境管理のための規格を定めたISO14000シリーズ(1996-)である。これら国際規格への適合性の認証は，事業所，工場ごとに第三者である審査機関によってなされ，その後も認証の継続には定期的な再審査への合格が必要な仕組みになっている。とくに欧州市場ではこれらの認証の取得が取引の必要条件とされることが多く，今後財務，労務領域等にも拡大する見通しであり，マネジメントの形式的プロセスの標準化に従来消極的であった日本企業では，その対応が急務とされている。 （宗像）

IMS〔intelligent manufacturing system〕 知的生産システムのこと。それは，コンピュータが知能として生産システム全体を統合的に制御する究極のFA(ファクトリー・オートメーション)を志向するもので，受注，設計，生産，販売までの企業活動を柔軟に統合しようとするシステムのことである。(☞CIM) （深山）

IC・LSI・VLSI〔integrated circuit・large scale integrated circuit・very large scale integrated circuit〕 電子回路の構成単位である素子の呼称である。素子はコンピュータシステムの「細胞」ともいえ，その小型集密化による進化は，IC(集積回路)，LSI(大規模集積回路)，VLSI(超大規模集積回路)の順をたどる。第一世代の真空管，第二世代のトランジスタについで第三世代のIC，第四世代のLSI，VLSIと素子技術の進歩によって構成されるコンピュータシステムの小型，大容量化，高機能化が実現されてきた。(☞ハードウェア，コンピュータシステム) (阿辻)

ICT革命 ICTとは，Information & Communication Technology(情報通信・処理技術)の略であり，情報技術の革新によって引き起こされる社会的変革を総称する。ICTによる革命は，コンピュータによる情報処理の進歩だけでなく，ネットワーク化も含み，今日の国際市場やグローバル社会を生み出している。ネット・ビジネスにみられるように産業界のみならず，企業経営から，政治や経済，学校教育，医療・福祉，家庭にまで，この変革が波及している。これら情報処理と情報通信の融合による技術革新の波は，現代人のワークスタイルやライフスタイルにも影響を及ぼし，社会・組織・個人に作用している。(☞インターネット，マン・マシンシステム) (阿辻)

アイドマの法則〔AIDMA's rule〕 消費者の購買心理の推移過程を表わした理論で，Attention(注意)，Interest(関心)，Desire(欲求)，Memory(記憶)，Action(行動)の各頭文字をとったもの。Memoryの代わりにConviction(確信)が用いられアイドカ(AIDCA)の法則という場合もある。いずれも広告が消費者に影響を及ぼす過程や，セールスマンと見込み顧客との交渉過程における購買説得に向かう顧客の心理的状態の変化を記述した一般モデルである。今日ではニーズの発生から情報探索，選択行動，購買行動，購買後の評価行動という流れでの消費者の情報収集・処理行動との関連で購買心理をとらえることが必要となっている。(☞消費者行動論) (陶山)

アイドル・コスト〔idle costs; Leerkosten〕 無効費用ともいう。生産能力は，常に完全利用されるとは限らない。利用される生産能力に対応する固定費部分が有効費用であり，利用されない生産能力に対応する固定費部分が無効費用である。したがって，有効費用と無効費用の合計は固定費総額に等しい。この無効費用の発生原因としては，生産能力利用度の低下，遊休生産能力を保持するという企業管理者の意思決定，部門間の生産能力の不均衡などが考えられる。無効費用部分が大きくなると企業の収益性と流動性が圧迫され，いわゆる固定費問題が顕在化する。(☞原価，変動費・固定費，操業度) (深山)

IBM〔International Business Machines Corporation〕 1924年に事務機器

メーカーから現社名に改称したコンピュータ関連企業。黎明期のコンピュータ業界に参入して，汎用メインフレームのシステム 360 を開発し，世界最大のコンピュータ・メーカーに成長した。一時期メインフレームに固執したため，コンピュータのパーソナル化とネットワーク化に乗り遅れた。2004 年にパソコン部門を中国のレノボ社に売却し，コンサルティングを含むサービスやソフトウェアなどに主軸を移している。　　（平野）

アウトソーシング〔outsourcing〕　企業や行政組織が活動の一部を外注化することをいう。とくに，専門的な職種をより専門性の高い外部の企業に委託する。委託側の狙いは自社のコア業務に集中し，それ以外の業務を外部に委託して，業務の効率性や専門性を求めることにある。例えば，企業内のコンピューター・システムの開発・運用・管理のすべてあるいは一部を外部の専門業者に委託し，経費削減を図ったり，専門性の高い外部の技術を活用する。システム開発業界では，アウトソーシングの受託先を「協力会社」とよぶことが多い。日本企業は，業務の一部を海外に発注している場合が多い。人件費削減効果がある反面，企業機密の流失など情報管理の脆弱性をはらむ。　　　　　　　　　　　　　　　　（福井）

アカウンタビリティ〔accountability〕　一般的には説明責任と訳される。権限と責任をもつ者は，それを委ねた者に対して成果を報告し，活動の正当性を説明する義務がある，という意味である。狭義には会計責任と訳され，経営者は決算書を通じて株主等に経営内容を開示すべきであるという会計報告義務を意味する。近年，コーポレート・ガバナンス論の中心概念として注目されており，株式会社における株主や投資家などのステーク・ホルダーに対する説明責任が問われている。(☞コーポレート・ガバナンス)　　　　　　　　　　　　　　　　　　　　　　　　　　（廣瀬）

アクション・リサーチ〔action research〕　実践的な問題の解決を行動科学の適用で達成しようとする研究だが，行動の法則性の追求だけでなく，その変容と安定化を図ることにまで及ぶ。代表的研究には，グループ・ダイナミックスと集団的精神療法に関連したものがある。前者は，レヴィン(Lewin, K.)によって提唱された実践的研究で，その理論の根拠は小集団に変化を与えるグループ・ダイナミックスである。後者は，イギリスのタビストック研究所で開発され，中でもビヨン(Bion, W.R.)の理論は，アメリカで開発されたTグループ，センシティビティ・トレーニングに大きな影響を及ぼしている。(☞センシティビティ・トレーニング)（伊藤）

アクターネットワーク理論〔actor-network theory〕　イノベーションが生まれる過程についての研究に関連し，1980 年代英・仏の社会学関係研究者により提起されたもので，根本的立脚点は次の 3 点にある。①人間作業は基本的にはアクターネットワークとして行われている。②その場合

人間(人的資源)だけではなく物質(物的資源)も同等・同価値のアクターとして扱うべきものである。③企業などの組織もアクターネットワーク協働の結果としてのみ理解されうるものである。その後2000年代には，アクターネットワークの場は，これまでの(いわば古典的)理論で前提とされてきたように理路整然としたものではなく，もっと多様で複雑であることを主張するポスト理論も現れている。(☞ネットワーク)　　　(大橋)

アストン・アプローチ〔Aston approach〕　1960年代にイギリス，アストン大学のピュー(Pugh, D. S.)やヒクソン(Hickson, D. J.)らアストン・グループの研究者によって開発された組織構造研究の計量的アプローチ。アストン・グループが用いた組織構造の測定次元は，①専門化，②標準化，③公式化，④集権化，⑤形態特性，⑥伝統性の6つであり，それらはさらに細かな指標に分かれている。変数間の分析から導かれた重要な結論は，規模が組織構造の主要決定因であるというもので，これは技術を重要視するウッドワード(Woodward, J.)や環境を重要視するバーンズ=ストーカー(Burns, T. and Stalker, G. M.)の主張とは対立する。(☞コンティンジェンシー理論)　　　(奥林)

アベグレン(1926-2007)〔Abegglen, James C.〕　シカゴ大学博士(Ph. D.)。上智大学元教授。日本企業の詳細な実証研究を行った『日本の経営』(1958年)は，日本的経営論の発端をなす業績である。彼は，日本の経営(工場)の社会組織としての側面に本質的特徴を見出した。すなわち，日本に特徴的な雇用制度である終身雇用(lifetime commitment)を，日本の経営全体の特質とみなした。他の業績には『カイシャ』や『新・日本の経営』などがある。(☞日本的経営，終身雇用制)　　　(廣瀬)

アメリカ経営学の学派分類　アメリカ経営学はもともと，経営の実践的要請に直接こたえんとして生まれ出た学問であるゆえ，その学問的性格を整えるということにはあまり関心を示さず，したがって，特に学派分類の問題は生じなかった。しかしその中で，クーンツ(Koontz, H.)が特に経営管理論(management theory)の流れを整理したことは注目すべき事柄であった。経営管理論は，管理過程学派，経験学派，人間関係論学派，社会システム学派，意思決定理論学派，数理学派の6つに区分することができるというのである。なお，このような経営管理論の学派とは別に，現実の企業を制度としてとらえ，所有と経営の分離などを問う制度論学派が存在する。(☞アメリカ経営学の特徴，クーンツ)　　　(吉田)

アメリカ経営学の特徴　アメリカ経営学の祖といわれるテイラー(Taylor, F.W.)の科学的管理法が工場の現場から生まれたように，アメリカ経営学は総じて経営の実践の場から生まれ，あくまでも経営の実践的要請にこたえんとするところにその特質がある。そのため，大学では，経営学部

(school of business administration)という名の下に,マネジメント,マーケティング,会計,金融などが講義され,特にテイラーの伝統を受け継いでマネジメントが核となっているところにさらなる特質がある。実際,アメリカの経営学はマネジメント論(経営管理論)として様々な理論的展開を遂げ,経営の実践的解決を目指す科学的手法を導き出している。(☞経営管理学(論),アメリカ経営学の学派分類) (吉田)

アメリカ的経営の特徴〔American-style management〕 一般的に企業が従業員のもので株主は外部者とみなされる日本に対して,米国では企業は株主のものであり,従業員が外部者とみなされる。株主利益のため,また会社の買収を防ぐために,株価の上昇が重要な経営目標となる。さらに,日本のような企業グループ内部での資金調達が困難なので,自企業の利益率を高め投資家を引きつける必要から,投資利益率(ROI)が特に重視される。以上のことなどから,アメリカの経営者は短期的利益を重視する。労使の関係は,協調的な日本と対照的に,株主の利害を代表したトップダウン経営と労働組合との対決的な団体交渉を特徴とし,不況時には,先任権制度に基づく労働者のレイ・オフによって雇用調整がなされる。(☞日本的経営,先任権制度,一時解雇制度) (廣瀬)

アルゴリズム〔algorithm〕 情報処理の対象となる論理的な手順ないし記述可能性を指す。ソフトウェアのプログラミングでは,処理のプロセスを理論的かつ構造的に明らかにする必要があり,システム設計・構築の前提条件となっている。(☞プログラミング,ソフトウェア) (阿辻)

安全管理〔safety management〕 職場における災害を未然に防止し,円滑な生産活動を推進できるようにするための諸活動のこと。わが国では,労働基準法,労働安全衛生法,労働安全衛生法施行令,労働安全衛生規則,安全衛生特別規則によって労働災害の防止がはかられている。労働基準法第3章第10条の規定により,事業主は,政令で定める規模(従業員300人以上)の事業所ごとに,総括労働安全衛生管理者を選任し,安全管理者,衛生管理者などを指揮させることになっている。 (深山)

安全性分析〔analysis of safety〕 通常,財務安全性分析と経営安全性分析に区分できる。前者は,流動比率や固定長期適合率に代表される,資産・資本比率を算定し,資本の使途と源泉を検討するが,貨幣資本の流入量と流出量(収入と支出)を考察する資金繰表なども用いられる。他方,後者では,負債比率などから利子・返済の負担を調べる資本構成分析,各種資産回転率から過剰な在庫や売掛債権を防止する資産構成分析などが行われる。(☞経営分析,流動比率と当座比率(酸性試験比率)) (牧浦)

アンソニー・モデル〔Anthony's model of planning and control〕 アンソニー(Anthony, R.N.)が1965年に発表した計画とコントロールのシステム・

モデル。彼はまず企業の諸過程を内部志向的過程と外部志向的過程とに大別し，前者をさらに戦略的計画化，管理的コントロール，業務的コントロールの3レベルに分ける。戦略的計画化は企業目的や目的達成のための資源の確保・運用・処分に関する決定過程，管理的コントロールは資源の確保と運用の実施過程，業務的コントロールは個々の作業の遂行過程をいう。外部志向的過程の中心をなすのは財務会計で，投資家保護などのために，ここでは企業内部志向的過程とは別の情報処理基準が必要としている。 (大橋)

アンゾフ(1918-2002)〔Ansoff, H. Igor〕 US 国際経営大学元教授。『企業戦略論(*Corporate Strategy*)』(1965 年)により戦略経営論の第一人者としての地位を確立した。企業の意思決定を戦略的，管理的，業務的意思決定に区分し，最上位の戦略的意思決定の策定プロセスを研究した。進出すべき事業分野，つまり多角化の決定が，彼のいう戦略的意思決定である。自企業の強みと弱みを認識し，シナジー効果の発揮できる分野に事業展開する，ということがポイントとなる。(☞戦略的経営，シナジー) (廣瀬)

アントレプレナーシップ〔entrepreneurship〕 新しい機会をいち早く見つけ，従来にはなかった視点や方法で経営資源を組織し，事業を展開すること。それに際しては不確実性に由来するリスクに果敢に挑戦する姿勢が求められる。シュンペーターはこれを新結合による均衡状態の破壊と結びつけたのに対し，カーズナーは利潤機会への機敏な反応を通じた均衡への接近ととらえた。いずれにせよ，こうした視点にはアントレプレナーシップの経済全体への影響が考慮されており，とくにイノベーションによる価値の創造と雇用の創出面での影響が大である。(☞イノベーション，シュンペーター，不確実性) (梶脇)

暗黙知と形式知〔tacit knowledge and explicit knowledge〕 知識には，言語化・数量化し客観的に伝えることが容易な形式知と，熟練・ノウハウ・イメージ・感性のように主観性が高く，客観的に伝えることが容易でない暗黙知がある。情報化・サービス化が進行する知識社会ほど暗黙知の役割が注目され，暗黙知の形式知化や共有化を促進する経営の仕組みや知識労働者の役割が重要になる。市場と組織の中で知識創造を伴う経営の仕組みが注目されている。(☞知識集約型産業，知識労働者) (角野)

〔い〕

EDI〔electric data interchange〕 電子データ交換の略。受発注や見積もり，決済，出入荷などにかかわる商取引データに関する情報を標準化し，コンピュータ・ネットワークを通じて，企業間で電子的に取引するシス

テム。電子化により受発注が迅速化し，紙の伝票や電話のやりとりと違い，エラーが皆無になった。Web ブラウザや XML 等のインターネット上の技術を取り入れ，業界を超えた商取引データ交換に不可欠な「通信」および「データ形式変換」の標準化，オープン化が進行している。(☞ICT 革命) (福井)

E メール〔electronic mail〕 国際的に標準化された通信システムで，特定の受信者に対して情報を送信する手段。1 対 1 の通信手段として用いられるだけでなく，1 つのメールがグループ全員にコピーされて送信されるメーリングリストや，登録した読者に対して一斉に同じ情報を提供するメールマガジンなどの機能もある。大量に送信される迷惑メールや，コンピュータウィルスといった問題もある。(☞インターネット) (竹林)

EU〔European Union〕 欧州連合。1991 年 12 月にオランダのマーストリヒトで開催された EC 首脳会談で，欧州統合の推進を目指すため，欧州連合条約(マーストリヒト条約)が合意された。EU 加盟国間で域内関税の引き下げによる域内貿易の活発化と域内生産の競争力強化が果たされてきた。2009 年 12 月までに 27 カ国が加盟し，約 5 億人を抱え，経済規模でも北米を上回る地域となった。単一通貨ユーロが導入されたものの，ポンドなど 12 通貨が流通している。2009 年 12 月 1 日に「欧州連合条約および欧州共同体設立条約を修正するリスボン条約」が加盟国間で発効し，欧州憲法条約に盛り込まれていた機構改革や，市民の欧州連合への関与を強化することが規定されている。(☞関税同盟) (藤澤)

委員会組織〔committee organization〕 組織上の様々な課題を協議する機関のこと。企業経営では，例えばトップ・レベルにおける取締役会や経営委員会，ミドル・レベルにおける各種の調整委員会，ロワー・レベルにおける職場協議会などが該当する。様々な人々が議論を重ねることでバランスの取れた決定ができ，創造的な解決がもたらされるといったメリットがあるが，決定に時間がかかることや，大きな声を発する人の意見に流されやすくなるという，いわゆる決定の硬直性などのデメリットがある。(☞取締役会) (柴田)

家制度 戸主が家長として絶対的な支配権をもち，家督相続を長男の単独相続とすることを特徴とする家族制度のことで，明治民法で法制度化された。家族構成員間は専制的な命令に対する絶対的な服従とその見返りとしての庇護の関係(親子関係)で秩序づけられた。家の繁栄が構成員の繁栄であるとされ，家の存続が重視された。第二次世界大戦後，明治民法が廃止され家制度はなくなったが，日本人の意識や日本企業の組織原理はこれに影響されている。 (西村成弘)

異業種交流 経営・技術の問題解決，情報交換，新製品・新技術の開発，

新規事業の開拓等を目的として異業種や異分野の企業間で行われる交流活動。特に大企業と比べて人材・資金・技術的ノウハウなどの経営資源に乏しい中小企業間において，その必要性が高いとされる。わが国における異業種交流の端緒は1970年代に遡るが，近年では1999年公布の「中小企業の新たな事業活動の促進に関する法律」において，その認定基準と支援措置が示されている。(☞企業連携) (山口)

池内信行(1894-1972)　兵庫県に生まれ，東京外国語学校，コロンビヤ大学経営学部を経てベルリン大学に留学，後，関西学院大学教授。定年後，大阪経済大学教授。戦前，戦後を通じ一貫して経営の経済学的研究を主張し，特に学史研究を通じての経営経済学の展開に努めた。厳密な科学方法論に基づく経営学史研究の道を切り開いたわが国最初の著，『経営経済学史』(1949年)のほか著書多数。 (吉田)

意思決定〔decision-making〕　何らかの問題に直面した場合に，それを解決するために代替案をあげ，それぞれの代替案がもたらす結果を明らかにし，その結果を一定の基準に基づいて評価し，最も望ましい案を選択すること。つまり意思決定は，実際に現われた具体的な行動の背後にある作用であり，行動の可能性の中より選択を行うことを意味している。この意思決定は，企業活動の基礎であり，どのような事業を行うか，どんな組織構造をとるか，どこから資金を調達するか，どんな新製品を開発するか，製品の価格をどのような水準に設定するかなど様々な意思決定に基づいて企業活動が行われる。 (海道)

意思決定会計〔decision accounting〕　経営意思決定に必要とされる会計情報の提供にかかわる管理会計の領域で，業績管理会計または業績評価会計と対比される。意思決定会計は，設備投資計画等の個別構造計画や長期利益計画といった長期経営計画のための会計である。これに対して，業績管理会計は，予算管理や原価管理を対象とした統制会計とともに短期利益計画を内容とする。一方，経営におけるすべての管理活動・業務活動の背後に意思決定プロセスがあるとして，管理会計の全領域を意思決定の観点から再編し，意思決定をサポートする広範な体系的アプローチを指す場合もある。(☞意思決定，原価管理) (久保田)

意思決定支援システム〔decision support system：DSS〕　DSSともよばれる。経営計画や経営戦略などの経営上の判断を支援するためのシステムである。システムとしては企業組織の意思決定プロセスをつくるソフトウェア・アプリケーションとハードウェアから成る。各種の経営情報を蓄積したデータベースを経営トップ層が対話的に検索し，分析し，加工し，経営シミュレーションを行い，経営者自身の認知能力を補完し，意思決定の質や有効性の向上を図るというコンピュータシステムの利用形

態。(☞ MIS, エキスパートシステム)　　　　　　　　　　　　(福井)

意思決定志向的経営学〔entscheidungsorientierte Betriebswirtschaftslehre〕　経営の現象を経営者の意思決定過程としてとらえ、心理学や社会学の成果を利用してこの過程を具体的に把握しようとするものであって、従来の経済人を前提とした経営学を克服せんとするものである。確かに、経営者の意思決定という行為は、経済的な要因だけではなく、心理的、社会的など様々な要因に根差している。この点に注目してこの意思決定を基礎とする理論的体系を様々な学問を利用して形成することは確かに実践性を高めることになる。1960年代の後半、ドイツでハイネン(Heinen, E.)が主張したものであって、もともとグーテンベルク(Gutenberg, E.)の経営者による生産要素の結合という経営のとらえ方から出発したものである。(☞ハイネン)　　　　　　　　　　　　　　(吉田)

意思決定前提〔decisions premises〕　サイモン(Simon, H.A.)の意思決定論の基本概念で、多数の可能性を1つの現実にしぼりこむのに用いる基準のこと。組織構成員の行う意思決定は、意思決定前提より導かれるので、管理者は組織構成員の意思決定前提に影響を与えることにより意思決定を組織目的に導いていくことができる。意思決定には倫理的要素と事実的要素が含まれており、前者は価値前提、後者は事実前提とよばれる。価値前提と事実前提の関係は、ほぼ目的と手段の関係に相当している。行動の目的は何かという問題は、価値前提の問題で、その目的を達成するのにどのような行動が最適であるかの問題は、事実前提の問題である。(☞サイモン)　　　　　　　　　　　　　　　　　　　　　(海道)

意思決定の種類〔types of decision-making〕　意思決定の種類には、定型的な意思決定と非定型的な意思決定がある。定型的な意思決定とは、反復的な性格の決定のことであり、決定処理手続きが明確である。非定型的な意思決定は、問題の構造が複雑で、それに対処するための型にはまった解決方法がないような場合の意思決定である。従って、そのつど問題に合わせた情報処理が必要であり、高度の不確実性が伴う。定型的な意思決定の方法としては、ORやコンピュータによるデータ処理があり、また非定型的な意思決定へのアプローチとしては、ヒューリスティックな問題解決方法がある。(☞ヒューリスティック・アプローチ)　　(海道)

意思決定理論学派〔decision theory school〕　マネジメント(management)としての経営管理をどのように把握すればよいか。様々な代替案の中から行動方針を選択するという意思決定の立場でもって経営管理を把握しようとする方法がある。意思決定理論学派とよばれるものがそれである。この学派には、意思決定それ自体を究明するもの、意思決定の過程を究明するもの、意思決定を行う人または組織集団を究明するものなど

様々な動きがある。しかも，意思決定を経済的な面からとらえんとするものもあれば，心理的・社会的な面からとらえんとするものもある。ともあれ，意思決定でもって経営管理のすべてを把握しようとする傾向が強く見られるようになった。バーナード(Barnard, C.I.)やサイモン(Simon, H.A.)でもって代表される。(☞アメリカ経営学の学派分類，経営学の近代理論，社会システム学派) (吉田)

一時解雇制度〔lay off〕 不況や操業短縮等により，人員削減の必要が生じた場合，先任権制度に基づき，再雇用＝復職権を保障して，余剰労働力を会社の都合で一時的に解雇する雇用調整策。アメリカでは，一時解雇の①人数，②該当者，③再雇用方法等を決定する際，①は経営者の権利，②③は組合の権利として処理する。これに対し，わが国の一時帰休は解雇せずに一時自宅待機(その間は休業手当を支給)させるもので，雇用関係の継続下で労働提供を停止する雇用調整策である。(☞先任権制度) (伊藤)

一個流しの生産〔one-by-one production〕 これは生産方式そのものを意味する言葉ではなく，同じものをまとめて大量につくりコストを削減するというフォード・システムの考えに対して，消費者は一人一人違った車を1台ずつ買うのだから，生産の場でも1台ずつ，部品も1個ずつ作るというトヨタ・システムの根本理念を表わす言葉である。ロットサイズをできる限り小さくし，段取り替えを速やかにすることによって，ライン上を同じ物が流れないようにするということである。(☞トヨタ生産方式，ジャスト・イン・タイム) (廣瀬)

一般システム理論〔general system theory〕 あらゆるシステムに共通する本質を記述せんとして，ベルタランフィ(Bertalanffy, L. v.)が唱えた一般理論である。有機体の特徴や行動方法は，一定のシステム法則をもっている。ベルタランフィはオープン・システムのモデルで有機体を把握し，成長，適応，調整，均衡問題を説明した。さらにオープン・システムのモデルがあてはまる問題構造が，他の学問の学問構造と形式-同形であるということから，システム把握やオープン・システムモデルを一般システム理論へと一般化し，拡大した。形式-同形が明らかなものは，統一用語で記述され，インターディシプリナリーに応用可能な一般理論へと総括されるのである。(☞システム，オープン・システム) (水原)

一般法人と公益法人〔general corporation and public corporation〕 法人は，公益性の有無により一般法人と公益法人に区分される。前者は，準則主義のもと登記により法人格を取得したもので，多様な事業活動を行うが，非営利であるため剰余金は分配されない。一般法人が認定申請を行い，公益目的事業費用などに関して行政庁による公益認定を受けると，後者に移行できる。また，前者は収益事業課税または全所得課税である

のに対して，後者は収益事業課税であるが，公益目的事業の場合は非課税となる。(☞法人，社団法人，財団法人) (関野)

イノベーション〔innovation〕 シュンペーター(Schumpeter, J.A.)によって主張された経済発展に関する概念であり，経済発展の契機となる，経済活動における変革を意味する。シュンペーターは，イノベーションの具体例として，①新製品の開発，②新生産方法の導入，③新市場の開拓，④新しい資源，原料の獲得，⑤新しい組織の採用をあげ，イノベーションの担い手，遂行者として革新的な企業者の役割を重視した。したがってイノベーションは，単なる生産技術の斬新的な変革のみにとどまらず，生産技術をも含む経営活動全般にわたる変革を意味する。そしてこのイノベーションは，経済発展の動因となるとともに，企業に新たな利益源泉をもたらすことになる。(☞シュンペーター) (海道)

異文化インターフェイス〔cross cultural interface〕 海外子会社や外資系企業の組織，あるいは海外企業との提携・取引では，異なる国や地域の人々が協働することになる。その協働の大半は，生まれ育った文化が異なる人々が接する場となる。これが異文化インターフェイスである。異なる文化をもつ人々の間では，ものに対する見方や考え方，理解，価値観の違いから，誤解や衝突，理解不足が起こることがある。企業活動のグローバル化が進むと，これらの異文化インターフェイスで起こる様々な問題を上手に解決する必要が出てくる。異文化インターフェイスでは，異なる文化をもつ人々の間で，相互の文化の違いが存在することをまず認識することが，重要だといわれている。(☞クロス・カルチャー) (石井)

インカム・ゲインとキャピタル・ゲイン〔income gain and capital gain〕 インカム・ゲインは株式や社債の保有により生ずる配当所得や利子所得であるのに対して，キャピタル・ゲインは株式や社債などの転売や償還により獲得される売却差益や償還差益であり，売却差損や償還差損はキャピタル・ロス(capital loss)とよばれる。通常，投資家は，税務上異なる取扱いを受ける，キャピタル・ゲインとインカム・ゲインを求めて，金融資産を購入するが，選択では，ポートフォリオ(portforrio)とよばれる，償還差損が発生せず，インカム・ゲインが確実な安全証券と，不確実なインカム・ゲインとキャピタル・ゲインをもたらす危険証券の組み合わせが問題になる。(☞金融資産) (牧浦)

インサイダー取引〔insider trading〕 業務に関わる重要な事実を公表前に伝達・利用して，金融商品の取引を推奨または実際に行い，不当な利益を得ること。金融商品取引法で対象有価証券の種類，会社関係者・情報受領者，重要事実，公表の時期等に関する規制の対象を細かく規定している。違反した場合，個人が5年以下の懲役もしくは500万円以下の罰

金またはその併科,法人が5億円以下の罰金に処せられる。行政措置による課徴金納付命令も出される。(梶脇)

インストア・マーチャンダイジング〔instore merchandising〕 インストア・マーケティングと同義で,小売店舗での最大の生産性と効率性をめざすあらゆる活動をいう。具体的には,標的顧客のニーズに合わせた品揃え,顧客のライフ・スタイルに応じた売り場構成,商品特性にあった効果的な陳列,棚割りシステム(プラノグラム),POP(point of purchase)広告の有効利用,生活提案コーナーなどが用いられる。いずれも店舗内の限られた売り場スペースで,来店客の購買単価を引き上げるために行われるものである。メーカーにとっては,売り場における自社の棚スペースを確保するとともに,売り場効率を改善し,消費者への提案力を高める販売促進技法として注目されている。(☞マーチャンダイジング) (市川)

インターディシプリナリー・アプローチ〔interdisciplinary approach〕 諸科学の専門分野の壁を越えて協同的に研究しようとする方法を指し,学際的接近と訳される。第二次世界大戦後,専門の枠を超えた新たな知見の発掘が志向され,その重要性への認識が高まってきたことから,現在ではあらゆる学問領域において学際的接近が試みられている。経営学においても,1950年代以降,人間行動の解明を目指す行動科学が積極的に摂取され,組織行動に関する諸研究の発展をみた。但し学際的接近には,個別科学における専門性との関係をいかに考えるかが常に課題としてつきまとう。経営学の研究においても,学際的接近が進展するにつれ,固有の学問領域としての「経営学」を意識することが昨今では少なくなっており,注意が必要である。(☞行動科学,組織行動) (上林)

インターフェイス〔interface〕 コンピュータによるネットワーキングにおいて,入出力はじめ各種機器と接続するための媒介装置。複数の処理体系が異なるコンピュータ,OCRやOMR,音声認識や視覚認知,3Dプリンタなどヒューマン・インターフェイスのための媒介機能を総称している。(☞ハードウェア,アーキテクチャ) (阿辻)

インダストリアル・エンジニアリング〔industrial engineering : IE〕 経営工学ともいう。テイラー(Taylor,F.W.)は,作業方法とその管理の客観化・合理化を図ろうと科学的管理を提唱したが,ここから一方で経営管理の研究が発展するとともに,他方でこれを工学の視点から精緻化し,主として生産領域における,ハードな生産技術の効果的運用手法の開発と合理的活用を図る工学の応用分野が生成・発展した。これがIEである。現代のIEは,作業研究,作業開発,作業管理,設備配置や原価統制・製品開発などに至るまで生産に関わる広範な領域を対象とし,OR・統計学・人間工学・システム工学・情報工学・行動科学などの成果を取り入れた

手法をも擁している。欧米ではIEは元来この分野の教育をうけた技術者の専門機能とされてきたが，こうした専門性に必ずしもこだわらない日本型生産システムの競争優位の浸透とともに，その発想法の狭さと硬直性への反省も生じている。(☞動作研究，OR，生産管理)　　　　(宗像)

イントラネット〔intranet〕　インターネットの技術を企業内などの限られた範囲でのネットワークに適用したもの。インターネットのために開発された標準化されたハードウェアやソフトウェアを利用することによって，従来のネットワークに比べて低コストでネットワークが構築できる。また，インターネットや独自の専用線を用いてイントラネット間の通信も可能である。(☞インターネット，ネットワーク)　　　　(竹林)

インプット・アウトプット〔input-output〕　投入－産出と訳される。システム理論においては，入力－出力といわれる。生産活動において財やサービスなど，生産要素といわれるものをインプットといい，作り出されたものをアウトプットという。システム理論では，要素として原因となるものをインプット，その結果となるものをアウトプットという。経営システムで考えれば，環境から物質，エネルギー，情報をインプットし，それらを内部で変換して，アウトプットを環境へと産出する。(☞システム，オープン・システム)　　　　(水原)

インフラストラクチャー〔infrastructure〕　経済全体の円滑な運営を実現するための社会的生産基盤と社会的生活基盤のこと。日本では社会資本ともいう。社会的生産基盤には，経済活動の基盤を形成する道路，河川，ダム，鉄道，空港，上下水道，エネルギー供給施設，通信情報施設，災害防止設備などがあり，また社会的生活基盤には社会的共同生活に必要な教育・研究施設，医療・衛生施設，住宅関連施設，社会福祉施設，文化・スポーツ施設などがある。社会的生産基盤や社会的生活基盤は，大規模な固定設備を必要とするため，公共事業，国・公営企業，公益事業として運営される場合が多い。　　　　(海道)

インベスター・リレーションズ〔investor relations〕　「投資家向け広報活動」と訳され，頭文字をとってIRともよばれる。全米IR協会理事会は，IRは「企業，金融界，およびその他の会社構成員の間に最も効果的な双方向コミュニケーションを可能とするために，財務，マーケティング，および証券取引法の順守を統合する戦略的な経営責任である。最終的には，企業証券の公正な評価に貢献する」とする。IRには有価証券報告書などの制度的な開示だけでなく，自主的に企業が行う情報提供活動も含まれ，インターネットを通じた開示も重要視されている。企業の信用に大きな影響を与える。米国では，株主側から経営者への対話により投資価値を高める投資手法であるリレーションシップ・インベストメントの

重要性も高い。(☞個人株主, 機関株主) (今西)

〔う〕

ウェーバー, マックス(1864-1920)〔Weber, Max〕 20世紀を代表するドイツの思想家・社会学者・経済史学者。ドイツの諸大学で法学を学び, のちベルリン大学でローマ法・商法を, フライブルク, ハイデルベルク両大学で国民経済学を教えた。学問活動領域は極めて多方面に及び, 例えば①価値判断排除(価値自由)と理念型による概念構成に基づく科学の主張(社会科学方法論), ②自然科学の説明的方法に対して, 社会科学では人間行為の意味連関的理解が必要であり, その際に行為動機理解の主観的歪みを排するためには行為経過の因果論的説明で補われるべきであるとする考え(理解社会学), ③宗教社会学, 経済社会学等の確立への貢献, ④社会行為, 近代化, 合理化, イデオロギー, エートス, 階級・階層, 官僚制, 権力・支配, 国家, 労働, 社会変動等の把握への貢献があげられる。(☞価値判断) (片岡信之)

上田貞次郎(1879-1940) 日本の経営学創始者の一人。東京高等商業学校(のち東京商科大, 現・一橋大)を卒業, 英独留学後に母校で教え, 教授, 学長を歴任。日本ではじめて経営学の講座「商工経営」を担当したことで知られるが, 単に経営学にとどまらず, イギリス古典派経済学と民権主義政治思想を背景とした中正な自由主義者として, 産業革命史, 企業の国民経済的分析, 株式会社論, 社会政策論(新自由主義), 人口論などですぐれた業績を残した。(☞増地庸治郎, 平井泰太郎) (片岡信之)

ウェブ 2.0〔Web2.0〕 インターネット上に存在する様々なドキュメント(ウェブページ)を効果的に検索したり, 相互に参照したりできるウェブシステムが進化することによって, それまで情報が送り手から受け手への一方向の流れであったものが, 誰もが情報を発信し受信する双方向性をもつように変化した状態のこと。代表的なものにソーシャルメディアなどがある。(☞ホームページ) (竹林)

売上総利益〔gross margin〕 売上高から売上原価を控除して求められ,「粗利益(あらりえき)」ともよばれる。平成18年の改正前の規則における会社法(商法)上の損益計算書様式では, 売上高から売上原価と販売費及び一般管理費を控除して営業利益を直接示す方式を指示していた。現行の会社計算規則(法務省令)では, 財務諸表規則(内閣府令)による金融商品取引法上の様式を受入れ, 売上総利益を示す様式が会社法上も採用されている(第120条)。(☞営業利益, 販売費・一般管理費) (久保田)

売上高極大化モデル〔sales maximization model〕 ボーモル(Baumol, W. J.)

によって主張された企業の行動原理に関する仮説で,寡占企業は,必要最低利潤の確保という制約のもとで,売上高の極大化を目指して行動するというものである。この仮説の根拠として,ボーモルは,①売上高の増大は企業の市場地位の向上につながる,②専門経営者の威信や収入は企業の売上高に依存している,③売上高の減少は規模の縮小を招き人員削減の問題を生む可能性がある,等々の社会的・経済的理由をあげている。また,必要最低利潤の水準については,十分な説明はなされていないが,株主を満足させ,企業成長のために必要な資金調達を可能にするような高さの利潤であるとの見解を示している。(☞企業成長モデル)　(瀬見)

VRIO分析〔vrio analysis〕　競争優位の源泉を企業独自の経営資源によるものとしてとらえ(resource based view),その経営資源や組織能力を分析する際に用いるフレームワークのこと。具体的には,①経済的価値(value),②希少性(rarity),③模倣可能性(inimitability),④組織(organization)の4つの観点から競争優位の源泉を分析する。つまり,企業に利益をもたらし(経済的価値が高い),競争者には入手困難であり(希少性が高い),簡単にはまねができない(独自の歴史的条件,因果関係の不明性,企業内の社会的複雑性など,模倣のためのコストが高い)経営資源を有し,そのような経営資源を有効に活用できる体制が整っている(組織能力が高い)企業ほど持続的な競争優位が可能であるとする。(☞経営資源,競争優位)(谷本)

運転資本〔working capital〕　運転資本には,大別すれば2つの考え方がある。広義には,企業の流動資産の総額のことであり,総運転資本とよばれる。流動資産には,現金,市場性のある有価証券,投資,売掛金,棚卸資産など1年以内に現金化することができるものが含まれる。これよりも狭く捉える場合は,「流動資産―流動負債」で算出され,正味運転資本とよばれる。企業の将来の流動性を保証するためには,運転資本を増加させることが望しい。(☞短期資本)　(今西)

運搬分析　工程における運搬は,対象を取り上げたり置いたりする取扱いの局面と移動の局面とがある。運搬の合理化と統制を図る一連の活動を運搬管理というが,運搬分析はその一環として運搬の状況を視覚的あるいは数量的に把握・分析することである。運搬分析の主な手法としては,運搬工程分析や運搬活性分析がある。前者は総合的な分析方法で,通常の工程分析のように記号を用いて図示するが,その際,移動と取扱いとの明確な区別・運び易さ(活性)の表示・カラ運搬の表示・運搬動力の表示などに特徴が見られる。また実際の設備配置に即して表示すると,運搬経路の分析が容易になる。運搬活性分析では,取扱いの局面で重要な運び易さの状態を数値化して分析する。　(宗像)

〔え〕

AFL・CIO〔American Federation of Labor and Congress of Industrial Organizations〕 アメリカ労働総同盟＝産業別組合会議。1886年に組織された熟練労働者の職業別労働組合 AFL と，1938年に AFL から独立した不熟練労働者の産業別組合 CIO が，1955年に合同して発足したアメリカの統一ナショナル・センター。路線対立から，1968年に全米自動車労働組合(UAW)が脱退したが，1981年に復帰した。近年では，産業構造や雇用形態の変化，金融危機，実態経済の不振のため，組織化率が低下している。 （平野）

ＡＢＣ分析〔ABC analysis〕 パレート分析とか ABC 管理ともよばれる。一般には，管理すべき対象が非常に多い時，それら全てを同等に扱うのではなく，重要なものから順にＡ,Ｂ,Ｃの3つのグループに分類し，それぞれのグループに最も適した管理方式(Aに対しては重点管理，Bはそれにつぐ管理，Cについてはゆるい管理)を適用することで，全体として能率的かつ重点的な管理を行おうとする手法をいう。もともとは,在庫管理の効率を高めるための方法として開発されたが，その思想はあらゆる経営管理活動に適用可能である。なお，ABC 分析では通常，パレート図が描かれそれに基づいてＡ,Ｂ,Ｃの分類が行われる。(☞在庫管理) （瀬見）

営業外損益〔non-operating income and expenses〕 本来の営業活動の付随業務として主に金融活動から生じる収益・費用をいう。営業利益にこの項目が加減され経常利益が算定される。営業外収益の例としては，受取利息，有価証券利息，受取配当金，有価証券売却益，有価証券評価益，仕入割引などがある。営業外費用の例としては，支払利息，手形売却損，社債利息，売上割引，有価証券売却損，有価証券評価損，株式交付費償却，社債発行費償却などがある。(☞営業利益，経常利益) （久保田）

営業利益〔operating income〕 売上総利益から，販売活動や経営管理活動に関連した費用項目である販売費及び一般管理費を控除して求められ，本来の営業活動(本業)から得られる利益をいう。営業利益の計算過程では，金融費用を含まないため，営業利益は借入金の多寡といった企業の財務構造の影響を受けない。また，業種ごとの事業形態の違いの影響も小さいといわれ，異業種との他社比較も可能な利益であるとされる。(☞販売費・一般管理費，営業外損益) （久保田）

エージェンシーの理論〔theory of agency〕 会計学と経済学の両領域においてエージェンシー理論がある。ある主体(依頼人，プリンシパル)が自分に代わって他人(代理人，エージェント)に業務遂行を委ねる契約をすれば

エージェンシー関係が成立する。企業を資本主(株主)のものと見るか，それとは独立した企業自体として自立性をもつものと見るかによって，企業会計は誰のために行われるべきかをめぐる説が分かれ(資本主理論，代理人理論，企業主体理論，企業体理論等)，代理人理論では，経営者は資本主からの経営委託を受けた代理人との観点に立って会計を行うとする。経済学領域では，プリンシパル(株主)がエージェント(経営者)に対してどんな誘因システムを与えたら希望通り行動をしてくれるか，そのためのコスト，望ましい委託契約はどのようなものかなどの問題として提起されることとなる。(☞専門経営者，所有と経営の分離) (片岡信之)

エキジット・アンド・ヴォイス〔exit and voice〕 ハーシュマン(Hirschman, A.O.)が *Exit, Voice, and Loyalty : Responses to Decline in Firms, Organizations, and States,* 1970(矢野修一訳『離脱・発言・忠誠』2005年)で提起した概念。どの社会のどの組織にも，必ず衰退や堕落が，即ち合理性・効率性・遵法性・道徳性等からの逸脱(劣機能的行動，錯誤的行動)が生じる。これを本来の機能に復帰させるメカニズムに exit と voice がある。exit(退出，退場)は顧客が特定企業の製品購入をやめたり成員が特定組織を退去したりすることで，voice はこのような回避行動によらず意見表明・抗議・告発など内部変革のために発言や影響力行使をすることである。いずれの場合も管理者は組織の堕落・欠陥の除去努力を強いられることとなる。 (片岡信之)

エキスパートシステム〔expert system〕 専門家は，判断に必要な知識を豊富にもっていて，これを駆使して正しい判断を下す。同じ発想で，ある分野の専門知識を継続的かつ体系的にコンピュータに蓄積してデータベースを構築して，この知識ベースに何らかの推論規則(推論エンジン)を適用して，一定の判断や知識をコンピュータから導き出そうというシステム。人工知能の一種であり，経営への応用として，例えば，債券の格付け，株式運用，企業倒産の予測に使われている。(☞知識工学，意思決定支援システム) (福井)

エクセレント・カンパニー〔excellent company〕 超優良会社のことで，ピーターズ(Peters, T. J.)とウォーターマン(Waterman, R. H.)の共著 *In Search of Excellence*(1982年)の邦題として有名になった言葉である。同書によれば超優良会社として共通する特性は，①行動重視の気風，②顧客密着の営業，③自主性と企業家精神，④人を通じての生産性向上，⑤価値観に基づく実践，⑥本業を基軸としての発展，⑦簡素な組織・小さな本社，⑧厳格柔軟な従業員管理 の8つとされている。 (渡辺峻)

エコロジー〔ecology〕 生態学ともいい，生物と環境および生物と生物の相互関係(生態系)を研究する学問のことである。そして生態系のもつ意

義を重視し，それと調和した社会発展，経済発展のあり方を追求し，環境破壊をくいとめるために生態系の保護を目指す社会運動をエコロジー運動という。そのさい生態学の知識がエコロジー運動の基盤となっている。　　　　　　　　　　　　　　　　　　　　　　　　　　　　（海道）

SIS〔strategic information system〕　戦略(的)情報システムともいう。企業が競合する同業他社や異業種企業に対して競争優位性を獲得するために構築し，利用する情報システムのことである。この言葉は1985年にワイズマン(Wiseman, C.)によって用いられ広く知られるようになった。従来の情報システムがもっぱら企業内部の業務の合理化や効率化に力点を置いていたのに対し，SISではこれを経営戦略の主要な手段として積極的に利用していこうという立場がとられる。SISの先駆的・代表的な例として，航空会社(ユナイテッド航空やアメリカン航空)のコンピュータ座席予約システム(computerized reservation system)をあげることができる。(☞意思決定支援システム)　　　　　　　　　　　　　　　　（瀬見）

エスノセントリック(本国志向)〔ethnocentric〕　多国籍企業の意思決定や経営行動において，世界本社または親会社が立地する本国を重視する考え方や態度のことである。例えば，意思決定の権限が世界本社や親会社に集中し，海外子会社に与えられた自由裁量権が少ない，という親会社―子会社間の関係は本国志向の典型である。自分の民族や文化を中心とした，他の文化に対する否定的な考え方や態度は，文化人類学の分野でethnocentrism(自民族中心主義とも訳される)とよばれている。(☞ポリセントリック，グローバル戦略)　　　　　　　　　　　　　　　　（石井）

X理論―Y理論〔theory X-theory Y〕　マクレガー(McGregor, D.)によって提唱された人間モデル。マズロー(Maslow, A. H.)の欲求階層説に依拠している。X理論による人間観は，人間はなまけもので強制されねば働かないし，自分で考えるよりも指示されることを好むというものである。これはテイラー・システム以来の伝統的管理論の人間観に等しい。一方，Y理論では，人間は条件次第では仕事を満足の源泉とし，自己統制して自ら進んで働き，その責任さえとるものと考えられている。マクレガーはX理論的なアメとムチの伝統的管理(階層管理)に代わり，Y理論に基づいて，自律的な人間を前提とした新しい管理がなされるべきであると統合原則を主張した。(☞マクレガー)　　　　　　　　　　　　　　（奥林）

NC工作機械〔numerically controlled machine tool〕　機械の中でも固体，特に金属部品の加工を行う機械や，機械を製作するための機械を総称して工作機械というが，NCとは加工の進行とともに変化する加工品の位置や加工速度などを，予め記憶させた数値や記号(NCテープ)により自動的に制御することである。NC工作機械は1952年マサチューセッツ

工科大学で開発されたNCフライス盤が始まりで，1960年代に普及した。これにより複雑な加工の自動化が可能になった。 (大橋)

FMS〔flexible manufacturing system〕 製品の多様化に対する要求が高まっている今日において，そのような状況下でいかにして生産性を高めるかということは重大な問題である。したがって，企業にとっては，多品種少量生産に対応するための生産システムを構築することが焦眉の急となっている。具体的には，機械設備等に柔軟性をもたせ，多様化した製品を自在に能率良く生産することが求められている。FMS は，新しいタイプのオートメーションたる「フレキシブル・オートメーション」を一層高度にしたもので，複数台の NC 工作機械，コンベア，無人搬送システム，ロボット，自動倉庫などをコンピュータで制御する生産システムである。FMS の種類としては，FMC(flexible machining cell)，フロー型 FMS, ランダム・アクセス型 FMS がある。(☞ CIM, MAP) (深山)

FOB〔本船渡し値段〕 Free on Board の省略で，積地条件に属する貿易条件の1つ。CIF 条件とともに，今日最も多く用いられている。売り手は，契約品を買い手の指定した本船の甲板に積み込みさえすれば，費用と危険の負担も，また所有権も，すべて買い手側に移行する条件である。従って，輸出側が FOB 価格を算定する際には，①輸出品の仕入原価または製造原価，②広義の船積諸掛，③雑費および利益を計上し，合算しなくてはならない。(☞ CIF) (藤沢)

M & A〔merger & acquisition〕 企業の合併(merger)と買収(acquisition)。1960年代以降アメリカで行われた合併・買収，特にコングロマリットの動きが有名。これらの中には企業の売買により巨利を得たものもあり，会社ころがしといわれた例もある。しかし不効率な企業が合併によりシナジー効果が出て効率経営になった例もある。日本でも1980年代中ごろから欧米企業の買収などが盛んになったが，最近では反対に，日本企業で買収される例が多くなっている。一般にM＆Aの目的は事業分野の拡大による経営多角化，操業規模拡大による経営合理化，自企業不足分野の補強などである。相手企業の合意のもとに進められる友好的M＆Aと，合意のないまま行われる敵対的M＆Aがあるが，アメリカではM＆A防衛策の研究も盛ん。(☞経営戦略，フルライン戦略) (大橋)

エンタープライズ・アーキテクチャ〔enterprise architecture：EA〕 組織全体の効率化のために人的資源，業務遂行プロセス，情報システム等を相互連関させ統一的に管理していく手法。とくに IT を利用することで組織全体の業務の標準化と明確化を図り，組織運営を円滑にすることを目指す。企業だけでなく行政組織にも導入されており，米国では1996年の情報技術管理改革法の制定により連邦政府を中心として積極的に取

り組まれている。日本でも2003年「電子政府構築計画」のなかでEAの考えに基づく業務・システム最適化が提唱されている。　　　　　(梶脇)

エントロピー〔entropy〕　情報源(情報の発信源)の中から，いずれの元(情報源を構成する独立な要素)が生起したかを知ることにより得られる情報量の平均値をいい，情報源の不確実性の度合いを表わす尺度である。元 i の生起確率を P_i としたときの情報源に対するエントロピー H は，$H=-\sum P_i \log P_i$(単位：ビット)と定義される。エントロピーの値が大きいほど情報源の不確実性が大きくなるため，不確実性を減少させるために獲得しなければならない情報量は多くなる。(☞情報理論)　　(瀬見)

エンパワーメント〔empowerment〕　第一線就業者に対しより多くの権限を与えてやる気をださせ，組織を活性化することをいう。ただしそれには，必要な能力や熟練があることが前提になるから，そうした力をもつよう教育・訓練したりすることを必要とする。アメリカ等ではこうしたコストがかかることや，エンパワーされた担当者が時として権限や専門性を盾にとって「やり過ぎ」，組織としてはかえって不都合なことがおこるので，状況適応性が重要という見解も強い。(☞権限委譲)　　(大橋)

〔お〕

応用研究〔applied research〕　企業による応用研究とは，既存の科学的知識や基盤技術の組合わせによって，特定の目的に適合した実用性のある技術を実現するための研究である。いわばシーズをニーズと結びつける研究といえる。基礎研究と比べて，目標が明確であり方法も有限であるだけに，リスクは少なく，予測，管理も容易となる。応用研究の経済的成果は基礎研究のそれに劣らないが，それだけを追求することには限界があり，シーズの枯渇，創造性不足等の不安定要因を含む。　　(宗像)

OR〔operations research〕　意思決定や問題解決を支援するための科学。第2次世界大戦中の英国と米国における軍事作戦研究に端を発する。組織化されたマン・マシンシステムのコントロールに関する問題を，科学的方法(scientific method)を用いて学際的に解決するための手法をいう。今日，企業の意思決定をはじめ広く社会一般の問題解決に大きな役割を果たしている。一般にORの手法は，決定論的手法，確率的手法，戦略的手法，発想的手法の4つに大別できる。(☞ゲーム理論，シミュレーション，リニア・プログラミング)　　(瀬見)

OEM(相手先ブランド製品生産)〔original equipment manufacturing〕　相手先ブランドの製品を生産・供給すること。家電，自動車，コンピュータなど商品の強いブランド・イメージが求められる業界でよく見られる。

スーパーのプライベート・ブランド製品もその1つである。開発・生産機能と販売・マーケティング機能を2社間で分化することで，経営資源が有効に利用されることになる。これにより，供給元は設備の操業度を高め，規模の経済性を得ることで開発，生産コストを低下でき，供給先は自社ブランドの浸透強化が図れる。親企業と下請企業という企業間関係に見られるものもあるが，近年では互恵的な関係のものもある。さらには，国際分業の一形態としても行われるようになってきている。(☞下請企業)　　　　　　　　　　　　　　　　　　　　　　　　　(森田)

OJT と Off-JT〔on the job training・off the job training〕　OJT は，日常業務において，上司や先輩がその作業や職務の遂行過程で，必要な知識，技能，問題解決能力，仕事に取り組む姿勢等を計画的に教育・訓練するもので，部下や後輩の主体的な能力開発を支援する教育・訓練方法。一方，Off-JT は，日常業務を離れて研修所等で他の人々と学ぶ集合研修で，その目的は，チームワークの育成，リーダーシップの開発，問題解決能力の向上等にある。新しい知識や技能は講義で，態度や行動パターンはセンシティビティ・トレーニングやロール・プレーイングで，問題解決能力はマネジメント・ゲームで，それぞれ習得される。(☞センシティビティ・トレーニング，ロール・プレーイング)　　　　　　　　　　(伊藤)

オーダー・エントリー・システム〔order entry system〕　生産販売統合システムの1つで，アパレルメーカーなど製造小売業(SPA)に見られるシステム。情報ネットワークの構築によって販売部門からのデータ，いいかえると顧客の多様なニーズや注文が製造部門の担当する生産計画，調達計画や出荷計画に迅速に反映されるシステムのことを指す。今日，各企業は FMS, CIM, サプライチェーン・マネジメントに代表されるように調達・開発・製造・販売・物流などの諸機能が統合された経営管理システムの構築を進めている。特に重要なのが製造部門と販売部門とのコミュニケーションである。市場との接点に位置する販売部門に入った受注情報が社内のオンラインの情報ネットワークを通じて製造部門や各工場に生産情報としていかに機動的に伝達・変換されるかということが問われている。(☞生産販売統合システム)　　　　　　　　　　　　　(陶山)

オートマトン〔automaton〕　自動計算ないし自己増殖機能を意味する。情報処理機能を自ら再構成できる仕組みをもつ機械。主に有機体の情報処理を模倣する人工システムを指し，ノイマン(von Neumann, J.)による理論的仮説である。ノイマン型コンピュータは，これをプログラム内蔵という方式で実現したものである。(☞コンピュータシステム，ノイマン型コンピュータ)　　　　　　　　　　　　　　　　　　　　　　　(阿辻)

オートメーション〔automation〕　作業の一部または全部が人間の手から

離れ機械だけで自動的に行われることである。生産自動化のためには,機械が材料加工の順に配置されたうえで,個々の機械が自動運転され(自動制御),かつ次の機械への移動が自動的に行われること(工程の連続化)が必要である。こうしたことがアメリカで1930年代後半から始まり,1946年フォード自動車工場に導入されたトランスファーマシンのラインにオートメーションの名がつけられた。オートメーションでは旧来,機械的生産の自動化をめざすメカニカル・オートメーションまたはデトロイト・オートメーション,装置産業などでの自動的加工処理作業であるプロセス・オートメーション,事務作業についてのオフィス・オートメーションに分けられることが多かったが,最近では前2者はファクトリー・オートメーション(FA)と総称される。 (大橋)

オープン・システム〔open system〕 システムは,環境との相互作用の有無によって,オープン・システムとクローズド・システムとに区別される。オープン・システムは,本来,生物を説明するシステム概念で,環境と資源の交換を行いつつ,新陳代謝をする開放的システムである。経営システムで考えれば,環境から,物質・エネルギー・情報をインプットし,それらを内部で変換して,アウトプットを環境へと産出することによって安定を維持している状態である。(☞システム,一般システム理論,クローズド・システム) (水原)

オープンソース〔open source〕 ソフトウェアのソースコードが無償で公開され,それを自由に使用・複製・改変・再配布することを可能にすること,またはそのようなライセンス。オープンソースにすることにより,多数の人々がソフトウェアの開発・供給に参加することになり,製品の機能・品質の向上が可能になると考えられている。また,著作権は放棄されておらず,一定の条件が付されているのが一般的である。(☞ソフトウェア) (竹林)

オハイオ研究〔Ohio studies〕 1940年代後半以降オハイオ州立大学で行われたリーダーシップに関する研究。リーダーの行動には,人間関係的側面の配慮(consideration)と,仕事中心的側面の構造づくり(initiating structure)の二次元の行動が存在するとし,両方の次元で高いパフォーマンスのリーダーが,その両方あるいはいずれかの次元において低いパフォーマンスのリーダーよりも,部下の業績や満足度が高いことを明らかにした。(☞リーダーシップ,ミシガン研究) (竹林)

オフィス・オートメーション〔office automation:OA〕 工場の自動化(FA)を念頭に,コンピュータ導入によって,事務処理の効率化,機械化を図る狙いで1980年代に提唱された。現在では,インターネットにつながったパソコンやプリンターなどの各種OA機器が普及して,改めてオフィ

ス・オートメーションという言葉を使う機会は減ってきている。ワードプロセッサによる書類作成やオフィスコンピュータによる事務計算から始まり，現在では電子メール，LAN，インターネット・ネットワークの活用に進化し続けている。業務の合理化・迅速化・効率化により，オフィスの生産性向上に寄与している。他方，電子化は業務情報の漏洩といったセキュリティ上の事件を招き，管理業務体制の厳格化を迫っている。(☞FMS) (福井)

オフィス環境〔office environment〕 オフィスのレイアウトをはじめ，OA機器の配置，オフィス家具，室温，湿度，照明，空気，ほこり，色彩，騒音，カラーリングおよび静電気などの物理的，空間的環境。女性の社会進出，長時間労働，人材の流動化，成果主義の導入などの社会的変化をうけて，オフィスの生産性が一層注目を浴びている。託児所完備，フリーアドレスの机，デザイン性豊かなオフィスなどの落ち着いて働ける職場環境づくりに先進的に取組む企業が増えている。(☞オフィス・オートメーション) (福井)

オフショア生産〔production offshoring〕 価格競争力を高めるために，生産費が安い外国で生産すること。一般に，途上国が外資誘致や工業化のために設けた輸出加工区や保税加工区で，先進国の企業が輸出向けに部品や製品を生産することを指す。途上国の安価な労働力を利用できる労働集約的な工程や，生産の技術・プロセスが確立されて基幹技術や設計があまり変化しない部品や製品が対象となりやすい。新技術の導入や設計の変化を常に伴う製品や部品は，対象となりにくい。(☞ノックダウン生産) (石井)

オペレーティングシステム〔operating system〕 情報処理の効率化のための制御システムもしくは，プログラムを指す。通常OSと略され，ハードウェアとソフトウェアを効率よく利用するためのプログラムの総体をいう。(☞ハードウェア，ソフトウェア，コンピュータシステム) (阿辻)

オペレーティング・レバレッジ〔operating leverage〕 レバレッジとは，テコの作用のことである。売上高の変動が，固定費によるテコの作用により増幅されて利益に影響を及ぼすことをオペレーティング・レバレッジあるいは固定費レバレッジ(Fixkostenleverage)という。オペレーティング・レバレッジの程度は，

$$\frac{総利益の変動}{売上高の変動} または \frac{限界利益}{利益} = \frac{限界利益}{限界利益 - 固定費}$$

で表わされるが，これは固定費が大きいほど，そしていわゆる限界利益率が大きいほど大きい。オペレーティング・レバレッジとファイナンシャル・レバレッジを結合して，コンバインド・レバレッジという。(☞変動

費・固定費,ファイナンシャル・レバレッジ) (深山)

オルダースン理論〔Alderson theory〕 オルダースン(Alderson, W.)のマーケティング論体系の方法論的特徴は,機能主義的アプローチないし生態学的アプローチである。マーケティング事象を人間の集団行動,「組織された行動体系」の枠組みによってとらえようとする。それは勢力体系,情報伝達体系,投入・産出体系,対内・対外調整体系という4つの下位体系からなる。このユニークな理論は,個別的・断片的なマーケティング諸問題の解決を志向しているのではなく,周辺諸科学の機能主義に基づく統合理論として方法の革新性と視野の壮大さが評価された。具体的な理論内容では,特に今日のマーケティング競争の基礎にある差別的優位の獲得過程,商業者の品揃え形成活動という視点からの流通チャネル問題の解明,需給斉合概念の導出等が注目される。(☞需給斉合) (陶山)

卸売商〔wholesaler〕 製造業者から大量に商品を仕入れ,それをより小さな数量に区分けして,おもに小売商に再販売する業者。販売先は最終消費者を除く生産者,流通業者,官公庁,その他産業財ないし業務用使用者などに及ぶ。卸売商は経営形態,商品の所有権,遂行する機能,取扱い商品などの基準により,様々に分類される。いわゆる問屋のほか,商社,メーカーの販売会社,協同組合,チェーン・ストアの仕入本部なども,卸売商に分類される。 (市川)

〔か〕

海外子会社〔foreign/overseas subsidiary〕 払込み株式資本のかなりの割合が,本国の親会社(parent)に所有されている海外現地法人をさす。親会社の所有比率が相当小さいような関連会社(affiliated)とか系列会社(associated company)とは区別される。多国籍企業の本国親会社は,議決権付き株式の所有比率によって海外子会社をコントロールしようとするが,それには現地側からの反発が予想される。海外子会社の業績は出資比率に応じて親会社の業績と連結される。(☞多国籍企業,現地化) (藤澤)

会計監査・業務監査・内部監査〔accounting audit・operating audit・internal audit〕 会計監査とは,会計記録から会計報告書を作成する場合に,その信頼性を高めるため独立の立場にある者がその適否を検討して意見を表明する行為をいう。金融商品取引法に基づく投資家向けの会計監査は,財務諸表監査とよばれる。公認会計士または監査法人(会計監査人)は会計監査を行うことができる会計専門家である。会計以外の業務に対する監査が,業務監査である。但し,会計監査と業務監査との境界線は明確ではない。また,内部監査とは,内部統制の一環として,会計記録や会計処理手続などが社内規程を遵守して行われているか等について,事業リスクの軽減に貢献すべく内部監査人によって行われる会計監査をいう。(☞会計監査人,内部統制) (久保田)

会計監査人〔accounting auditor〕 会社の決算監査の担当者。公認会計士か監査法人であることが必要。大会社・指名委員会等設置会社以外ではおく必要がない。会社役員ではないが,株主総会で任免される。会計監査人設置会社では必ず監査役(会)(または監査委員会)があるので,両者はいわば車の両輪。任期は1年だが,自動継続が可能。職務上の義務違反があった時などは監査役(会)(または監査委員会)でも解任可能(株主総会での報告が必要)。(☞会計監査・業務監査・内部監査) (大橋)

会計原則〔accounting principles〕 日本の最初の会計原則として1949年(昭和24年)に「企業会計原則」が公表された。「企業会計原則」は真実性の原則,継続性の原則をはじめとする一般原則,損益計算書原則および貸借対照表原則から構成される。その後,企業会計審議会によって「原価計算基準」や「外貨建取引等会計処理基準」等の重要な会計原則(企業会計基準)が作成・公表されてきた。2001年に企業会計基準委員会(ASBJ)が新設され,日本の会計原則(企業会計基準)の設定を企業会計審議会から引き継いでいる。(☞財務会計) (久保田)

会計参与 2005年会社法でできた株式会社役員の1つ。取締役などと

同様株主総会で任免される。ただし会計参与は必置機関ではなく，定款で定めればおける任意機関。しかも社外の公認会計士（または監査法人）か税理士（または税理士法人）であることが必要。任務は取締役（または執行役）と共同して貸借対照表などの計算書類を作成することで，いわば会計・経理担当の社外役員。任期は取締役同様原則として2年，非公開会社では10年まで延長可能，指名委員会等設置会社では1年。 (大橋)

会　社〔company〕 端的には，法人である事業体をいう（会社法3条）。現在では，どの業種でも可能な会社法上の会社である株式会社，合名会社，合資会社，合同会社と，保険業法に基づく相互会社と，旧有限会社法による有限会社の6種がある。有限会社は会社法施行時既存のもののみで，新規には作れない。出資者（株主または社員）が1人である一人会社(いちにん)も法的には可能（会社法641条等参照）。企業と会社とは異なる。企業は主として他人のために生産・流通の機能を営むもので，個人企業や協同組合等は企業であっても，会社ではない。個人企業も会社として登記すれば会社になるが，会社では会社財産と企業主個人財産とが区別され，物の売買等でも同様な区別が必要となる。(☞法人) (大橋)

会社合併〔merger ; amalgamation〕 ある会社が存続会社となり他会社を吸収する吸収合併と，複数の会社が合併し新会社を作る新設合併とがあるが，対等合併の場合を含め実際には殆んどが吸収合併。吸収合併の場合消滅する会社の株主には通常存続会社の株式が交付されるが，その割合が2割以内の時は株主総会の承認は不要。現在では対価は社債,金銭,他社株式等でもよく（対価の柔軟化），現金合併が可能。他社株式の場合には合併当事者が3社となり実際には第三の会社と合併する三角合併も可能（会社法749, 796条）。ただし競争の実質的制限となるなどの合併は独占禁止法で禁止されている。 (大橋)

会社分割〔corporate separation〕 株式会社または合同会社の純資産や営業の全部または一部を切り離し他の会社に移転し，1つの会社を2つ以上の会社に分割することをいう。既存の会社に承継させる吸収分割と新設される会社に承継させる新設分割がある。これにより，企業再編を容易にする法的仕組みが整えられた。カンパニー制は，市場環境に素早く適応するため同一会社内に設けられた分権的経営の単位で，法的には別会社でなく社内分社ともよばれている。 (角野)

回収期間法〔payback period method〕 投資決定に関する方法の1つ。各期のキャッシュ・フロー（現金流動化）の合計が初期投資額に等しくなる期間を算出し投資額の回収期間を求める。投資額の早期回収が投資判断基準として最優先される。ただし，回収期間後の評価や貨幣の時間的価値を考慮に入れていない等の問題が指摘されている。(☞正味現在価値法,

内部利益率法) (梶脇)

外生変数と内生変数〔exogenous variable and endogenous variable〕 計量経済学の同時方程式モデルのように、モデルが方程式で表現されている時、モデルを構成する変数は外生変数と内生変数に二分できる。外生変数は、モデルの外部で決定されて、外からの情報としてモデルに与えられる入力変数であり、政策的に操作可能な政策変数と操作不可能な与件変数に分けられる。一方、内生変数は、外生変数の値が与えられている時、モデルの中で連立方程式の解として決定される出力変数であり、それが特に政策の達成目標の対象となっている場合には目標変数とよばれる。なお、外生変数と内生変数という二分法は、連立方程式としてのモデルが定式化されたうえでの相対的な区別である。(☞記号モデル) (瀬見)

改善運動〔kaizen〕 小集団活動と提案制度の2つからなる運動。これは、仕事を通して結合している作業集団を基盤に、一方で、仕事への誇りとより良い仕事の達成意欲という従業員の意識と、他方で、生産者として仕事の合理的な遂行を絶えず工夫している従業員に作業の改善を提案させることで、仕事への動機づけを高めようとする運動である。改善運動はまた、生産工程の自動化のもとで、絶えず工程改善への取組みが必要とされる中、今日の技術上の要請に応えるものとなっている。(☞小集団活動, QCサークル〔ZD運動〕) (伊藤)

階層化の原則〔law of hierarchy〕 組織においては、最高位から最下位に至るまで、上司―部下の関係が整然と続き、命令と情報の伝達の直線的なラインがなければならないとされる。管理の幅の存在を前提としながら、命令一元制を確保するためには、組織はその規模の拡大にともない、ピラミッド型に階層が増えていくことになる。あまりにも階層が増えすぎると、情報や命令の伝達に時間がかかるため、同じ階層のレベル間で水平的なコミュニケーションが認められるべきであるとされる。(☞管理の幅, ファヨール, 命令一元制) (馬場)

外注管理 外注とは、自社製品の製造工程の一部あるいは製品の一部分の生産を外部の企業に委託することである。何を外部に委託するかということによって、設計外注、ライン外注、工程外注、部品外注などが区別される。外注利用の理由としては、技術的要因、生産能力要因、原価の要因などが考えられる。そして、内製か外製か(make or buy)の決定、外注先の選定、外注単価の決定、納期の決定、品質の維持などにかかわる管理が、外注管理であり、外注管理は、他の企業のもつ経営資源を有効に利用して 希望する品質のものを必要な時期に適切な価格で調達するための管理活動であるといえる。(☞ボーナス・ペナルティ・システム) (深山)

開発輸入〔develop-and-import formula〕 先進国の資本や技術を途上国に

投入して開発・生産された産品を輸入すること。以前は途上国で開発した鉱物や農産物の輸入が多かったが,近年は先進国企業が自社の求める仕様の部材や製品を途上国の業者に生産を委託し,輸入することもある。また,途上国の貧困問題や環境問題の改善を目指した,「フェアトレード」とよばれる途上国の生産者に公正な賃金や労働条件を保証した価格による国際協力では,NPO や NGO による開発輸入もある。 (石井)

外部経済と外部不経済〔external economies and external diseconomies〕
ある経済主体の意思決定や行動が,他の経済主体や社会全体に有利な影響を与える場合を外部経済,不利な影響をもたらす場合を外部不経済という。外部経済は,例えば規模の経済により産業全体の生産量の拡大が個別企業の生産費の低減をもたらす場合にみられる。逆に外部不経済の典型は,経済活動に基づく環境破壊や公害である。この外部不経済を是正するには法律などによって外部不経済の発生自体を直接規制する方法,外部不経済による損害を補償し,その費用を生産費に組み込み内部化する方法,外部不経済の発生に対して課税し,外部経済の内部化をはかる方法などがある。 (海道)

外部成長戦略〔external growth strategy〕 通常,企業は内外の経営資源を活用して,企業成長を図っている。外部成長戦略は,企業の内部資源に依存しないで,外部資源によって成長する戦略である。具体的な外部成長戦略には,他社の吸収合併や他社との技術提携などがある。これらは,企業の内部資源に依存する場合に比べて,新規事業分野への参入が容易であり,リスクが小さいなどの利点がある。その反面で,収益性が低くなるなどのデメリットもある。(☞経営戦略,成長戦略) (仲田)

価格競争〔price competition〕 差別的優位を追求する寡占メーカー間の競争形態の1つで,製品の品質や販売サービスなどの次元ではなく,価格またはコストをめぐって展開される競争である。企業間の相互依存の強まりやマーケティングの多様な展開とともに,競争は製品やチャネルなど価格以外の分野に傾斜してきた。しかし,非価格競争は価格競争にとって代わるものではなく,それを補完したり,その強度を直接に高める場合もある。産業,製品のいかんによっては「破滅的競争」といわれる価格切下げを含む多様な価格競争が展開されており,スーパーや量販店,ディスカウント・ストア,ドラッグストアなどが進出する中で,協調と競争という価格競争の枠組みも新たな様相を呈している。(☞非価格競争,価格政策) (陶山)

価格政策〔price policy〕 寡占メーカーが展開するマーケティング・ミックスの1つで,価格競争に関連した政策のこと。価格決定政策と価格管理政策からなる。価格決定政策は新製品の場合のように新たに価格を決

定することであり，製品の製造や販売に必要なコストに重点をおく原価志向の価格決定方式，製品に対する消費者の需要を基準にする需要志向の価格決定方式，競争相手の価格行動を主に考慮した競争志向の価格決定方式がある。価格管理政策は決定された価格を流通段階でチャネル政策と結びつけながら維持・統制する政策である。それらは価格カルテルや価格先導制などの水平的価格行動による価格協調や管理価格の形成と，流通支配力に基づく価格維持・管理政策である垂直的価格行動とくに再販売価格維持政策などを通じて行われる。(☞価格競争，差別価格制度，再販売価格維持政策) (陶山)

価格理論（価格分析）〔price theory (price analysis)〕 微視的（ミクロ）経済理論 (micro-economics, micro-economic analysis)の別称。経済学は経済社会全体を解明する学問であるが，大別して巨視的（マクロ）分析と微視的（ミクロ）分析とからなる。前者は国民所得や雇用量など経済全体の経済総量の変動を分析する(所得分析)のに対し，後者は経済全体を構成する個別経済主体(家計，企業)の消費活動や生産活動の分析，個々の財貨の価格や賃金など生産要素の価格の分析から始めて経済全体に説き及ぶ。後者においては，各経済主体間の相互依存関係を，取引される財貨の交換比率である価格(及びそれに対応する個々の財貨の需給量)を中心に分析することとなるので価格理論ないし価格分析とよばれる。(片岡信之)

家　業〔family business〕 本来，経済単位は消費の単位である家庭(家計)と生産・流通の単位である企業とに大別されるが，家庭と企業とが非分離で，家庭の生計維持のために企業的活動が営まれ，収益稼得が試みられているのが家業である。それゆえ，家庭と一体で構築された生業と考えられる。一般に，個人企業や零細企業の場合が多く，仕事も家族だけで営まれる場合が多い。そのため，そこでの利益は，最大化ではなく，その家の生計活動に必要な金額だけが追求される。また，従業員として他人労働が用いられることもあるが，その場合も，家族と同様の人間関係が形成され，経営者と従業員は親と子あるいは師と弟子のような関係のものとされ，経営者が家長のように専制的に振る舞うこともみられる。(☞家制度，中小企業，同族企業) (関野)

学習理論〔learning theory〕 学習の定義は論者によって多様であるが，概ね生活体(生活をする個体，集団，社会)が経験を通じて持続的な行動の変化を生じることと理解される。この学習による行動変化の説明や将来の行動予測をするのが学習理論である。学習理論には大別して2つの流れがある。第1は連合説(S-R説)で，学習を刺激(S)と反応(R)の新たな結合(連合)の成立と見る(ソーンダイク，パブロフ，ワトソン，ハル)。第2は認知説(場の理論)で，生活体のもつ知識・認知・期待・態度などが相互依存的

な統一をなす心理的場において変わり，動的に認知構造の変化を起こすことを学習と見る(ケーラー,コフカ,トールマン,レヴィン)。学習による適応プロセスという考え方は，行動科学的組織論・意思決定論などにとって重要な柱をなしている。(☞行動科学, 組織的意思決定の理論)　(片岡信之)

革新的組織〔innovative organization〕　革新的・創造的活動が積極的になされ，またそれを可能にするメカニズムを有している組織をいう。中央集権的で官僚的であるよりも分権的な管理組織の方が，また職能別組織よりも事業部制組織の方が，革新の可能性が高められる。さらに，組織の硬直化を極力避けて，プロジェクト・チームやマトリックス組織などとよばれる動態的組織が重要視される。また，このような組織を可能にするために，それを支える管理者のリーダーシップ，組織構成員の意識，組織風土，および組織の各部分単位を統合し調整する組織機関，などが必要であろう。(☞動態的組織, マトリックス型組織)　(水原)

寡　占〔oligopoly〕　少数の供給者(大企業)が，ある製品市場で，それぞれの供給量が市場価格に十分影響力をもつ程度の力をもちつつ，互いに競争している状態。完全競争と独占の中間に位置する不完全競争の代表的状態である。特に競争者が二者のときを複占(duopoly)という。寡占市場下では価格はカルテル，暗黙の協定，プライス・リーダーシップ等によって管理価格として決定されるから，価格競争は一応姿を消し，代わって品質での製品差別化，新製品開発，広告・宣伝，販売サービス，信用条件などの非価格競争が代表的競争形態として登場する。寡占は停滞的協調による技術革新や投資行動の阻害，価格の下方硬直性などの欠点が指摘される半面，巨額な研究開発投資や技術革新の担い手，企業規模拡大政策による経済成長への貢献などでプラス評価をする指摘もある。(☞競争, 独占, 管理価格)　(片岡信之)

価値判断〔value judgement ; Werturteil〕　価値判断にはまず第1に，思考上の正しさに対する判断として，論理的判断がある。この判断は論理にてらして真理と誤謬をただ一義的に区別せんとする判断である。第2に，方法上の正しさに対する判断として，目的論的判断がある。与えられた目的に対する手段の適合性の判断であり，その適合性には様々な程度のものがあって，その中の最適のものが選ばれる。第3に，信念上の正しさに対する判断として，信念的判断がある。主観的な主義，信念に基づく判断であって科学としての客観性が失われる。したがって，経営学が科学として，あくまでも価値判断の客観性を主張するならば，第1と第2の判断に徹しなければならない。　(吉田)

価値分析(VA)と価値工学(VE)〔value analysis and value engineering〕　マイルズ(Miles,L.D.)によって考案されたVAは，製品の価値を機能とコス

トとの比で把握して，機能・品質の低下を伴わずに，主として材料や資材転換によってコストを下げ，製品価値を高めようとする手法である。VAの基本的手順は，①計画設定，②機能分析，③コスト分析，④情報収集，⑤改善案の発想，⑥改善案の評価，⑦試作と評価，⑧提案と実施，⑨成果の確認である。VAの主眼は購買資材コスト削減のための代替品開発にある。VEはその対象領域を製品企画・設計仕様の段階まで拡大し，さらには製品以外の分野(設備など)や物以外の分野(工程・物流管理など)にまでVAの思考を拡大しようとするものである。これらの手法の実行には，異なる部門間の協力が必要となる。　　　　　　　　(宗像)

価値連鎖〔value-chain〕　ポーター(Porter, M. E.)が提起したもので，製品の価値は原材料から完成品を生み出す一連の事業活動の流れにそって付加されるという考え方。具体的には①購買物流，②製造，③出荷物流，④マーケティングと販売，⑤サービスという主活動と，個々の主活動を支える①調達，②技術開発，③人的資源管理，主活動全体を支える④企業の全般管理という支援活動に区分・構成される。組織構造や事業活動を価値連鎖に分割して捉えることで競争優位の源泉について診断が容易になった。(☞付加価値，競争優位，ポーター)　　　　　　　　(谷本)

活動性分析〔activity(turnover)analysis〕　通常，自己金融力や企業間信用の状態を調べる資金調達能力分析や，売上高や設備の増減を調べる規模成長性分析を含めた,資本回転率分析と資産回転率分析である。しかし，総資本回転率，棚卸資産回転率や固定資産回転率など，個々の財務指標では経営活動は充分には把握できない。最近では，経営活動に効果を及ぼす多数の要因を変数として捉え，相互関係を分析する多変量解析が試みられている。(☞経営分析，収益性分析，安全性分析)　　　　　(牧浦)

割賦販売〔instalment selling〕　商品の売買において高額などの理由により一括払いではなく分割払いという形態をとる代金決済方法のこと。1971年制定の割賦販売法では2カ月以上にわたり，3回以上に分けて代金支払いを行うものと定義されている。わが国では耐久消費財の量産に伴う販売促進の一環として家電製品，自動車，ピアノなどで利用されてきた。その普及の反面，割賦販売契約が消費者に不利益をもたらさないかどうかといった問題点も指摘されている。(☞消費者信用)　　　　　　(陶山)

カフェテリアプラン〔cafeteria plan〕　従業員給付(employee benefits)に従業員の直接参加をもたらす制度。従業員が，一定のコアとよばれる共通部分以外の給付を，勤続年数などによって許容された範囲内で様々なメニューから各自の意思で自由に選択できる制度である。従業員給付額増大への対応，わずかな費用負担での新給付の提供，従業員の関心とモチベーションの刺激，従業員の欲求多様化への対応，個別交渉による組合

の影響力の弱体化等を目的としている。アメリカでは1980年代前後より，わが国では1990年代後半以降導入が図られた。(☞フリンジ・ベネフィット，福利厚生制度)　　　　　　　　　　　　　　　　　　　(伊藤)

株　価〔stock prices〕　株価は，基本的には，投資家による売買関係により決定され，「現在取引されている当該株式の気配値」である。第一義的には，会社の生み出す利益が株主に配当されるため，当該会社の配当予測から成立すると考えられる。従って，株価＝配当÷(支配的利子率＋リスク・プレミアム)で示される。しかし，現実の株価は，利益配当証券的性格だけでなく，支配証券的性格，投機証券的性格など様々な性格をもつため，複雑な動きをする。(☞株式，授権資本制度，擬制資本)　　(今西)

株価収益率〔price earnings ratio〕　英語の頭文字をとり日本ではPERと表記されるが，アメリカではP/Eと表記されることが多い。利益乗数(earnings multiple)ともよばれ，株式市場において最もよく利用される投資指標の1つである。計算式は，PER＝株価÷1株当たりの利益(EPS)で示される。つまり，PERはEPSの何倍で株式が売買されているかを示しており，この数値が低ければ低いほど株価上昇の余地が多く，割安と判断される。業界により成長力や安定性が異なるため，業界により平均PERは異なる。(☞株価)　　　　　　　　　　　　　　　　　　(今西)

株　式〔share；stock〕　会社が必要になる資本を広く社会的に求める為には，資本を小額の権利証券に分割し流通させる方法が有力である。資本が分割された持ち分的権利を表すものが株式であり，それを表示するのが株券である。またそれを持つ者すなわち出資者が株主である。株式発行の結果によって集積された資本は自己資本であり，銀行からの借入金による資本としての他人資本とは区別される。資本収集がなされるためには，基本的にその一単位が少額であることと並んで，流通を媒介する証券市場の完備が必須である。(☞株式会社，株主権，自己資本)

(渡辺敏雄)

株式会社〔joint-stock company；corporation〕　資本金が株式という均等な形のものに分割され，出資者すなわち株主は株式の引受価額を限度として会社への出資義務を負う会社。大企業の公開会社に多い譲渡が自由な株式では，証券取引所の発展とあいまって譲渡が簡単にできるようになっている。このため株主と会社との関係はビジネスライクで，会社では資本の厳格な維持が必要とされる。資本会社あるいは物的会社といわれる。会社経営を担当する取締役(または執行役)は，公開会社では株主に限定できないなど出資と経営の分離ができる制度となっている。ところが，2005年会社法で有限会社と一本化したため，中小企業をも前提としたものとなり，会社機関では下記のように9パターンがある多様なも

のとして新出発した。さらに 2014 年会社法改正で「監査等委員会設置会社」方式が追加新設され、10 パターンもあるものとなった。「監査等委員会設置会社」については、本辞典中の同項目を見られたい。(大橋)

株式会社諸機関のもともとの 9 パターン

パターン	適用可能会社
取締役	中小非
取締役＋監査役	中小非
取締役＋監査役＋会計監査人	中小非　　　　　大非
取締役＋会計参与	中小非
取締役会＋監査役	中小非・中小公
取締役会＋監査役＋会計監査人	中小非・中小公・大非
取締役会＋監査役会	中小非・中小公
取締役会＋監査役会＋会計監査人	中小非・中小公・大非・大公
取締役会＋三委員会＋会計監査人	中小非・中小公・大非・大公

1. 中小非は「中小会社で非公開会社」、中小公は「中小会社で公開会社」、大非は「大会社で非公開会社」、大公は「大会社で公開会社」。
2. 三委員会は指名委員会等設置会社で、「取締役における指名・監査・報酬の三委員会プラス執行役」の方式をさす。詳しくは本辞典の項目「指名委員会等設置会社（方式）」を見られたい。
3. 大会社、中小会社については本辞典の項目「大会社・中会社・小会社」を、公開会社・非公開会社については「公開会社と非公開会社」を見られたい。
4. 株主総会はどの場合も必須。会計参与はどの場合も任意で設置可能。
5. 取締役・監査役・会計参与・会計監査人はそれぞれ 1 名で可、取締役会・監査役会ではそれが各 3 名以上。詳しくは本辞典の項目「取締役・取締役会」「監査役」を見られたい。

株式会社における責任追及等の訴え（株主代表訴訟）〔representative suit〕
株主代表訴訟といわれるもので、取締役や監査役などの役員等が会社に対して負う責任を果たしていない時、株主が会社に代わり責任を追及できる制度。株主（公開会社では 6 カ月前から株主であった者に限る）は、その役員等の責任を追及する訴訟の提起を会社に請求し 60 日以内に会社がそれをしない場合、当該株主が訴訟を起すことができる。2014 年の会社法改正で一定の要件を満たせば、親会社の株主が子会社の取締役などへの責任追及が可能となった(多重代表訴訟制度)。ただし、会社に損害を与えるものや当該株主の利益をはかるものはできない。　　(角野)

株式公開買付け〔take-over bid；TOB〕　ある会社の株式を一定価格で買付ける意思を公表して、株主から、株式市場を通さずに株式を直接買付けるやり方のこと。イギリスで考案され、アメリカでは 1968 年に証券

取引所法に規定された。コングロマリットが急増した1960年代後半の第三次M＆Aブームに多用された。わが国では，1971年の証券取引法の改正によって制度化され，新聞紙上で，買付けの目的・価格・株数・期間などの内容を，詳しく公告しなければならない。会社の買収を目的としているので，買付けの応募が目標株数に達しなかった場合は募集をやめることができる。2008年12月19日，パナソニックはこの方法による三洋電機との資本・業務提携を発表し，2009年12月21日，子会社化を完了した。(☞M＆A，レバレッジド・バイアウト) (廣瀬)

株式の種類(種類株式)〔types of shareholder〕 株式には利益面，議決面，取得面について区別がある。まず利益面としての配当受取権に区別があり，優先的に受け取れる配当が予め決定されている株式(優先株式)とそのような決定条項がない株式(普通株式)がある。次に議決面としての株主総会での権利行使権に区別があり，その権利に制限がある株式(議決権制限株式)と制限のない株式がある。さらに取得面としての譲渡並びに株式取得の権利行使に区別があり，他人への株式譲渡を会社の承認を経てしか行えない株式(譲渡制限株式)や発行会社自らが取得可能な株式(取得条項付株式)がある。以上を含め，株式の種類について詳しくは会社法108条を見られたい。(☞株式，株主権) (渡辺敏雄)

株式持ち合い〔cross-shareholding〕 複数の会社が相手の会社の株式を相互に保有しあうこと。安定株主による敵対的買収への備えと経営権の安定性確保，企業間の友好的結合関係の構築，企業グループの結束強化などを目的とする。株式持ち合いの進展は法人株主の増加，個人株主の減少につながり，弊害を生む危険もある。これまでは他社株を保有することが含み益ももたらしてきたが，近年では株価の下落が企業経営を圧迫することもあり，持ち合い解消が進んできている。(☞ホールディングカンパニー，企業グループ) (森田)

株主権〔rights of shareholder〕 株主の権利には，会社から経済上の利益を受け取る権利(自益権)と会社経営に参加する権利(共益権)がある。前者については，金銭上の給付受取を含みより広い利益を受け取る権利であり，剰余金配当請求権(会社法453条)，精算株式会社に対する残余財産分配請求権(同504条)，株式買取請求権(同116条)，名義書換請求権(同133条1項)等がこれに相当する。後者については，株主総会に参加し経営方針の承認，定款の変更，役員の選出等に関わる票決を行う権利がこれに相当し，総会招集権(同297条)，株主提案権(同303条)，議決権(同308条)等を含む。(☞株式，株式会社) (渡辺敏雄)

カムアップシステム〔come-up system〕 文書の整理方式の1つで，個別生産の進度管理，外注管理，購買管理などに適用される。フォローアッ

プ・システム，チクラー・システムともいわれる。作業指示ごとに1枚，工程ごとに1枚，製品ごとに1枚というごとくに記載内容を1対1にしたカードや伝票を日程順に整理してキャビネットなどに保管する。そして，所定の時期に自動的に命令，指示，連絡などが行えるようになっている。(☞外注管理，在庫管理) (深山)

カルテル〔cartel〕 トラスト，コンツェルンとともに構造的独占の一形態。同一業種の企業が競争を避けて利益を確保するために，価格，生産量，取引先などについて取り決めた合意や協定，あるいはそれらの行為。企業連合ともよばれるが，各企業の独立性は維持されている。カルテルによる不当な取引制限が行われることで自由競争が損なわれ，ひいては消費者の利益が失われるために，私的独占，不公正な取引とならんで，独占禁止法が禁止する三本柱の1つにあげられている。不況カルテルと合理化カルテルは独占禁止法の適用除外条項であったが，1999年の法改正で廃止された。(☞コンツェルン，企業結合形態) (森田)

川上作戦と川下作戦〔backward strategy and forward strategy〕 垂直的統合の一種で，川上作戦は後進的統合，川下作戦は前進的統合ともいわれる。素材や原材料から加工・組み立てを経て製品化され，流通・販売から最終消費者に至る過程を川の流れに例え，自企業からみて原材料方面を川上，最終消費者方面を川下とよぶ。川上作戦は原材料の戦略的確保や有効活用，マネジメントの効率化を目的として，川上方面でM&Aや戦略的提携を行うことであり，川下作戦は流通・販売の効率化や市場への迅速な対応，新製品・新市場開発を目的として，川下方面で同様の統合を行うことである。川上・川下の統合に際しては異質の技術やマネジメントが必要となる場合が多いので，事業部制や子会社の形態がとられることが多い。(☞M&A，戦略的提携) (松本)

為替リスク・マネジメント〔foreign exchange risk management〕 一定時に特定の外国通貨を保有していることから生じるリスクを管理する行為。代表的な為替リスク移転方法には，①「債権・債務のスクエア化」といった外貨建資産と外貨建負債をほぼ同額に維持する方法，②「先物為替予約」，すなわち，ある一定日または一定期間内に予め定められた条件で一定額の通貨を受け渡す契約，③「通貨スワップ」，すなわち，国籍の違う企業が相手国通貨で資金を調達したいときに，各々の母国通貨で調達し，元本，利払いとも交換し，節約額を互いに配分する手法，④「オプション」，すなわち，一定の金融商品などを将来の一定期間または一定日に一定の価格で購入あるいは売却する権利を譲渡する契約，が挙げられる。(☞資本輸出) (藤澤)

環　境〔environment〕 環境とは，何か中心となるものに対して，それを

取り巻く周囲の外界,あるいは背景を意味している。特に人間を含む生物を取り巻き,それと相互作用を及ぼし合う外界をさす。この環境には大きく分けて自然環境と社会環境がある。大気,海,湖,川,山岳,森林などは自然環境であり,これらの自然環境を地球レベルで考える場合には,地球環境とよぶ。また人間の集団生活を取り巻く外界を社会環境という。都市の住宅問題,交通問題,大気汚染,水質汚濁,産業廃棄物,騒音問題などは社会環境の問題である。環境問題に対応するため日本では1971年に環境庁が設置され,2001年に改組により環境省が設置された。(☞環境アセスメント) (海道)

環境アセスメント〔environmental assessment〕 大規模工場,高速道路,ダム,飛行場,ゴルフ場の建設,埋め立て,干拓など環境に大きな影響を及ぼす恐れのある事業に関して,その影響を事前に調査し,評価する制度のこと。環境破壊を未然に防ぐための有力な手段であり,アメリカでは1969年に国家環境政策法によって制度化がなされた。それ以来,各国で法制化が進み,日本だけが遅れていたが,1997年にようやく環境アセスメント法が成立した。 (海道)

環境志向的経営学〔umweltorientierte Betriebswirtschaftslehre〕 ドイツでは大気汚染を主因とする森の枯死など,1970年代に入って経済活動による自然環境破壊が深刻な問題となった。これに対し経営学においても,自然環境保護をテーマとして採り上げる動きが出てきた。例えば,企業用具説を提唱したシュミット(Schmidt, R.-B.)は論文「企業理念と環境保護」(1974年)において,環境保護を積極的に企業目標に包摂すべきとした。その後メッフェルト(Meffert, H.),キルヒゲオルク(Kirchgeorg, M.),シュテーガー(Steger, U.)などによって理論的体系化が図られ,一定の地位を獲得している。また,価値創造過程における環境保護をめざす原価計算にマテリアルフローコスト計算があり,日本でも広く普及するなど,世界的にみて注目されるべき水準に達している。 (山縣)

環境マネジメント〔enviromental management〕 企業が環境問題に自主的に取り組むための枠組みのこと。企業は環境マネジメントシステムを構築し,環境に対する基本的方針を定め,実施し,環境監査に基づいて認証機関の認証を受ける。環境マネジメントの国際基準にISO14000シリーズがあり,EUの基準にはEU環境マネジメント・監査スキーム(EMAS)がある。 (海道)

関係会社〔affiliated firm〕 企業グループを構成する企業についてしばしば使われる。財務諸表等規則では,他の会社(親会社)によって50%を超える持株が所有される会社を子会社,20%を超え50%以下の持株が所有される会社を関連会社としており,これら全てが関係会社となる。し

かし，実際には持株比率が20%以下でも人事・資金・技術・取引等における緊密な関係を通じて実質的に支配または従属する関係が成立していれば関係会社ということもある。つまり，関係会社は，親会社，子会社，関連会社などの資本的関係会社と，出資の有無よりも実質的な支配従属関係を重視する人的関係会社に二分されるのである。(☞企業グループ，財閥，株式持ち合い) (片岡進)

監査等委員会設置会社(方式) 2014年会社法改正で可能になった株式会社トップ・マネジメント方式の1つ。取締役の中に，監査等(委員会)委員であるものと，それ以外のものとの区別があり，両者は株主総会でも別々に選出される。前者は3人以上で，過半数は社外取締役。他方，通常的に取締役会が形成され，社長の選出など取締役会業務を自ら行う。執行役はない。監査等委員会は取締役の活動の監査をする。これは単独の監査等委員でもできる場合がある。故にこの方式では監査役はない。一部の取締役に監査役の役割を兼任させたものともいえる。 (大橋)

監査役〔auditor〕 株式会社の役員(機関)で，株主総会で選任される。原則的に業務監査と会計監査を行うのが役割だが，非公開会社では会計監査に限定することも可能。取締役会を設置する場合，指名委員会等設置会社または監査等委員会等設置会社でない限りは監査役を置かなければならない。また取締役会がなくても，会計監査人を置く会社は上記2つの会社でない限り設置が必要。監査役会を置く場合は3人以上(半数は社外監査役)で常勤も必要。 (山縣)

監査役会(ドイツ)〔Aufsichtsrat〕 ドイツの株式会社において，取締役を任免する権限をもつ最高の経営機関で，直接的には取締役会の活動を監査・監督することが任務。業務監査や会計監査などの事後的統制だけではなく，重要事項の事前的な統制にもかかわるトップ・マネジメント機能も果たす。監査役を選任するのは株主総会だが，共同決定法や3分の1経営参加法が適用される企業では従業員代表を中心にした労働側代表の監査役も存在する。独立性維持のため兼任を制限する規定がある。(☞株式会社，経営参加，労資共同決定制) (山縣)

関 税〔tariff ; customs duties〕 租税の一種で，外国からの輸入品，外国への輸出品または自国通過品に対して賦課される。先進国では，後の2者の場合は極めて少なく，輸入品への課税金を一般に関税とよぶ。関税の主目的には，国家の歳入増，自国の主要産業または幼稚産業の保護，他国による類似の貿易規制に対する報復，国際収支の均衡化がある。関税は無差別ですべての国に適用されるか，特恵的で特定の双務的，または多国的協定を交わしている諸国に有利に差別が設けられているかのいずれかである。多国籍企業にとって関税は，輸出市場防衛のための対外

直接投資の促進要因となる。(☞非関税障壁) (藤澤)

関税同盟〔customs union〕 地域経済統合の1つの段階であり,加盟国間で関税や輸入割当等が廃止され,同時に非加盟国への共通の関税が設けられる。これよりも緩い地域経済統合が,域内の貿易障壁がなく,非加盟国への共通関税等もない(各国で対応)自由貿易協定(FTA)である。一方,関税同盟よりも域内市場が統合的なのが共同市場である。共同市場では域内貿易自由化や域外共通関税に加え,加盟国間の資金・労働力の移動自由化や経済制度の調整等を伴う。(☞関税,非関税障壁) (石井)

間接投資〔indirect investment〕 金利や配当といった収益分配金や,株式や債券等の売却益による収入を目的とした,外国企業に対する投資(株式や債券への投資)である。間接投資は海外投資の一形態であり,この点では直接投資と共通している。ただし,海外投資の目的については,間接投資ではおもに資産運用であるのに対し,直接投資では外国企業の直接経営であるという点で両者は異なる。また,間接投資と直接投資とでは,海外に移転される経営資源にも違いがある。間接投資で海外に移転されるのは,株式や債券を購入するための資金(金)だけである。一方,直接投資では金だけでなく,人,モノ(設備や資材),情報(知識や技術,ノウハウ)も海外に移転される。(☞対外投資,対外直接投資) (石井)

監督者教育〔training within industry:ＴＷＩ〕 第一線監督者を対象とした訓練方法。第二次世界大戦中に労働力不足を補うため,生産性向上を目的に開発された。監督者を対象としたリーダーシップ訓練であり,監督者として要請される基本的な技能として,仕事の教え方,仕事の改善の方法,人の扱い方等を内容としている。わが国には,管理者を対象としたリーダーシップ訓練で,仕事の与え方や指示の出し方等の内容を討議形式で進め,学習効果を高めようとするMTP(management training program)とともに,戦後導入された。 (伊藤)

カントリー・リスク〔country risk〕 海外への投資や融資,貿易において,対象となる国に特有の政治や経済,社会事情の変化によって発生するリスク。当該国における国民所得や国内総生産,国際収支,外貨準備高,対外債務等の経済指標や,政治状況,経済政策,軍事,治安,自然災害といった,市場動向に影響する諸要素を考慮して判断される。開発途上国では,このカントリー・リスクが高いケースが多い。一般に,民間の格付け機関によって,数値や度合いが公表される。(☞国際購買管理,対外投資) (石井)

カンパニー制組織〔company system organization〕 事業部制と同じ社内分社制に類型化される。社内に複数のカンパニーをあわせもち,それぞれのカンパニーがあたかも1つの独立した企業のように運営される組織

形態である。各カンパニーは事業部よりも大幅な権限が委譲されて独立性や自立性が高まったものとなっており、独自の貸借対照表も持つ。この形態からカンパニーをスピンオフさせ、各部門の独立採算性を一層徹底させるための組織が持株会社形態である。(☞事業部制,ホールディングカンパニー)　　　　　　　　　　　　　　　　　　　　　　　　(小澤)

かんばん方式〔kanban system〕　トヨタ生産方式の支柱であるジャスト・イン・タイムを実現するための用具として「かんばん」を使うのでそうよばれる。かんばんは、長方形のビニール袋に入った小さな紙片のことであり、大別して、後工程が前工程から引き取るべき物の種類と量を指示した「引き取かんばん」と、前工程が生産すべき物の種類と量を指示した「生産指示かんばん」とがある。かんばんは、トヨタ生産方式を運用するための重要な情報手段である。かんばん方式の創始者である大野耐一によれば、かんばんを通じて正確な情報の流れを確保することが、ジャスト・イン・タイムに生産を行うこと、すなわち大規模な企業の中に人体の自律神経を取り付けることを保証する。(☞トヨタ生産方式,ジャスト・イン・タイム)　　　　　　　　　　　　　　　　　　　(廣瀬)

官房学〔Kameralwissenschaft〕　官房学は重商主義のドイツ的形態であり、17～18世紀に領邦の王侯の官房＝国庫を富裕・強固にするための学問として発達した。その内容は、統計学、行政学、経済学、財政学などの知識を総合的に体系化したものであり、行政官吏の養成を目的としていた。18世紀末にイギリスの古典派経済学が導入され、支配的となると官房学は次第に衰退していったが、その内容の一部は、後のドイツ経営学生成の源泉の1つをなしている。(☞商業学)　　　　　　(海道)

管　理〔management〕　管理とは、ある対象を主体の意図する状態や方向にもたらそうとする制御活動を意味し、人や物、金、情報の管理などが指摘される。経営学では、組織の目標を効率的に達成するために人々の活動を調整すること、という人の管理を指すことが多い。アメリカでは一般に管理とは"get things done through other people"(仕事を他人にさせること)といわれる。このような経営管理の生成・発展は、資本主義が独占と呼ばれる段階に入り、企業の大規模化が進んだ時期と軌を一にしており、作業活動から独立した管理活動が生み出されることとなった。管理を行う経営者・管理者の職能は管理の要素とよばれ、計画や指揮、統制などさまざまなものが提唱されている。(☞管理の要素,マネジメント・サイクル,管理過程学派)　　　　　　　　　　　　　　　　　(小澤)

管理会計〔managerial accounting〕　企業外部者に企業の財政状態と経営成績を報告する財務会計に対して、企業内部者に経営管理のために必要な会計情報を提供するための会計。管理会計では、情報科学や経営管理

論の展開や経営環境に対応するために対象領域が拡大されてきたため,現在では,対象領域を「予算統制」と「原価管理」にのみ限定することはむずかしいため,経営管理に役立つことを目的にする会計の領域とみなして,個別の長期事業での投資計画や,企業全体を対象にする利益計画・資金計画を支援する「意思決定会計」と,部門別予算を前提に,標準原価(予算)差異分析により業績評価と経営統制を行う「業績管理会計」に分ける場合が多い。(☞意思決定会計,財務会計)　　　　　　　　　(牧浦)

管理価格〔administered price〕　寡占市場において供給者(大企業)によって,需要やコスト変化とは相対的に独立な形で,管理的・一方的に設定され,価格伸縮性が小さい(価格が固定的に維持される)ような価格のこと(広義の管理価格)。価格は完全競争下では需給関係で決まるが,寡占下では企業間の協調によってカルテルやプライス・リーダーシップ(業界のある企業が価格変更をすると,暗黙の了解で他の企業がそれに追随して同様の価格変更を行うこと)によって価格決定がなされ,価格競争が排除される。カルテル価格が明示的協定によるのに対して,プライス・リーダーシップでは表面上の協定がなく操作された価格で,これを狭義の管理価格という。このようにして寡占企業は短期需給よりも長期目標利潤率を目指して価格設定をするのである。(☞競争,独占,プライス・リーダーシップ戦略)　　　　　　　　　(片岡信之)

管理過程学派〔management process school〕　マネジメント(management)としての経営管理をどのように把握すればよいか。経営管理を,計画したり(planning),組織したり(organizing),人材配置を行ったり(staffing),指揮したり(directing),統制したり(controlling)する管理の諸過程としてとらえ,その諸過程から何らかの管理原則を導き出さんとする把握の仕方がある。このようなとらえ方の学派を管理過程学派といい,経営管理論の伝統学派,古典学派としての位置を占める。もともとファヨール(Fayol, H.)を祖とし,クーンツ(Koontz, H.)などに受け継がれている。経営管理を主として管理職能の問題としてとらえるところに特質がある。(☞アメリカ経営学の学派分類,経営学の古典理論)　　　　　　　　　(吉田)

管理可能費・管理不能費〔controllable cost and uncontrollable cost〕　特定の組織構成員にとって管理可能および管理不可能な費用をいう。組織構成員の業績を評価・測定する際,管理可能な範囲についてのみ責任を追及すべきとする管理可能性基準の下で,費用も管理可能なものと管理不能なものとに分類される。管理可能か否かは,組織の階層において相対的なものであり,一般に組織の上位の管理者ほど,そこに集計される管理可能費は多くなる。(☞原価管理)　　　　　　　　　(久保田)

管理限界〔span of management〕　1人の作業者や1つの部署が,有効に作

業し管理・監督できる範囲をいう。例えばコンビエンスストア等では商品在庫ができない所が多いから，店頭品売切れの場合本部からの供給を待つしかない。管理限界が低いのである。逆に管理限界を高くすると，店頭品を多くするなど管理コストが高くなる。ちなみに，英語で span of management という場合は，管理過程全般の遂行には限界があるという主張が込められているケースが多い。(☞管理の幅)　　　　　(馬場)

管理原則〔principles of management〕　管理原則とは，管理職能を遂行するにあたり，遵守・適用されるべきであるとされる原則のことをいう。フランスのファヨール(Fayol, H.)は，管理職能として5つの要素を指摘し，それを遂行するにあたって，個人的意見の偏重を排除するために管理者が準拠すべき一般原則が必要であると考え，専門化の原則や権限・責任の原則，命令一元制の原則，指揮統一の原則など14の管理原則を提示した。その後，彼の見解はアメリカのクーンツなど多くの研究者によって受け継がれ，管理過程学派とよばれる学派が形成されることとなった。(☞管理過程学派，管理の要素，ファヨール)　　　　　(小澤)

管理スタッフ〔management staff〕　経営者が行う計画，調整，統制などの管理職能を側方から助言・支援する管理サービスを行う部門のこと。たとえば企画部や管理室，調整室などの部署が管理スタッフに該当する。管理スタッフの設置によって，経営者が日常業務に忙殺されて戦略的・革新的な意思決定がおろそかになるという，いわゆる「計画のグレシャムの法則」を避けることができること，経営者の管理職能に最新の知識や手法を導入できることなどがメリットとして挙げられる。(☞スタッフ部門)　　　　　(柴田)

管理的意思決定〔administrative decisions〕　アンゾフによると管理的意思決定とは，最大限の業績をあげられるように企業の資源を組織するための意思決定のことである。この意思決定には，組織に関わるものと資源の調達，開発に関するものがある。前者には，権限・責任関係の構築，仕事や情報の流れ，流通チャネル，設備の配置についての決定があり，後者には，原材料源の開発，人員の教育訓練，資金の調達，設備の調達に関する決定がある。(☞戦略的意思決定，業務的意思決定)　　　　　(海道)

管理の幅〔span of control〕　1人の管理者が，有効に直接管理・監督できる部下の人数には限界があり，その人数のことをいう。その大きさは，管理者や部下の資質の他に，部下の訓練の程度，権限の委譲の程度，仕事の標準化のような職務の特性，スタッフの整備の程度といった要因によって決まるとされる。管理の幅の存在を前提とすると，作業者の数が増えるに従い，彼らを監督する現場管理者が増加し，さらには現場管理者を管理する中間管理者が必要となる。このように，組織の階層化は，管

理の幅が存在することにより必然的にもたらされ，その程度は，管理の幅の大きさに依存するとされる。(☞管理限界，階層化の原則)　　　(馬場)

管理の要素〔elements of management〕　管理活動を構成する個々の職能を管理の要素という。ファヨール(Fayol, H.)が，管理の要素として計画，組織化，命令，調整，統制を指摘し，それ以降，これら5つの要素以外にも論者によって指揮や指導，人事などさまざまなものが提唱されてきた。これら諸要素は，経営者・管理者の仕事を実際に分析した際の過程とみなされ，1つの循環過程を形成する。すなわち，計画の策定から始まり，その実行段階で管理者が指揮・指導して，職務に従事している従業員が目的を達成する行動をとるように影響を及ぼし，その後，計画値と実績値とを比較し，その結果を次の計画にフィードバックするというプロセスを繰り返す。(☞管理，管理過程学派，ファヨール)　　　(小澤)

官僚制組織〔bureaucratic organization〕　マックス・ウェーバー(Weber, M.)は官僚制組織論(ビュロクラシー論)を展開し，官僚制組織を最も合理的で効率的な組織形態であるとした。この特徴は，規則や手続きの明確化とその遵守，階層的職務権限，文書主義，専門的訓練に基づく職務活動，没人格性などにある。他方，マートン(Merton, R. K.)によって，「訓練された無能」や「目標の置換」，「革新の阻害」などの逆機能が指摘された。(☞ウェーバー，マックス)　　　(小澤)

〔き〕

機　械〔machine〕　機械の伝統的な定義には，ドイツ人ルーロー(Reuleaux, F.)による「力に対して抵抗力のある物体の組み合わせで，各部分は所定の相対運動を行い，人間に有用な仕事を行うもの」という説があった。すなわち，電気，蒸気，ガスおよび人力などの力による可動部分を伴う装備であり，それにより大量生産が可能になり，人間労働を上回る作業の生産性が生み出された。機械による工場の自動化は，労働者の仕事量の削減や作業の単純労働化をもたらした。しかし，伝統的な定義にはコンピュータなどが該当しないため，近年では，「人間に有用な目的のために，各部分に所定の機能を与え，全体の機能を実現させる物体の組み合わせ」と広く解釈されることが多い。(☞熟練の移転，機械の種類，機械制大工業)　　　(関野)

機会原価〔opportunity cost〕　原価計算では実際に生じた原価(実際原価)や標準原価が計算されるが，これとは別に意思決定のために特殊原価調査が行われることがある。資源(人・金・物)を仮にいくつかの代替的用途のうち1つにふりあてた場合，他の代替的用途で得られたであろう利

益は捨てることになる。この放棄された利益の推定金額を，代替的機会を犠牲にしたという意味でのコストとみなし，機会原価(機会費用)とよぶ。通常，二者択一の意思決定を行う場合に利用される。(☞未来原価，埋没原価，意思決定会計)　　　　　　　　　　　　　　　　　　(片岡信之)

機械制大工業〔great industry by machinery〕　マニュファクチュア(工場制手工業)はあくまでも労働者を中軸とする生産機構であったが，これに対して生産手段たる機械を中軸とする生産機構を機械制大工業という。道具に代わって作業機，伝導機，動力機という機械装置が生産機構を支え，やがてこの機械体系が自動的機械体系へと進むようになると，確かに生産性は急激に増大したが，労働はますます単純化し，労働者はひたすら機械に従属することとなって，今日の近代的工場を迎えた。(☞マニュファクチュア)　　　　　　　　　　　　　　　　　　　　　(吉田)

機械の種類〔kinds of machine〕　従来，機械は一般に原動機，作業機械および伝導装置に分類された。原動機は，電気，蒸気あるいはガスなどの力をエネルギーへと変えるものであり，モーターなどが該当する。作業機械は，原動機によって発生したエネルギーを用いて加工や運搬などの作業を行うものであり，用途に基づき工作機械，運搬機械，建設機械，農業機械などに区分される。伝導装置は，原動機で発生させたエネルギーを作業機械へと伝えるものであり，ベルトやチェーンなどが当てはまる。近年では，この分類にコンピュータなどの知能機械も加えられる。これにより，人間にとって困難である複雑な計算，多くの記憶あるいは迅速な検索などを伴う知的な判断や動作が遂行される。(☞熟練の移転，機械，機械制大工業)　　　　　　　　　　　　　　　　　　　　(関野)

機関株主(法人株主)〔institutional shareholder〕　株式を取得した主体が個人ではなく会社その他の組織である時，それらをさす。機関株主という場合，アメリカ的事情を反映して主として投資会社をさすが，法人株主という場合，日本的事情を反映して他社の株式を所有する銀行や事業会社をさす。日本では法人株主の果たす役割が大きく個人大株主の消滅後も法人株主が多く見られ，会社から法人株主が消滅せず，経営者支配は容易には成立を見ていない。(☞個人株主，株式，経営者支配)　(渡辺敏雄)

期間損益計算〔periodic accounting of profit and loss〕　長期にわたって営まれる経営活動を人為的に区分して，一会計期間での収益と対応する費用から利益を算定し，経営成績を把握する。その際，包括主義では，期間損益の合計＝全体損益，当期業績主義では，期間損益の合計＋期間外損益の合計＝全体損益という期間一致の原則を保証し，収益・費用計算と収入・支出計算の差異を調整するために貸借対照表を決算手段として用いる。(☞包括主義，当期業績主義)　　　　　　　　　　　　　(牧浦)

企　業〔business enterprise；Unternehmen〕　経済活動の単位は，家庭（家計：ここでは政府も含む）と企業に大別されるが，家庭が消費活動を主とするものであるのに対し，企業は他人のために行う生産・流通の活動を主とするものである。企業形態では，まず「法人であるもの」と「法人でないもの」とに分かれる。「法人でないもの」の代表的なものは個人企業である。「法人であるもの」では「会社であるもの」と「会社でないもの」とに分かれる。「法人ではあるが，会社でないもの」には，例えば協同組合があり，そのまま法人名であるものも多い。「会社であるもの」は本辞典中の「会社」の項目を見られたい。企業は激しい競争の中にあるため，時には一方的な営利追求に走るものがあり，企業の社会的責任の問われることがあるが，一国の経済の成否は，根本的には，企業活動の成否に依存する。(☞会社，法人，経営)　　　　　　　　　　　　　　(吉田)

企業間信用〔inter-enterprise credit〕　外部金融の1つ。取引先企業から原材料，商品，サービス等を購入した場合の支払いを買掛金や支払手形等で一定期間の延期が与えられる商業信用。支払いの繰り延べにより本来支払うべき額は実際に支払う時期まで当該企業の手元に残る。このように生じた余裕資金を別の用途に流用可能なことから，外部から短期的に資金を調達したことと同じ効果をもつ。(☞内部金融と外部金融)　(梶脇)

企業組合〔joint enterprise cooperative〕　1949年に中小企業等協同組合法により制度化された，働く場の確保，事業の拡大や効率化を主な目的とする中小企業者のための協同組合。組合員資格は原則として事業者のみに限らず労働者など個人であり，制限の範囲で法人も可能。組合員は資本とともに労働力も提供して組合の事業に従事するので，企業のような活動が行われる。最低資本金の制限が無く，法人格もあり有限責任のため，創業支援の機能ももつ。2012年3月末現在，1,908組合。(☞協同組合，組合，有限責任事業組合)　　　　　　　　　　　　　　(森田)

企業グループ（企業集団）〔business group；industrial group〕　企業の結合形態の1つで，相互に対等な企業同士が株式持ち合いを通じて友好的，協力的に結合していく形態と，大企業が子会社などを傘下に結合していく，支配従属関係にある形態とに大別される。戦後，企業集団を再編成した旧財閥系の会社（三井，三菱，住友）に芙蓉，第一勧銀，三和の各集団を加えたものは「六大企業集団」とよばれた。これらは前者の形態であり，企業集団という用語をこちらだけに用いる場合もある。近年，競争の激化やグローバル化といった環境の変化に伴い，企業グループの枠組みを越えた企業提携が増加しつつある。一方，連結決算制度の導入に見られるように，企業活動を個々の企業ではなくグループとして捉える動きもある。(☞財閥，ホールディングカンパニー，連結決算)　(森田)

企業系列〔keiretsu〕 金融系列,生産系列,流通系列,資本系列などの種類があるが,一般には,大企業と中小企業間で形成される縦関係の企業間関係を指す。朝鮮戦争後の不況(1952～53年頃),市場構造の変化,技術革新の進展,コスト競争力の強化といった課題に際して,大企業が優良な中小企業を中心とする下請企業を選別し,資金,人材派遣,技術供与といった多面的側面から,支援・育成するようになったことが企業系列拡大の契機とされる。(☞下請企業,販売系列化) (山口)

企業結合形態〔types of business combination〕 企業規模を拡大する方法には,自社の生産活動だけで利潤を蓄積する資本の集積と,その限界を超えるべく他企業との関係を強化する資本の集中がある。資本の集中を目指す企業結合形態は,企業集中形態ともいわれる。その基本形態には,①同一産業の複数企業が協定により独立性を保ちつつ結合するカルテル(企業連合:事業者団体・組合・業務提携),②複数企業が吸収・合併により資本的に統合するトラスト(企業合同:M＆A),③多種多様な産業の企業が金融機関や持株会社を中心に株式保有により資本的に結合し企業グループを作るコンツェルン(企業連携:財閥・企業集団・企業系列)がある。(☞カルテル,トラスト,コンツェルン) (片岡進)

企業国有化〔nationalization of industry〕 国家が私企業の株式の過半数を所有すること。先進資本主義国では金融・インフラ・自動車等の基幹産業で経営危機にある企業を救済するため一時的な国有化がなされてきた。西欧特に英国では頻繁な国有化の歴史があり,米国では世界金融危機後のシティバンク,GM等が,日本ではバブル崩壊後の日本長期信用銀行,りそな銀行等が記憶に新しい。安易な国有化には対象企業のモラルハザードを生む危険性がある。(☞公企業,企業民営化) (片岡進)

企業成長モデル〔growth model of the firm〕 ペンローズ(Penrose, E. T.)による1959年の研究を契機として,それより以降,ボーモル(Baumol, W. J.),マリス(Marris, R.L.),ウィリアムソン(Williamson, J.H.)らにより体系的に展開されてきた企業行動に関する理論を総称して企業成長モデルとよぶ。各企業は,産業の成長の中で盛衰の過程をたどるが,そこでの企業行動を動態的に明らかにしようとするのが企業成長モデルである。例えば,ペンローズは,企業を一定の管理組織をもった経営資源の集積体であると見なし,この経営資源が成長の原動力であると同時に,成長率の規定要因になるとする。また,企業成長を,その成長過程で生み出される未利用資源の有効利用の過程であると捉える。 (瀬見)

企業提携〔business tie-up ; corporate alliance〕 独立した企業同士が経営資源を補完的に利用し合いながら構築する相互協力関係。本来競争関係にある企業同士が協力するようになった背景には,不必要な競争を避け

て双方が利を得る,いわゆる Win-Win な競争関係に気づき始めたこと,全てを自社で賄う自前主義から脱却し始めたこと,社会的な効率性(例えば,自社の荷物を降ろしたトラックを空で回送させずに他社の荷物を運ぶようにする)追求が求められるようになったことなどがある。協力し合う分野によって,技術提携,販売提携,資本提携などがある。また,提携する企業は国内企業同士とは限らず,国際的な提携関係も多く築かれてきている。(☞戦略的提携,国際戦略提携,OEM) (森田)

企業内移動〔internal transfers and promotions〕 従業員が企業内部で配置転換,出向,昇進などによって担当部署を変更すること。日本の大企業では終身雇用的な考えに基づき企業内移動が盛んである。欧米のように外部労働市場が十分機能している場合には,技術進歩や経済変動に伴う労働力配分の変化は外部労働市場を通じて行われるが,日本のような場合には企業内移動の形で行われる。しかも職種を越えた移動が盛んで,そのため労働者の熟練や能力も多面的なものとなる。賃金は職種によって規定されず,年功制となり,労働組合も職種別ではなく企業別がよしとされる。ただし日本でも料理人や自動車運転手などのように専門化の程度が高く職種間移動が困難な分野がある。(☞日本的経営) (大橋)

企業内貿易〔intra-firm trade〕 多国籍企業の親会社と子会社間および子会社相互間で財やサービスの輸出入取引が行われると,この形態は企業内貿易とよばれる。自社内国際分業と同義である。企業内貿易が増える条件としては,海外子会社の設立件数が増えること,親会社による完全所有形態が多いこと,子会社が現地市場志向型ではなくグローバル戦略動機を持つこと,多国籍企業が全社的に対売上高研究開発費比率が高いことが挙げられる。近年,国際戦略提携や海外アウトソーシングへのシフトが進むに従って,全社的な貿易取引額に占める企業内貿易高の比率は下がる傾向にある。 (藤澤)

企業の倒産と再生・更正〔corporate bankruptcy and rehabilitation/reorganization〕 倒産について法律に定められた定義はないが,一般には,企業が債務返済に行き詰まり,不渡手形を出すなどして銀行取引を停止され,事業活動の継続が不可能となることをいう。その後の法的処理手続きは,清算するか,再建するかに大別される。清算する場合,債務返済,残余財産の分配の後,企業は解散,消滅することになる。再建する場合,民事再生手続きや会社更生手続きなどをとる。民事再生法に基づく前者は個人でも法人でも利用可能であり,現経営陣がそのまま経営を行うこともできる。会社更生法に基づく後者は株式会社だけを対象としており,管財人が経営を引き継ぎ,旧経営陣は経営に携わることはできない。 (森田)

企業文化〔corporate culture〕 経営風土や社風ともほぼ同義に扱われるが，企業のもつ個性すなわち固有の「その企業らしさ」のことをいう。具体的には，企業の本社ビル・工場・建築物のデザインや概観のようなハードの面にも表われるし，また企業構成メンバーに共通する経営思考・組織行動のようなソフトの面にも表われる「企業パーソナリティ」である。企業文化は，その企業をとりまく歴史的・文化的な諸条件の中で永年にわたり創出されたものであるから，急激な変化は困難である。それ故また企業アイデンティテイとしての役割も果たしている。したがって企業文化のあり方は企業業績にも影響を与える。(☞経営風土)　　　(渡辺峻)

企業民営化〔privatization of public enterprises〕 公企業の所有および経営を民間に転換すること。経営のみならず所有も全て民間に移行した段階が完全民営化である。近年，民営化が進められているが，その理由として，公企業の非効率性の是正，規制緩和に伴う競争原理の導入，政治介入の排除などがあげられる。正の効果として効率性や収益性の向上があげられるが，負の効果として過度のコスト削減意識がもたらすサービスや安全性の低下，雇用条件の悪化などもいわれている。(☞公企業)　(森田)

企業目標〔objectives of an enterprise〕 企業の究極的な目標は，利潤である。この利潤目標を達成するために企業の調達，生産，労務，財務，販売といった各部門には，例えば調達コストの最小化，生産原価の引き下げ，賃金コストの低減化，労働生産性の向上，売上高の極大化，マーケット・シェアの拡大などの多様な目標がある。これらの部門目標は，各部門においては目標であると同時に上位目標に対してはそれを達成するための手段である。したがって企業目標は，目標―手段という連鎖で結ばれた1つの目標システムである。　　　(海道)

記号モデル〔symbolic model〕 モデルは現実現象の本質的部分を抽象化したものであり，写像モデル(iconic model)，類比モデル(analogue model)，記号モデルの3タイプに分類できる。写像モデルは，模型自動車，彫刻などのように，対象をそれと同じような性質の別のもので模写したモデルである。類比モデルは，対象のある性質を別の何らかの性質に置き換えて表現したもので，時間，年齢などを距離で表わしたグラフや地表の高低を等高線で表示した地図はその一例である。記号モデルは，文字，数字，その他の記号で，現実現象を構成する要素と要素間の関係を表現した最も一般的かつ抽象度の高いモデルで操作性にも優れている。数式で表わされる数学モデルが代表的な記号モデルである。　　　(瀬見)

技　術　技術の意義については，異なる視点から，行為の形，労働手段の体系，科学法則の応用など多様な規定が試みられ，長らく論争の種となってきた。しかし，その基底にある一般的な属性は，人間の実践的行為

における確実性の確保,その成果の保証にある。技術には,基礎的技術・技術の応用・技術的創造の三局面がある。基礎的技術は特定の条件下での規則的行為の成果を保証し,技術的応用はより多様で変化する条件下での行為の確実性を保証する。技術は本来有機的世界における人間の営みなので不確実性を完全には除去しえない。この事情は技術の失敗とともに,よりすぐれた技術追求の営みとしての技術的創造の契機となる。技術は近代以前には属人的な技芸が主であったが,近代以降機械や工学のような客観的な近代技術とそれを前提とした属人的な技能との分離が起こった。技術的応用の局面は従来技能によって担われていたが,近年この局面にも機械が進出しつつある。　　　　　　　　　　(宗像)

技術移転〔technology transfer〕　複数の主体間で様々な形態の技術を伝えることを技術移転という。主として問題とされるのは相異なる国家・企業間での組織間移転,および同一企業・組織内の集団間の技術移転である。とりわけ先進国と発展途上国との間の技術移転は両者間の経済格差を縮小するための主要条件として注目されてきた。また,経営の国際化・海外現地法人の設置などの動きは,企業経営にとっても国際間技術移転を重要な課題にしつつある。しかし,社会構成,文化や慣習などの相違が大きい国際間の技術移転は相当の困難を伴う。その場合,機械や設計図のように客体化できるハードな技術の移転は相対的に移転し易いが,管理制度,熟練技能や作業様式のように,ソフトで,社会性,属人性が強い技術ほど移転は難しく,摩擦を引き起こすことも多い。(宗像)

記述科学〔descriptive science〕　科学は普通,規範科学と経験科学とに区分される。前者が倫理的,道徳的,美的等の形而上的規範を対象とするのに対し,後者は経験的事実・存在を対象とし,観察,整理,記述,分析して理論化する。後者は具体的個別事例を詳細に記述する記述的段階(狭義の記述科学)と,この記述の分析により普遍命題を帰納的に導き出し,これを前提として仮説をたて,その仮説を実験や観察によって検証して事実を説明する理論を作る説明科学的段階とに分かれるが,経営学では狭義の記述科学と説明科学を併せて広く記述科学とよぶことが多い。例えば,組織の意思決定過程を観察,整理,記述,分析して理論化するという意味で,近代組織論は記述的意思決定論とよばれる。(☞経営学の近代理論,規範論的学派)　　　　　　　　　　　(片岡信之)

技術革新〔technological innovation〕　シュンペーター(Schumpeter, J. A.)が規定したイノベーションに端を発する用語で,経済・企業活動にインパクトを与える技術上の変革を意味する。広義,狭義に用いられ,広くは経済・企業業績に影響するあらゆる方法上の変化を指す。最も狭くは,物的技術の領域における従来技術と次元を画する変化の経済的実現をい

い，特にテクノロジカル・イノベーションとして組織革新などと用語上でも区別される。この狭義の技術革新分野の研究は，特に生産領域における製品革新，製法革新に焦点を当て，それらの過程の構造や機能の特性や諸関係などを精密に体系的に把握して，技術革新現象一般の理解や技術革新の政策的・経営的コントロールに活かそうとする方向に発展している。(☞イノベーション，技術管理)　　　　　　　　　　　　(宗像)

技術管理〔management of technology〕　技術管理には大きく分けて企業レベルと行政レベルとの議論があるが，経営学で主に問題とされるのは前者の技術管理である。企業レベルの技術管理とは，経営管理の視点から企業内での諸技術の開発・獲得・適用・移転・保護などについて，技術固有の動態や組織や戦略との相互作用を考慮しながら，統合的・体系的・組織的に技術を操作・制御・推進しようとする活動をいう。技術管理の研究はアメリカを中心に発展してきた。とりわけ重視されているのは技術革新の管理であり，製品技術と製造技術との間や，それらの技術的要因と管理的・経済的・社会的要因との間に見出される諸連関の明確化を基礎に，技術革新の操作可能性を探求している。(☞技術革新，技術提携，知的所有権)　　　　　　　　　　　　(宗像)

技術シナジー　シナジー効果とは，一般には部分の総和より大きな成果が結合によってもたらされる現象をいうが，転じて，企業における事業分野間における結合効果，相乗効果を意味する。そのうち技術関連のシナジー効果のことを技術シナジーという。技術には多くの潜在的な利用方法があり，それを転用することによって本業と技術的に関連のある分野への多角化が可能になる。例えば，時計製造の精密加工技術を活かしてコンピュータ関連機器の事業に参入するとか，製鉄会社が自社のプラント制御技術を利用してシステム開発事業を手がけるなどが技術シナジーを利用した多角化であり，一方の事業分野で開発・改善された技術を他方に展開することが可能になる。　　　　　　　　　　　　(宗像)

技術提携〔license affiliation〕　一般にライセンス契約に基づき技術上の協力関係を結ぶことをいう。ライセンス契約では，ライセンシーが一定のロイヤルティ(特許使用料)をライセンス供与企業に支払うことで，その企業の特許技術の利用を許されるが，ブランドの使用権や製造ノウハウや経営の指導が契約に含まれる場合もある。また，中核技術を持った企業と周辺技術を持った企業が，相互にライセンス契約を取り結ぶクロス・ライセンスも，しばしば見られる。技術提携は大きな投資を伴わない点で買収などに比べてリスクの少ない技術獲得法といえるが，供与企業にしてみれば技術的優位が崩される恐れがあること，情報公開に制約があるため不確実な状況下で契約を取り交わさなければならないことな

どの問題もある。(☞ロイヤルティ, クロス・ライセンス)　　　　(宗像)

技術論的学派〔technologische Richtung〕　経営をどのようにとらえればよいか。経営を最初からいかに運営すればよいかという問題意識の下に, その運営の方法や手段を求めんとするとらえ方がある。ドイツの技術論的学派とよばれるものがそれである。この学派の総帥はシュマーレンバッハ(Schmalenbach, E.)であり, 一貫して技術論としての経営学を主張した。ただその場合, 目的が収益性であれば金もうけ論という非難を蒙るため, 経済性や生産性に求められて学問としての体裁を整えんとしたが, しかし目的はともあれ, 実際, 目的に対する手段の選択は因果法則の追求を前提としなければならず, 結局, 結果が目的となり, 原因が手段となるから, 理論的学派との区別が難しくなる。問題点の1つである。(☞ドイツ経営学の学派分類, シュマーレンバッハ)　　　　(吉田)

機種別職場作業組織〔functional workshop organization〕　万能職場作業組織, 品種別職場作業組織と対比される作業組織の一類型。職場作業組織は, 旋盤・ドリル・研磨などをそれぞれ行う複数の機種(機械)別職場の分業から成り, 製品は, 各機械の作業工程を順次移動させられる。このような機械の種類ごとに分業を行うのは, 一定数量(ロット)の製品生産が要求される場合である。作業職場が機種別に専門化・特殊化するので, 作業に必要とされる熟練も専門化・特殊化している。(☞万能職場作業組織, 品種別職場作業組織, 組別生産)　　　　(廣瀬)

基準内賃金と基準外賃金　企業において, 通常, 毎月決まって支給される賃金のうち, 所定労働時間働いたことに対して支払われる賃金を基準内(所定内)賃金といい, それ以外の所定外労働に対する賃金を基準外(所定外)賃金という。前者は, 基本給と諸手当(役付手当, 通勤手当, 家族手当, 住宅手当, 単身赴任手当など)からなり, 賃金中の固定的部分である。後者には, 超過勤務に対する時間外手当, 休日手当, 深夜手当, 宿日直手当等があり, これらは賃金中の変動部分である。わが国の終身雇用制の下では, 企業は不況時に備えて雇用量を抑え, 業況の拡大を所定外労働で対応する傾向が強いため, 所定外賃金部分は景気変動に応じて顕著に増減する傾向がみられる。(☞賃金体系, 割増給)　　　　(正亀)

規制緩和〔deregulation〕　主に公的な規制撤廃や緩和を目的とする諸施策のこと。公的規制や法的規制は, 外部不経済や独占の形成による弊害を調整するために実施されるものであるが, 他方で, 規制によるコストがその便益を上回る場合, あるいは規制の性格が国際基準と不整合な場合には, それらの撤廃が国民生活水準の向上や安定のために不可欠となる。世界的な規制緩和の流れは1970年代のアメリカやイギリスに端を発し, わが国でも80年代より規制緩和が本格化した。(☞企業民営化)　　　　(山口)

擬制資本〔fictitious capital〕 会社に払い込まれた貨幣は生産のための現実資本として現れる。他方で，会社の現実資本の運用結果としての収益があがる限りで株主には利益が配分され得る。このように現実資本の払い込み証書である権利証券(株券)が証券市場を通じて価値物として流通している。株式価格は社会的に成立している平均利子率によって還元された(割った)値になる。株式はこうして現実資本と並んで，あたかも価値物としての資本のように見なされその意味で擬制された資本となる。資本は一方では現実資本としての産業資本として運動し，他方ではそこからの利益が保証する価値に則って独自の流通をする擬制資本の運動となる。(☞株価，株式) (渡辺敏雄)

帰属意識〔sense of belongingness ; identification〕 個人が所属する集団に対して一体感，忠誠心，誇りを感じ，自らをその集団の一構成員であると心から感じるとき，その人は集団に対して帰属意識をもっているという。2つ以上の集団に対して，帰属意識をもっているとき，二重帰属とよばれる。内部労働市場の機能が優勢なわが国では，終身雇用制のもとで企業への帰属意識は欧米諸国に比べ高く，この会社への忠誠度の高さが良好なパフォーマンスの一因だともいわれてきた。しかし，最近の調査では企業への帰属意識は弱まりつつあることが示されており，特に若年層でそれが顕著である。そのことは新しい会社と個人との関係を作り出すことの必要性を意味している。 (奥林)

帰属理論〔attribution theory〕 人の行動や結果を観察し，その原因・意図を推測して，行動の意味を解釈し，行動予測に役立てようとするモチベーション理論の1つ。1950年代末ハイダー(Heider, F.)によって始められ，1970年代ワイナー(Weiner, B.)らによってさらに理論展開がはかられた。行為の原因＝属性として4種があげられる。態度や性格など行為者自身のもつ要因＝内的属性，行為者をとりまく環境や状況などの外的属性，行為者の能力のような安定的属性，運・不運のような不安定的属性である。例えば業績が落ちた時，それが行為者自身の能力のためか，状況変化のためか，あるいは運が悪かっただけなのかによって，行為の意味は変わってくるし管理者の対応も変わってくる。(☞動機づけ，リーダーシップ) (大橋)

基礎研究〔fundamental research〕 新しい知識の発見・創出を目的とする研究活動。実用的な製品に結びつく保証がないためリスクが大きく，大学や政府の研究機関に負うところが大きい。企業による基礎研究は，革新的な製品や製法に結びつくことがより確実に見込まれるジェネリック・テクノロジーの探求に向けられる。それですら多くの時間と費用を要しかなりのリスクが伴うため，これを手がける企業は多くはない。だ

が成功すれば長期的な成長をもたらす源泉となりうる。(☞ジェネリック・テクノロジー，研究開発)　　　　　　　　　　　　　　　(宗像)

期待理論〔expectancy theory〕　組織成員のモチベーションを説明する理論で現在最も精緻化されているものである。ブルーム(Vroom, V. H.)，ポーター／ローラー(Porter, L. W./Lawler, E. E.)等のモデルによって体系化され完成されていった。この理論の基本的考えは，仕事に対する努力が報酬をもたらすという個人の期待(expectancy)と，その報酬の主観的価値(誘意性(valence))との積によって成員のモチベーションは決定される，というものである。しかし，あくまでも個人レベルでのモチベーションを説明するものであり，集団レベルのモチベーションを説明できないという批判もある。(☞動機づけ)　　　　　　　　　　　　　　　(奥林)

北川宗蔵(1904-1953)　鹿児島生まれ。東京商科大学卒。和歌山大学教授在任中に没。シェーンプルークを中心にドイツ規範論的経営学の徹底的批判を試みた『経営学批判』(1946年)は古典的労作として有名。こうした批判に立脚して，資本主義的経営学から社会主義的経営学への移行を媒介するものとして批判経営学の樹立を主張した。広い哲学的，経済学的視野からの理論展開が持論で，哲学や経済学の著作も多い。没後千倉書房から著作集が刊行された。(☞個別資本理論(批判経営学))　　(大橋)

拮抗力(カウンターヴェイリング・パワー)〔countervailing power〕　資本主義下の企業は，同業者と競争関係にあることの故に，悪質な値上げや劣悪品販売がチェックされる。このような合理的自動調節機能は，寡占市場では麻痺してくるが，しかしこのような市場の同じ側(供給者側)同士の競争の代わりに市場の他の側から大企業に対し働く抑制力(巨大労働組合，大メーカーに対する百貨店・連鎖店・協同組合，大原料メーカーに対するユーザー大企業，国家の介入，例えば1930年代以降の米連邦によるワグナー法・最低賃金法・農産物価格支持政策・証券取引委員会などに基づく労働者・農民・投資家の対抗力強化措置)が機能を発揮すれば，寡占の弊害はある程度除かれうる。これを拮抗力といい，アメリカの経済学者ガルブレイス(Galbraith, J.K.)によって唱えられた。　　　　　　　　　　(片岡信之)

規範論的学派〔normative Richtung〕　経営をどのようにとらえればよいか。あるべき経営の姿を設定し，それを通じて現実の経営を認識し，かつ導いてゆくとらえ方がある。ドイツの規範論的学派とよばれるものがそれである。この学派の代表は戦前のニックリッシュ(Nicklisch, H.)であって，ニックリッシュは，経営を1つの労資共同体としてとらえ，それを基礎に経営成果をこの労資に公正に分配せんとした。そこには，労働側に立つ人々も，資本側に立つ人々も共に生ける人間であり，経営はまさしくこの生ける人間の共同体であるという組織観が根強く存在してい

た。経営をシステムとして数量的にとらえんとする傾向の強い今日，この人間中心の組織観が再び見直されんとしている。(☞ドイツ経営学の学派分類，ニックリッシュ，新規範主義経営学)　　　　　　　　　　　(吉田)

忌避宣言権〔right of nullification〕　独立採算制による事業部制をとっている場合，各事業部は取扱製品の売価とコストの双方を自部門で決めうることが必要であるから，例えば，自企業内の他部門から部品の供給を受ける場合，その供給価格(振替価格)が市場価格より高い時には，その供給を断り，他企業から安い部品を購入できるようでなくてはならない。反対に自部門製品を自企業内他部門に供給する場合，他企業でもっと高く買ってくれる所があれば，そこに売って自企業他部門への供給を断ることができなくてはならない。これが忌避宣言権である。しかし実際には，1つの企業という枠があり，厳格な適用は困難なことが多い。例えば全社的に取り組んでいる製品や部品の場合などには適用を除外したり制限する必要が起きる。(☞連邦制分権化，事業本部制)　　　　　　(大橋)

規模の経済〔economies of scale；scale merit〕　生産規模を拡大していけば，生産量の拡大につれて生産物一単位当りの平均生産コストが低下していくこと。大規模生産の利益，規模の利益ともいう。典型的には石油精製業や自動車産業等に見られる。イギリスの経済学者シルバーストンらのシルバーストン曲線によれば，車1台の生産コストは生産台数が5万→10万と増えると15％低減，20万台では10％低減，40万台では5％低減等となるとされる。規模の経済が生じる原因は，規模が増大しても必要な労働量はさほど増大しない，生産量が増大しても固定費は不変である，特化されたすぐれた機械・設備・技術の採用により能率が上がる，分業の高度化により作業や管理において専門化の効力を期待できる，などによるものと考えられる。(☞範囲の経済)　　　　　　　　　(片岡信之)

逆エンジニアリング〔reverse engineering〕　製品・機械を分解・観察・解析して，そこに反映されている技術やノウハウ，構造，原理等を調べること。リバース・エンジニアリングともよばれる。一般に，競合他社の製品を購入し，分解することで製造工程を遡り，その企業の技術やノウハウを分析・導入することが多い。他社の技術や知識の模倣につながるため知的所有権保護の面からの批判はあるが，製品・機械を設計した企業自身も気づかなかった技術や原理が発見される面もある。(☞技術，知的所有権)　　　　　　　　　　　　　　　　　　　　　　　(石井)

逆輸入〔re-import〕　多国籍企業の親会社が当該製品の主要な輸出相手国から，現地生産子会社や技術供与先企業を通じて輸入を開始または増加させるといった，ブーメラン現象をいう。直接原因は，親会社の優れた技術などの経営資源の海外移転にあるが，外国為替市場での自国通貨高

傾向や現地政府からの輸出圧力も加速要因として見逃せない。自社内国際分業または委託生産などの戦略提携によって逆輸入を効果的に利用すれば，競争優位を強化できよう。(☞ライセンシング) (藤澤)

キャッシュ・フロー〔cash flow〕 ある一定期間内に企業に出入して流れる資金量。財務諸表の1つであるキャッシュ・フロー計算書では，3つのキャッシュ・フロー(CF)概念に大別される。営業CFは当期純利益に減価償却費，売上債権・棚卸資産等の増減額を加減して算出する。投資CFは有価証券や有形・無形固定資産の取得・売却等に伴う収入・支出から，財務CFは資金調達および返済等に関連する収入・支出から求める。単にキャッシュ・フローといえば営業CFを指す場合が多く，営業CFから現業を維持するための支出を差し引いた額が一般にフリー・キャッシュ・フロー(FCF)とされる。 (梶脇)

キャッシュフロー計算書〔cash flow statement〕 1会計期間におけるキャッシュの増減を表すことにより，企業の資金繰り等の情報を伝達する計算書をいう。貸借対照表，損益計算書等と並ぶ基本財務諸表の1つである。1会計期間におけるキャッシュの増減は，営業活動，投資活動，財務活動に分けて表示される。1998年(平成10年)の「連結キャッシュ・フロー計算書等の作成基準」の公表以来，金融商品取引法の適用会社に作成が義務づけられている。(☞財務諸表) (久保田)

ギャップ分析〔gap analysis〕 戦略経営計画において，企業目標の希求水準と予想される達成水準との間にどれくらいのギャップが生じるかを，主に環境分析を通じて明らかにすることをいう。長期経営計画の策定にあたって，企業は外部環境(経済環境，社会環境，技術環境など)と内部環境(企業の資金力，研究開発力，人材など)の将来の変化を予測することにより，予め設定された企業目標の長期見通しを得ることができる。その結果，目標値と予測値との間にギャップが見出される。これは，企業に対する戦略的な機会と脅威の存在を示すものである。従って，各企業はこのギャップを埋めるために，自社の能力に最も適した戦略の探求，選択を行わなければならない。(☞戦略的経営計画) (瀬見)

CAD・CAM・CAP・CAT 企業の生産では，製造，設計および管理という機能が結合している。それらの機能領域でのコンピュータ利用の増大が，今日の生産を特色づけている。製造機能に関するコンピュータ利用はコンピュータ支援製造－CAM(computer aided manufacturing)，設計機能に関するコンピュータ利用はコンピュータ支援設計－CAD(computer aided design)，管理機能に関するコンピュータ利用はコンピュータ支援計画－CAP(computer aided planning)といわれる。これらが，コンピュータ統合生産－CIM(computer integrated manufacturing)の中核的な基礎と

なるのである。さらに，コンピュータ支援自動検査－CAT（computer aided testing），コンピュータ支援エンジニアリング－CAE（computer aided engineering）などがある。(☞ CIM，MAP) 　　　　　　　　（深山）

キャリア・デベロップメント・プログラム〔career development program: CDP〕　キャリア・プラン，経歴開発プログラム。ジョブ・ローテーションによる様々な職務経験や各種研修によって，従業員にとっては生涯にわたる能力の開発を，企業にとっては環境の変化に対応できる人材・専門家・技術者の育成を図る制度。以上のことを，従業員のライフサイクルと結びつけて，従業員の自主性と企業の支援のもとで実施するところにこの制度の特徴がある。自己申告制度，目標管理，上司との育成面接を通して，企業と従業員相互の考え方，希望，期待が調整され，配置転換，教育・訓練，出向等が行われる。(☞コース別人事管理) 　　　　（伊藤）

QC サークル（ZD 運動）〔quality control circle (zero defects movement)〕　ともに小集団活動の代表的な形態。QC サークルは，同じ職場内で，品質管理活動を自主的に行う小グループ。QC 手法を活用して，職場の改善を継続的に，全員参加で行う。従業員のもつ生産者意識・仕事意識を刺激しつつ，それと企業の要請する品質・コストを結びつけ，そのことを通して従業員の意欲喚起も図る。ZD 運動は無欠点運動ともよばれ，製品・サービスの信頼性向上と低コスト化，納期厳守を目的に，最終工程で欠点・欠陥を発見するのではなく，従業員が工程中のミスを自主的・自発的に防ぐ活動。こうした活動を通して従業員の意欲喚起を図る側面ももつ。(☞小集団活動，改善運動) 　　　　　　　　　　（伊藤）

協業組合〔productivity improvement cooperative〕　中小企業団体の組織に関する法律に基づき 1967 年に制度化された。組合員の事業を協業化することで，規模の適正化による生産性の向上等を効率的に推進し，共同の利益を高めることを目的とする。組合員資格は中小企業者であるが，1/4 を超えない範囲で大企業者も可能。議決権は原則平等ではあるが，一定の範囲で出資口数に応じた議決権の付与も認められている。2012 年 3 月末現在，866 組合。(☞協同組合，企業組合) 　　　（森田）

共　生〔symbiosis〕　生物学の概念で，異なる種の生物同士が生活を共有することを意味している。この概念が環境問題にもち込まれ，自然環境と人間生活の調和や人間と人間の相互関係という意味で使われている。企業と自然環境との共生においては，原材料の採取から製造，流通，消費，リサイクル，最終廃棄までの全過程に関しライフ・サイクル・アセスメントを行い環境への負荷を低減化することが求められる。　（海道）

競　争〔competition〕　私的所有制下で市場を目当てとした生産によって企業の利潤追求活動が行われる場合，市場への商品販売活動では，優劣

を比べて争い相手に勝とうとする行動や社会的構造が生じる。これを競争，競争構造という。競争は優勝劣敗のルールのもとで，企業に人・金・物・技術・情報など諸資源を機動的・合理的に動員させるようにしむけ，社会全体としても市場を通じての諸資源の社会的配分を自動的・効率的に達成するという点で有意義である。また競争とひとくちにいっても，その内容は多様であり，典型的な自由競争である純粋競争(pure competition)，完全競争(perfect competition)もあれば，競争的寡占，協調的寡占のような不完全競争(imperfect competition)もある。完全独占の場合には競争的要因は消え去っている。(☞独占，寡占)　　　　　　　　(片岡信之)

競争戦略〔competitive strategy〕　競争の発生する業界の中で競争優位性を確立するために，5つの競争要因，すなわち新規参入の脅威，既存競争業者間の敵対関係，代替製品・サービスの脅威，買い手の交渉力，売り手の交渉力に対応し，収益を大きくするための基本方針のことである。まず競争環境の分析を行い，その上で競争を展開する基本戦略が決定される。その戦略パターンとして，規模の経済や技術革新などを通じた低コストを競争優位の源泉とするコスト・リーダーシップ戦略，製品・サービス，製造技術やブランドの独自性を競争優位の源泉とする差別化戦略，そして特定の市場セグメントに絞り込んでコスト・リーダーシップ戦略や差別化戦略を展開する集中化戦略の3種類がある。(☞経営戦略，競争優位)　　　　　　　　　　　　　　　　　　　　　　　　(松本)

競争優位〔competitive advantage〕　企業が特定の市場や事業において，競争相手に対して確立する優位性のことである。競争優位の源泉は企業が買い手のために創造する価値である。その確立にはコスト・リーダーシップ，差別化，集中化の3つの手段が用いられ，それにはすべての企業活動が競争戦略を実現するためにシステムとして機能する価値連鎖が必要になる。企業の独自性を発揮することにつながるコア・コンピタンス(中核能力)を確立することも有効である。(☞経営戦略，競争戦略)　(松本)

協働意欲〔willingness to cooperate〕　共通目的，コミュニケーションと並ぶ，組織の基本要素の1つである。協働意欲の強さは，各個人が組織から受け取る誘因がどれ程その人の動機を満足させるかに依存しているため，個人差があり，組織の中の大抵の個人は，協働意欲の消極的な側にいるといわれている。また個人の協働意欲の強度は常に一定ではなく，それゆえ組織全体の協働意欲も不安定である。さらに，協働意欲の強さは組織の規模に反比例するといわれており，小組織ほど個人の意欲は強くなる。しかし個人の地位，名声あるいは貢献能力とは必ずしも関係のないものである。(☞貢献と誘因，能率)　　　　　　　　　　　　(水原)

協同組合〔co-operative society〕　消費者，農林漁業従事者，中小企業者な

どの経済的弱者による相互扶助のための非営利民間事業組織。1844年に英国に創設されたロッチデール公正先駆者組合がその原型とされる。その際に掲げられた，民主的運営(一人一票の議決権)，出資金の配当制限，利用高に応じた剰余金分配，政治的・宗教的中立など8項目からなる経営原則は，今日の協同組合運営に大きな影響を与えている。特に，一人一票制は，協同組合を資本の結合体ではなく人間の結合体とする要諦である。わが国の協同組合は，消費生活協同組合(消費者)，農協や漁協(第一次産業従事者)，事業協同組合や企業組合(中小企業者)などに分類できる。(☞企業組合，協業組合，組合) (森田)

協働体系〔cooperative system〕 バーナード(Barnard, C. I.)が組織理論の中で展開した中心概念の1つ。目的達成への過程において制約が存在する時，人はその制約を克服するために種々の方法を考える。個人の生物的能力に制約を認め，生物的能力と環境条件との間の制約を克服する手段として成立するものが協働システムである。2人以上の人間が協力するこの協働システムは，組織システムをその中核にもち，その他に，物的システム(協働に必要な物的設備および技術)，社会的システム(協働をする人間の相互作用)，人的システム(生物としての人間のシステムおよび個人そのもの)をもっている。われわれが一般常識で組織と解しているものが，バーナードのいう協働システムである。(☞組織，組織行動) (水原)

業務的意思決定〔operating decisions〕 業務的意思決定の目的は，企業の資源の変換プロセスの能率を最大にすることにあり，業務レベルでの収益性の最大化をはかることにある。したがってそこでは主要な職能ごとに資源を予算の形で割り当て，資源の分配と変換を日程的に計画化し，それを管理，統制することが問題となる。主な業務的意思決定には，予算編成，日程計画，在庫計画の作成，価格の決定，マーケティング戦略の決定などがある。(☞戦略的意思決定，管理的意思決定) (海道)

巨大科学〔big science〕 ビッグ・サイエンスともいわれる。科学と技術の協力を前提として，巨額の資金を組織的に投入し，多くの科学者や技術者を体系的に動員して行われる大規模な研究のことをいう。原子力開発，宇宙開発，核融合実験の研究などが，その典型的な例である。この概念は，もともと旧ソ連に対抗するためにアメリカが巨大な研究予算を支出することになった際に，はじめて用いられた。 (深山)

ギルブレス(1868-1924)〔Gilbreth, Frank B.〕 米国メーン州に生まれ，高校を卒業後すぐにレンガ積み工の徒弟として実業界に入った。彼の業績は，夫人の心理学者リリアン(Gilbreth, Lillian, M., 1878-1973)の協力抜きには語れない。夫妻は，動作研究(motion study)，心理・疲労研究を通じて，作業標準化の手法の考案に大きく貢献した。この動作分析の原則をサー

ブリッグ(therblig)と名づけた。また，米国インディアナ州のパーデュー大学には，貴重なギルブレス工学コレクションがある。(☞微細動作研究，サーブリッグ) (廣瀬)

ギルモア=ブランデンバーグ・モデル〔Gilmore-Brandenberg model〕 ギルモア(Gilmore, F.)とブランデンバーグ(Brandenberg, R.)が開発した経営計画モデルである。彼らによれば，経営計画の過程は自社の実績，競争業者の活動，一般的経済動向，技術動向を分析して，それまでの計画を再評価することから始まり，①新しい製品分野に進出するか，②新しい競争戦略を採用するか，③新しい活動プログラムを作成するか，という3つの問題を解決しながら段階的に循環している。これらの問題解決過程は，①が新製品分野での経済的使命(企業目標)の形成，②が競争戦略の作成，③が実行計画の作成としての性格をもつ。ここから，経営計画は企業目標(経済的使命)の形成と新製品分野への進出(多角化)の可否や競争戦略を決定した後に実行計画を作成して実施し，さらに計画を再評価する過程としてモデル化されたのである。(☞経営計画) (仲田)

金融資産〔financial assets〕 物的資産に対するもので，通常では，非営業用資産で換金性の高いもの。わが国の「金融商品に係る会計基準」では，金融資産を具体的な資産項目で示すため，現金預金，受取手形，売掛金および貸付金などの金銭債権，株式，出資証券および公社債などの有価証券，さらに，先物取引，先渡取引，オプション取引，スワップ取引およびこれらに類似する取引(デリバティブ取引)から生ずる正味の債権などを含む。(☞インカム・ゲインとキャピタル・ゲイン) (牧浦)

〔く〕

グーテンベルク(1897-1984)〔Gutenberg, Erich〕 第二次世界大戦後のドイツ経営学の発展に決定的な影響を与えた学者。1951年に出版された『経営経済学原理』の第1巻生産編において企業を「営利経済原理」，「自律原理」，「単独決定原理」からなる統一体として把握している。そしてこの企業を労働給付，経営手段，材料といった「生産要素の結合過程」としてとらえ，生産要素の投入とその結合成果の数量的な関係，すなわち生産性の関係を問題とした。その際，基本的な生産要素を結合する企業者職能をも1つの生産要素とみなし，この企業者の管理的労働を第4の生産要素として重視した。 (海道)

クーンツ(1908-1984)〔Koontz, Harold D.〕 米国オハイオ州生まれ。デューク大，トレド大，コルゲート大をへてカリフォルニア大(ロサンゼルス)教授。経営管理論，輸送論を専門とし，航空会社，鉄道協会，政府機関

などの要職や経営コンサルタントを多数兼任した。大学の同僚オドンネル(O'Donnell Cyril)との共著『経営管理の原則』(1955年)は版を重ねた。ファヨール以来の管理過程学派の立場から,管理原則の探求を中心にして,管理の科学的統一理論の確立を目指した。(☞ファヨール,管理過程学派,経営学の古典理論) (片岡信之)

組　合〔partnership ; trade union ; association ; society〕　共同の事業を行う目的で出資する複数の人たちの結合体。組合とよばれるものは多数存在する。民法上は,各当事者が出資して共同の事業を営むことを約することが組合契約となる(667条)。商法に規定される匿名組合は,当事者の一方が相手方の営業のために出資をし,その営業から生ずる利益を分配することを約する契約(535条)であり,これらの組合や有限責任事業組合は法人格を有しない。他方,協同組合,協業組合,企業組合,労働組合などは法人格を有することができる。なお,一般には「組合」という場合,特に労働組合のことをさして用いられることもある。(☞労働組合,有限責任事業組合) (森田)

組別生産(ロット別生産)〔lot production〕　仕事の連続性からみて,個別生産と連続生産の中間に位置する,生産の基本方式の1つ。いくつかの種類の製品を,一定数量(ロット)ずつ,反復的に生産するやり方である。例えば,ABC3種類の製品を,それぞれ500個,300個,700個ずつ,毎月1回か2回,あるいは2カ月に1回くりかえして生産する。製品種類と生産量の関係からみれば,個別生産や少量のロット生産は多品種少量生産に,多量のロット生産は中品種中量生産に適している。(☞個別生産,多品種少量生産) (廣瀬)

クラークソン・モデル〔Clarkson model〕　クラークソン(Clarkson, C. P. E.)が1960年代初めに開発した投資決定モデルのこと。クラークソンは,銀行の信託部門担当者のポートフォリオ選択過程のモデルを構築するために,米国のある中規模国法銀行の信託資金投資部長がどのように投資政策を選択し,他の代替的な投資物を評価し,またポートフォリオを選択したのかについての手続きをシミュレートし,コンピュータ・プログラムを作成した。このモデルに従いコンピュータが選択した株式の3分の2以上は人間が選択した株式と一致しており,残りは同じ産業グループで,同程度のリスクの株式を選択していた。このモデルの予測能力は優れており,当時のコンピュータの水準を考えると,その成功は卓越していたといえる。 (今西)

クライアントとサーバー〔client and server〕　コンピュータ上でのネットワークでは,一台のコンピュータで何もかもするのではなく,クライアント(顧客側)と,クライアントからのインターネット・アクセス等のリ

クエストに答えるサーバーに分けて, 分散処理を行うことが多い。サーバーの種類や台数は, ネットワークの規模や目的によって決まる。クライアント側よりもサーバー側のコンピュータの方が処理速度は高速でかつ記憶容量が大きい。サーバーは, クライアントの使用状況を常時管理して, 不正なアクセスがないかなどのクライアントの認証等にかかわる個別情報を統括して管理する。システムダウンなどの不測の事態に備えるために, サーバ側に人員を配置していることが多い。(☞サーバ) (福井)

クラスター戦略〔cluster strategy〕 クラスターとは, ある特定の分野に属し, 共通性や補完性によって結ばれている, 相互に関連した企業・機関からなる地理的に近接した集団のことで, 関連する複数の産業や競争相手も含まれる。クラスター生成によって, 企業戦略および競争環境, 需要条件, 関連産業・支援産業, 要素(投入資源)条件という4要因の相互作用を促進し, それがクラスター内の企業の生産性の増大, イノベーション能力の強化, 新規事業の形成に影響を与える。クラスター戦略は企業にとって上記のよい影響を得るために, どのようなクラスターを選択あるいは開発し, 競争対応を行う上でどのような分析を行い, どのように自治体や業界と連携するかを決定する指針である。 (松本)

クリティカル・パス・メソッド〔critical path method：CPM〕 CPM は PERT と並んで, 多くの様々な作業から構成されている大規模なプロジェクトの日程を計画・管理するための手法として, 1950年代の終わり頃にアメリカで開発されたものである。PERTでは主にプロジェクトの完了までの所要時間だけが問題とされるのに対し, CPM では時間に加えて費用の面が考慮される。通常, 作業の所要時間を短縮するには新たな資源の投入が必要となるから, プロジェクトの日程をいま以上に短縮しようとすればそれだけ直接費は増加する。しかしこのとき間接費は逆に減少する。CPM の目的の1つは日程の短縮が可能な時に, これら費用の総和が最小となるような最適日程計画を探求することである。(☞ OR, PERT, 日程計画) (瀬見)

繰延資産〔deferred asset〕 対価の支払いや支払義務の確定により, 役務の提供を受けたが, その効果が期待できる将来期間に対して費用を合理的に配分するために, 経過的に資産として計上するもの。繰延資産は, 他の資産のように実体的価値を有さず, 収益との対応関係が不明確であるため, 企業会計原則は, 創立費, 開業費, 新株発行費, 社債発行費, 社債発行差金, 開発費, 試験研究費と建設利息のみの計上を限定的に認めている。(☞資産) (牧浦)

グループウェア〔groupware〕 グループによる問題解決のための共同活動を支援するためのソフトウェアやシステム。ネットワーク環境を利用

して，電子メール，スケジュール管理，スケジュール共有あるいは会議室・設備・備品予約，文章管理，掲示板などの機能を統合して提供する。例えば，メーリングリストを使うと情報伝達ができるけれども，グループウェアを使うと，メンバーのスケジューラに自動的にそのスケジュールが反映され，情報共有もできる。 (福井)

グループ・ダイナミックス〔group dynamics〕 集団力学と訳される。社会心理学の一領域で，1930年代にレヴィン(Lewin, K.)によって始められた集団内に作用する諸力の研究である。そこでは，個人と集団の関係，集団としてのまとまり(凝集性)，集団目標，集団圧力，リーダーシップ等，集団における人々の相互作用の過程が研究されている。アクション・リサーチを重視した実践的な姿勢がつらぬかれており，QCサークル活動や小集団活動を分析する場合の基礎理論となっている。 (奥林)

グループ・テクノロジー〔group technology〕 多品種少量生産の場合の生産効率を向上させるための技術の1つで，類似部品加工法，グループ加工法，類似集合加工法などともいわれる。この方法の起源は，第二次世界大戦後にレニングラード工大のS.B.ミトロファノフにより考案された方法にある。それがヨーロッパ，アメリカ，日本などで普及した。さらに今日では，韓国や中国でも適用されている。この方法においては，多種類の部品や製品を形状，寸法，加工方法などを基準としてグループ化し，より大なるロットを形成し，標準化を追求し，各グループごとに適切な手段・方法で生産が行われる。それによって，多品種少量生産が行われる場合でも，大量生産のような生産効果が得られる。 (深山)

クローズド・システム〔closed system〕 システムは，環境との相互作用の有無によって，オープン・システムとクローズド・システムとに区別される。クローズド・システムは，物理学の研究対象となるシステム概念で，環境との相互作用をもたず，自己完結的な独立性をもつ閉鎖的システムである。経営システムで考えれば，環境との人的，物的資源等の流入・流出のない，閉鎖的経営を意味している。これに対して，環境と資源の交換を行いつつ新陳代謝をするのがオープン・システムである。(☞システム，一般システム理論，オープン・システム) (水原)

グローバル企業〔global company〕 本国以外の外国に子会社を設営すれば「多国籍企業」と定義された。だが，世界的視点から意思決定し，多数国で事業を展開し，世界の主要な地域/国に本社や地域本社を設置する企業が増えてきた。かかる企業こそ「グローバル企業」とみなせる。バートレット-ブシャールが提唱したトランスナショナル(transnational)型，ドッズが提示したメタナショナル(meta-national)型の多国籍企業は，グローバル企業の典型となる。前者では，統合的情報ネットワーク組織

が活用され，本社と子会社間でグローバルとローカルの適正バランスが取れた共同意思決定がみられる。後者は，本国本社に捉われない自由裁量と意思決定と諸活動の世界展開を特徴とする。　　　　　　　（藤澤）

グローバル・コンピュータ・ネットワーク〔global computer network〕　多国籍企業が世界レベルで拠点間をコンピュータで連結し，グローバルな情報共有網を形成すること。例えば，世界各地の工場や販売拠点を結ぶコンピュータ・ネットワークの構築は，世界レベルでの受発注や物流の最適化につながる。また，各国の開発拠点間で設計情報(図面やデータ)を共有し，開発工程の分業を行うことで，拠点間の時差を利用した24時間の開発体制も構築できる。ただし，コンピュータ・ネットワークを通じて拠点間でやり取りできる情報には容量に限界がある。また，データや文書によって形式化できないノウハウのやり取りや，法人の形態をとる拠点間では守秘義務の点で共有できない情報に対応しなければならないという問題もある。　　　　　　　　　　　　　　　　　　　　　（石井）

グローバル戦略〔global strategy〕　多国籍企業が各国に展開する拠点間の分業体制にかかわる方針のこと。世界レベルで共通した需要動向に対応し，これを効率的に実現できる製品やサービスの供給・生産体制の構築が目指される。開発拠点や生産工場は世界的にみて最適な国に集中させ，そこから製品やサービスが各国に供給される。親会社を中心としたスムーズな拠点間の連携・調整や，世界レベルで規模の経済性を享受できる効率的な拠点配置が実現できる，というメリットがある。一方で，市場ごとのニーズにきめ細かく対応しにくく，貿易摩擦や為替リスク等の政治・経済リスクに脆弱である，というデメリットもある。時計やカメラ等の国際標準的な製品の分野で採用されることが多い。　　（石井）

グローバル・ポジショニング・システム〔Global Positioning System：GPS〕　全地球測位システム。複数の人工衛星から発せられる電波を受信することによって，地球上の現在位置を三次元的に正確に算出するシステム。元来は軍事用のシステムとして開発されたが，現在では，カーナビゲーション・システムや携帯電話，船舶・航空分野など幅広い分野で利用されている。(☞高度道路交通システム)　　　　　　　　　　　　　　　（竹林）

グローバル・マーケティング・マネジメント〔global marketing management〕　世界を1つの市場としてみなすマーケティング活動の展開パターンである。国内と海外をターゲット市場としたマーケティング戦略がとられるため，国内と海外では基本的に同じマーケティング活動が行われる。一般に，市場間で製品やサービスの違いが少なく，規模の経済性が競争戦略上重要である産業で採用される。ただし，マーケティング活動が標準化されすぎると，各国の多様なニーズにこたえるのは難しい。

また,実際の市場間の特性は,異質なものあるいは同質なものとして二分できるほど単純ではない。よって,マーケティング活動の現地化と標準化を,市場間の同質性・異質性とのかかわりで,うまく最適化させる必要がある。(☞国際マーケティング,国際製品戦略)　　　　　　　　(石井)

クロス・カルチャー〔cross-culture〕 異なる文化をもつ人々や集団の間での相互作用のこと。異文化の個人や集団の間では,価値観や行動規範,信念,態度等が異なる。クロス・カルチャーは,海外子会社の運営や海外企業との取引,国内拠点での外国人従業員の採用・管理といった現代企業の経営上の諸活動で見られる。組織内部のクロス・カルチャーは組織運営を非効率にする面もあるが,一方で,新たな知識の創造や問題解決能力の向上の機会となる面もある。(☞異文化インターフェイス)(石井)

クロス・ライセンス〔cross license〕 相互使用特許権。それぞれに独自の特許技術を保有する企業が,相互に相手方の技術を必要とする場合に,特許の使用を認めあい,技術を交換する相互供与型のライセンスである。例えば,ある製品の基本的な技術を有する企業と,その製品の実用化に際して重要な役割を果たす周辺技術を有する企業が,製品販売拡大のために相互にライセンスしあうなどである。一方的な技術提携に比べて,開発能力をお互いに保持できるなど長所がある。(☞技術提携)　　(宗像)

〔け〕

経　営〔management ; Betrieb〕 もともとわが国日常の用語として経営とは,企業を経営することという機能的な意味で使われる。しかし,経営学ではまず第1に,実体的な意味で工場や事業所など事業体を経営といったり,第2には同じく実体的な意味で経済体たる企業を経営といったりしている。そして第3にはじめて機能的な意味で企業を経営するとか,事業を経営するとかいうふうに使われる。同じ経営でも,ドイツ語のベトリープ(Betrieb)は,工場や企業など実体概念として使われることが多いが,英語のマネジメント(management)は,経営すること,管理することなど機能概念として使われることが多い。わが国の場合,これら両者が入り交じり,様々に使われている。(☞企業)　　　　　　(吉田)

経営学〔business administration ; Betriebswirtschaftslehre〕 経営学はもともと,企業の実践的要請にこたえて生まれ出た学問で,企業の経営はいかにすればよいかという問題意識がその中心をなす。しかし,そのためにはまず,企業の構造と機能を貫く法則性を明らかにせねばならず,次にその法則性に基づき,経営の実践的解決を目指す技法を導き出さねばならない。前者の法則性の追求を主たる課題としたのがドイツの経営

経済学であり、後者の技法の追求を主たる課題としたのがアメリカの経営管理学であった。わが国では慣行として今まで、経営経済学も経営管理学も共に経営学とよんできたが、今日では経営学は、このような経営経済学と経営管理学を含む総称として使われ、日本独自の経営学となっている。(☞経営経済学、経営管理学(論)、日本経営学の特徴) (吉田)

経営学の近代理論〔modern theory of management〕 経営管理を組織論という全く新しい立場からとらえんとするもので、古典理論や新古典理論に対して近代理論とよばれ、バーナード(Barnard, C. I.)やサイモン(Simon, H. A.)によって展開された近代管理論でもって代表される。経営をそれを構成する諸部分の相互依存関係、つまりシステムとしてとらえ、このシステムの構造や過程を人間の行動分析を通じて明らかにし、もって全体としてのシステムの維持・発展を意図せんとするもので、組織と管理、組織と意思決定、組織と環境など様々な問題が理論的に問われる。1930年代の未曽有の時代の動揺に直面して、1つの安定した社会システムの理論が求められたのであろう。まずはバーナードの理論がそれであった。(☞社会システム学派、意思決定理論学派) (吉田)

経営学の古典理論〔classical theory of management〕 かつて現場の一日の生産責任量はいわば経験と勘で決められていたが、それを新たに課業(task)として科学的に決めようとしたのがテイラー(Taylor, F.W.)の科学的管理法であり、これがまずは古典理論をなす。つまり作業の科学化が主たる内容であった。これに対して、技術・営業・財務・保全・会計・管理など経営職能を明らかにし、特に管理職能をさらに予測・組織・命令・調整・統制に体系化して、そこから経営の実践的目的に役立つ管理原則を導き出さんとしたのがファヨール(Fayol, H.)であり、管理の科学化を意図したものとしてやはり古典理論をなす。したがって、テイラーもファヨールも古典理論の祖といわれる。(☞管理過程学派、テイラー・システム) (吉田)

経営学の新古典理論〔neo-classical theory of management〕 メイヨー(Mayo, E.)やレスリスバーガー(Roethlisberger, F.J.)などハーバード・グループ(Harvard group)によって進められたホーソン実験(Hawthorne experiments)を端緒とする人間関係論のことをいう。経営学の古典理論が規則に基づくフォーマル(formal)な組織を前提に、金銭による刺激を与えることによって作業者の労働意欲の向上を図ったのに対して、感情の論理に支えられたインフォーマル(informal)な組織に注目し、そこでの人間の内的・心理的な要因に訴えて労働意欲の向上を意図せんとしたところに新古典理論の特質がある。金銭によらない刺激によって作業者の自発的・主体的な意欲を導き出さんとするものであるから、特に心理学

や社会学の研究成果に依存することになる。(☞人間関係論学派,経営学の古典理論) (吉田)

経営家族主義 企業を1つの家ととらえ,経営者と従業員との関係を家制度における親子関係とみなして経営を行う考え方。この考えに基づくものに,勤続年数等を重視する年功制,雇用関係も一生の縁とする終身雇用制,労働運動から企業を守り従業員の帰属意識を高める労使一体論などがある。経営家族主義は明治末期から広く普及し第二次世界大戦後の民主化政策によって消滅したと考えられている。しかし企業の組織原理を家に求める考え方は今も残っている。(☞日本的経営) (西村成弘)

経営管理学(論)〔business administration ; management〕 経営管理学はもともとアメリカに特有の学問であって,経営の諸問題の実践的解決を目指す原理や技法を直接,見出さんとするものである。そのため,必要な限り,経済学や社会学や心理学などあらゆる学問を利用するという実践的立場に立ち,その内容としては広く,マネジメント(management),マーケティング(marketing),金融,会計,統計などを含む。まさしく,行政学(public administration)と並び存する学問である。したがって,経営管理学はまた,マネジメントを核に,経営の構造と機能を職能論的に明らかにしたり,経営の政策を意思決定論的に究明したりするマネジメントとしての経営管理論と区別することができる。(☞アメリカ経営学の特徴,アメリカ経営学の学派分類) (吉田)

経営協議会〔Betriebsrat〕 経営協議会は,ドイツでは事業所ごとにできる従業員代表組織で,事業所委員会などの訳語もある。5人以上を雇用する事業所で設置できる。配置転換や事業所変更はじめ労働条件などに関して情報提供請求権や協議権等の拒否権のない共同関与権(Mitwirkung),もしくは拒否権のある共同決定権(Mitbestimmung)をもつ。労資協調の考え方に立脚して平和義務が課せられ,争議権はない。イギリスを除くEU全体にも類似の制度を設置する規定が適用されている。日本では経営協議会は労使で作る労使双方を含む協議機関をいう場合が多い(☞経営参加,労使協議制,労資共同決定制) (山縣)

経営共同体〔Betriebsgemeinschaft〕 一般に社会集団は,血縁的,地縁的あるいは感情的な繋がりで全人的に結ばれているもの(共同社会)と,特定目的の達成や利害関係で結ばれているもの(利益社会)とに大別される。共同体とは前者をいい,典型は家族である。企業・経営は本来,後者の集団であるが,それを前者,すなわち共同体の1つと考えるものが経営共同体である。日本では企業を運命共同体としたり生活共同体とする主張があるが,ドイツを中心に欧米でも経営共同体論は盛んである。最近では再帰的近代化(近代化の近代化)の理論の一環として主張するも

のもある。経営を共同体とすると、従業員(労働者)は雇われて働く者(客体)ではなく、出資者や経営者と同様企業を主体的に構成し運営する存在と考えられることになる。(☞経営参加)　　　　　　　　　　　(大橋)

経営計画〔business planning〕　企業環境の中でも需要構造の変化と技術革新には著しいものがある。このような激しい環境変化に適応するため経営政策に従って、企業の将来のあるべき姿を形成するための意思決定が経営計画である。言い換えると、経営計画とは環境変化に適応しうる企業の経営構造をつくり上げ、企業を維持・発展させる計画といえよう。それは、経営目標の設定、経営方針、長期経営計画、個別計画、予算方針、業務手続きなどからなっている。これを別の見方から整理すれば、①恒常的計画と可変的計画、②総合計画と個別計画、③長期計画と短期計画、④形式的計画と創造的計画などに区分されることもある。いずれにしても、それは経営政策を実施する計画としての性格をもつ。(☞経営政策、経営方針、戦略的経営計画)　　　　　　　　　　　(仲田)

経営経済学〔Betriebswirtschaftslehre〕　経営経済学はもともとドイツに特有の学問であって、経済的、社会的、法的など様々な側面をもつ経営それ自体の経済的側面に目を向け、この側面を貫く法則性を明らかにせんとするものである。その際、そこで主として問われるのが、費用と収益と利益の関係たる「価値の流れ」であり、特に会計学の手法を援用してこの関係が経済学的に究明される。そのため、常に国民経済学との関係が問題となり、経営経済学は自己の独自性を確保するために、会計学や組織論の問題を取り入れてこの「価値の流れ」の具体化に努めてきた。今日、経営経済学は、生産、販売、財務、管理などの諸問題の経済学的展開とそれらの統一的把握に努力している。(☞ドイツ経営学の特徴、ドイツ経営学方法論争、ドイツ経営学の学派分類)　　　　　　　(吉田)

経営権〔management right〕　企業の経営者が企業組織を専断的に管理し運営する権利を経営権という。しかしこれは、「所有権」のように、立法機関によって制定された法律に基づく権利ではない。したがって経営権の領域は、労使間の力関係によって変動するものであり、労働組合側の力が強い場合には経営者側は企業の経営権を強く主張し「経営権の確保」のために防衛的措置をとることになる。第二次大戦終結直後における労働組合運動の高揚過程の中で展開された「生産管理闘争」は、労働組合側が企業の経営権を経営者側から奪取し自らの手中に握ろうとする闘争でもあった。　　　　　　　　　　　　　　　　　　　　　(渡辺峻)

経営現地化政策〔policy of localization〕　投資を受け入れた国から見て、外資系子会社の外国企業としての性格を弱め、現地国の企業としての性格を強める経営政策のことである。例えば、日本企業の海外子会社におけ

る人材面の現地化であれば,日本人の出向者数を減らす,現地人従業員を子会社の幹部や管理職に登用する,現地人中心の意思決定の実施等である。物的な面での現地化は,海外生産における部品や資材の現地調達率(ローカルコンテンツ)の向上がその例である。　　　　　　　　　　（石井）

経営合理化〔rationalization of management〕　合理化には様々な意味があり,必ずしも一義的ではないが,一般的には生産性向上のための方策とその適用という意味で使われている。経済全体の立場からは,産業合理化とよばれ,個々の企業の立場からは経営合理化とよばれる。合理化ではまず第1に科学技術の発展とその応用といった技術的な側面が問題となるし,また第2に分業や協業といった労働過程の合理的編成が問題となる。ところで資本主義企業では,合理化は企業目標である利潤の追求と結びつくため,必ずしも新技術の導入や機械化を伴わない合理化も行われる。例えば,人員整理,実労働時間の延長,労働密度の増大,賃金抑制などがある。(☞合理化運動,生産性向上運動)　　　　　　　　（海道）

経営コンサルタント〔management consultant〕　経営コンサルタントは,企業が抱える問題に対し共に考え,その企業に対し最も良い改善案を提案する助言者といえる。そのため,コンサルタントは自己の経験から企業内外の経営環境に対し洞察力・分析力・調査力を備えている必要がある。しかし企業が抱える問題が複雑多岐にわたるため,様々な民間資格の経営コンサルタントが存在する。この分野で比較的歴史を有するのは,日本経営士会の「経営士」である。(☞中小企業診断士)　　　（角野）

経営参加〔worker's participation in management〕　労働者が企業経営における意思決定に影響を及ぼすよう参加すること。経営参加には様々な施策や方法があるが,その根底にある思想も労資をパートナーと捉える思想,参加的管理,経済民主主義,労働者による自主管理など多様である。その際経営参加は,①企業政策をはじめとする意思決定に参加しようとするものと,②日常の仕事に関する決定に参加しようとするものとに大別される。①にはドイツなどにみられる企業レベルでの労資共同決定・経営参加制がある。②には経営協議会・労使協議制に基づく従業員利害の実現など従業員の主体性を確保する施策を推進する方策等がある。(☞経営協議会,経営参加,労使協議制,労資共同決定制)　　　（山縣）

経営資源〔management resources〕　企業は独自の要素を投入(インプット)し,それを処理・加工(スループット)することで,結果を産出(アウトプット)する。この投入された要素が経営資源と称される。一般に,これは人的資源(ヒト),物的資源(モノ),財務的資源(カネ)および情報に区分される。近年は,第4の要素である情報が重要視されている。資源ベース・アプローチでは,経済的価値,希少性,模倣困難性および組織化(VRIO

基準)を有する経営資源が、持続的な競争優位の源泉であると主張されている。しかし、ヒト・モノ・カネという経営資源がそれらの特質を獲得し、維持し続けることは難しく、その意味において、情報が貴重な経営資源とみなされるのである。(☞VRIO分析、競争優位) (関野)

経営者革命〔managerial revolution〕 1941年にバーナム(Burnham, J.)によって唱えられた見解で、企業経営における専門経営者の役割が極めて大なる今日、来たるべき新たな社会はこの専門経営者の支配する社会であり、今やその移行への経営者革命が生起しつつあるというのである。当時、資本主義社会は依然として、資本家階級と労働者階級から成り、資本家階級が絶対的な支配権を掌握しているという見解が一般的であったから、この資本家でも労働者でもない新たな経営者階級が生産手段に対する支配権を獲得し、新たな経営者社会が実現するという主張は確かに、世間の注目を集めるものがあった。とはいえ、専門経営者の役割でもって直ちに社会変革を唱えることには論理の飛躍がある。(☞専門経営者、経営者支配、バーナム) (吉田)

経営者支配〔management control〕 株式会社で株式所有の高度の分散化により大株主がいなくなり、他方、経営者職能の専門化によって、所有と経営の分離が進むと、株主総会で取締役等経営者の選任にあたっても、実際上経営者が自らで経営者を選任するようになり、企業経営の支配権が経営者に移るようになる。このことを経営者支配という。株式の法人所有化現象が顕著に見られるわが国では、専門経営者の役割が絶大なものとなり、確かに所有者支配(ownership control)から経営者支配へという傾向が見られる。しかし現在でも、企業が経営の危機に直面した時や企業買収の時などには、企業所有権が前面に出て所有者支配が厳然として貫くのである。(☞所有と経営の分離、専門経営者) (吉田)

経営人モデル〔administrative man model〕 サイモン(Simon, H. A.)が提唱した人間モデルで、経済人モデルに対置される。経営人モデルでは、人間は経済人のように効用の極大化を目指して活動するわけではなく、認知しうる範囲内での環境条件下で一定の満足が得られるかどうかを基準にして活動すると前提される。人間がこうした満足化基準をもとに行動するゆえんは、人間の認知能力には限界があり、全てを知り得ることが困難なためである。したがって、人間は経済人モデルで前提されるような絶対的合理性ではなく「制約された合理性」しか達成しえない。この人間像は、組織における経営者の意思決定過程を記述的に描写しようとしたものであると理解できる。管理人モデルともよぶ。(☞満足基準、制約された合理性、サイモン) (上林)

経営政策〔business policy〕 経営目的を設定し、それを達成するための諸

活動を導く行動基準あるいは指導原理のことを経営政策という。経営政策は経営理念の具体化であり，経営政策を期間別および分野別に表現したものが経営計画である。すなわち，経営政策の方向づけによって企業の究極的で一般的な目的や経営理念が経営計画に表現され，それらが下位の諸部門の活動を通じて実現される。経営政策は，全般的経営政策と部門別経営政策に区分されることもある。前者は会社の全般的な方針であり取締役会で決定され，後者は生産政策，人事政策，財務政策などであり業務担当取締役を含む部門経営層によって決定され実行に移される。いずれにしても，経営政策は経営計画の前提をなすものである。(☞経営計画，戦略と戦術，ポリシー・ミックス)　　　　　　　　(仲田)

経営戦略〔business strategy〕　企業の長期目標を達成するために，企業の有する経営資源と企業環境との関わり方を中心に示した長期的な構想であり，人々の意思決定のガイドラインや決定ルールとなるもののことである。それは企業全体の事業ドメインの選択や資源配分のための構想である企業戦略，個々の事業レベルで顧客にどのように価値を提供し競争していくかについての構想である事業戦略，そして製造，販売，マーケティング，研究開発，人事といった職能分野別の構想である職能別戦略と，3つのレベルの戦略から構成される。経営戦略は意思決定を整合化するとともに，環境の変化に対応するための柔軟性も求められるため，様々な抽象度で示されることが必要である。(☞競争戦略，事業戦略)　　(松本)

経営統合と事業統合〔management integration and business integration〕　経営統合，事業統合ともに，各企業が自らの競争力を強め市場での地位を高めるために他企業との結びつきを強化する方法である。経営統合は，法的に独立した複数の企業組織が経営機能を一体化することであり，イトーヨーカ堂，セブン-イレブン・ジャパン，デニーズジャパンを統合した持株会社セブン&アイ・ホールディングの設立(2005年)の例がある。一方，事業統合は，複数の事業を営む企業どうしが同一あるいは類似の事業を一体化することであり，ソニー，東芝，日立製作所の中小型ディスプレイ事業を統合した新会社ジャパンディスプレイの設立(2011年)はその一例である。(☞企業結合形態，会社合併，戦略的提携)　　　　(廣瀬)

経営の社会的責任〔corporate social responsibility：CSR〕　企業が大規模化し社会的公器としての性格をもつようになると，そこでの経営行動は大きな社会的影響を及ぼすに至る。したがって，企業もまた市民社会の一員として，自らの経営行動については，社会に対して責任をもち，社会の健全なあり方と調和を図らねばならない。それを一般に「経営の社会的責任」という。したがって，企業の環境汚染，政治家への贈賄，暴力団や総会屋との癒着などはあるまじきことであり，それらの事態に対し

企業は社会的な制裁を受けねばならない。また，そのような事態を引き起こすことなく，市民社会の一員として日常的に種々の社会的貢献活動や慈善活動などに取り組み，社会的責任を果たさねばならない。(☞フィランソロピー)
(渡辺峻)

経営風土〔business climate〕 人間にもそれぞれのパーソナリティがあるように，企業組織の経営のあり方にも個性がある。すなわち，トップから末端の従業員に至るまでの組織成員に共通する行動や意識は，それぞれの企業組織において固有の個性や「それらしさ」があるが，それを一般に経営風土という。それは，組織風土あるいは企業風土ともいわれる。経営風土はそれぞれの企業組織を取り巻く歴史的な条件の中で永年にわたり創出されたものであるから，経営者が変わっても短期的には変化しない。(☞企業文化)
(渡辺峻)

経営分析〔business analysis〕 狭義に解すれば，財務諸表分析である。通常，分析者から，外部分析と内部分析に，分析視点から，損益の状態を投資利益率(ROI)などから検討する収益性分析，資本循環の状態を資産回転率などから調べる活動性分析や，企業の支払能力を資産・資本比率などから検討する安全性分析に，分析手法から，このような比率分析以外に，損益分岐点，付加価値，正味運転資本の規模を調べる実数分析，これら比率や規模の動向(増減の原因)を検討する趨勢(差異)分析に区分できる。最近では，意思決定などに必要ならば，会計情報以外の情報を用いたり，バランス・スコアカード・システム(BSC)や活動基準原価計算(ABC)などが活用される。(☞安全性分析，収益性分析，活動性分析)
(牧浦)

経営方針〔business policies〕 通常，反復的に起こる同じ種類の問題に対する意思決定と行動に一貫性を与えるために，企業が設定する指導原則およびその実行手続きのこと。経営方針も意思決定と行動の1つのルールであり，それが設定される分野や範囲によって基本方針(basic policies)，全般的方針(general policies)，および部門方針(departmental policies)の3つに分けられる。経営方針の確立によって，目標達成の手段の選択に制約を課し，各人の努力を一定方向に集中できること，権限委譲を容易にして管理者が本来の仕事に専念できること，問題処理に一貫性を確保できること，各部門の活動を容易に調整できることなどのメリットがある。(☞経営政策，経営計画)
(仲田)

経営民主化〔Betriebsdemokratisierung〕 わが国では第二次世界大戦後，財閥解体による株式公開を契機として経営民主化論が盛んになったことがある。これは出資者の領域の問題であった。近年一般に経営民主化・経営民主主義といわれるものは何よりも従業員・労働者の経営参加に関連している。民主主義には種々な考え方があり，有力な1つは物事を関

係者で話し合って決めることをいうものである。これによると経営民主主義は端的には労働者ないしは労働組合の経営参加ということになる。労働や経営の仕方を労働者も含めて一緒に決定することである。しかしアメリカ等では民主主義は機会の平等と自由な活動という考えが強く、民主主義＝参加という考えは強くない。(☞経営参加)　　　　(大橋)

経営理念〔managerial philosophy〕　企業が経営活動を展開する際に指針となる基本的な考え方・哲学・信念、あるいは目標とする理想を、一般に経営理念という。その内容は社是・社訓の形で成文化されており、具体的には、経営者の経営方針や基本方針についての意思決定過程に反映される。それは、対内的には企業の構成メンバー全員を統合するためのアイデンティティでもあり、また対外的には企業が環境適応する際の価値基準としての役割を果たしている。このような経営理念はリーダーにより組織に中に注入される。　　　　　　　　　　　　　　　　　(渡辺峻)

経営倫理〔business ethics〕　企業の倫理問題は、企業が営利原理、市場原理に基づいて行動するさいに競争制限、脱税、インサイダー取引、粉飾決算、欠陥商品、環境破壊、雇用差別など反社会的な行動をとる場合に生じる。これらの行動を防止するには公的規制や業界の自主規制の他に企業が社会的責任を自覚し、倫理綱領や行動憲章を制定、実施し、経営倫理を確立して企業活動を規制することが求められる。　　　　　(海道)

計画的陳腐化　成熟・飽和市場では耐久消費財などは、新規需要よりも買い換え需要が主流となる。こうした状況において買い換え需要を増やすため製品を人為的に陳腐化する方策が計画的陳腐化である。それには、技術的に新しい機能・性能を追加するという方法もあるが、より表層的なモデル・チェンジを過大な広告等によって消費者の心理に陳腐化を印象づける方法も採られる。とりわけ後者の方法については、資源の浪費・消費者への負担・配給業者への負担などの点から批判の対象となりやすい。そのため、モデル・チェンジを定期化し事実上の予告効果で陳腐化による市場の衝撃を緩和するなどの対応がなされる。　　　　　(宗像)

経験学派〔empirical school〕　マネジメント(management)としての経営管理をどのように把握すればよいか。経営管理を、実際の経営の過去の失敗した例や成功した例など、経営の経験に即して把握しようとする方法がある。このような方法でもって経営管理をとらえる学派を経験学派という。その狙いは、経験に基づく様々な事例の研究(case study)によって新たな事態に対処できる有効な管理原則を導き出そうという点にある。管理過程学派が一般的に妥当する管理原則の定立を志向するのに対して、個別的な管理原則の実践的適用を志向するところにこの学派の特質がある。デール(Dale, E.)などによって主張された。(☞アメリカ経営学の

学派分類) (吉田)

経験対象と認識対象〔Erfahrungsobjekt und Erkenntnisobjekt〕 経営学の研究対象は何か。この対象規定をめぐる認識論上の方法問題のことであって,例えば現実の企業それ自体は,経済学,社会学,工学,法学など様々な学問の対象となるように誠に複雑多様な面をもち,いまそれらを経営学として一挙に把握することは難しい。この次元の思考の対象を経験対象という。したがって,経営学としては何らかの方法によってこの複雑多様な企業それ自体という経験対象から経営学に固有の対象を構成しなければならず,この構成された対象を認識対象という。この認識対象に固有の問題として例えば,価値の流れと組織の問題が挙げられる。この場合,経営学の研究対象は企業における原価と組織ということになるのであろう。 (吉田)

経済人仮説〔hypothesis of economic man〕 人間は常に物質的・経済的欲望を最大限に満足させるよう行動する存在であるとする人間仮説。利己心に導かれ利益を追求する人間の社会を描いたスミス(Smith, Adam)以来,伝統的経済学の基礎をなしてきた仮説であり,経営学でもテイラー(Taylor, F. W.)以来の伝統的管理論に受け継がれてきた。当仮説下では,人間は常に論理的な損得勘定に基づき,最適基準で合理的に行動する孤立した個人であると想定される。こうした仮説は,経済学の体系的な理論構築のためには必要な単純化であったが,人間は常に経済合理的な行動をとるとは限らず,またこうした見方は人間機械視に繋がるとの批判にさらされたことから,その後,経済人に代わる様々な人間仮説が追求されている。(☞全人仮説,経営人モデル,複雑人モデル) (上林)

経済性(経済原則)〔economical efficiency〕 経済性もしくは経済原則とは,可能な限り少ない犠牲(一般的には費用)のもとで,可能な限り大きな成果を獲得するという合理的な選択が従う原則である。通常,一定の費用のもとで最大の成果を獲得するか,あるいは,一定の成果を最小の費用で獲得するか,さらには,その組み合わせとして,より少ない費用でより大きな成果を獲得するというケースが考えられる。この成果を利益に限定した収益原則は広義の経済原則に含められることもあるが,それに対して否定的な見解があり,狭義ではそれらの原則は別次元で論じられる。また,経営学では,その選択原理を経済性とするのか,あるいは,収益性とするのかという方法論的問題が繰り返し議論されている。(☞生産性,収益性) (関野)

経常利益〔ordinary income〕 通常の事業活動から生じる損益をいい,「ケイツネ」ともよばれ,業績判断の指標として重視されている。営業利益に,財務活動に伴う営業外収益(受取利息,受取配当金等)を加算し,そこ

から営業外費用(支払利息,社債利息等)を控除して求められる利益をいう。毎期反復的に繰り返される経常的な活動による収益と費用の差額であり,臨時的・偶発的な影響を含まない,企業の正常な収益力を評価する尺度となる利益である。(☞営業利益,営業外損益) 　　　　　　(久保田)

経団連〔Japan Business Federation〕 一般社団法人日本経済団体連合会の略称。2002年5月,経済団体連合会(旧経団連)と日本経営者団体連盟(日経連)が統合して発足した総合経済団体。日本商工会議所,経済同友会と並ぶ経済3団体の1つ。旧経団連は1946年8月に日本経済の再建・復興を,日経連は1948年4月に適正な労使関係の確立を目的として発足した。1990年代,旧経団連は政治献金問題で力を弱め,日経連は労働運動の沈静化から後退しつつあり,統合に向かった。企業と企業を支える個人や地域の活力を引き出し,わが国経済の自律的な発展と国民生活の向上に寄与するため,調査や政策提言などを行っている。2014年7月現在,大企業を中心に約1,600の会員を擁する。 　　　　　　(平野)

経路-目標理論〔path-goal theory of leadership〕 1971年ハウス(House, R.J.)が発表したリーダーシップのコンティンジェンシー理論。これによるとリーダーシップとは,状況に照応して部下の抱く目標に対する経路を明確化円滑化することによって,部下を目標達成へ動機づけることである。例えば研究開発部門などのように仕事自体の満足度の高い所と,ルーチン的な作業で単調感の大である所では,異なったリーダーシップが必要になる。この理論ではリーダーシップは,部下に作業などを指示する指示的リーダーシップ,部下の求めに応じる形の支援的リーダーシップ,部下の意見をよく聞く参加的リーダーシップ,部下に課題達成を刺激する達成志向的リーダーシップに分かれるが,リーダーは柔軟で,状況のいかんに応じてこれらリーダーシップのいずれかまたは全部を遂行しうるものとしている。(☞コンティンジェンシー理論) 　　　　　(大橋)

ゲーム理論〔theory of games〕 複数の意思決定主体がそれぞれ自らの目的達成のために選択肢の1つを選び,その結果が自らの選択だけでなく相手がどのような選択を行ったかにも依存するような状況を数学的に明らかにしようとする決定理論。フォン・ノイマン(von Neumann, J.)とモルゲンシュテルン(Morgenstern, O.)により確立された。各主体が独立に決定を行う非協力ゲームと,各主体がある種の合意に基づいて決定を行う協力ゲームの2つの理論に大別される。一般に,ゲームは,プレイヤー(意思決定主体),戦略(プレイヤーが取り得る行動代替案),利得・効用(ゲーム終了後,各プレイヤーが得た結果を何らかの評価関数で評価した値)という3つの基本的要素により構成される。(☞OR) 　　　　　　(瀬見)

原　価〔costs;Kosten〕 企業の生産過程では,生産要素として広義の財

が費消され，その結果として生産物(給付)が生み出される。このことを給付生産という。給付生産のための財の量的費消を評価によって貨幣額で表したものが原価である。したがって，原価は①財の費消，②給付関連性，③評価という条件によって特色づけられ，これらの3つの条件の1つが欠けてもそれは原価とみなされない。とくに給付関連性は重要である。それが原価と原価でないものを識別する決定的な基準となる。原価は生産物の価格に算入されて回収される。したがって，それは社会(消費者)が負担することになる。原価でないものについては，企業が自らの利益で補償しなければならないのである。(☞原価理論，原価関数，原価計算，原価管理，生産要素) (深山)

限界利益〔marginal profit〕 売上高から変動費(変動製造費，変動販売費，変動管理費など)を控除して求められる利益をいう。これにより，原価と営業量と利益の関係(CVP関係)が明確になり，損益分岐点分析が可能となる。すなわち，他の条件が一定であれば，限界利益は，売上高に比例するため，限界利益が売上高の変動によってどのように変化し，固定費をどのように回収するかが明らかになる。(☞直接原価計算) (久保田)

原価関数〔cost function ; Kostenfunktion〕 生産理論においては，生産過程における投入と産出の量的関係が問われる。それは生産関数で表される。いま，生産要素投入量を $r_1, r_2, \cdots, r_n$ とし，生産量を x とすると，生産関数は，$x=f(r_1, r_2, \cdots, r_n)$ となる。さらに，要素投入量を評価によって貨幣額に変換すると，$x=f(r_1 \cdot p_1, r_2 \cdot p_2, \cdots, r_n \cdot p_n)$ という貨幣的生産関数が得られる($p_1, p_2, \cdots p_n$ は生産要素の価格を表わす)。全体原価 K は，$K=r_1 \cdot p_1 + r_2 \cdot p_2 + \cdots, + r_n \cdot$ であるから，貨幣的生産関数は，原価を独立変数，生産量を従属変数とする関数であり，それは $x=f(K)$ となる。この関数の逆関数すなわち $K=f(x)$ が原価関数である。それは，原価が生産量によってどのように決まるかということを明らかにし，原価理論の叙述にとって重要である。(☞原価，生産関数，生産理論) (深山)

原価管理〔cost control ; cost management〕 狭義の原価統制から意味が拡大し，利益管理の一環としてのコスト・マネジメントの意味で使われるようになった。原価統制としては標準原価計算による事後的なコントロール手法が中心であった。その後，原価管理手法の限界が指摘され，製造部門に，経理部門，品質管理部門，開発部門，購買部門等を開発の初期の段階から巻き込み，原価の発生原因(コスト・ドライバー)そのものをコントロールする原価企画等の手法が生み出された。 (久保田)

原価計算〔cost accounting〕 経営者をはじめとする企業の利害関係者に，経済的意思決定を行うのに必要な原価と利益に関する計数的データを認識，測定，伝達するシステムをいう。原価計算は，複式簿記と結合させ

て継続的に実施される原価計算制度と,複式簿記とは切り離して必要に応じて臨時に実施される特殊原価調査とに分けられる。また,原価の範囲により,総原価計算,全部原価計算,直接原価計算等に分けられ,それらには実際原価計算と標準原価計算の区別がある。(☞直接原価計算,標準原価計算) (久保田)

減価償却〔depreciation〕 機械や設備等長期にわたって利用可能な固定資産を取得した場合,取得時の費用を一括処理せず一定の方法に基づき利用可能な推定年数(耐用年数)の間で費用を配分し計上する会計処理のこと。減価償却費の算定方法には定額法,定率法,級数法,生産高比例法がある。減価償却費は通常の費用と異なり実際に現金の支出を伴わずに,製品原価に加算され,製品の販売と同時に固定資産に投下された資金の一定割合が貨幣の形で回収される。この資金は返済義務のない企業の滞留資金となるため当期純利益とならんで重要な内部資金源となる。(☞内部金融と外部金融,ローマン=ルフチ効果) (梶脇)

原価理論〔cost theory ; Kostentheorie〕 広義の原価理論は,生産理論,狭義の原価理論,原価価値論に分けられる。このことは,原価が量的構成要素と価値的構成要素から成るということに基づいている。生産理論は生産要素の投入量(原価の量的構成要素)と産出量の間の量的関係を明らかにすることを課題とする。それに対して,狭義の原価理論では,生産理論を基礎として,原価と産出量の関係を研究し,また,原価作用因の体系化,原価経過,生産過程の合目的的な形成などに関して明らかにすることも課題としている。なお,生産要素投入量は,要素価格(原価の価値的構成要素)に関係づけること(評価)を通じて,原価に変換されるのである。この評価の問題を取り扱うのが原価価値論である。(☞原価,生産理論,生産関数,変動費と固定費) (深山)

研究開発〔research and development : R & D〕 企業活動における研究開発は,最終的には新製品や新製法の開発を目的としている。基礎となる科学知識と実用的な目的との間には,通常,基礎研究・応用研究・開発という段階が想定される。理念的には,何らかの技術に潜在している可能性を展開する形態のテクノロジー・プッシュ型と,特定のニーズに応えるための方法を模索するマーケット・プル型とに分けられるが,実際には,その混合形態によって技術とニーズとを結びつける製品や製法が開発されることが多い。そこには,特定の目的にあまり強く縛られて他の可能性を見逃す危険と,全くやみくもに研究をして経済成果に結びつかない危険とのジレンマが存在するからである。(☞基礎研究,応用研究,研究開発戦略) (宗像)

研究開発戦略〔R & D strategy〕 企業の研究開発の基本方向・機能に関す

る指針。将来の事業構造と技術予測とを踏まえて長期的観点に立って構築されることが要求される。すなわち,企業戦略との整合性が重要となる。また企業戦略においても研究開発への考慮が必要とされる。研究開発戦略の下で研究開発テーマが設定され,各研究開発プロジェクトに諸資源が配分される。戦略特性によって,攻撃的戦略・追随的戦略・隙間戦略・提携戦略・買収戦略などに類型化される。(☞研究開発,技術管理,経営戦略) (宗像)

研究開発の国際化〔Internationalization of R & D〕 研究開発の国際化では,海外の研究・開発拠点の設置や海外企業との共同開発が契機となることが多い。輸出をきっかけに商品企画や性能評価といった販売に近い開発業務の一部が海外展開して,研究開発が国際化することもある。自動車産業や家電産業では近年の海外生産の推進に伴い,これを支援する設計担当者や生産技術担当者の常駐する駐在事務所や開発拠点が海外で設立されている。輸出・海外生産の拡大や海外での部材調達の推進を目的に,海外の研究・開発拠点の拡充や機能強化を進めるケースもある。あるいは,海外の優れた技術者や研究機関を活用するために,輸出や海外生産の有無にかかわらず,海外に研究開発の拠点を設けることもある。(☞現地調達) (石井)

研究開発費 研究開発にかかる費用。経常的な研究開発費と特別研究開発費がある。前者は既に生産している製品や採用している製造技術の改善のための費用であり,後者は新製品や新製造技術の研究開発のために投じた支出である。前者は経費として処理されるが,後者は将来の革新から得られる利益によって償われるべき性質のものであるとして,わが国の商法ではこれを繰延資産とすることを認めている。 (宗像)

研究開発プロジェクト〔R & D project〕 特定の研究開発テーマに対して組織的に取り組む計画のことである。研究開発プロジェクトの段階は,①基礎研究,②応用研究,③技術的試作と試験,④生産向け試作とパイロット生産,⑤製品試験と改良,⑥本格生産に分けられる。企業における研究開発プロジェクトは,通常かなり具体的な課題を持っており,進捗と費用における管理が必要となる。ただし,発想や試行錯誤の自由を妨げないために統制よりもモニタリングが重視される。 (宗像)

権限と権威〔共に authority〕 伝統的組織論では,権限は上の職位に由来し,下位を支配すると同時に,順次下位に委譲されるものと考えられていた。他方,権威は,同じ権限でありながら部下の心服程度・掌握力の違いをいい,部下の心服程度大ならば,当該上司の権威は上がる。それは上位からの委譲によって生まれるものではない。そこで近代組織論では,権威は「部下によって,自分の行為を支配するものとして受容された伝

達の性格」と解されている。命令が部下によって受容される時にはじめて管理者に権威があったとする考え方である。部下によって受容されると，それは部下に対する権限行使と一体のものであるから，この権威説は，権限受容説といわれている。(☞権限受容説，公式的権限説)　　　(大橋)

権限と責任〔authority and responsibility〕　権限とは，与えられた職務を遂行するためにその担当者に認められた力のことで，その職務を自ら遂行する，あるいは，他の構成員がそれを遂行するにあたって影響を与えうる権利をいう。また，与えられた職務とそこにおいて予定されている成果を上げる義務を責任という。その責任を全うするに足る権限が与えられない場合，責任の完遂は不可能であり，逆に，責任のともなわない権限が与えられた場合は，権限の乱用が生じる可能性がある。したがって，権限に対してしかるべき責任が与えられるべきであるとされる。この点に関してファヨール(Fayol, H.)は，「権限・責任の原則」において，「責任は権限の必然的帰結であり，両者は対をなしているべきである」としている。(☞ファヨール，管理原則)　　　　　　　　　　　　(馬場)

権限委譲〔delegation of authority〕　組織において職務を執行するにあたって管理者が有している特定の権限を，部下に委譲すること。その際，それにともなう責任も当然部下に付託されることになるが，管理者の責任はそれによって放棄されることはない。すなわち，管理者は，例外の原則に基づき，例外的な事象が起こった場合に意思決定を行い，部下に付託した職務がしかるべき成果を上げているかを監督し，その最終的な成果に対する責任を負わねばならない。一方，部下は，権限が委譲される代わりに，管理者に対して，報告義務が課せられることになる。適切な権限移譲は，組織の効率化をもたらすのみならず，部下の育成や動機付けといった効果もあるとされる。(☞権限と責任，例外の原則，分権的管理と集権的管理)　　　　　　　　　　　　　　　　　　　　(馬場)

権限受容説〔acceptance theory of authority〕　近代組織論の祖，バーナード(Barnard, C. I.)が唱えた権限の理論。権限とは，「部下によって，自分の行為を支配するものとして受容された伝達の性格」であり，受容されることに大きく依存するものである。権限には2つの側面がある。第1は，部下の人格的・主観的な判断によって権限あるものとして受容される伝達の性格という主観的側面であり，第2は受容される伝達そのものの客観的性格によるもので，それは権限の客観的側面である。(☞権限と権威，公式的権限説)　　　　　　　　　　　　　　　　　(水原)

検　査〔inspection〕　JIS(日本工業規格)は，検査を「品物を何らかの方法で試験した結果を，品質判定基準と比較して，個々の品物の良品・不良品の判定を下し，または，ロット判定基準と比較して，ロットの合格・

不合格の判定を下すこと」と定義している。このような検査は，検査の目的，検査の性質，検査の場所，検査の方法などを基準として細分されうる。すなわち，①検査の目的により，受け入れ検査，中間検査，最終検査，②検査の性質により，破壊検査，非破壊検査，寿命検査，③検査の場所により，定位置検査，巡回検査，出張検査，④検査の方法により，全数検査，抜き取り検査などが区別される。(☞品質管理)　　　　(深山)

現地化〔localization〕　多国籍企業が1つの立地先国において，できるだけ多くの生産工程などの経営プロセスを集中すること。海外子会社の現地化政策は，発展途上国では経済開発計画の一部を構成することもあり，それをめぐって，進出企業は受け入れ国から外資優遇策を受けたり，撤退を余儀なくさせられたりする。経営の現地化の類型には，①子会社の所有比率の引下げといった「資本の現地化」，②子会社内での現地人経営管理者の積極的登用と育成といった「人の現地化」，③現地部品調達比率の引上げなどの「物の現地化」が挙げられ，経済摩擦を防ぐのに役立つ。今日，多国籍企業の競争優位には，一国レベルの観点ではなくて，グローバルな視野からの現地化が要請される。　　　　　　　　　　　　(藤澤)

現地仕様製品〔country-tailored product〕　ポーター=竹内(1986年)によれば，かなり大きなコストを掛けて各国または国家群のニーズに合うようあつらえた製品をいう。消費財，特に食品や家庭用品に多い。嗜好や使用状態が国によって異なるためである。例えば，ネッスルは，このためにインスタントコーヒーの配合や容器の形を変えている。消費者用包装製品は，生産コストがマーケティング・コストに比べて割合小さいから，製品標準化の必要性が少なく，現地仕様化が適する。　　　　　　　(藤澤)

現地調達〔local procurement ; local purchase〕　海外生産において現地で部品や材料を調達すること。関連産業の育成や技術獲得を目的に，現地政府が一定のローカル・コンテンツ(現地調達率)を設定することがある。これを満たさない製品は輸入扱いとなるため，関税対策や貿易摩擦緩和を目的とした海外生産では現地調達が課題となる。現地調達率は国や製品により異なるが，一般に部品の点数や費用で測られる。現地調達によって部材の輸出入に伴う為替リスクを減らすこともできる。　　　(石井)

減量経営　企業，自治体，病院などが，各種の余剰資源を処分することによって，経営体として維持・存続をはかる経営方法のことである。1973年の石油危機を契機に日本の重化学工業分野で始められ，1990年代初頭からは，自治体(都市)や病院の経営にも拡がった。リストラクチャリングとは異なり，余剰資源が新規事業に向けられないで，人員削減，設備削減，土地売却，在庫削減などの方法で処分される。(☞経営方針，リストラクチャリング，集中化戦略)　　　　　　　　　　　　　(仲田)

〔こ〕

コア・コンピタンス〔core competence〕 G. ハメルと C.K. プラハラードが,将来にわたり競争優位の源泉となる企業の能力として提唱した概念。具体的には, ①顧客に認められる価値を作り出し高める, ②他社に比べ特に優れた競争力を有する, ③企業のもつスキルが新分野や新製品にどのように使用できるか, 全社的観点から思考する能力。コア・コンピタンスは, 個別的なスキルや技術でなく, それらを束ね総合化したもの。ホンダのエンジン技術やソニーの小型化技術が例として挙げられている。(☞経営戦略, 競争戦略) (角野)

公益事業〔public utilities〕 電気, ガス, 水道, 交通(鉄道, バス, タクシー, 定期船, 定期航空), 郵便, 電信電話, 放送等, 日常生活に不可欠なサービスを行政の規制下で提供する経済事業。類義語に, 行政が所有・経営の主体であることを強調する公企業, 行政が公共工事によりインフラを整備する公共事業(道路・公共施設整備等)がある。公益事業は所有者の違いから私企業の運営する私営公益事業(電気, ガス等)と公企業の運営する公営公益事業(水道等)とに二分されるが, この2つが並存する事業(鉄道やバス, 電信電話, 放送等)もある。なお, 電気, 水道, 交通等を, その自然独占性への疑問視と事業構造の特質とによりネットワーク産業ともいう。(☞公企業) (片岡進)

公　害〔public nuisance〕 企業活動によって地域住民の被る人為的災害のことである。煤煙, 有毒ガスによる大気汚染, 悪臭, 工場排水, 廃液による河川, 地下水の水質汚濁, 機械の騒音, 振動, 地下水の大量採取による地盤沈下, 土壌汚染などがあげられる。日本の公害は, 明治期, 産業革命の過程で起きた足尾, 別子などの銅山での鉱毒事件に始まり第二次大戦後の高度成長期には熊本, 新潟の水俣病, 富山イタイイタイ病, 四日市喘息など深刻な被害を出した。 (海道)

公開会社と非公開会社　2005年会社法で改めて制定された株式会社の分類の1つ。公開会社は発行株式の中に一部にしろ譲渡自由な株式がある会社。非公開会社はそれ以外の会社, すなわちすべての種類の株式が譲渡について会社の承認を必要とする株式である会社(株式譲渡制限会社)。公開会社は大企業が前提。非公開会社は大企業の100%子会社や中小企業等が前提。公開性のいかんにより必要な会社機関等が異なる。(☞株式会社, 株式の種類, 大会社・中会社・小会社) (大橋)

公企業〔public enterprise〕 国または地方公共団体が所有し経営する企業。広義には, 個別法に基づき設立される特殊会社(政府と民間)や第3セク

ター(地方公共団体と民間)など公私の共同出資企業も含む。私企業には困難な公益性の追求が求められている公企業は，公共目的の実現を第一義とするが，営利を目的としないものの独立採算可能な収益性は求められている。しかし，その達成はほとんどの公企業には難しい状況にある。近年，行財政改革の流れの中で，国営企業，公団，事業団などは独立行政法人に転換されてきている。同時に，独立採算制に照らして，公企業の民営化を推進する動きも強くなってきており，公企業を巡る状況は大きな転換期にある。(☞公庫，公社(公共企業体)，地方公営企業)　　　(森田)

工業所有権〔industrial property right〕　産業上の知的所有権ないし無体財産権の総称。特許，実用新案，意匠，商標などの権利が含まれる。特許は自然法則を利用した高度な技術的知識を，実用新案はより単純な物品の形状・構造・組合わせに係わる技術的知識を対象とする。意匠は工業製品の美的外観に関するものである。また商標は，他人の商品と区別するための標章であり，商標保持者の業務上の信頼を示すものである。工業所有権は当局によって審査・登録されることにより，通常は一定期間，それを所有する者の独占排他的な権利となる。また，これを定める特許法などの法律を総括して工業所有権法という。日本では，これらの工業所有権は特許庁によって管轄されている。(☞知的所有権)　　　(宗像)

貢献と誘因〔contribution and inducement〕　近代組織論は，組織の立場と個人の立場の両立という二元的思考をその基礎においている。組織の立場からは，組織目的の達成(有効性)が追求され，個人の立場からは，個人の動機の満足(能率)が求められる。組織は目的達成のために個人に対して努力を課す。この努力が「貢献」とよばれる。これに対して個人が貢献の償いとして受け取る効用が「誘因」とよばれる。個人は，自分の価値観に基づいて評価を行い，誘因が貢献に等しいかあるいは大きい時に，組織にとどまり，協働意欲を示す。また組織が個人に十分な誘因を与えることが基本であるが，誘因が不足する時は，個人の欲求水準を下げることが必要となる。(☞能率，協働意欲，説得の方法)　　　(水原)

公　庫〔loan corporation〕　一般の融資を受けることが難しい分野などに政策的に融資を行うことで政府の金融政策を支援する役割を担う政府系金融機関。特別法に基づき設立される特殊法人。民営化の動きの中で，公庫のほとんどは解散・廃止，事業継承されており，戦後担ってきたその役割を終えつつある。現在，沖縄振興開発金融公庫だけが残っているが，2022年度以降に株式会社日本政策金融公庫に統合される予定。(☞公企業)　　　(森田)

広　告〔advertising〕　広告主が不特定多数の人々を対象に，あるメッセージを伝達する手段。販売員活動と並んで，コミュニケーション・ミック

スの重要な要素の1つである。広告のおもな機能は情報の伝達と，購買の説得にある。つまり，広告は標的顧客に情報を提供し，顧客の態度と行動の変更をめざして行われる有償のコミュニケーション手段である。企業が商品販売のために行う商品広告のほか，主体別(政府広告，メーカー広告，小売広告)，媒体別(新聞広告，雑誌広告，テレビ広告，屋外広告など)，地域別(全国広告，地方広告，地域広告)など，様々な広告がある。最近では，広告を IMC(integrated marketing communication)としてとらえる動きがある。(☞販売促進) (市川)

合資会社〔limited partnership company〕 会社債務に関し出資額を超過しても直接・無限・連帯の責任を負う無限責任社員と出資額を限度として直接・有限・連帯の責任を負う有限責任社員から構成される会社。つまり責任の限度が異なる2種類の社員からなる二元的組織の会社。持分会社の一種。社員同士の強い信頼関係を重視する人的会社。定款に別段の定めがない限り全社員が業務執行権と代表権を有する。有限責任社員の出資は金銭その他の財産に限られる。国税庁の調査によれば2012年の時点で21,467社ある。(☞持分会社，会社) (西村剛)

公式組織〔formal organization〕 例えば仕事の分割，職務のタイプ，上司と部下の関係などが示された組織図に表れているような，組織の公式的な関係のこと。バーナード(Barnard, C. I.)は公式組織を「二人以上の人々の意識的に調整された諸活動や諸力の体系」と抽象的に定義したが，公式組織とは管理者が組織目的の達成のために，協働意欲を持つ人間に分割された仕事を割り振ることで職務の細分化を行うとともに，それらを調整して統合するための基本的体系と理解できる。(☞バーナード，協働意欲，非公式組織) (柴田)

公式的権限説〔formal theory of authority〕 権限の公式的側面のみをとりあげるところから公式的権限説といわれるが，管理者の権限は，上位から下位に委譲されることによって生ずると考えるところから，権限委譲説あるいは上位権限説ともいわれる。また，権限の源泉をたどってゆけば所有権にまで至り，終局的には私有財産制度にまで遡ることになる。規則や法律あるいは公的制度のような社会制度に支えられている点から，権限法定説ともいわれる。近代論の権限受容説に対して，伝統論といわれている。(☞権限と権威，権限受容説) (水原)

公私合同企業(第3セクター)〔the third sector〕 政府(国や地方公共団体)と民間企業が共同出資し，地域振興(都市開発，観光)，交通(鉄道，空港)等公共性の高い事業を行う企業のことで公私混合企業ともいう。公企業を第1セクター，私企業を第2セクターとよぶため，日本では半官半民の中間形態である公私合同企業を第3セクターというのである。第3セク

ターの法人形態は会社，財団，社団等様々で，このうち株式会社は特殊会社とよばれ営利活動を許容されている。第3セクターには膨大な債務を抱え破綻するものも多い。なお，欧米のthird sectorは，NPO，共同組合等の民間非営利組織(日本ではこれを第4セクターとする場合もある)を指すため注意を要する。(☞公企業)　　　　　　　　　　　　　　(片岡進)

構成主義経営学〔konstruktivische Betriebswirtschaftslehre〕 1970年代に入ってドイツの経済に不安定性が増大し，社会に様々なコンフリクト(葛藤)が生じるようになると，このコンフリクトをいかに克服するかという問題が生まれる。この問題に注目して経営学の立場から新しい方向を打ち出さんとしたのがシュタインマン(Steinmann, H.)らの構成主義経営学とよばれるものである。コンフリクトを，関連する社会構成員の理性的な話し合いを通じて克服しようとするものであって，その際，この話し合いによって了解しうるものを様々な部分(表現要素)としてとらえ，それでもって1つの全体像をつくり出し，その方向に向かって協調的な企業を構成しようというのである。この全体像への道は理性よりも妥協であるという批判がある。　　　　　　　　　　　　　　　　(吉田)

工程開発〔process development〕 通常，研究開発といえば製品を対象とするものを指すことが多いが，製造工程を対象とした研究開発活動が工程開発である。工程開発は製品革新により生み出された新製品の製法を開発するという場合と，既存製品の製法の改善を図る場合とがある。前者の場合には主たる目的は，量産化・コスト低減・品質や信頼性の向上・納期の短縮に置かれることが多い。後者の場合には，それらに加えて製品変化に対する弾力性向上や段取り替え時間の短縮等が問題となる。設備面やシステム面での工程開発については専門の開発組織や外部の業者が担当することが多いが，ライン組織自体による作業方法や設備についての累積的改善の効果も軽視できない。(☞製法革新)　　　　(宗像)

工程管理〔process control〕 要求される品質・原価・数量の製品を決められた納期内に最も効率的に生産するために，工程を編成し管理する活動のこと。工程管理は，時間的管理であることに特色があるが，それは，工程の計画という計画機能と工程の統制という統制機能という2つの側面を有している。後者は，前者を前提としている。計画機能に関しては，手順計画(routing)と日程計画(scheduling)が，統制機能に関しては，着手統制(dispatching)と進捗統制(follow up)が問題となる。かかる工程管理の具体的な内容は，生産方式や生産組織によってかなり異なるので，個々の場合の状況に即して考えられなければならない。(☞生産計画，手順計画，日程計画)　　　　　　　　　　　　　　　　　　　　　　(深山)

合同会社〔limited liability company〕 2006年に施行された会社法によっ

て創設された会社(形態)で、日本版 LLC とよばれる。出資額を限度として間接・有限の責任を負う有限責任社員のみで構成される会社で、持分会社の一種。会社の内部関係は民法上の組合的規律が適用されるものである。社員は有限責任の利益を享受しながら広範な定款自治が認められている。社員全員が業務執行権を有する。一人会社の設立も可能。会社の機関構成が単純であり、小規模なベンチャー企業などに適した企業形態である。国税庁の調査によれば 2012 年の時点で 20,804 社ある。(☞会社、持分会社) (西村剛)

行動科学〔behavioral science(s)〕 人間(ないし一部下等動物を含む)の行動を研究対象とする学際的(interdisciplinary)科学。1940 年代末にアメリカの心理学者 J.G. ミラーらにより命名され、1951 年からのフォード財団支援の「行動科学計画」で普及した。人間行動を扱う諸科学(心理学、社会学、人類学、生理学、精神医学、政治学、経済学、法律学、経営学、歴史学など)の協力によって学際的アプローチをとる。また客観的経験的資料に基づき人間行動の法則を発見・説明・予測する狙いで、実験・観察・数量化する手法がとられ、実証的・操作的な点に特徴がある。経営学でも、例えばバーナードやサイモンら以後の近代組織論、サイヤートやマーチらの企業行動理論、リッカートやアージリスらのモラール論・リーダーシップ論などは、この系譜と見ることができる。(☞インターディシプリナリー・アプローチ、記述科学、組織的意思決定の理論) (片岡信之)

高度道路交通システム〔Intelligent Transport System：ITS〕 最先端の情報通信技術を利用して、道路交通における安全性・快適性・経済性の向上を目指す新しい交通システム。代表的なものに VICS(道路交通情報提供サービス)、ETC(自動料金支払システム)、BSL(バスロケーションシステム)、AHS(走行支援道路システム)などがある。(☞グローバル・ポジショニング・システム) (竹林)

公認会計士と税理士〔certified public accountant and licensed tax accountant〕 独立した公正な立場において、使命として、公認会計士は、監査及び会計の専門家として、財務書類などの信頼性を確保することにより、会社などの公正な事業活動、投資家の保護などを図り、税理士は、税務に関する専門家として、申告納税制度の理念にそって、納税義務者の信頼に応え、租税に関する法令に規定された納税義務の適正な実現を図る。なお、公認会計士は金融商品取引法や会社法による法定監査を独占的に行ってきたが、会社法では、会計監査人(337 条)や会計参与(333 条)などとしての活躍も期待されている。(☞会計監査人 会計監査・業務監査・内部監査、監査役) (牧浦)

高付加価値化 付加価値とは企業が自らの人的資源を活用して新たに作

りだした価値のことであり，売上高から生産に要した材料費，償却費，外注加工費など他企業の寄与額を差し引いて求める。この付加価値を高める活動を一般に高付加価値化といい，通常は製品の高機能化・高級化などを示す場合が多い。多くの製品市場において需要が飽和に達し一定の数量の売上しか望めない昨今の状況において，高付加価値化は企業収益を高めるための主要な手段として重要視されている。具体的な高付加価値化の方法としては，情報技術や新素材などのハイテクを製品に導入したり，逆に多くの労力を特定工程にかけたりしてデザインや品質，製品機能の水準を高めたりすることが典型的である。高付加価値化は，製品差別化戦略の有力な道の1つでもある。　　　　　　　　　　　　(宗像)

高分子材料〔high polymer material〕　基本単位としての低分子の物質たるモノマー(単量体)が1万以上結合してできたポリマー(重合体)が，高分子といわれる。高分子材料は，セラミックスなどとともに，これからの技術革新にとって不可欠な新素材である。タンパク質，天然ゴム，澱粉，セルロースのような生体関連のもの(天然物)と合成繊維，合成樹脂，合成ゴムなどのような生体関連でないもの(合成物)がある。　　(深山)

公平理論〔equity theory〕　アメリカのアダムズ(Adams, J. S.)らが1962年提起したもの。人間は仕事に際し有形・無形の努力(アウトプット)をし，得られた報酬(インプット)とのバランスを考えるが，その際他の人々との比較でそれを行い，公平感をもとうとする。他の人と比べて自己の報酬が少ない場合だけではなく，自己の報酬が多いと感じる時も不公平感をもつ。アダムズらの調査によると，例えば出来高給の場合，他の人と比較して報酬が多すぎると感じると，その人は出来高数を下げ品質(作業の質)を上げようとした。出来高数には不公平感が集中して現われるから，その増加を回避しようとしたのである。ただし以上はあくまでも人間心理における比較であり，視点を変え比較の対象を別の人にすることもある。(☞賃金満足モデル，CS(消費者満足・顧客満足))　　(大橋)

合弁事業〔joint venture〕　複数国の民間企業あるいは政府が，共同で出資し経営を行うことによる共同事業(パートナーシップ)のこと。出資形態は，過半数支配，少数支配，対等所有に分かれる。多国籍企業が合弁事業を選ぶのは，受け入れ国への政治的かつ経済的配慮の他に，現地パートナーの販売網の利用を通じた標的市場への接近，部品などの調達の容易性，合弁相手との経営資源分担などが利点となる。国際戦略提携の有力な手段としても注目されている。(☞現地化，国際戦略提携)　　(藤澤)

合名会社〔general partnership company〕　会社債務に関し出資額を超過しても直接・無限・連帯の責任を負う無限責任社員のみで構成される会社。持分会社の一種。法人も社員になることができ，また社員一人の一

人会社の設立も可能。定款に別段の定めがない限り全社員が業務執行権および代表権を有する。出資は財産のほか，信用や労務でもよい。社員同士の強い信頼関係を重視する人的会社であり，家族的な企業に適した企業形態。国税庁の調査によれば2012年の時点で4,219社ある。(☞持分会社，会社) (西村剛)

合理化運動〔Rationalisierungsbewegung〕 いま合理化それ自体を広く利潤を高めるためのあらゆる技術的な方策の適用と解すれば，合理化は資本主義の歴史とともに古い。しかし，合理化が産業合理化とか経営合理化とかよばれる合理化運動として現われたのは，第一次世界大戦後のドイツにおいてであった。戦後経済の復興・発展という課題を担って設立された「ドイツ経済性本部」は，合理化をば経済性を高めるためのあらゆる手段の適用と解し，自らは経済性上昇の直接的な方策を指導する機関として，さらには経済性上昇即国民生活向上というイデオロギーを宣伝する機関として，合理化を全産業的ないし全国民的次元で推し進めんとした。合理化は確かに経済の発展に寄与したが，反面，労働強化や失業をもたらした。(☞生産性向上運動，経済性) (吉田)

小売商〔retailer〕 最終消費者に商品を販売することを業とする者。流通機構の最後にリンクして，仕入先に対しては商品の販路として，消費者に対しては購買代理人として，重要な役割を演じている。規模の点からは，一般小売商・露天商・行商といった伝統的小売商と，百貨店・各種チェーン店などの近代的大規模小売商に分類できる。また，無店舗小売商として訪問販売や通信販売がある。自動販売機や飲食・サービス業も小売業に含められる。 (市川)

小売りの輪の理論〔wheel of retailing〕 1957年，マクネア(McNair, M. P.)が提唱した小売業の進化に関する理論。アメリカの百貨店，バラエティストア，スーパー，ディスカウント・ストアなどの歴史から導き出された。小売業態は流通サービスと価格の組み合わせで決まるが，ローコスト経営や低価格で市場に参入した小売業も，競争のなかで高価格・高サービス水準にシフトしていく結果，低価格・低サービス水準を実現する他の革新的な小売業によって駆逐されていくという主張。 (陶山)

ゴーイング・コンサーン〔going concern〕 継続企業ともいう。現代の期間損益計算は，企業の経営活動が永続するという仮定の下に成立しており，これをゴーイング・コンサーンの公準という。実際には，企業は破産や清算する場合もあるが，事業活動は永続することを前提に行われている。したがって，損益計算についても，1ヵ年等の会計期間を設定し，当該期間の損益が計算され，利害関係者に会計報告が行われている。(☞財務会計) (久保田)

コース別人事管理〔personnel management based career path〕 限定勤務地制,退職女子再雇用制,社内公募制,選択定年制等と並ぶ複線型雇用の一種だが,以上の制度を代表した名称としても使われる。従来の終身雇用・年功序列を基礎とした画一的単線型ではなく,多様なキャリア・コースから意欲や能力に応じて自分の職業人生を自主的・自発的に選択できるものであり,多様な人材を活かすダイバーシティの推進に不可欠な制度である。(☞キャリア・デベロップメント・プログラム) (伊藤)

コード(コーディング)〔code(coding)〕 一般的には,規則あるいは規定。例えば,プレスコードとは,マスコミが使う倫理規定。狭義では,①漢字,文字,記号,数字をコンピューターが識別するための文字コード,例えば流通業で使われるバーコードや縦と横の2方向に情報をもつQRコード,②データを分類する記号,例えば社員コード,③プログラム言語の命令を記述した文書であるソースコードのことである。コーディングとはコンピュータプログラムをつくること。 (福井)

コーポレート・アイデンティティ〔corporate identity：CI〕 消費者は,商品はいうまでもなく,会社自体に対しても様々なイメージ(image)を抱いている。したがって,会社が消費者などに対して良きイメージを示そうとするのは当然である。自社がどういう会社であるか,また社会的にどのような役割を果たしているかなど,会社が統一イメージを作り出そうとする試みをCIという。会社が主体性を確立し,イメージが良くなれば,それだけ社員の会社に対する帰属意識が高まるという効果もある。あくまでもイメージ戦略として,この際会社の性格を変えるのではなく,会社の性格を例えば,象徴や記号を利用して外部に正しく示そうとするところに,CIの特質がある。 (吉田)

コーポレート・ガバナンス〔corporate governance〕 企業統治とも訳され,企業活動が社会的に受け入れられ正当性をもっているかの企業に対する社会的な制御概念。会社法の立場から企業統治を狭く解すれば,株主総会・取締役会等の会社機関を介した株主との関係および経営活動の成果が,市場の中で正当化された関係を作り出しているかどうかを問う。しかし,社会において大規模株式会社の活動とその影響力が拡大するにつれ,企業統治を広く解し,株主だけでなく従業員・原材料供給業者・消費者・地域住民といった幅広い利害関係者との関係を含め,企業活動が社会的に正当性をもつ関係を作り出しているかどうかが問われる傾向にある。拡大する会社(経営者)権力に対するチェック概念といえる。(☞経営者支配,経営の社会的責任,ステークホルダー) (角野)

COLA〔cost of living adjustment(s)〕 生計費調整(制度)。労働統計局(Bureau of Labor Statistics)が公表する消費者物価指数(consumer price index)に基づき、インフレ下の賃金を生計費と調整させる制度。一方、①本国と派遣地および派遣地間の給与の不均衡・不公平感をなくすこと、②現地採用従業員と派遣従業員との給与格差を説明すること等を目的とする、海外駐在員の給与算定指数を示す場合もある。　　　　　　　　　　(伊藤)

互換性部品生産方式〔interchangeable parts system of production〕　大量生産方式を構成する2つの形態のうちの1つであり、紡績や石油精製などに代表される、プロセス製品の大量生産を意味する一貫加工生産方式と対比され、部品の互換性原理に基づいた組立製品の大量生産方式である。本格的大量生産方式ともいわれ、機械工業、金属加工業、電機産業、自動車産業での生産がそうである。この生産方式の起源は古く、1800年頃のアメリカの兵器工業に求められる。異なる銃の同一部品は互いに代替できる、という原理に基づき、ホィットニー(Whitney, E.)がマスケット銃の大量生産を行ったのが最初だといわれている。近代の本格的な大量生産方式は、このアメリカ独自の大量生産技術の登場によって初めて可能になった。(☞大量生産)　　　　　　　　　　　　　　　　　　(廣瀬)

顧客管理システム(顧客データベース)〔customer control system (customer database)〕　顧客に関する様々な情報を集中的に管理するシステム。この顧客情報をコンピュータのメモリに整理、統合して記憶させたものが顧客データベースである。顧客データベースの中身は、顧客の氏名、年齢、性別、住所、収入などの一般属性データ、購入製品、購入ブランド、購入時期、購入頻度などの購入データ、それに支払残額や与信限度額などの信用データが中心となっている。これらのデータはおもに通信販売や訪問販売に代表されるダイレクト・マーケティングのデータベースとして利用されるほか、製品の開発や改良、販売促進のためのデータとしても利用される。しかし、一方で、プライバシーの保護という新しい問題が発生している。(☞ダイレクト・マーケティング)　　(市川)

顧客の創造〔to create a customer〕　ピーター・ドラッカー(Drucker, P. F.)は、彼の著書において、企業の目的は1つでありそれが顧客を創造することであることを明らかにした。これは、顧客が感じている欲求を有効需要にまでかえることとあわせて、彼ら自身がまだ明確に意識していない欲求を具現化することを含んでいる。そして、顧客の創造を実現するためのマーケティングとイノベーションという2つの機能の重要性が指摘されている。(☞ドラッカー、企業目標)　　　　　　　　　　(小澤)

国際会計基準・国際財務報告基準〔International Accounting Standards/International Financial Reporting Standards〕　国際会計基準審議会(IASB)の前身である国際会計基準委員会(IASC)は、1973年、日本を含む主要9カ国の会計士団体をメンバーとして設立され、以来四半世紀に

わたって，一連の国際会計基準(IAS)を設定・公表した。その後，IASCとして担ってきた国際会計基準の設定は，IASB に引き継がれ，2001 年 5 月より活動を開始している。IASB の発足以後，改訂・新設される基準の一部は，国際財務報告基準(IFRS)という名称となっている。日本でも2010 年 3 月期の年度より，一部の金融商品取引法適用会社の連結財務諸表に任意適用されている。 (久保田)

国際化とグローバル化〔internationalization and globalization〕 国際化は個々の国家を絶対的な前提とし，その枠内で国際的に種々な事柄について協力・交流しあうことである。基本的には国家同士の関係に依存したものである。これに対しグローバル化は，それぞれの国家の個別的絶対性を前提とはせず，個別国家の枠を越えて全世界的な活動の発展・展開に志向したものである。故にこれはボーダーレスの考えを伴う。(大橋)

国際カルテル〔international cartel〕 市場統制・需給調整を狙って結合したカルテルの支配権が，一国の国内市場だけにとどまらず，国際的に広範な市場を対象にして行使された場合をいう。1875 年の海運カルテル「カルカッタ同盟」が最初の例とされている。国際カルテルの結成が最も盛んになったのは 1920 年代であり，28 年にアクナカリー協定に基づいて誕生した巨大多国籍企業から構成される国際石油カルテルは，今でも代表例として知られている。(☞国際トラスト) (藤澤)

国際交渉〔international negotiation〕 自由貿易の推進を目的に 23 カ国の協定として 1948 年に始まった GATT(関税及び貿易に関する一般協定)は，1995 年に国際機関の WTO(世界貿易機関)へと発展した。WTO には約 150 カ国が加盟しており，貿易面だけでなく，金融や知的財産権，情報通信といった問題を含む国際通商にかかわるルール作りや紛争解決が行われている。通商問題にかんしては，WTO のような多国間で行われる国際交渉の枠組みがある一方で，近年では，二国間あるいは特定地域内の複数国による自由貿易協定(FTA)の締結もみられる。日本は，シンガポールやメキシコ等との間で近年自由貿易協定を締結したが，関税の廃止による国内農業の衰退等の問題も懸念されている。 (石井)

国際購買管理〔international purchase management〕 生産活動に投入する部品や原材料，設備・機械の購買活動の国際的な実施のこと。多国籍企業が，各国の工場で利用する部材を，世界レベルでもっとも安く品質の良い企業から集中的に調達すれば，規模の経済性を享受しつつ安価な購買管理が実現できる。ただし，自然災害や政変等の可能性も考慮した複数の国・地域からの調達によるリスク分散や，世界各国の工場に納入するロジスティックスの効率化も，充分に考慮する必要がある。(☞国際ロジスティックス，グローバル戦略，カントリー・リスク) (石井)

国際事業部〔international division〕 企業の海外事業に関する活動を全般的に取り扱う組織で、企業内では国内事業部から独立した形で設立される組織である。どの海外子会社も事業に対する責任を国際事業部担当の副社長に対して負い、その副社長は海外での全事業に対する責任を社長に対して負う。国際事業部の最も重要な課題は、海外子会社の活動の調整にある。この構造はアメリカ系多国籍企業によくみられるが、過渡的な組織形態にすぎない場合が多い。(☞海外子会社)　　　　　　　(藤澤)

国際市場細分化〔international market segmentation〕 ある製品やサービスに対する全体としての国際市場を論理的に、ニーズ・ウォンツや購買行動等の重要な特徴で異なる細分市場に分けることをいう。市場分類の基準として、①地理的位置、都市規模、人口密度、気候などの地理的変数、②年齢、家族数、職業、教育、所得、宗教、人種、国籍、社会階級などの人口統計的変数、③ライフ・スタイル、性格などの心理的変数、④購買機会、追求便益、使用頻度、ブランド・ロイヤルティ、マーケティング刺激への反応などの行動的変数が用いられる。(☞グローバル・マーケティング・マネジメント、世界共通製品)　　　　　　　(藤澤)

国際生産〔international production〕 企業が国境をこえて生産活動を行うことである。一般に、国内生産を実施している企業が、海外生産を実施する場合がこれに当てはまる。海外生産の形態には、自社が単独出資した完全子会社の工場で行うケース、他社との共同出資による合弁の工場で行うケース、あるいは自社が出資していない他社の工場へ生産を委託するケースなどがある。多国籍企業は、国際生産の拠点ネットワークを活用しながら、効果的な生産の国際分業体制を構築することが必要である。例えば、二国間あるいは特定地域の自由貿易協定を活用して、規模の経済性が重要な特定の部品や材料の生産は集約しつつ、域内の生産拠点間で相互補完を行う場合がこれに当てはまる。(☞内部化理論、折衷理論、ライセンシング)　　　　　　　(石井)

国際製品戦略〔international product strategy〕 企業が複数の国や地域で製品を販売する場合は、製品の種類や仕様について、どの程度市場間で共通化するのか、あるいは差別化するのかを決めなければならない。複数市場で同じ製品を販売すれば、低コストで製品を提供できる。ただし、国や地域によっては、異なる種類の製品が必要となる場合や、同じ製品でも異なる仕様が求められる場合がある。そうなると、国別あるいは地域別の製品戦略が必要となってくるため、それだけ開発や生産、マーケティングに人手や費用がかかる。そこで、複数の異なる製品間で基幹的な技術や部品を共有しつつ、国や地域ごとの市場ニーズに対応した製品を投入することで、範囲の経済性を実現することが重要である。(☞国際

マーケティング,グローバル・マーケティング・マネジメント) (石井)

国際戦略提携〔international strategic alliances〕 国籍や業種を問わず,既存または潜在的なライバル多国籍企業間で結ばれる資本提携や業務提携をさす。合弁事業,技術提携,調達提携,生産提携,販売提携がある。1980年代より戦略提携が多用されたのは,競合の回避と経営資源の相互補完というメリットの他,新規投資(green-field)や合併・買収(M&A)よりも市場参入にかかる固定費が少なく,M&A同様に参入時間の節約が可能という点にある。提携期間中に事業目的の食い違いやパートナーによる自社経営資源の学習が問題視されると,提携は解消されやすい。(☞合弁事業) (藤澤)

国際トラスト〔international trust〕 資本の集中・集積の結果,世界の同一業種において競争を排除し,超過利潤を得ることを目的として形成される国際的独占の一形態。カルテルと異なり,加盟企業がその商業上・生産上・法律上の独立性を失い,新たな世界の巨大独占企業に統合されるから,その国際独占力もいっそう強固なものとなる。巨大多国籍企業には,独占禁止法に抵触しないかどうかの入念なチェックが不可欠である。(☞国際カルテル) (藤澤)

国際分業〔international division of labor〕 各国が生産性の高い商品の生産に特化すること。リカードの比較生産費説によると,各国は生産費が他国より相対的に安い(比較優位)商品を生産し,これを輸出する。輸入国は,その商品の生産費が他国より相対的に高い(比較劣位)。このような国ごとの比較優位の違いによって貿易が行われ,その結果,各国に利益がもたらされる。各国が比較優位な商品の生産に特化すれば,それだけ全体の生産性が高まる。ヘクシャー・オーリンの定理では,各国の生産費の違いが資本量や労働量の相違によってもたらされると考えられている。開発途上国の一次産品と先進国の工業品の貿易は垂直的国際分業,先進国間の工業品の貿易は水平的国際分業とよばれる。(☞比較優位,ヘクシャー・オーリンの定理,産業内貿易) (石井)

国際マーケティング〔international marketing〕 マーケティングとは,顧客満足を前提とし,その結果としての売買を創出する対市場行動である(単なる売買目的は販売活動である)。このようなマーケティング活動には,ターゲット市場の設定,製品コンセプトの明確化,マーケティング・ミックス(製品・サービスの具現化,価格設定,広告・流通活動の計画と実行)が含まれる。そして国際マーケティングとは,これらの対市場行動が国境を越えることである。異質な顧客やニーズに対応するという考え方はマーケティングの基本であり,国際マーケティング特有の問題ではない。とはいえ,国境を超えた対市場行動という点では,国内では想定できな

い様々な問題も，国際マーケティングで発生する。(☞グローバル戦略，国際製品戦略，マーケティング)　　　　　　　　　　　　　　　　　　(石井)

国際ロジスティクス〔international logistics〕　元来は兵站を意味するロジスティクスは，物流や手配，補給等の意味もある。経営分野では，原材料の調達から生産や販売を通じて，消費者に至るまでの，一連の物流と管理のプロセスをさす。これが国境を越えて行われると国際ロジスティクスとなる。ロジスティクスの国際化は，一般に輸出をきっかけに始まる。海外生産により企業の物流や事業機能の国際展開が本格化すると，最適な国際ロジスティクスの計画・実施が必要となる。　　　　(石井)

個人株主〔individual stockholder〕　機関株主とは対照的に会社の株式を個人で取得している者をさす。有名なバーリとミーンズ(A.A. Berle＝G.C. Means)の実証研究によれば，1930年前後のアメリカでは，企業の大規模化とともに株式所有の分散化は進捗し個人の大株主は消滅し経営者支配が成立すると予測された。この基礎にある所有と支配の分離の事態と経営者支配の成立を巡っては，その後幾多の実証研究が行われている。(☞機関株主，経営者支配，所有と経営の分離)　　　　　　　　　(渡辺敏雄)

コスト・リーダーシップ戦略〔cost leadership strategy〕　ポーター(Porter, M.)がある産業の中で競争上の優位性を獲得するために有効な企業の基本戦略の型として，差別化戦略，集中化戦略とともにあげたもの。競争企業よりも低い原価を達成することで市場占有率を高め，規模の経済を享受しようとする戦略である。高い市場占有率は安定した利益の確保につながり，設備更新への投資も可能となるため，原価の面で主導的な地位を占めることができる。(☞競争戦略，競争優位)　　　(仲田)

固定資産〔fixed assets〕　資金の長期拘束運用を必要とする資産。貸借対照表では，建物，機械装置，土地などの「有形固定資産」，特許や営業権などの「無形固定資産」と，投資有価証券や長期貸付金などの「投資その他」に区分される。なお，利用による物理的な消耗や時間経過による減価などが生ずる償却資産では，減価償却による期間費用配分が行われる。また，減損会計では，投下資金の回収に疑義が生ずれば，簿価を切り下げる。(☞資産，流動資産)　　　　　　　　　　　　　　　(牧浦)

固定比率と固定長期適合率〔fixed assets to equity ratio and fixed assets to long term capital ratio〕　固定資産に対する資金供給力を判断するための財務指標。固定比率は，資金の長期拘束運用を必要とする固定資産は，法的な返済義務のない，株主資本(純資産)で資金供給するという立場から，式［固定資産÷株主資本×100％］で算定され，100％以下が理想である。他方，固定長期適合率は，固定資産は，株主資本と固定負債の合計である，長期資本で資金供給すべきであるという立場から，式［固定資

産÷長期資本×100%]で算定されるが,固定比率を補足するもので,100%以上であれば,流動負債で固定資産の一部が充当され,正味運転資本は負になる。(☞安全性分析,流動比率と当座比率(酸性試験比率))　(牧浦)

固定負債〔non-current liability〕　決算日の翌日から1年を超えて支払期限が来る負債。流動負債との区分では,正常営業循環基準により,営業活動から生ずる債務を除き,ワン・イヤー・ルールにより社債,長期借入金などの1年以上の支払期限を有する営業活動以外から生ずる債務と,退職給与引当金などの1年を超える使用見込みのある負債性引当金を固定負債にする。このため,支払期限が1年以内の社債は流動負債である。(☞負債,流動負債,ワン・イヤー・ルール)　　　　　　(牧浦)

古林喜楽(1902-1977)　　岩手県に生まれ,神戸高等商業学校修了,京都大学経済学部卒業後,和歌山高等商業学校教授を経て神戸商業大学教授。戦後,神戸大学学長。定年後,関西学院大学教授,日本経営学会理事長,広島商科大学学長を歴任。経営労務の経済学的研究の道を切り開くとともに,個別資本理論をふまえ経営経済学の理論的研究を技術論を入れて深めんと努めた。主著,『経営労務論』(1936年)のほか著書多数。なお,没後,千倉書房から著作集が刊行されている。　　　　　　　　(吉田)

個別資本理論(批判経営学)　　主として戦前はドイツ経営学を,戦後はアメリカ経営学を導入したという点にわが国経営学の特徴が見られる中で,あくまでもマルクス経済学でもって経営学の理論的体系化を意図せんとするドイツにもアメリカにも見られない新しい動きが早くから生じた。中西寅雄著『経営経済学』(1931年)を端緒とする個別資本理論の流れがそれである。企業をあくまでも資本の運動,つまり自己増殖を遂げる貨幣の運動としてとらえ,調達・生産・販売を通じて資本がどのように姿を変えて流れているか,その循環・回転の過程を理論的に明らかにせんとするものである。マルクス経済学を基礎とする以上,企業経営を批判的に分析するという傾向が強く現われ,批判経営学としての性格をもつ。(☞日本経営学の特徴,中西寅雄)　　　　　　　　　　　(吉田)

個別生産〔job shop production〕　連続生産と対比される生産形態で,製品は個々別々に,それぞれの製品の生産は連続的にではなく,少量作られる。両者の中間形態として,組別生産(ロット別生産)とバッチ生産がある。また,個別生産は注文生産の場合がほとんどである。個別生産には,多種単品生産,多種少量生産,少種少量生産がありうるが,普通は顧客の注文に応じて製品種類が多様化(仕様,形状,寸法,色彩など)するので,多種少量生産が一般的である。(☞多品種少量生産,注文生産)　(廣瀬)

コミッティド・キャパシティ・コスト〔committed capacity cost〕　キャパシティ・コストの一部で,長期的な経営能力の獲得と維持のために認め

られる．基本的な生産装置や管理スタッフから生ずる最低保全費用，固定資産税，人件費などで，回避不可能な埋没原価(期間共通原価)．他方，短期的な経営能力の準備のために認められる，公告宣伝費，販売促進費などはマネジド・キャパシティ・コスト(自由裁量原価)と呼ばれる．(☞管理可能費・管理不可能費，変動費と固定費) (牧浦)

ごみ箱モデル〔garbage can model〕 組織での意思決定状況を表わすために用いられてきた従来の合理的意思決定モデルに代わるものとして，マーチ(March, J.G.)，オルセン(Olsen, J.P.)，コーエン(Cohen, M.D.)が提唱したモデルである．このモデルでは，現実の組織的意思決定を，選択機会(組織が何らかの選択を迫られる機会)，参加者(選択機会に参加する人々)，問題(組織内外の人々の関心事)，解(行動コース)という4つの独立した流れが偶然に交錯した産物であると考える．すなわち，選択機会を，各参加者が様々な問題や解を独立に投げ込むごみ箱と見なし，このごみ箱の中で問題と解が参加者のエネルギーによって結びつけられて，一定の選択が行われるという．(☞組織的意思決定の理論) (瀬見)

コミュニケーション〔communication〕 組織内のあるメンバーが他のメンバーに様々な媒体手段を通じて，意思決定のための情報や命令を伝達する一連の過程をいう．その際，伝達とは情報や命令がただ単に伝えられることではなく，それが相手に受理され，正しく理解され，相手の意思決定や行動に影響を与えることを意味している．したがって，コミュニケーションとは，人と人との間で，情報，観念，態度を共有化する過程であると理解することもできる．コミュニケーションは，組織の成立にとって必要不可欠な基本的要素であり，伝達経路，相手先，内容などが予め計画され，組織の権限構造と密接な関係をもっている公式的なものと，そうではない非公式的なものに分けられる．(☞協働意欲) (瀬見)

コラボレーション(パートナーシップ)〔collaboration(partnership)〕 個人または組織の間の協力・協働をさすもので，特に公私協同体制を中心に組織間関係の1つの新しい形として1980年代頃から急速に注目されるものとなった．アメリカ等では全国的規模から地域的規模のものまである．地域振興問題のように当該地域の利害関係者(代表を含む)が集まって共同の意思決定をするところに特色がある．コラボレーションという言葉自体は，第二次世界大戦中敵方に協力する行為を指す言葉として用いられたこともあり，イギリス等では代わりにパートナーシップが使われることがある．コラボレーション優位という言葉もある． (大橋)

コンカレント・エンジニアリング〔concurrent engineering〕 企業間競争の激化とともに製品，プロセス開発の効率化，とくに開発期間の短縮が急務となってきた．コンカレント・エンジニアリングはこの課題達成の

ために，従来の基本設計から細部設計，試作，試験製造，流通・マーケティング要件の充足検討等部門別開発課題を，時系列的に遂行するシーケンシャル・エンジニアリングとは対照的に，これらの諸過程の密接な相互連関の内に，これらの課題のできる限りの同時進行，同時達成を志向する開発手法である。その発展には多様な開発要件の最適化をコンピュータ上で仮想上検討できるバーチャル・テクノロジーの発展が寄与している。 (宗像)

コングロマリット〔conglomerate〕 複合企業，集塊企業，多角的企業ともいう。異業種で生産過程も無関連な複数企業が株式取得による吸収・合併で結合して多角化する混合型合併の企業結合形態である。1950年代に米国で始まり1960年代で本格的に発展したが，あまり成功せずその後解体した企業も多かった。米国では Litton Industries, Textron, I.T.T., 日本では旧カネボウなどが有名。(☞会社合併，M＆A) (片岡進)

コンシューマリズム〔consumerism〕 様々なタイプの組織との交換関係において不利な立場に置かれる消費者の権利を保護したり強化するために行われる政策・活動や，またそれを導く理念。消費者主権，消費者運動と同じ意味をもつ。1960年代半ばにアメリカで提唱されたが，その直接のきっかけとなったのはラルフ・ネーダーによる自動車の安全性の調査やケネディ大統領の4つの権利(①安全である権利，②知らされる権利，③選択する権利，④意見が聞き入れられる権利)であった。その背景には欠陥・有害商品，誇大広告，計画的陳腐化などマーケティングの弊害，逆機能や消費者の情報ギャップなどが存在する。企業など組織の利害や社会的厚生との関連で消費者の権利や利益をどのように守り発展させるかが課題となっている。(☞消費者行動論) (陶山)

コンツェルン〔concern；Konzern〕 多種多様な産業の企業が法的独立性を保ちつつ株式保有により資本的に結合し，経済全体に多大な影響を及ぼす企業グループとなる企業結合形態で，企業連携ともいう。持株会社が株式保有によりグループ企業を支配する形態(旧財閥)と，持株会社(現HD)の株式保有を中核に各企業も株式相互持合する形態(銀行主導の金融資本型コンツェルンやメーカー主導の産業資本型コンツェルン)がある。(☞企業グループ，企業結合形態，財閥) (片岡進)

コンティンジェンシー理論〔contingency theory〕 唯一最善の普遍的な組織を追求する立場を否定し，「状況が異なれば有効な組織は異なる」という立場をとる1960年代に生まれてきた理論。条件適合理論あるいは条件理論ともよばれる。組織構造の有効性を規定するコンティンジェンシー要因は，大きく環境と技術に分けることができる。前者の研究として，安定した環境では機械的組織が，不安定な環境では有機的組織が有効で

あることを示したバーンズ／ストーカー(Burns, T./Stalker, G. M.)の研究が，後者のものとして単品生産と装置生産のもとでは有機的組織が，大量生産のもとでは機械的組織が有効であることを示したウッドワード(Woodward, J.)の研究が代表的である。 (奥林)

コンピテンシー〔competency〕 高い業績をあげている者に共通する行動特性。1970年代にマクレランド（McClelland, D.C.）が高業績者の行動に着目し，それを心理学的に分析・類型化したのが始まり。高業績者を，知識・技術よりも，行動・思考・価値観・動機といった精神的能力で優れているととらえる。そこで高業績者の再現可能な行動特性に基づき，それを職務・職位に必要とされるコンピテンシーのレベルとしてモデル化することで，採用・配置・育成・評価の基準として活用する。その際，協調性・積極性・責任性ではなく，コミュニケーション能力，論理的思考，計算処理能力といったより仕事に関連した能力が基準となる。 (伊藤)

コンビナート〔combination；Kombinat〕 複数企業が原料・燃料・製品・廃物の総合的利用や輸送費の節約など生産の効率化・合理化を目指し，資本的関係よりも技術的関係を重視し工程・地域面で結合した企業集団。元来は旧ソ連で資源産出地近辺に計画的に配置された鉱工業地域をいう。日本でも石油化学を典型に鉄鋼，食品等業種を問わず存在するが，一般的には石油化学に限定して理解される。類義語でコンビナートを大規模にしたコンプレックス(地域生産複合体)がある。 (片岡進)

コンピュータ〔computer〕 電子的な技術を用いて計算や情報処理を行う装置。計算の手法の違いによってアナログコンピュータとデジタルコンピュータに分類されるが，現在使われているコンピュータのほとんどはデジタルコンピュータである。ハードウェアとしては，入出力，記憶，演算，制御の各装置を備え，それらはオペレーティングシステム(OS)とよばれるプログラムによって制御されている。現在では，装置それ自体の高性能化や小型化，低価格化も進み，加えてインターネット技術の進歩，一般的な家電製品との連携の強化などによって家庭における利用価値が高まり，一般家庭でも広く普及するようになった。(☞コンピュータシステム，ノイマン型コンピュータ) (竹林)

コンピュータ・グラフィックス〔computer graphics：CG〕 コンピュータシステムを利用した視覚的情報処理の技術や技法，利用形態を総称する。三次元的な動画や動体にみられるイメージ情報を仮想現実(virtual reality)として表現できる。コンピュータ・アートや医療分野・映画やアニメーション，建築景観や服飾など，あらゆるデザイン関連分野において応用されている。(☞ファジーコンピュータ，人工知能) (阿辻)

コンピュータ言語〔computer language〕 コンピュータシステムを動かす

言葉やソフトウェアの総称である。人間が使う自然言語に対して、数理・論理「人工の言語」で、0か1かの二進法で表記される。コンピュータシステムの使い方を決めるオペレーティングシステムもコンピュータ言語の一種といえる。科学技術計算に適したFORTRANや事務処理用のCOBOL、機械語のアセンブラをはじめ、処理目的に応じて様々な言語種があり、インターネット時代の情報通信用のプログラミング言語も各種開発されている。(☞ソフトウェア、オペレーティングシステム、コンピュータシステム) (阿辻)

コンピュータシステム〔computer system〕 算術演算や論理演繹ならびに記憶のできる計算装置を指し、電磁気の信号を利用しているが、今後は量子コンピュータも研究されている。今日のプログラム内蔵方式によるディジタル型コンピュータの原理は、ノイマン(Neumann, J.V.)考案のオートマトン(自動計算機械)を指している。(☞ノイマン型コンピュータ、オートマトン) (阿辻)

コンピュータ・リテラシー〔computer literacy〕 情報社会における産業・教育・家庭など多様な場面で利用される「コンピュータ教養」をさす。コンピュータの利用による「読み・書き・そろばん」といった基本的な操作や技法を修得することをいう。今日のICT革命は、社会や個人に影響を与え、日常生活においても不可欠となってきた。(☞インターネット、ICT革命、マン・マシンシステム) (阿辻)

コンプライアンス〔compliance〕 法令遵守のこと。企業が活動するさい、様々な法律や条令に従って行動することを意味する。利潤追求が企業の目的ではあるが、企業が法令を守らず、それに違反し、公正な市場ルールを無視して利潤を追求すれば、社会的不正や企業不祥事が発生することになる。食品の産地偽装、賞味期限の改ざん、自動車のクレーム・リコール隠し、粉飾決算、産業廃棄物の不法投棄、建築物の耐震強度の偽装、保険金の不当不払いなど企業のコンプライアンスが厳しく問われる事件が2000年代に入ってからも頻発した。このような場合、企業は社会的信頼を失い、企業の存続が脅かされることになる。(☞経営倫理、経営の社会的責任) (海道)

コンフリクト〔conflict〕 葛藤、対立、抗争などと訳され、様々な学問分野において多様に用いられている概念である。経営学の分野では、一般に、一定の目的達成のための意思決定のメカニズムが機能せず意思決定できないことを意味する。コンフリクトは組織内のあらゆるところに発生するものであり、そのレベルとして個人内、個人間、集団間、組織間のレベルが存在する。代表的なコンフリクト解消方法には、妥協(compromise)、強制(forcing)、問題直視(confrontation)等があるが、最も望ましく

前向きなものは問題直視である。コンフリクトは絶対的な悪ではなく，有効な解消方法をとることによって，コンフリクトが組織に有益な結果を生み出すことにもなる。　　　　　　　　　　　　　　　　　（奥林）

コンベア・システム〔conveyor system〕　コンベアを用いた移動作業型流れ作業生産方式のこと。作業時間は，各工程での均等な作業時間と均等な運搬時間により規定される。コンベアは，運搬時間の不均衡をその機械的動きによって解決し，スピード化を可能にしたが，各作業の単調化，コンベアのスピード化による労働の強化という問題をもたらした。コンベア・システムの原理は19世紀後半に現われ，フォード(Ford, H.)によって本格的に実施された。(☞流れ作業組織，フォード)　　　（廣瀬）

混流生産　多品種の製品の多量生産化を目指すモジュール生産方式における製品の流し方で，切替式と対比され，混合生産ともいわれる生産方式。自動車を例に説明すれば，同一ライン上を，ある品種の製品を連続生産し，その後別の製品をまた連続して流すのが切替式である。同一ライン上を，3種の製品をそれぞれ一日，A 60台，B 20台，C 40台の計120台流すとき，Aを2台に1台，Bを6台に1台，Cを3台に1台混合して流すやり方が混流生産である。(☞モジュール生産方式)　　　（廣瀬）

〔さ〕

サース〔Software as a Service : SaaS〕 インターネットを通じて,ソフトウェア機能のサービスを利用すること。通常はアプリケーションを導入してソフトウェアを稼働させるが,サースでは利用に応じた課金制度等によって必要なソフトウェア機能だけを迅速に使うことができる。近年ではソフトウェアだけでなく,アプリケーションの開発・実行基盤となるプラットフォーム(PaaS)やコンピュータ・システムを構成するインフラ(IaaS)もクラウド・コンピューティングのサービスとして提供されている。(☞ソフトウェア,ハードウェア) (梶脇)

サーバ〔server〕 コンピュータ・ネットワーク上でデータ通信を要求する側のクライアント(依頼者)に対して,何らかのサービスを提供するアプリケーション(ソフトウェア)や,そのサービスを提供するコンピュータのこと。サーバの用途で使用されるコンピュータは,多数のユーザーに同時に対応できるような高性能な処理能力を有しているだけでなく,ほぼ無停止の状態で長期間の連続稼働が求められるため,個々の部品に関しても信頼性の高いものを使用し,部品の交換が短時間あるいは停止することなく行えるよう保守的な機能も必要とされる。また,将来的なシステム変更の際の拡張性も必要である。(☞コンピュータ) (竹林)

サービス産業〔service industry〕 サービス行為とは音楽家の演奏行為や旅館の宿泊提供行為等をいい,物品販売のような物品の引き渡しはない。サービス産業が提供するものはサービス行為者の労働(演奏行為等)とその際における物品使用(演奏会場利用等)で,消費者の支払う代金は労働に対する謝礼と物品使用料とから成る。サービス行為は人から人に直接なされるものであるから,まず「無形性」を特色とするが,さらに,サービス行為の「不均一性」(標準化困難性),生産されたその場で消費される「生産即消費性」,それ故物品とは異なって「在庫不可能性」を特徴とし,生産性向上が難しいが,現在経済ではますます比重が高いものとなっている。(☞サーブクォール) (大橋)

サービス・スタッフ〔service staff〕 組織全体に対して共通のサービスを提供するスタッフ部門のこと。通常スタッフの役割は,企業の基幹業務であるライン部門の職務遂行を促進・支援するために,専門分野について助言や支援などのサービスを提供することだが,ゼネラル・スタッフや専門スタッフのように特定の部門へのサービスを行うのではなく,たとえば人事,経理,庶務など,組織全体に共通して求められる業務にサービスを提供するスタッフのことをさす。(☞スタッフ部門,ゼネラル・ス

タッフ，専門スタッフ) (柴田)

サーブクォール〔servqual〕 サービス行為の品質(service quality)，例えば旅館宿泊の快適さを測定する方法として 1988 年パラスラマン(Parasuraman, A.)らにより開発されたもの。サービス行為を一括して評価するのではなく，信頼性や具体性，顧客に対する応答性や共感性の良さに分け，最優秀だった所と比較し，その違いを点数で示すものである。学校の授業評価等にも応用できる。(☞サービス産業) (大橋)

サーブリッグ〔therblig〕 テイラー(Taylor, F.W.)の後継者の 1 人であるギルブレス(Gilbreth, F.B.)が，動作研究のための分析手法として開発し，自分の名前を逆綴にして therblig と名づけた。それは，作業を記録する最小の分析単位として，17 ないし 18 の作業を定め，これを記号と色で表わした。例えば，探す(⌒,黒)，見つける(⌒,暗灰)，選ぶ(→,明灰)，運ぶ(⌒,緑)，休息(♀,褐色)というごとくである。これらは，サイモ・チャート(simo chart：simultaneous motion cycle chart の略)の作成に用いられる。(☞動作研究，微細動作研究) (深山)

債　券〔bond〕 会社や国，地方公共団体が資金を借入れる目的で発行する有価証券をさす。発行する側から種類をみれば，国や地方自治体が発行する公債，事業会社や銀行が発行する事業債・銀行債，公庫・公団・公社が発行する公庫債・公団債・公社債，他国政府・他国企業が発行する外国債等に分類がなされる。受け取り利益から種類をみれば，毎年受け取る利息のクーポン付きの債券(利付債)と，額面価額と発行価額との差が受取利息分となる債券(割引債)がある。公社債，国債等は大口利用者以外には不便があるため，その流通を促進するための法整備が近時進められている。(☞社債，株式) (渡辺敏雄)

在庫管理〔inventory control〕 在庫とは，経済的な価値を有するものを貯えることであるが，それは，企業の諸活動を円滑的かつ効率的にするために遂行されるのであり，調達，生産，販売などの諸局面に関連している。したがって，材料，仕掛品，購入部品，完成製品などが対象となり，それぞれ，材料・部品在庫，仕掛品在庫，製品在庫などといわれる。このような在庫に関する計画・統制を含む一連の管理活動が在庫管理である。在庫管理システムに関しては，発注量と発注時点に関する定量発注方式，定期発注方式，(S,s)方式などの管理的意思決定，在庫形成または在庫組織に関する長期的な基本意思決定が問題となる。(☞リード・タイム，資材所要量計画) (深山)

財産目録〔general inventory〕 1 時点において企業が所有する財産および消極財産としての債務について，その種類，数量，価額を付して記載した一覧表をいう。商法の決算書類として 1974 年(昭和 49 年)の改正まで

生き続けた。しかし，戦後は勿論，戦前でさえ実質的に決算財産目録の作成は殆ど行われておらず，良心的な企業は「貸借対照表の資本の部に同じ」と記載し，一般的にはほとんど無視という状態が続いていた。(☞貸借対照表，資本等式)　　　　　　　　　　　　　　　　　　　　（久保田）

最小有効多様性の法則〔law of requisite variety〕　ある対象を制御して望ましい結果を得ようとする時，その対象が示す多様性と同程度の多様性を制御主体がもたねばならない，とアシュビー(Ashby, W.R.)が唱えた法則である。多様性とは，システム内の複雑な関係を科学的に表現したものである。外部環境はシステムに対して様々な規則的でない攪乱作用を及ぼすものである。この多様性が多い程，情報処理の負担は大きくなる。それゆえ制御主体は，環境の多様性に対し多様な情報処理が可能な方策をとらねばならない。したがって行動変数，内的要因あるいは調節装置とよばれるものに関する戦略を種々用意することにより，その多様性に対処してゆくことになる。　　　　　　　　　　　　　　　　　　　（水原）

在宅勤務〔telecommuting〕　勤務形態における多様化の一形態。ITを活用したテレワークの一種で，自宅等企業とは別の場所で労働する。管理・監督者不在のもとでの労働であり，成果のみで評価されるため，過酷な労働が見過ごされる可能性もある。情報・通信網の発展により，妊娠・育児期の女性，高齢者や障がい者等で，高度に専門的な仕事をなしうる人々に広がりつつある。　　　　　　　　　　　　　　　　　　　　（伊藤）

財団法人〔incorporated foundation〕　一定の目的のために提供された「財産」の集合体に対し法人格が付与されたもの。設立者の定めた目的に従って財産が運用される。一般的な非営利法人として財団形態の法人が認められている。「一般社団法人及び一般財団法人に関する法律」に基づいて設立される。準則主義により法律の定める要件（設立者全員による定款の作成，公証人の認証，300万円以上の財産の拠出等）を満たせば設立できる。機関としては，理事，理事会，評議員，評議員会，監事が必置。そのうち公益を目的とする法人は公益認定を受けると公益財団法人が認められる。(☞社団法人，法人)　　　　　　　　　　　　　　　　　　（西村剛）

最低賃金制度〔minimum wage system〕　国が賃金の最低限度を定めて使用者にその遵守を法的に強制する制度。この目的は，労働者の生活の安定と企業間の公正な競争の確保にある。日本の場合，諸外国とは異なり，全国一律の最低賃金はなく，都道府県単位で決定される地域別最低賃金（2008年からは時間額で表示）が主流である。なお，地域間格差を縮小し全国的な整合性を確保するために，1978年以降，その改定に際し全都道府県を4ランクに分けた目安額が示されている。　　　　　　　　　　　（正亀）

最適化基準〔optimization criterion〕　最適化基準とは，意思決定問題にお

いて利益や費用などの目的値の最大化あるいは最小化を基準とすることである。これは，意思決定問題の完全な定義，すべての行動代替案の認知，および，その代替案の結果の正確な予測・評価を前提とする経済人モデルに基づく理論で展開される。その前提の非現実性への指摘から，満足化基準に基づく経営人モデルが提唱されている。この最適化問題は，数学的手法としてのORで広く取り組まれている。(☞経済人仮説，経営人モデル，OR) (関野)

最適生産規模〔optimal production scale〕 生産技術一定のもとで長期平均費用が最小になる生産規模をいう。通常生産規模には，規模の経済のほかに，生産規模の増大に伴う流通費用や管理費用などの増大による規模の不経済も作用するとされる。規模の経済と規模の不経済がともに存在するという前提のもとでは，縦軸に費用，横軸に生産量をとると，総費用関数は逆S字型，平均費用曲線はU字型となるとされている。従って，平均費用曲線には最小点が存在し，それが最適生産規模ということになる。しかし，現実の生産技術の特性は多様で必ずしも滑らかな曲線を保証しないし，その態様も一定とも限らないので最適規模を実際に測定，設定することには多くの困難が伴う。多品種生産になると困難性はさらに増す。(☞規模の経済，原価関数，グーテンベルク) (宗像)

財 閥〔zaibatsu〕 戦前の日本経済を支配していた日本型コンツェルンの別名。三井，三菱，住友，安田の四大財閥が有名だが，特定地域に活動を限定した中堅財閥を地方財閥ということもある。創業家の家族や同族によって所有・支配される親会社(持株会社)が，多種多様な産業の企業を株式保有によって子会社化して支配することで一大企業集団を形成する。戦後，GHQの経済民主化政策により多くの財閥が解体されたが，再び旧財閥系の銀行を中核に株式の相互持ち合いを通じて六大企業集団として再結集された。1997年の独禁法改正以降，グループを超えた再編が激化している。欧米やアジアでも財閥に似た企業グループがみられる。(☞コンツェルン，持株会社) (片岡進)

サイバネティクス〔cybernetics〕 ウィーナ (Wiener, N.)によって提唱された，コントロールとコミュニケーションの一般理論。通信工学，情報工学などを使って，物理現象のみならず，社会現象や生物現象などの通信と制御を統一的に認識し，研究する理論の体系が，サイバネティクスである。これは，物理，社会，生物現象を，それぞれの個別学問で相互に関連なく別個に研究することには限界がある，というところから起因する理論である。すべての現象に共通する通信と制御の統一的研究を基盤として，制御可能な変数を操作して，状況を望ましい状態にすることが可能になるのである。それゆえ，サイバネティクスは技術問題から人

間・社会問題に至るまで取り扱う科学である。　　　　　　　　（水原）

再販売価格維持政策〔resale price maintenance policy〕　寡占メーカーがその製品を個別的・排他的に販売していく流通課程で，取引相手である流通業者に対して再販売価格を維持させようとする政策。メーカーが希望小売価格などの形で価格を指定しても，それが流通段階で守られるかどうかは商業者に依存する。ブランド間競争が激しかったり，製品に魅力がない場合には，卸売価格や小売価格が値崩れを起こす。そこでメーカーは卸・小売段階で価格競争を制限することによって価格の下支えをはかろうとする。ただ，これが流通チャネルの管理や統制という形で出荷停止などを含む一定の制裁を伴う時は，独占禁止法上問題となる。今日では小売企業主導下でオープン価格が主流である。(☞価格政策)　（陶山）

財務会計〔financial accounting〕　営利企業の期間損益計算の結果を外部の利害関係者に報告するための会計をいう。企業会計は，財務会計(外部報告会計)と管理会計(内部報告会計)とに区分される。財務会計は，法律による規制を受けている。金融商品取引法，会社法そして税法である。各法律は，その目的を達するために，手段として企業会計に規制を加えている。その中で，金融商品取引法と会社法は情報開示(ディスクロージャー)によって「投資者保護」や「株主保護」を行っている。但し，具体的な規制については，会計原則(企業会計基準)および財務諸表規則等の内閣府令や会社計算規則等の法務省令に委ねられている。(☞会計原則)　（久保田）

財務管理〔financial management〕　企業活動の中の資本(資金)の調達と運用を対象として，それと適合した企業目的を達成するために計画・統制活動を行うこと。その内容は利益計画，資金計画，予算，資本調達形態，投資決定，最適資本構成，配当政策，合併・買収問題等を対象としており企業活動における収益性の向上と流動性の確保に主眼がある。近年においては経営環境の不確実性やそれに伴う企業経営手法の複雑性からリスク管理が重視され，商品市況，外国為替，金利の変動リスクをヘッジするためのデリバティブ(金融派生商品)の利用，企業価値最大化のためのガバナンス構造のあり方も検討項目となっている。(☞利益計画，資金繰り計画)　（梶脇）

財務諸表〔financial statements〕　企業が財政状態や経営成績等を外部の利害関係者に伝達するために作成する貸借対照表，損益計算書，株主資本等変動計算書等をいう。会社法では，計算書類とよばれる。その様式について，会社法は会社計算規則(法務省令)，金融商品取引法は財務諸表規則(内閣府令)によって定めている。企業単体の財務諸表は個別財務諸表とよばれるのに対して，企業集団について作成される財務諸表は連結財務諸表とよばれる。金融商品取引法上の財務諸表にはキャッシュフ

ロー計算書が含まれるほか，四半期財務諸表も含まれる。会社法上の計算書類にはこれらの書類は含まれない。(☞財務会計，会計原則)（久保田）

債務超過〔insolvency ; excessive liabilities〕 負債(消極財産)が資産(積極財産)を上回る状態を指す。累積欠損金や債権・債務等の含み損が自己資本を上回る額に達すると，純資産がなくなり負債が資産を上回る状態に陥る。資産および負債に関する完全な時価評価は困難であるので貸借対照表上は，何らかの含み益・含み損を内包している。会計改革により貸借対照表上に計上されないオフバランス取引は減少方向にあるが，サブプライムローンの金融危機にみられたように，とりわけ金融商品の時価評価は困難な課題を含む。(☞デリバティブ，含み資産) （角野）

サイモン(1916-2001)〔Simon, Herbert A.〕 アメリカの経営学者。1978年にノーベル経済学賞を受賞した。シカゴ大学卒業(行政学博士)。1940年代のアメリカでは，社会の各方面で大きな組織が力をもち，その重要性が認識されるようになっていた。このような背景のもとに，サイモンは組織論の分野での先駆者であるバーナードの業績を引き継ぎ，組織の動きをその構成員の個人的意思決定への組織影響力の作用として分析し，いわゆる「近代組織理論」を展開した。1949年以降，人間の意思決定過程を心理学的に研究して多くの業績を残した。そして，1960年代以降にはコンピュータによる意思決定プログラムの研究で，人工知能研究の先駆者となった。主著『経営行動(*Administrative Behavior*)』(1945年)ほか多数の著書がある。(☞制約された合理性，組織影響力の理論) （仲田）

裁量労働制〔discretionary work〕 「みなし労働時間制」の1つで，労使協定を締結し，労働基準監督署に届け出た労働時間を法律上の実働時間とする制度。遂行方法を労働者の自由裁量に委ねる割合が高い業務に適用される。第3次産業の拡大，ソフト化社会の進展，ホワイトカラーの創造性・専門性による生産性向上への希求，自己責任型・成果重視型の人事・労務管理への移行といった経営環境の変化の中で評価され，ホワイトカラーを中心に適用範囲が拡大している。しかし，協定した労働時間(みなし労働時間)を超える労働に対する手当の不払いやいわゆるサービス残業が違法ではなくなることから，長労働時間の蔓延など労働者の生活への悪影響が危惧される。 （伊藤）

サウスエセックス研究〔South Essex study〕 イギリスの産業社会学者であるウッドワード(Woodward, J.)によって行われた企業組織に関する実証研究で，ウッドワード研究ともいわれる。この研究は，サウスエセックス地方の製造企業100社を対象とし，業績に対する機械的組織の有効性を実証しようとしたのであるが，有機的組織の有効性を証明することとなった。その結果，生産技術システムと組織構造の関係が重視される

ようになり，生産技術システムに応じた組織の構築が必要であるとの結論に達した。そのことが後のコンティンジェンシー理論の基礎となった。(☞コンティンジェンシー理論) (深山)

作業簡素化〔work simplification〕 作業を要素に分け，不要な作業を排除し，細分化・特殊化することで作業の効率を向上させることを目的とした活動である。通常これらは作業研究の目的でもあるため，両者は同義に解されることもある。しかし，近年の作業組織の研究では，必ずしも作業簡素化が仕事に対する興味や達成感の面で好ましいとはいえないことから，むしろ逆に職務拡大や職務充実の必要性が主張されている。それらとのバランスを考えてゆくことが必要である。(☞動作研究，時間研究，職務設計) (宗像)

佐々木吉郎(1897-1970) 広島県に生まれ，明治大学商学部卒業後，同校の講師をへて教授。その間，ドイツに留学。定年後，札幌大学および駒沢大学の教授。戦前，戦後を通じ一貫してドイツ経営学の研究に取り組み，特に主著，『経営経済学の成立』(1930年)を通じて，ドイツ経営学の史的基礎を明らかにした功績は大きい。経営学史研究の分野を切り開いた一人。 (吉田)

サテライト・オフィス〔satellite office〕 ローカル・オフィスともいう。本社オフィスから離れた地域に，あたかも衛星(サテライト)のように本社を取り巻き設置されたオフィスのことをいう。近年，大規模な情報ネットワーク・システムが社会的広がりをもって張り巡らされており，それを媒介にオフィス業務が遂行されるので，オフィス空間は必ずしも都心部に集中する必要もない。かくして，遠隔地域や郊外などにOAやITで装備されたエレクトロ・オフィスが分散的に配置される。 (渡辺峻)

サプライチェーン・マネジメント〔supply chain management : SCM〕 サプライヤーを起点にメーカー，卸，小売，消費者に至る商品やサービス，情報等のフローを一気通貫に管理する形態。QRやECRの発展したもの。グローバル競争下での低価格・低コストと迅速な需要対応は企業単独ではなく，企業内外の情報共有に基づく計画，調達，製造，出荷，販売，サービス等のマーケティング・ネットワークの構築によって可能となる。主にニーズ即応生産，リードタイムの短縮，コスト減等に役立つ。(☞オーダー・エントリー・システム，ロジスティクス) (陶山)

差別価格制度〔price discrimination〕 製品ラインの拡張や流通チャネルの効果的な展開の中で，各製品ラインやチャネル構成員ごとにきめの細かい価格政策が必要となる。その一環として採用される価格制度で，原価はそれほど変わらないにもかかわらず，買い手の地位・パワー，地理的条件，時間的条件などによって異なる価格が設定されることをさす。

具体的には，業者割引，数量割引，リベート，現金割引，時間的差別価格などがある。差別価格の問題点は，正当な理由がないのに地域または相手方により差別的な対価をもって物資，資金，その他の経済上の利益を提供したり，または提供を受ける場合である。これについては独占禁止法に基づく「不公正な取引方法」の中で禁止事項として規定されている。(☞価格競争，価格政策，再販売価格維持政策) (陶山)

差別的優位性〔differential advantage〕 差別的有利性ともいわれる。企業が有する他社にない自社独自の強みのことをいい，競合他社との競争を有利に展開していくために必要な要素である。企業が市場で一定の地位を維持し続けるためには，あらゆる点で競合他社にはない何か卓越した固有の能力をもたなければならない。企業は，製品，顧客，立地，経営方法などの面で，他の企業とある程度違った個性や特性を作りだすことができる。したがって，従来のような製品の特徴やブランド・イメージの差別化だけでなく，テクノロジー，立地，経営方法なども含めた複数の面での差別化を継続してはかっていく必要がある。その結果，消費者の心の中に自社に対する何か特別の価値を創造することが可能となる。(☞競争戦略，事業戦略) (瀬見)

三角貿易〔triangular trade〕 3つの国や地域の関係で行われる多角貿易の一種。二国間貿易における国際収支の不均衡を防ぐため，第三国を加えて多国間で貿易を行うことによって，貿易の均衡と，貿易量の増大を目指すもの。かつてイギリス，インド，清の間で行われた綿織物，茶，アヘンの三国間貿易がその例である。企業が自社の拠点間で行う二国間貿易に，タックス・ヘイブンにある子会社を経由させ，三角貿易の形をとることもある。(☞タックス・ヘイブン) (石井)

産　業〔industry〕 一般的には，特定の製品やサービスを提供する様々なビジネス(事業)を意味する。すなわち，無数にあるビジネスを一定の基準により分類したものである。例えば，第1次，第2次，第3次産業への大分類や，自動車産業や電機産業など各種の産業分類もある。また，資本集約型，労働集約型，知識集約型産業というように利用する資源依存度に基づく分類や，地域産業，地場産業などの分類も行われる。わが国では総務省統計局作成の「日本標準産業分類」が一般的に使用されている。(☞標準産業分類) (廣瀬)

産業内貿易〔intra-industry trade〕 同じ産業に属する財が国家間で同時に輸出入されること。比較生産費説やヘクシャー＝オーリンの定理では，各国は生産性の高い産業に特化すると考えられ，産業内の貿易が行われるとは考えられていなかった。しかし，現実には，とくに先進国間で産業内貿易は顕著にみられる。規模に関する収穫逓増(生産量が増える

と単位当たりの生産費が減る)によって後発者の参入が難しい不完全競争や，企業の製品差別化競争の状況によって発生する。品質(および価格)の違う財を国家間で供給しあう場合(一方が労働集約的な財，他方が資本集約的な財を輸出)は，垂直的産業内貿易とよばれる。同様の品質でも商品属性等が異なる財を供給しあう場合は，水平的産業内貿易とよばれる。(☞国際分業，ヘクシャー・オーリンの定理) (石井)

参入障壁〔barriers to entry〕 ある産業に新しく参入しようとする企業に比較して，すでにその産業に存在する企業の方が優位であることから，新規参入が困難になる障害の程度を参入障壁という。それは，規模の経済性，必要資本量，埋没費用，製品差別化，および絶対的費用などによって形成される。参入障壁が高ければ，その産業へ競争者が参入することへの潜在的脅威が少ないため，既存の企業は相互に調整して高価格・高利潤率を実現できる。(☞競争戦略，比較優位) (仲田)

〔し〕

CIF〔運賃・保険料込み値段〕 積地条件に属する貿易条件の1つで，Cost, Insurance and Freight の省略。FOB価格に輸入港までの海上運賃と海上保険料とが加算された価格。売り手の危険負担は，FOB条件とほぼ同一で，契約品を売り手自らが手配した本船に積み込むやいなや，積荷に対する危険は売り手から買い手に移行する。だが，契約品の所有権は，積込みが完了しても正式には移転せず，船積書類が買い手に到着したときをもって船積時に遡って，正式な所有権の移転が行われる。 (藤澤)

CEO〔chief executive officer〕 企業組織において最高の地位で業務執行を行う役員で，「最高経営責任者」と訳される。会社法では，経営者の行う活動を業務執行といい，その内容は意思決定と実行に区別される。わが国の多くの大企業では，取締役会が業務執行の意思決定機能を担当し，代表取締役を中心とした業務執行取締役が実行を担当する。CEOは会社法によって規定された機関ではないが，業務執行の実行，すなわちいわゆる経営活動を担う人々の最高責任者である。多くの大企業において代表取締役が複数いる場合はその責任者，あるいは指名委員会等設置会社においては代表執行役がCEOであり，一般に社長や会長の肩書きをもつ者がその職に就くが，厳密な定義は容易ではない。(☞執行役，代表取締役，取締役・取締役会) (廣瀬)

CAPM〔capital assets pricing model〕 資本資産評価モデルのこと。マーコビッツ(Markowitz, H.)によるモダンポートフォリオ理論に関する先行研究をもとに，1960年代にシャープ(Sharp, W.)らにより開発された。シ

ャープは，リスクを組織的リスク(分散投資では排除することができない資産がもつリスク部分)と非組織的リスク(特定資産の価格のみに影響を与える個別要因。分散投資により排除可能)の2つに分類する。効率的な市場における組織的リスクと期待収益の関係を明らかにしたものである。(☞資本コスト)　　　　　　　　　　　　　　　　　　　　　　　　(今西)

CS(消費者満足・顧客満足)〔consumer(customer)satisfaction〕　消費者満足の研究は1960年代に始まり，現在では種々の理論的枠組みがある。最も有力なものは期待―確認論(expectancy-disconfirmation)で，消費者は何らかの期待をもって商品を購買し，消費してみて期待以上であった時に満足感をもつというものである。今1つ有力なものにエクイティ(公平)論(equity)がある。消費者は自己の提供したもの(代金だけではなく購買のための労力等すべてを含む)と与えられたものとの間で過不足がない(公平)と感じる時満足感をもつというものである。　　　　(大橋)

シーケンシャル制御〔sequential conrol〕　シーケンシャル(シーケンス)は，順番通りという意味で，シーケンシャル制御とは，「あらかじめ決められた順序に従って，制御の段階を進めて行く制御(日本工業規格 JIS)」。機械に対してある一定の順序に従って作動させることを覚えさせると，スタートボタンを押すだけで後は制御装置に任せてよい。エレベーター，信号機，自動販売機，自動洗濯機，エアコンをはじめ身の回りの多くの機器や設備機械に使われている。　　　　　　　　　　　　　(福井)

シーケンシャル編成〔sequential organization〕　順編成の意。コンピュータがレコードやデータを記録順や入力順に記憶装置に書き込む。そして，読み出しも記録順である。磁気テープや磁気ディスクが代表例。最も基本的なファイル編成であり，レコードをそのまま連続して書き込むだけなので，記憶容量に無駄は生じない。しかし，特定キーによる検索をかけても，記録順に先頭からアクセスして探すのでそのレコードを瞬時に見つけることはできない。主として大容量データの定期バックアップ用に使われている。　　　　　　　　　　　　　　　　　(福井)

CPU(中央処理装置)〔central processing unit〕　コンピュータシステムのハードウェアの頭脳部にあたり，主記憶装置，制御装置，演算装置から構成されている。CPUの処理機構は，①プログラムが1つずつメモリーアドレスレジスタに読み込まれる。②読み込まれた命令はメモリーデータレジスタにおかれ，メモリーバッファレジスタで識別照合されて，③命令レジスタに送られ解読がなされている。(☞ハードウェア，アーキテクチャ)　　　　　　　　　　　　　　　　　　　　　　　(阿辻)

シェーア(1846-1924)〔Schär, Johann Friedrich〕　ドイツ経営学の樹立に貢献した先駆的学者。スイスにおける消費組合運動の大家でもあり，

1906年ベルリン商科大学が設立された際,その中心教授となった。『一般商業経営学』(1911年)において旧来の伝統的商業学を批判し,その科学化を通じて商業経営学の確立を目指した。その際彼は,商業の目的を収益性にではなく,最小の費用で生産者と消費者を結びつける組織をつくること(経済性)に求めた。　　　　　　　　　　　　　　　　(海道)

シェーンプルーク(1900-1936)〔Schönpflug, Fritz〕 1936年ベルン大学で教職につくも,同年9月13日ベルンで病死。経営学方法論に関する2著を残している。1933年の『個別経済学における方法問題』はドイツ経営経済学の方法問題を初めて体系的にとりあげ,ドイツ経営経済学の学派を方法論的観点により規範論的学派,技術論的学派,理論的学派に3分したことで有名。同書はかれの死後1954年ザイシャープ(Seischab, H.)により書名も『経営経済学』と変え刊行された。内容は初版と全く同じ。今一書は『一般的理論的経営経済学の認識対象に関する研究』(1936年)で,経営学と経済学の分離こそが両学問を発展させると主張した。　(大橋)

ジェネリック・テクノロジー〔generic technology〕 基盤技術とも訳される,いわば将来の製品開発の基礎,種となる技術のことである。従来,日本の企業の研究開発は,主として欧米の企業が生み出したジェネリック・テクノロジーを導入し,具体的製品への適用を考案するという応用研究あるいは製品開発を得意とするといわれ,また事実このような製品化によって国際的に市場を拡大し大きな利益を上げてきた。しかし,そうした企業行動が基礎研究ただ乗りであるとする国際的批判や,長期的な競争優位の基礎としての技術力の展望が求められる状況のもとで,日本企業もジェネリック・テクノロジーの研究に本格的に取り組む必要性が認識されつつある。(☞基礎研究)　　　　　　　　　　　(宗像)

シェルドン(1894-1951)〔Sheldon, Oliver〕 イギリスの経営学者。オックスフォード大学マートン・カレッジで学んだ後,ヨーク市のラウントリー社に勤務し生涯を送ることになったが,ここで管理の改善に大きな役割を果たした。1921年に「産業経営研究所」の創設に参加し,この分野の雑誌の発行にも貢献した。イギリスにおける管理運動の草分け的な存在であったが,『ハーバード・ビジネス・レビュー』に再三にわたり論文を発表しており,また最初の著作『管理の哲学(*The Philosophy of Management*)』(1923年)は,アメリカでテキストとしても権威をもつものであった。創成期のアメリカ経営学の動向に深くかかわっていたし,実際にアメリカで注目される発言を続けた。(☞アメリカ経営学の特徴)　　(仲田)

資格制度　役職上の職位とは別に,能力や職務内容・勤続年数等なんらかの基準によって従業員の社内序列を定める制度。資格制度の歴史は古く,聖徳太子の冠位12階にその起源を求める見解もある。職員と工具

とに区分した戦前の身分的資格制度は戦後の民主化の過程で廃止され,学歴別の年功的資格制度がこれに代わった。石油危機以降は,低成長と高齢化の進展に伴い能力主義的処遇を行うために職務的要素を重視した職能資格制度の導入が図られてきた。(☞昇進と昇格,職能給)　　　(正亀)

時間給〔time wage〕　出来高給と並ぶ賃金の基本形態の1つで,支出労働量を出来高で測定する出来高給に対し,労働時間で測定するものを時間給という。時間給は,能率刺激の機能を持たないため,能率を維持し高めるにはコンベアーの速度を調節したり監督を強化するなどの方法が必要になる。時間給には,賃率設定の基準となる標準労働量を時間単位で計算する時給の他,日給,月給などがある。日本では,正規従業員は月給,パート・タイマーは時給が一般的である。(☞出来高給)　　　(正亀)

時間研究〔time study〕　作業研究の1つで,労働者が行う作業を多数の作業単位に分割し,それぞれの作業単位の遂行に必要な時間を測定し,当該作業の標準時間を決定するための研究。それは,作業管理の最も初期の形態であり,テイラー(Taylor, F.W.)の科学的管理(scientific management)の基本的な手法であって,課業管理(task management)の基本的構成要素である。時間研究の目的としては,①作業方法,工具,設備の改善,②生産性の測定,③刺激給の基礎の提供,④標準労務費算定の基礎の提供,⑤生産計画策定の基礎の提供などが指摘されている。(☞テイラー・システム,PTS法,標準化)　　　(深山)

事業者団体〔trade assiciation〕　独占禁止法によれば,事業者団体とは「事業者としての共通の利益を増進することを主たる目的とする2以上の事業者の結合体又はその連合体」をいう。その活動は,広報,業界に関する調査,広告,情報交換,公共サービスなどに及ぶが,同業組合の性格が強く出ると,価格の値上げ,生産量の調整といった競争制限的なカルテルに結びつきやすい。他方,同業組合的な会員構成をとらない場合には,社会貢献の性質が強い。(☞カルテル)　　　(山口)

事業戦略〔divisional strategy ; business strategy〕　経営戦略は,しばしば階層性を有することがある。企業戦略が企業全体の成長や事業選択についてのものであるのに対し,事業戦略は企業戦略によって選択された事業について事業環境の中でどのように競争し,あるいは事業を展開するかについての戦略のことで,両者は階層的関係にある。事業戦略は,事業部あるいは戦略事業単位ごとに策定されるが,同時に全社的な企業戦略,および他の事業戦略との整合性を確保することも必要である。(☞経営戦略)　　　(松本)

事業部制〔divisionalized organization〕　事業部制とは,組織を製品や市場分野,地域などの観点から分けられた複数の事業部で構成することをい

う。各事業部は，管理や業務に関する権限が付与されて高い独立性と自立性をもつ。通常は利益責任が課せられ，独立採算性となっている。事業部それぞれに権限や責任が与えられていることから責任の所在が明確化する。また，各事業部がそれぞれの環境に合わせた組織を作り出すことができるなどのメリットが指摘される一方，似通った事業部に重複して投資が行われ，コストの増大につながる可能性もある。事業部制組織は多角化がしやすく，環境変化への適応能力が高いため，複数の事業を営む企業が採り入れている。(☞事業本部制，職能的組織)　　　(小澤)

事業ポートフォリオ・マネジメント〔business portfolio management〕　多角化した企業が，各事業を成長性と市場シェアの2つの次元によって分析し，どの事業を基盤にして，将来どの事業を伸ばしていくかを探索しながら管理する方法。すなわち，成長性は当該事業に将来どのくらいの投資をしなければならないかの指標になるし，市場シェアは当該事業がどれだけ有利な競争上の地位にあるかの指標になる。多角化した企業の各事業を，この二次元マトリックスの4つの明細表(ポートフォリオ)に位置づければ，どの事業からキャッシュ・フローがあり，どの事業にその資金をまわすべきかが判る。事業ポートフォリオ分析によれば，高いシェアで低い成長率の事業から多額の資金が得られ，それを高い成長率の事業へまわすと，経営の安定的な成長を達成できる。(☞製品ポートフォリオ・マネジメント，戦略的ポートフォリオ計画)　　　(仲田)

事業本部制〔divisional system〕　事業部制組織の効果を高めるには，一面では各事業部の単位は細分化し小さくした方が利益責任意識も高揚し良いのであるが，他面では各事業部内に類似の管理スタッフを配備する重複，さらに販売エリアの重複など，種々の無駄が生じ，全体としてコスト高の問題も生まれる。かくして両者の矛盾を解決するため，製品事業部をそれぞれの特定マーケット圏別に組織し統合する方式が導入されるが，これを一般に事業本部制という。　　　(渡辺峻)

資金繰り計画〔fund planning〕　利益計画とならぶ財務計画で，資金を将来の一定期間安定的に確保・管理するため，その収支を計画する作業。わずか数カ月の計画を立てる短期計画もあれば1年以上の長期計画もある。その手段として資金繰り表，資金移動表，資金運用表等が用いられる。資金繰り計画の収支を大別すると経常収支と経常外収支があるが，計画では経常収支で収入超過にすることが望ましい。(☞資金運用表，利益計画)　　　(梶脇)

私経済学〔Privatwirtschaftslehre〕　商科大学は金もうけ論を教えるのかという非難に対して敢然として立ち向かったのが今世紀初めのドイツの私経済学であった。収益性を目的とする企業の行動をそれ自体，客観的

に分析することは十分に大学における科学の課題であったし、またそのことはひいては国民経済学上の内容を豊かにすることに役立ち、決して金もうけ論として経営者に奉仕することにはならないというのが私経済学の主張であった。つまり、私経済学は現実の金もうけの事実をただ客観的かつ理論的に分析さえすればよいというのである。その後、私経済学は第一次世界大戦後、主として経済性を目的とした経営経済学という学問に落ち着き、理論科学としての性格はそのまま受け継がれることとなった。(☞ドイツ経営学方法論争) (吉田)

自己株式〔treasury stock；reacquired stock〕 自社の株式のことをさす。自社株所有は日本では原則禁止されている。その理由は、方法と買い取り価格次第では特定の株主を優先することに繋がり株主間の平等性を損なう恐れがあり、所有した現経営者の支配権の不当な強化策ともなり、内部情報により株式価格操作並びにインサイダー取引に繋がる恐れがある等である。しかし平成13年改正商法における金庫株解禁により規制が緩和される道を歩んでいる。(☞自己資本、株主権) (渡辺敏雄)

自己金融〔self financing〕 内部金融の方法の1つで狭義には法定準備金と任意積立金等の利益留保がそれに該当する。広義には減価償却費や引当金等実際に支出を伴わない費用項目も含まれ、内部金融と同義に用いられることが多い。内部金融に占める自己金融の割合は経済状態によって時期毎に異なり、配当政策にも自己金融の額は影響を受ける。ただしモジリアニ=ミラー理論によれば、一定の仮定のもとでの配当政策の違いは、企業価値に影響を及ぼさないとされる。(☞内部金融と外部金融、モジリアニ=ミラー理論) (梶脇)

自己実現〔self-actualization〕 マズローの欲求階層説の中心となる概念で、自己の能力や資質を最大限発揮し、自己を完成させたいという最高次の欲求。その欲求は満たされることなく、さらに高められていくものとされる。最終的に自己実現を目指す人間像として自己実現人モデルが提唱され、それはリッカート(Likert, R.)、ハーズバーグ(Herzberg, F.)らの行動科学者の理論展開の基礎となっている。(☞マズロー、欲求階層説、行動科学) (奥林)

自己資本〔owned capital〕 基本的には、返済する義務のない、株主に帰属する持ち分という意味のものをいう。2006年5月の新会社法施行以前は、「自己資本」=「株主資本」=「純資産」の関係が成立していた。新会社法の施行に伴い、会計基準に変更が加えられたことにより、従来は純資産に含まれていなかった新株予約権や少数株主持ち分も純資産に含まれることになった。したがって、自己資本は、「純資産額から新株予約権と少数株主持ち分の金額を控除した金額」となる。(☞他人資本、長期資

本，自己資本比率) (今西)

自己資本比率〔net-worth to total capital employed ratio〕 総資産に対する，株主資本や純資産ともよばれる，自己資本の割合を示す比率で，資本構成分析で用いられ，この比率が大きいと借入依存度は少ないとみなせる。なお，全般管理の目標値である総資本利益率と，出資者の目標値である自己資本利益率の間には，総資本利益率＝自己資本利益率×自己資本比率という関係式が成立するため，自己資本比率は2つの資本利益率の媒介項である。(☞自己資本，ファイナンシャル・レバレッジ) (牧浦)

自己申告制度 従業員に，自己の能力(技能や取得資格等)や希望する職務・勤務地等の申告，自己の業績の評価等を行わせる制度。従業員の能力開発や適正配置に活用されるだけでなく，人事考課にこれを併用することにより，考課に対する被考課者の納得を深めるのにも役立つ。小企業はいまだこの制度をあまり採用していないが，大企業ではかなり普及しており，従業員5,000人以上の企業の場合，その8割がこれを導入している(2002年現在，厚生労働省調査)。(☞人事考課) (正亀)

自己組織化〔self-organizing〕 社会や組織のような社会システムが，既存の秩序に代え新秩序を作り出し，自らの活動に方向性を与えることを指す。もともと生物学のような自然科学系のシステム論で使用されていた概念であるが，社会システムは人間の相互活動から構成されるので，そこでの自己組織化は人間が自己のシステムをどのように認識し，新しい秩序をどのように再組織化しようとするかに依存する。それ故，人間の認識と相互活動に基づく社会システムの自己組織化は不確定性を含むと考えられる。(☞一般システム論) (角野)

資材所要量計画〔material requirements planning：MRP〕 予測的アプローチに基づく在庫管理の手法である。製造に必要な諸資材の調達に関して，発注数量，発注時期等を生産計画に連動させて体系的・合理的に計画するものである。MRPは次のように展開される。①製品需要予測。②基本生産計画。③部品展開図・資材一覧表と在庫記録を生産計画と突き合わせて，材料や部品の正味所要量を決定。④経済的な注文ロットサイズを決定。⑤納入所要期間を考慮して発注時期を決定。以上の手順は実践ではコンピュータで集中的に計算・管理されることが多い。MRPは非常に多くの，正確な最新データの用意とその高速集中処理能力を前提にしている。現実にそれを望むことは困難であり，多くの場合，補助的，追加的な微調整が必要とされる。(☞在庫管理) (宗像)

資　産〔asset〕 企業が所有する財産や権利の総称。現金預金，在庫品や設備などの有形資産と，前払費用や暖簾(のれん)などの無形資産に分けたり，現金預金と，短期の換金化が予定される売掛金や貸付金などの貨

幣性資産と，その他の非貨幣性資産に，後者を，生産・販売過程で費用化が予定される，設備や建物などの，費用化資産と，このような予定がない，出資金などに分ける。なお，企業会計原則は流動資産，固定資産と繰延資産に分ける。(☞流動資産，固定資産，繰延資産)　　　　　(牧浦)

市場開発戦略〔market development strategy〕　アンゾフ(Ansoff, H.I.)による製品―市場戦略の一類型で，既存の製品ラインを異なるニーズのあるような市場に投入し，新しい市場を開拓することで成長を図る経営戦略のことである。既存の製品ラインとはいえ通常は製品になんらかの変更が加えられる。そこから既存の製品をこれまで販売対象にしてこなかった地域や，新しい市場セグメントに導入することなどで，市場の開拓を図る。(☞経営戦略，製品―市場戦略)　　　　　　　　　　　(松本)

市場細分化戦略〔market segmentation〕　市場をその異質性に着目して同質的な部分市場に細分化し，それぞれの市場に最も適合的なマーケティング・ミックスを投入することによってそれを全体として占拠する戦略。顧客をニーズ，特性，行動などの基準で分類して同質性をもつ各セグメントに分割し，次にそれぞれの魅力度を評価しながら標的セグメントを選択する。これが市場カバリッジ戦略で，①無差別マーケティング(セグメント差異の無視)，②差別化マーケティング(セグメント別マーケティング・ミックスの投入)，③集中マーケティング(特定セグメントへの特化)の3つがある。市場集計化戦略に比べて需給斉合上の戦略的有効性は大きいが，細分化基準の人為性，コスト優位とのトレード・オフによるカウンター・セグメンテーションへの動きなどの課題をかかえている。(☞市場セグメント，標的市場，市場集計化戦略)　　　　　　　　(陶山)

市場集計化戦略〔market aggregation〕　市場細分化戦略と並んで市場機会の一定の認識に基づきながら差別的優位を実現するマーケティング戦略類型の1つ。消費者のニーズを同質的なものとしてとらえ，マス市場に1つないし若干の製品を提供する。それは競争優位の基礎との関連ではコスト・リーダーシップ戦略である。製品属性，広告，価格による差別化に主として重点がおかれ，製品やマーケティングにおける規模の経済を通じた利益の極大化がはかられる。反面，市場細分化戦略と比べると，市場の異質性が高くなるに従ってますます消費者・顧客のニーズやウォンツとのギャップが大きくなり，需給斉合の水準は低下する。その意味でその戦略的な存在意義は現在，それほど大きいものとはいえない。(☞コスト・リーダーシップ戦略，市場細分化戦略)　　　　　　(陶山)

市場浸透戦略〔market penetration strategy〕　アンゾフ(Ansoff, H.I.)による製品―市場戦略の一類型で，新しい製品・市場戦略に基づくことなく，現在の市場において既存の製品の売上高の増大を図り，市場占有率の増

大を目指す経営戦略のことである。そのためには既存の顧客が製品を購入する頻度と数量を増大させること,競争相手の顧客を奪うこと,既存の製品に対する新しい顧客層を拡大すること,などの方法が考えられる。(☞経営戦略,製品―市場戦略)　　　　　　　　　　　　　(松本)

市場セグメント〔market segment〕　全体市場を構成する同質的な部分市場として,何らかの基準で分割された消費者のグループのこと。グループに分ける基準には,地理的変数,人口統計的変数,心理的変数,行動的変数といった消費者のプロフィール属性と,価格,品質,サービスなど所与のマーケティング刺激に対する反応の類似性とがある。両者は密接に関連しているが,前者の変数の方がデータも入手し易く,定義が容易なため利用されることが多い。(☞標的市場,市場細分化戦略)　　(陶山)

市場地位別戦略〔strategy of market position〕　企業は経営資源の質と量の相対的な地位によって,①経営資源の質量ともに充実しているリーダー企業,②経営資源の量はリーダー企業に匹敵するが質において劣るチャレンジャー企業,③経営資源の量は不足しているものの質においてリーダーに対抗しうるニッチャー企業,④経営資源の質量ともに不足しているフォロワー企業に分類される。市場地位別戦略はこの市場地位に基づいて競争対応などの戦略をたてることである。(☞経営戦略)　　(松本)

市場調査〔market research〕　企業が製品開発や新規事業の推進,小売業や外食産業の新規出店の際に消費や競争など市場や商圏に関連する情報やデータを収集し,記録し,分析すること。消費者の潜在需要の有無,競争優位,売上予測などについて,消費者ヒアリングやインタビューなど定性調査で仮説を導き,インターネットや質問紙などを用いた定量調査でそれを検証することが調査の目的である。マーケティング・リサーチの一環として行われる。(☞マーケティング・リサーチ)　　　　(陶山)

市場の失敗〔market failure〕　一般に市場は,自由な経済活動に基づく市場の需要と供給の関係を通し最適な資源配分を実現する。しかし,市場は必ずしも万能でなく,自由な経済活動からなる市場は,公害・地球環境・独占さらには産業育成の困難性といった問題を生み出すだけでなく,教育・道路・公園・国防・治安のような公共財(サービス)は十分に供給することができない。市場の自由な取引だけでは望ましい資源配分が実現できない状況を「市場の失敗」とよんでいる。(☞組織の失敗)　　(角野)

システム〔system〕　システムという言葉は,体系,系統,組織,制度などと訳される。複数の要素が存在し,それらの要素が結合されていて,相互に一定の関係を有しているものをシステムという。ここで要素といわれるものは,入力(input)と出力(output)をもっているもので,作用素ともいわれる。一方の要素の出力が,他方の要素の入力になるという方法

で諸要素が結合している。諸要素は全体として共通の目的をもち，目的達成の方向で活動をしている。諸要素の活動の実態は，物質，エネルギー，情報の結合の仕方により極めて多様である。しかし，目的達成の方向で調整が働き，その調整のメカニズムが，システムの構造を規定している。(☞オープン・システム，クローズド・システム)　　　　　　　(水原)

システム・エンジニアリング〔system engineering〕 1940年代の初めにアメリカのベル電話研究所で使用され，はじめは軍事や宇宙計画に用いられた用語。下位システムを全体的に統合し，システム全体が最大の成果をあげるように，計画，設計，運営する学問ないし技術をさしている。企業の情報システム，物流システム，生産管理システムなどにおいては，システム・エンジニアリングのプロセスは，①システム分析，②システム設計，③実施，④運営，という段階をたどってゆく。　　　　　(水原)

システム監査〔system audit〕 対象となるシステムが目的に適い，しかも機能的であるか，を調査・評価する監査を意味する。企業という全体システムは種々のサブシステムから成っており，システム監査が監査対象としてどのサブシステムを選ぶかによって，システム監査の種々の類型が考えられる。コンピュータ社会の現代は，コンピュータ・システム監査が最も重要視される。システム監査は，監査対象から独立した第三者であるシステム監査人が行う。　　　　　　　　　　　　　　(水原)

システム志向的経営学〔systemorientierte Betriebswirtschaftslehre〕 経営の現象をシステムとしてとらえ，特に一般システム論を利用してますます複雑多様化する経営の現象を諸要素間の関係としてシステム論的に明らかにせんとするものである。その際，管理過程が制御過程として中心に置かれ，管理はシステムの形成と統制のための情報処理過程として把握される。1960年代の後半，スイスのウルリッヒ(Ulrich, H.)によって主張されたもので，当時，漸く時代の流れとなったコンピュータ化やオートメーション化に対応するものであった。もともとこの経営学は，グーテンベルク(Gutenberg, E.)の生産要素の結合過程という，経営を徹底して要素論的に把握する方法に源をもつ。(☞ウルリッヒ)　　(吉田)

システム設計〔system design〕 ①システム分析，②システム設計，③実施，④運営，というプロセスを辿るシステム・エンジニアリングの一段階をいう。システム設計の段階で，システムと環境について予測が行われ，システムのモデルによるシミュレーションの後に，システム代替案の結果が選択基準に基づいて評価される。また，このシステムを実際に実施・運営するための各種能力と制御のシステムも，システム設計で考慮され，設計されることが不可欠となる。(☞システム・エンジニアリング，システム分析)　　　　　　　　　　　　　　　　　　(水原)

システム・ダイナミックス〔system dynamics〕 フォレスター(Forrester, J. W.)によって提唱された大規模システムの動きを分析するための手法。インダストリアル・ダイナミックス(industrial dynamics)ともいわれる。フィードバック機能を重視し、シミュレーションによってシステムの動態を時間の経過とともに解明する手法である。そのためのコンピュータ言語であるダイナモ(DYNAMO)が開発されている。企業の動態分析から都市システム、行・財政システム分析にまで使われる。　　　　(水原)

システム4〔system 4〕 リッカート(Likert, R.)による管理方式の4分類、あるいは、特に、参加的集団管理を指すこともある。システム1：搾取的権威主義型、システム2：温情的権威主義型、システム3：協議型、システム4：参加的集団管理型に分けられる。システム1から4になるにつれて、上司と部下との心理的距離は親密となり、コミュニケーションは上から下のみならず、上下双方向ならびに水平方向でもとられるようになる。そして、意思決定は組織上層部のみでの決定から集団決定へと変化する。システム4のもとでは、管理者による各人への支持と集団意思決定によって高い業績目標でも達成されるので、参加的集団管理型が最も好ましいスタイルであるとされる。(☞リッカート)　　　　(奥林)

システム分析〔system analysis〕 ①システム分析、②システム設計、③実施、④運営というプロセスをたどるシステム・エンジニアリングにおいて、設計に先んじて行われる第一段階をいう。それは次の手順で行われる。まず、問題の把握が行われ、定式化がなされる。次いでシステムの構成、機能および目的が明確に規定される。目的が定義されることによってシステム効率評価のための基準が設定され、最後にシステムのモデル化のためのデータ収集が行われる。この後システム設計の段階へと進む。(☞システム・エンジニアリング、システム設計)　　　　(水原)

自然言語処理〔natural language processing〕 私たちが日常使っている自然言語のルールを学習・推論・演繹し、直接表現できるよう考案された情報処理の形態。外国語翻訳、例えば、英日や日英等の逐次翻訳から同時通訳の実現を目指し、研究開発がなされている。(☞人工知能、コンピュータ言語、非ノイマン型コンピュータ)　　　　(阿辻)

持続可能な発展〔sustainable development〕 1987年の国連総会決議で「将来の世代が自らの欲求を充たす能力を損なうことなく、現在の世代の欲求を充たすこと」と定義され、提唱されたことに始まる。自然環境保全と経済発展の両立をめざす考え方。近年では貧困をはじめとする社会的課題も含めたトリプル・ボトムラインという概念も提起されている。企業の社会的責任を具体的に捉える際に用いられることが多い。評価・測定の際には「持続可能性」という表現が用いられる。(☞環境志向的経営学)

(山縣)

下請企業(サポーティング・インダストリー)〔subcontracting company；subcontracting industry〕 完成品を製造する大企業の発注を受けて，部品や資材，あるいは周辺製品を生産し供給する企業。航空機・自動車・電子機器等の組立産業に多い。下請取引の原型は，1930年代後半～40年代の戦時体制下に形成された。大企業が下請企業を利用する理由としては，資本節約，資本固定化によるリスクの回避，中小企業における低賃金の利用，景気変動の吸収などが指摘されるが，その取引関係は企業規模の不均衡を伴う為に，支配・従属的な性質を帯びやすい。しかし，系列に代表される強固で継続的な取引関係を通じて設備や技術水準を向上させた下請企業も多く，実務上，これらは協力企業，サプライヤー，あるいは単に部品メーカーと称されることが多い。(☞企業系列) (山口)

執行役 指名委員会等設置会社において取締役会で決まった経営方針等のもとにその執行にあたる者。一般に執行役員といわれる者とは法制上異なる存在。執行役は会社役員だが，その任免や職務分掌等は取締役会で決定される。任期は1年。執行役は取締役が兼任できる。執行役のうち少なくとも1名は代表執行役で，実際経営面では従来型会社の代表取締役に相応し，他は業務担当取締役に相応する。執行役会が作られることがあるが，旧来の常務会等に相当する。(☞執行役員) (大橋)

執行役員〔operating officers〕 指名委員会等設置会社でない一般的な大企業において普及し，代表取締役等の指揮下で業務執行の一部を担当する上級従業員のことである。1997年にソニーが導入して以来，急速に大企業に普及した。従来のわが国大企業に取締役の人数が多く，また業務執行の決定機能と実行機能が区分されていなかった。そのために意思決定に専念できない状況にあった取締役会を活性化し，意思決定を迅速にするために，各企業は取締役の人数を大幅に削減し，業務執行を実行する専門家集団としての執行役員制度を導入した。名称が似ているが，執行役員は，指名委員会等設置会社における会社機関としての「執行役」とは異なる。(☞執行役，代表取締役，取締役・取締役会) (廣瀬)

自働化〔automatic defects control systems〕 自働化とは，生産ラインでの不良品の発生を防ぐトヨタ生産方式の中核システムの1つである。第1に，生産ラインでの異常を機械が自動的に察知し，不良品を取り除き，その量産を防止する。第2に，ライン作業者が不具合を発見した場合，生産ラインを停止し，再発防止に取り組む。これは，機械化によるオートメーション(自動化)と異なり，生産ラインでの機械作業と人間作業の問題の顕在化を試みた「目で見る管理」システムである。(☞トヨタ生産方式，ジャスト・イン・タイム，かんばん方式，リーン生産方式) (関野)

自動加工プログラミング〔automatic machining programming〕 加工工程の設計は,工程編成を決める工程計画とこれに基づく各工程での作業設計に分類される。自動加工プログラミングとは,これらの作業順序の決定,工具の選定,加工条件の決定などの加工作業をコンピュータで行うことをいう。実際の切削に加え,加工部品の流れ,工具の取付け・取外し,不良品の取出しなどをコンピュータによって制御し,多品種中少量生産の自動化を実現しようとするものであり,FMSの重要な構成要素を成す。(☞ FMS,マシニングセンター) (廣瀬)

シナジー〔synergy〕 相乗効果ともよばれ,1+1を2ではなく2以上にする効果を指す。一般に,単一の経営資源を多重活用することで,その成果物の単位あたり費用が削減できる場合,シナジーがあるという。企業が新事業に進出する際,既存事業の経営資源を利用することで新事業への投資を節約できるのが典型例である。また生産ラインに,機能等は同一だが用途が異なる製品を,新たな生産ラインを作らずに投入するような場合にも生産シナジー(ないし技術シナジー)があるとよぶ。(☞技術シナジー) (上林)

地場産業 特定の限られた地域に集中立地して産地を形成し生産・販売活動を行っている地元資本の中小企業を中心とする集積。集積内では,社会的分業がみられ,多くは古い歴史を有し,伝統的技術や地域の経営資源に依存して活動するが,販売市場が全国あるいは海外に及ぶ点で,地域産業と区別される。近年では,周辺アジア諸国からの代替品の流入や伝統技術の衰退,後継者不足,原料の枯渇等によって縮小を余儀なくされている産地も多い。(☞地域産業) (山口)

資 本〔capital〕 ごく一般的には,過去の生産物の中で経済活動に使用されているストックをいうが,通常では事業活動・利潤追求活動の元手を意味し,ストックを資本として運営=機能させることによって利潤は獲得されるから,資本は利潤(剰余価値)を生み出す運動のもとにある価値と定義される。資本は多くの場合まず貨幣の形をとるが,貨幣そのものが資本ではない。自己増殖する関係におかれた時に資本となる。こうした資本の運動=機能の単位が企業で,企業資本は,本来は自己資本をいうが,負債(他人資本)も企業活動の元手として機能的には自己資本と異なるところがないので,広くは企業資本とみなされる。最近では,人間の能力・経験の蓄積(人的資本)や,人間同士の関係(社会関係資本)も資本とみる見解もある。(☞人的資本,社会関係資本) (大橋)

資本維持〔Kapitalerhaltung〕 特に株式会社の場合,会社の実体的な力は資本だけといっていいので,公表されている資本額に相当する実体,すなわち財産が現実に保持されていなければならない。これが資本維持の

問題で，具体的にはまず第1に，株式発行価額が全額払い込まれていることが必要であり（会社法34,208条），第2に，会社の純資産が増加していないのに配当（剰余金配当）がなされたりしないようにすることが必要である（会社法461条）。また会社法では，剰余金配当をした時は，その10分の1を資本準備金または利益準備金として積み立てることを規定している（会社法445条）。(☞法定準備金)　　　　　　　　　　　　　　(大橋)

資本金〔capital stock〕 株主の持ち分から法定準備金と剰余金を除いた部分。個人企業では資本主から営業のために託された資金，株式会社では，債権者の保護のための共同担保額として，払込資本から法律上強制的に社内留保されるもの。会社法(445条)では，例えば，株式会社の資本金は，基本的には，設立又は株式の発行において，株主となる者が払込み又は給付した財産額であるが，2分の1を超えない額を資本準備金にできる。(☞法定準備金，剰余金)　　　　　　　　　　　　　　　　　(牧浦)

資本コスト〔cost of capital〕 資本コストは，資金提供者が要求する収益率を表しており，株主資本コスト(株主が株主資本に対し要求する収益率)と負債コスト(債権者に対し支払う平均利子率)の2つからなる。従って，企業全体の資本コストは，資金調達源泉別(株主資本と負債の構成比率)でウエート付けされた株主資本コストと負債コストの加重平均である加重平均資本コスト(Weighted Average Cost of Capital：WACC)と定義される。企業は，資本コストを上回る収益を上げる必要がある。(☞CAPM，モジリアニ＝ミラー理論)　　　　　　　　　　　　　　　　　　(今西)

資本集約型産業〔capital-intensive industry〕 大量生産への対応や労働賃金の高さから生産の機械化が進むにつれて，生産に必要な要素のうち，資本設備の占める割合が高くなる。こうして，生産に必要な生産要素において，資本の投入率が高く，固定資本額が大きくなった産業をいう。大きな設備投資を要する鉄鋼，石油，化学などの重化学工業，一般に装置型産業とよばれるものが典型である。労働力への依存度が高い労働集約型産業と対比的に用いられることが多いが，近年では，情報化の進展や環境変化スピードの加速化により，大きな固定資本を有することのリスクが拡大してきているとされる。このため，知識やノウハウの活用を拡大した知識集約型産業への転換が進められている。(☞労働集約型産業)　　(山口)

資本主義〔capitalism〕 人間労働の生産物のみならず人間労働力そのものまでが商品化し，商品生産が全面支配的となった生産様式の社会。封建制度に続いて西欧で16世紀頃から生じ，18世紀後半から19世紀前半の産業革命期に確立した。そこでは生産手段や生活資料を資本としてもつ資本家が，労働力しか売るもののない労働者から労働力を商品として買い，労働力の価値と労働力使用によって生産した商品の価値との差額(剰

余価値)を利潤として得ることを目的とした商品生産が行われる。個別資本(企業)は厳しい競争の中で合理的経済計算に基づく組織的な計画的な営利活動をするが,社会全体としてみれば無政府的であり,価値法則によって事後的に調整される。歴史的には商業資本主義→産業資本主義→独占資本主義と発展してきた。(☞競争,独占,寡占)　　　　　　(片岡信之)

資本図表〔capital graph〕　総資本の回転状態を示す図表のこと。売上高の変動を示す売上高線と総資本の変動を示す総資本線の交点を資本回収点といい,総資本が一回転するのに必要な売上高を示している。総資本線は固定資本と変動資本から構成され,その基本的な考えは損益分岐点分析と同じで,変動費が変動資本に固定費が固定資本に代わっただけである。ただし,変動資本は流動資産から固定有高を除き,この固定有高は固定資産と一体となって固定資本を形成する。そのため,資本回収点は以下のような算式で求められる。

$$\frac{固定資本}{1-\frac{変動資本}{売上高}} = 資本回収点$$

こうした分析を通じて,目標売上高に必要な総資本を算出することができる。(☞変動費と固定費,損益分岐点分析)　　　　　　　　　　(梶脇)

資本装備率〔capital intensity〕　設備投資の状態をみる指標で労働装備率ともいう。有形固定資産/平均従業員数で表す。資本装備率×資本生産性(付加価値/有形固定資産),また資本装備率×付加価値率(付加価値/売上高)×有形固定資産回転率(売上高/有形固定資産)は,いずれも労働生産性(付加価値/平均従業員数)となることから,資本装備率の向上は労働生産性の改善に大きな影響を与える。(☞生産性分析)　　　　　　　　(梶脇)

資本等式〔capital equation〕　会計等式の1つで,「資産−負債＝資本」で表わされる。資産と負債とをいずれも財産という概念で統一的に把握した上で,プラスの財産(積極財産)である資産からマイナスの財産(消極財産)を控除することにより,純財産としての資本が算出される構造を示す。この資本等式の成立を前提として,財産変動そのものから損益を間接的に計算するという財産法に関わる財産法等式が導出される。(☞貸借対照表等式)　　　　　　　　　　　　　　　　　　(久保田)

資本の動化(動員)〔Mobilisierung des Kapitals〕　もともと株式会社は,資本家層からだけではなく,広く一般大衆からも企業資本を調達しようとして生まれてきたもので,そのため資本を株式という出資(持分)単位で調達する。株式は資本を均等に細分化した1単位あたり小額のもので,しかも証券取引所の発展とあいまって容易に譲渡できるものとなっており,一般大衆も容易に出資できるものとなっている。このように企業で

実際に使用されている資本とは一応別に、その資本を多くの、絶えず変化している、企業にとって無名な出資者のものとした点が資本の動化といわれ、これにより広く一般大衆も出資者となることができるようになり、一般大衆の資金が集められるようになったことが資本の動員といわれる。(☞擬制資本) (大橋)

資本輸出〔capital export〕 国際資本移動を資本投下国からみたもので、「海外直接投資」と「海外間接投資」に分かれる。一般に所得水準の高い国から低い国へ資本が流出するとみられるが、発展途上国の市場の狭隘性などから、先進国間の方が長期民間資本を初めとして資本輸出は多い。資本輸出国には、国際収支勘定の資本収支でマイナス要因になるが、海外からの利子、配当、利潤の送金、ロイヤルティの支払いなどの貿易外取引で相殺されれば問題はない。(☞間接投資、対外直接投資) (藤澤)

シミュレーション〔simulation〕 コンピュータを用いた模擬実験のことをいう。分析対象であるシステムが複雑で理論モデルの構築が困難であったり、仮に理論モデルが構築できても演繹的に解を導き出すことが難しい時、また実際に実験を行うことが不可能な時などに用いられるシステム解析の方法である。現実のシステムをできるだけ忠実に模写した操作可能なモデルを作り、それに対して種々の実験を繰り返すことによって逐次的にシステムの特性が調べられる。(☞モンテカルロ法) (瀬見)

CIM〔computer integrated manufacturing〕 コンピュータ統合生産のことで、「シム」ともいう。製造企業においては、製造機能、設計機能および管理機能が有機的に結びついている必要がある。これらの機能に関するコンピュータ支援は、それぞれCAM,CAD,CAPであるが、かつては各々が個別的に展開され、自動化の島(islands of automation)という状況が生じていた。このようなコンピュータを援用する様々な部分領域をネットワーク化して、1つのシステムを形成しようとする努力が続けられている。CIMは、「設計・製造・管理なる累機能を情報ネットワークでシステム統合したフレキシブルな市場統合的戦略生産体系」と定義されている。(☞CAD・CAM・CAP・CAT, IMS) (深山)

事　務〔office work〕 企業や官庁などのオフィスにおける記帳・計算・記録・伝達などの情報処理の諸活動を総称して事務という。企業では主要には間接部門における職員・ホワイトカラーによって担われる。企業における事務の活動のあり方は、物的財貨の生産・流通活動の効率性、および経営者の意思決定過程に大きな影響を及ぼす重要な職能である。従って経営合理化のため、事務過程の機械化・自動化が追求されており、OA(オフィス・オートメーション)を構成している。(☞事務管理) (渡辺峻)

事務管理〔management of office work〕 オフィスにおける記帳・計算・記

録・伝達などの事務の正確性と効率性は，企業活動全体の生産性に大きな影響を及ぼすがために，事務の正確と効率を高めるために行われる管理のことを事務管理という。今日では，コンピュータやそのネットワークシステムを媒介にして，生産現場や販売現場から意思決定過程にいたるまでリンクして事務処理されているので，その内容は従来の事務管理概念では把握できず，経営情報システム管理として展開されている。(☞事務，事務分析) (渡辺峻)

事務分析〔analysis of office work〕　最も効率的かつ経済的に事務を遂行するために行う事務の実態分析およびその技法のことをいう。分析の対象は，事務の工程，手続き，時系列，職務配分，事務組織などからなる。今日では，事務はオフィス・オートメーションやそのネットワークを媒介にして遂行されるので，その分析は，効率的な情報処理の観点から総合的に経営情報システム分析として行われる。(☞事務管理) (渡辺峻)

指名委員会等設置会社(方式)　株式会社で可能なトップ・マネジメント方式の1つで，これまで「委員会設置会社(方式)」とよばれていたが，2014年会社法改正で表題のように改名されたもの。内容は基本的には不変。株主総会で取締役が選出され，取締役会ができる。取締役会は経営の基本方針等をきめるが，その執行は1人以上の執行役に一任し，その監督を行う。執行役の任命はすべて取締役会が行うが，執行役は取締役が兼任できる。一方，取締役レベルでは次の3委員会がそれぞれ3名以上の取締役でできる（各委員会とも社外取締役が半数以上。3委員会間での委員兼任は可，故に取締役は実際には最低3名あれば可）。取締役・会計参与の候補者をきめ株主総会に提案する指名委員会。監査役の役割をする監査委員会。取締役・執行役・会計参与の報酬をきめる報酬委員会。監査役はない。この方式では取締役，執行役，会計参与は任期1年。2014年7月現在大企業中心に90社ほどある。(☞社外役員) (大橋)

社会関係資本〔social capital〕　人間が生活し行動する際に，その手段ないし用具として利用できる信頼関係や人間関係のこと。家族関係，近隣関係，友人関係，職場での人間関係など人間相互の関係である社会関係そのもの，つまり人と人との関係そのもののことであり，そうした社会的関係および社会的集団のなかで蓄積されてきた好意・信頼の関係を，人間生活上の手段ないし用具として利用できる資本と考えるもの。このような社会的関係・集団が活発であるほど，当該行為者間のコミュニケーションの程度や相互の連帯性が強まり，それによって豊かな社会が形成されるという考え方として用いられる。 (竹林)

社会-技術システム論〔socio-technical system theory〕　イギリスのタビストック人間関係研究所のメンバーらがイギリスの炭坑やイン

ドの織物工場での実証研究に基づき提唱した理論。オープン・システムの立場をとり，機械，ノウハウ等から成る技術システムと人間から成る社会システム両方の要求を充足させる，同時最適化が主張された。技術システムの要求充足のみを求めた科学的管理法や社会システムの要求充足を過度に求めた人間関係論に欠けた部分が補われている理論である。1960年代のノルウェー民主化プロジェクトを経て，労働の人間化や産業民主主義の基礎理論を担ってきた。また，自律的作業集団の有効性の発見もこの理論に負うところが大きい。(☞自律的作業集団，ボルボ)　　　　　　　　　　　　　　　(奥林)

社会システム学派〔social system school〕　マネジメント(management)としての経営管理をどのように把握すればよいか。経営を1つの社会システムとしてとらえ，このいわば組織における人間行動を通じて経営管理を把握しようとする方法がある。社会システム学派と呼ばれるものがそれである。この学派は，様々な社会集団の性格を明らかにし，かつ社会集団を1つの統一あるシステムとして示そうとするものであるから，極めて社会学的な研究内容の強いものであることを特質とする。実際，このような社会システムの枠組みにおける人間の行動分析が経営管理の把握に役立つことは明らかである。バーナード(Barnard, C. I.)やサイモン(Simon, H. A.)の組織論を端緒とする。(☞アメリカ経営学の学派分類，経営学の近代理論)　　　　　　　　　　　　　　　　　　　　(吉田)

社会主義〔socialism〕　社会主義の定義は多様であるが，大別して，プロレタリア革命によって作られた社会体制としての社会主義社会を指す場合と，そのような社会を目指して資本主義社会の社会的経済的諸矛盾を克服してゆこうとする思想・運動を指す場合とがある。苛酷な原始的蓄積過程をへて成立した資本主義を非人間的な疎外された社会である(搾取，人間の孤立化と商品化，他律の労働，利潤第一，階級対立，失業，恐慌，インフレなど)ととらえて批判し，生産手段等の私有を廃して社会化(共同所有・共同管理)して搾取や階級制度をなくし，平等で計画的・人間的な社会を作ろうとする。ソ連・東欧・中国ほかで社会主義国を名乗る国が実現したが，本来の理念の普遍的ヒューマニズムとは乖離し，その多くは崩壊した。(☞資本主義)　　　　　　　　　　　　　　　　　(片岡信之)

社会人モデル〔social man model〕　メイヨー(Mayo, E.)とレスリスバーガー(Roethlisberger, F. J.)を代表とする人間関係論学派において見られる人間モデル。当モデルは，人間を単独で論理的行動をとる孤立的個人として想定する経済人仮説と対照をなし，集団の中で形成される心理・感情・欲求といった非経済的・非合理的諸要因によっても動かされる存在として人間を捉える。人間関係論は，労働者の勤労意欲や生産性が職場のイ

ンフォーマルな人間関係に大きく影響されるという事実をホーソン実験から明らかにしたが，この事実は人間行動が個々人の論理的計算のみに依拠しているのではなく，人々の間の社会的規範の下での帰属意識や安定感を求める欲求や感情にも規定されることを意味している。(☞経済人仮説，人間関係論学派，ホーソン実験) (上林)

社会的責任投資(SRI)〔Socially Responsibly Investment〕 収益性や成長性といった財務面のみならず，企業の社会性や倫理性など社会貢献度を判断基準として重視する投資行動のこと。SRIには社会的に貢献している企業へ投資する方法(ソーシャル・スクリーン)や，株式を購入して株主となり，総会で株主提案を行うかあるいは経営者との継続的な対話によって企業に改善を求める方法(株主行動)，地域開発投資(ソーシャル・インベストメント/ファイナンス)などいくつかの手段がある。投資基準となるテーマは環境保全，人権擁護，持続可能社会，地域貢献など広がりを見せる。2007年度のアメリカにおけるSRIの運用資産は2兆7,100億ドルあまりで，投資市場で一大分野を確立している。 (西村成弘)

社会保険労務士〔labor and social security attorney〕 社労士。社会保険労務士試験に合格した後，全国社会保険労務士会連合会に備える名簿に登録した,労働・社会保険に関する専門知識を有する国家資格者。事業主に代わって，労働社会保険，年金などに関する事務手続きを法令に基づき代行したり,人事労務管理に関するコンサルティング業務を行う。なお，特定社労士は個別労働関係紛争の解決手続代理業務も担える。 (伊藤)

社外役員(社外重役)〔outside executive〕 会社の役員のうち社外の者をいう。近年，企業統治の観点から社外取締役と社外監査役が注目されており，それぞれの要件について会社法で規定がある。社外取締役には，現在の役員や従業員，役員の2親等以内の親族や親会社の役員はなれないが，会社を辞めて10年経過した役員経験者は社外と認められる。社外監査役についても同様の規定があり，監査役会設置会社では3名以上の監査役のうち半数以上が社外でなければならない。(☞コーポレート・ガバナンス) (小澤)

社 債〔bond〕 会社が資本調達の目的のために自己を債務者として行う金銭債権のことをさす。社債には，株式会社以外の会社も発行可能な，償還期限をもち定期的に利払いがなされる普通社債と，株式会社のみが発行可能な新株予約権付社債がある。新株予約権とは，一定数の株式を一定期間内に一定価格で取得できる権利である。平成13年の商法改正におけるこの社債の創設によって，従来の転換社債と新株引受権付社債は廃止となった。社債は，企業買収の危険がない点で株式と異なるが，購入者側からは，議決権行使・配当受取についての種類株式の存在や利

益配当による株式の消却により株式が社債化し、新株予約権付社債の存在により社債が株式化している。(☞株式、株主権、債券) (渡辺敏雄)

ジャスト・イン・タイム〔just-in-time〕 不良品を出さないように働く、すなわち売れるものをつくるという意味の「自働化」の思想とともに、徹底したムダの排除を基本思想とするトヨタ生産方式の支柱をなす原理。必要な物を、必要なときに、必要なだけ手に入れ、市場生産の必要悪である在庫をゼロに近づけ、生産効率を向上させるということである。つまり、市場に近い工程である後工程が必要とする物を、必要なときに、必要な量だけ、前工程が供給する。量とスピードにより効率を追求するアメリカ式大量生産に対して、市場変動に柔軟に対応できるように限量生産によって効率を追求するという考えである。トヨタ自動車の創業者、豊田喜一郎の発想である。(☞トヨタ生産方式、かんばん方式) (廣瀬)

ジャスト・イン・タイム物流〔just-in-time physical distribution〕 消費の多様化、個性化に端を発した生産・流通の「多品種・少量・短サイクル」時代に対応する原材料や製品の無在庫型物流方式のこと。流れ作業や平準化、標準作業、徹底した無駄の排除と合理化などによって特徴づけられるJIT生産方式、いいかえるとリーン生産方式は、「必要な物を、必要な時に、必要な量だけ」在庫としてもつという理念を実現しようとする方式である。これを資材や製品の物流面で支えるのが、ジャスト・イン・タイム物流である。具体的には、①電子データ交換(EDI)を通じたオンラインによる購買、②スケジュール化された小口・多頻度輸送、③オートメーション化されたピッキングと搬出作業がなされる倉庫、④電子受発注システム(EOS)による納品、入出庫処理を通じた在庫管理などからなる。(☞ジャスト・イン・タイム、物流管理) (陶山)

社団法人〔incorporated association〕 一定の目的のために結合した「人」の集団に対して法人格が付与されたもの。構成員の意思を結合して団体の意思を形成し、団体として活動する。一般的な非営利法人として社団形態の法人が認められている。「一般社団法人及び一般財団法人に関する法律」に基づいて設立される。準則主義により法律の定める要件(社員になろうとする2名以上の共同による定款の作成、公証人の認証等)を満たせば設立できる。機関としては、理事と社員総会は必置。そのうち公益を目的とする法人は公益認定を受けると公益社団法人として認められる。(☞財団法人、法人) (西村剛)

社内振替価格〔transfer price〕 事業部制組織を設けている企業において、各事業部門間の取引に設定される価格のことを社内振替価格という。振替価格は本社命令による統制で決めるのではなくて、あくまでも各事業部門間の交渉による競争市価主義によっている。交渉が不調の際には本

社の裁定を仰ぐことになる。振替価格の交渉過程を通じて各事業部の企業的責任が強まる，とされている。
(渡辺峻)

社内報〔house organ〕 企業が，従業員やその家庭に原則として無料で配布する刊行物。アメリカでは1920年代急速に発達したといわれるが，わが国では人間関係管理の導入に伴い普及した。その目的は，企業と従業員のコミュニケーションを良好にし，企業との一体感を高めるところにあり，人間関係改善の1つの方法とされている。事業内容，人事異動の報告や従業員からの投稿，福利関係の記事等が載せられている。(奥林)

収益と費用〔revenue and expense〕 企業の損益計算上，金銭等の受け入れである収入（receipt）は，借入金として入金したもののように将来返済が必要なものと，それ以外の将来返済を必要とせず企業の利益の元となるもの，例えば売上（金）や利息収入等とに大別される。後者を収益という。同様に，支出（disbursement）のうち，借入金返済等以外の，入手した財や用益の対価として支払われたものを費用という。収益から費用を引いたものが利益（profit）である。(☞原価)　　　　　　(大橋)

収益性（営利原則，営利主義）〔profitability〕 収益性とは，資本に対する利益の大きさ，言い換えると，いかに効率的に利益を獲得するのかを表す。資本主義経済では，企業の目的は利益の獲得といわれ，これが収益性の追求，あるいは営利原則もしくは営利主義と称される。収益性は，（利益／資本）×100で導かれるが，この分母（資本）に総資本，自己資本あるいは使用総資本などが用いられる。総資本による総資産利益率(ROA)では，企業全体の投下資本の効率性が示されるのに対して，自己資本による自己資本利益率(ROE)では，株主の投下資本の効率性が示される。アングロサクソンにおいて重視されてきたROEは，近年，日本でも株主重視の経営が唱えられる中で注視されている。(☞生産性，経済性，総合収益性管理)　　　　　　(関野)

収益性分析〔analysis of profitability〕 損益の状態を検討する経営分析。投下資本と獲得成果の関係を分析する投資利益率(ROI)分析，売上高と利益の割合を調べる販売比率分析，販売高に対する各種費用の割合を検討する原価比率分析がある。また，損益分岐点分析が代表する利益構造分析以外に，複数の期間もしくは企業の利益額を比較する利益比較分析や，利益額，売上原価や営業費に関して価格差異と数量差異を調べる利益差異分析もある。(☞経営分析，総合収益性管理，損益分岐点分析)　(牧浦)

従業員援助プログラム(EAP)〔employee assistance program〕 米国において，アルコールや薬物依存症，ストレスなどの従業員が抱える精神的・肉体的な健康上の問題を解決するために企業が提供するサービスのこと。これらの問題は従業員の業績低下や出勤状況の悪化を招き，疾病や

労働災害に伴う保険費の増加を招くため，大企業を中心に採用するようになった。専門家によるカウンセリングや医療機関の紹介などがその具体的施策である。日本では，近年，メンタルヘルスに取り組む企業が増えている。(☞人事相談制度) (正亀)

従業員態度調査〔employee attitude survey〕 モラール・サーベイ，意見調査と同義で，従業員の勤労意欲，労働諸条件に関する態度，意見を調査することである。ホーソン実験において従業員の全体状況を把握するために用いられて以来，人間関係改善の施策として重要視されている。方法としては，質問紙法，投影的テスト法，面接法等が用いられる。最もよく用いられる質問紙法として，わが国では，日本労務協会の「NRK 従業員意見調査法」等がある。(☞ホーソン実験，モラール) (奥林)

従業員持株制度〔employee stock ownership plan〕 企業が従業員に自社の株式を所有させる制度。株価の上昇が株主となる従業員の利益にもなるので，従業員の労働意欲を高め，会社に対する忠誠心や企業との一体感を醸成する目的でこの制度が活用される。また，従業員の持株は，通常，退職時まで保有されるので，従業員持株制度は安定株主を増やし，会社の乗っ取り防止等にも役立つ。2014 年現在，東京証券取引所上場内国会社の 91% がこれを採用している（東京証券取引所調査）。 (正亀)

就業規則 始業と終業の時刻，休憩時間，休暇，賃金の決定・計算及び支払の方法，退職に関する事項等，事業経営の必要上使用者が定める職場規律や労働条件に関する規則。わが国の労働基準法は，常時 10 人以上の労働者を使用する使用者に対し，就業規則の作成と行政官庁（労働基準監督署長）への届出，規則の作成または変更時の労働者への意見聴取，労働者に対する規則の周知を義務づけている。なお，法令や労働協約に反する就業規則の定めは無効となる。 (正亀)

集合戦略〔collective strategy〕 今日のような動乱的環境では個別企業が単独でなしうる範囲は小さく，組織同士の集合が決め手になるとして 1980 年代アストレイ(Astley, W.G.)/ホムブラン(Hombrun, C.J.)により提起されたもの。組織間関係には片利共生型(commensalism：一方だけが利益となり，他方は利益も損失もない共生関係)と，共利共生型(symbiosis)とがあり，結合の仕方には直接的なものと間接的なものがあるので，集合の形には同盟型(confederate)，累積型(agglomerate)，接合型(conjugate)，有機型(organic)の 4 種があるとする。旧来の伝統的な企業結合形態を新しくとらえ直したものという一面もある。例えば同盟型は旧来カルテルといわれてきたものに相当する。(☞企業結合形態) (大橋)

終身雇用制〔lifetime employment〕 1958 年にアメリカ人アベグレン(Abegglen, J.C.)が著書『日本の経営』の中で日本大企業の雇用慣行を

"lifetime commitment"と規定し，それが終身雇用制と表現されたのが始まり。定年までの雇用を暗黙の前提とする雇用慣行。その企業に一生を託すという精神にたつもので，単なる長期勤続をいうものではない。今日ではかなり崩れているが，これまでにも終身雇用のあてはまらない従業員はけっこうあった。(☞日本的経営) (西村成弘)

囚人のジレンマ〔prisoner's dilemma〕 ゲーム理論における非協力ゲームのケース。軽微な犯罪で逮捕された2人の容疑者により重大な犯罪の疑いがある場合，別々に隔離された2人の容疑者に対し警察は，両者とも黙秘すれば各々禁固1年，自白した場合各々3年の刑を課すと告げる。さらに一方が自白し他方が黙秘した場合，自白した者は6カ月，黙秘した者は6年という取引を提示する。この場合相手が自白するか黙秘するかにかかわらず，自らは自白するのが有利となり，双方にとってそれが最適となる。このように自らの利得を合理的に追求した結果，両者が協力した場合(お互い黙秘)よりも結果的に両者の利得が低くなる状態のことをいう。(☞ゲーム理論) (梶脇)

集団主義〔groupism〕 個人と集団とのかかわりにおいて個人のための行動よりも集団のための行動を優先させる考え方。旧来の日本的経営の根本的特色をなしてきたもので，QCサークル運動等で効力を発揮し，日本企業躍進の1つの基盤となった。物事を共同で決め実行することは日本企業の最も得意とするところであったが，近年低調となり，日本企業不振の一因となっている。しかしこの立脚点は今後イノベーション推進等でも不可欠であり，個人の自主性と両立した真の集団主義が必要とされている。(☞日本的経営) (西村成弘)

集中化戦略〔single business strategy〕 企業が1つまたは少数の市場セグメントに顧客を限定し，経営資源を集中して投入し，そのセグメントにおいて競争優位を獲得する戦略のことである。市場全体を対象にしたフルライン戦略の対極に位置する。一般的に経営資源の量において劣っている企業に適しており，独自技術やノウハウなどをもとに機能や市場を特化して資源を投入する。対象セグメントの小ささから後発企業の参入の余地が少なく，先行して競争優位を築きやすい。(☞多角化戦略，フルライン戦略) (松本)

需給斉合〔supply-demand matching〕 流通課業ないし流通機能の中心的な内容をなす過程で，財の供給と需要との間に存在する量的・質的懸隔を架橋すること。生産と消費の間には品質，価格，数量，取揃え等で条件の不一致がある。この不一致を調整することにより取引を成立させることが必要となるが，需要ないし買い手の価値との関連でいえばその次元は2つある。1つは，買い手パフォーマンスの引上げ，すなわち買い手

の満足水準ないしニーズへの適合水準の向上である。もう1つは，買い手コストの引下げ，つまり，買い手の失敗のリスクの引下げである。流通課業は，個別商品および複数商品における需給懸隔を，顧客や消費者によって要請される「1セットの効用」の創出を通じて架橋し，生産者と消費者の間で財・サービスと貨幣との交換を媒介することである。(陶山)

熟練の移転〔transfer of skill〕 労働者の熟練が他のものに移ること。熟練とは何かを上手にする能力であり，その遂行過程における経験・学習・訓練によって労働者の内部に蓄積され，技能だけでなく各種の知識も含まれる。熟練は技法として他の労働者に伝承されるだけでなく，道具の改善，機械による作業技能の再現と代替，さらに道具・機械の使用方法は科学的管理法の導入により管理部門から統制されるなどの形で外部化され，機械や管理・統制の体系に移転された。(☞機械, テイラーシステム, エキスパートシステム) (谷本)

授権資本制度〔authorized capital system〕 会社は設立に際して定款に資本総額を定める必要がある。ただし設立時にはこの場合の全資本総額の払込みは必要ではなく，その特定部分以上が発行済みであればよいとする制度をさす。払込みの割合は四分の一と規定されている(会社法37条3項)。定款規定の資本総額を授権資本と称し，これに対して事実上払込まれた資本額を払込資本金と称する。この授権資本制度の長所は，資本総額の変更は株主総会の決定事項であるがそれに達するまでの新株発行による増資については取締役会の決定によって随時弾力的に資本調達をなすことが出来ることである。(☞株式, 増資と減資) (渡辺敏雄)

シュマーレンバッハ(1873-1955)〔Schmalenbach, Eugen〕 20世紀初頭より第二次世界大戦後に至るまで活躍したドイツの代表的な経営学者である。経営経済学を応用科学として構築しようとし，技術論を主張した。ドイツの技術論の特徴は，計算制度を用いて目標に対する手段の経済的合理性を精密に把握する点にある。こうした立場から『動的貸借対照表論』(1926年)や『原価計算と価格政策の原理』(1925年)を公にし，経済性を中心に計算制度の技術論的研究を進めた。また1928年「新しい経済体制の関門にたつ経営経済学」という講演を行い，経営規模の拡大による固定費の増大によって市場の価格機能が機能しなくなる点を鋭く指摘している。 (海道)

シュミット，フリッツ(1882-1950)〔Schmidt, Fritz〕 シュマーレンバッハ(Schmalenbach, E.)やニックリッシュ(Nicklisch, H.)などとともに戦前のドイツを代表する経営学者。ワイマル期の独占資本がその地位の復活・強化に利用したのが1923年を頂点とするインフレーション政策であったが，他方それは急速な貨幣価値の下落を招き，企業はその財産をいかに

維持し，仮装利益をどのように排除するのかという問題に直面した。シュミットは，『有機観貸借対照表学説』(1921年)でこの問題を国民経済全体との有機的関連において取り上げ，企業の実体資本(具体的物財)の維持のためには，取得価値ではなく，取引日の再調達時価に基づいて経営計算を行わねばならないと主張した。 (海道)

受容圏〔zone of acceptance〕 上司の命令が部下に問題なく受け容れられ，実行される範囲を受容圏という。サイモン(Simon, H. A.)が用いた用語であるが，バーナード(Barnard, C. I.)はこれを無関心圏(zone of indifference)という。権限受容説で使われる用語である。受容圏が広いほど，上司の権限は安定し，組織秩序は維持される。受容圏の広さは，誘因と貢献との比較で決まり，誘因が貢献よりも大きく，満足度が大きい時，広くなる。上司－部下の信頼関係の厚さ，部下の組織への帰属性の強さによっても，受容圏は広くもなり，狭くもなる。さらに，個人の専門性や熟練度が高いほど，その専門領域における彼の受容圏は狭くなる。(☞無関心圏，権限受容説，権限と権威) (水原)

需要予測〔demand forecasting〕 市場における自社の製品またはサービスの需要量を予測することをいう。需要予測は，販売計画，生産計画，購買計画，資金計画，人員計画など企業のあらゆる種類の計画を策定する際の基礎になるものであり，そのためかなり高い精度が要求される。需要予測の方法は，担当者が企業環境などの定性的要因を考慮しながら経験や勘に基づいて主観的に見積る方法と，過去の実現値を科学的に分析して客観的に予測する方法とに大別できる。さらに後者の科学的方法には，ＡＲＭＡモデルなどの時系列モデルを用いる方法と，需要に影響を与える要因を抽出し，需要とその要因との関係を単一方程式や連立方程式の形で表わした因果モデルを用いる方法とがある。 (瀬見)

シュンペーター(1883-1950)〔Schumpeter, Joseph Alois〕 ウィーン大学でボェーム・バヴェルクやウィーザーに学び，ツェルノヴィッツ大学，グラーツ大学の各教授，大蔵大臣，銀行頭取，ボン大学教授をへて1932年以降米国に移住しハーバード大学教授となる。『経済発展の理論』(1912年)，『景気循環』(1939年)，『資本主義・社会主義・民主主義』(1942年)などの著書を通じて，彼は，資本主義制度のもとでの経済発展の原動力を企業者の革新的創造的破壊行動に求め，新商品・新生産方法・新市場・新資源・新経営組織などの革新(innovation；生産要素の新結合)が，銀行の信用創造とともに，ひき起こす均衡破壊過程や均衡回復過程を分析する理論を作り，信用・資本・利子・利潤・景気循環等の動態的現象を統一的に明らかにした。(☞技術革新，製法革新，製品革新) (片岡信之)

商業学〔Handelswissenschaften〕 商業学はドイツ経営学の源流を形成し

ており，その歴史は，ドイツ経営学史の前史をなしている。18世紀半ばルードヴィチ(Ludovici, K.G.)が『商人事典』を刊行し，商取引学を最初に体系化した。そしてロイクス(Leuchs, J.W.)の『商業体系』(1804年)において商業学の発展は頂点に達するが，19世紀に入り経済的自由主義が広まるにつれ衰退していった。この商業学は，経営学の生成期に商業学の科学化として再び問われることになる。(☞官房学)　　　　　(海道)

状況の法則〔the law of the situation〕　指揮・命令関係に作用する法則で，フォレット(Follett, M.P.)によって提唱された。彼女によれば，上司が部下に命令を与える場合には個人的なつながりを取り除き，関係者をとりまく全体的な状況の研究を行い，そこに作用する法則に従わねばならない。例えば，販売部長は個人的な思い込みでなく市場の状況を研究し，その法則に従った命令を出すはずであり，職長は製造現場に作用する状況の法則に従って命令を出すべきである。すなわち，命令は一人の人間ともう一人の人間との個人的なつながりで出されるべきでなく，関係者をとりまく全体的な状況から与えられると理解するのである。状況の法則に従うことによって，相互の協力関係が発展すると考えられている。(☞フォレット，人間関係論学派)　　　　　(仲田)

証券代位〔Effektensubstitution〕　他企業の証券(原証券)を取得・運用するために自企業で証券(代位証券)を発行すること。証券代位は，①リスクを回避して複数の証券に分散投資・運用する，②一般投資家に直接発行されない証券を販売し企業に資金を融資する，③証券を取得しその企業を支配する，といった3つの目的から実施される。それぞれの目的に沿って①投資会社，②証券引受会社，③支配(持株)会社が設立される。(☞持株会社)　　　　　(梶脇)

小集団活動〔small group activities〕　職場の中に少人数からなるグループを作り，このグループを中心に，各構成員が業務に関する目標や計画を自主的・主体的に立てることで，作業能率の向上だけでなく，創意工夫への関心，モラールの高揚，自己啓発の喚起・促進等をもたらそうとする活動。この活動を通した管理は，小集団管理とよばれる。それは，小集団内での構成員の協力関係・相互依存関係を通して，所属・承認欲求を満たすだけでなく，彼らが小集団活動に積極的に参加することでその能力や個性を発揮でき，それによって勤労意欲や生産性を高めようとする管理方式である。(☞QCサークル〔ZD運動〕，改善運動)　　　　　(伊藤)

上場会社〔listed company〕　証券取引所で株式が売買されている会社。証券取引所では上場基準があり，その基準をクリアした会社のみが上場会社となる。東京・名古屋証券取引所には第1部と第2部市場があり，その他に地方市場(札幌，福岡)，新興会社向けの市場等もある。上場のメ

リットとしては，社会的信用や知名度の向上，資金調達手段の増大等がある。東京・名古屋証券取引所の第1部，第2部上場会社総数は2014年12月の時点で2,689社ある。なお，証券取引所は金融商品取引法(旧証券取引法)により本来は「金融商品取引所」と称すべきところであるが，同法86条により「取引所」という文字のみを名称の中で用いればよいことになっているので，現時点では「証券取引所」が正式名称になっている。(☞株式，株式会社) (西村剛)

昇進と昇格 課長や部長などの企業組織内の役職位の上昇を昇進といい，資格制度における序列が上がることを昇格という。昇進は，通常，それに伴い賃金が増加するだけでなく，仕事の責任や権限も増大し企業内外の威信を高めるなど，物心両面から従業員の勤労意欲を高める効果がある。ただ，役職ポストはその数に限りがあり，わが国では昇進制度を補完する処遇制度として資格制度が活用されてきた。第1次石油危機以降の低成長，高齢化の進展，団塊の世代の進出などによる役職ポスト不足とこれに対応する能力主義管理の強化に伴い，役職と資格を分離し，賃金は資格とその昇格にリンクして決める職能給を採用する傾向が大企業を中心にみられた。(☞資格制度，職能給，能力主義) (正亀)

消費者行動論〔theory of consumer behavior〕 消費者行動は消費者による財・サービスの購買と使用行動であり，消費者行動論は諸種の刺激＝インプットと購買行為＝アウトプットの間に介在するブラックボックスとしての購買意思決定過程の機能メカニズムを解明しようとしてきた。具体的には消費者のブランド選択行動，店舗選択行動，新製品受容行動などにおけるニーズの喚起，情報探索，認知形成，態度形成，購買決定，購買後評価などの過程が取り上げられてきた。方法論的には消費者行動そのものの人間行動的性格に規定され，経済学，マーケティング論，心理学・社会心理学，社会学，文化人類学など各学問分野の成果を応用した学際的なアプローチを特徴とする。(☞アイドマの法則) (陶山)

消費者信用〔consumers credit〕 消費者に対してその将来の所得を担保に商品購入の代金などの資金を直接間接に貸し付けること。金融業者が現金を貸し付ける場合は消費者金融で，メーカーや流通企業による現金以外の商品やサービスの購入資金の融通を狭義の消費者信用ないし割賦販売という。いずれにせよ現金の手持ちがなくても，代金支払いの繰延べを通じて商品を入手できるという意味で将来需要の先取りないし見せかけの需要創造の手段となる。(☞割賦販売) (陶山)

商品管理〔merchandising〕 卸・小売段階で商品の数量，価格，品質などの面における需給間のギャップを効果的に架橋するために商品の品揃えや仕入，在庫，販売を適正に管理すること。需要の変動と不確実性が大

きくなる中で，品切れや過剰在庫を発生させることなく，消費者や顧客のニーズに合わせた選択的な品揃え形成と適応的な品揃え形成を同時に実現することは，商業者の競争優位の重要な手段の1つである。売れ筋商品の充実や死に筋商品のカットを通じた商品アイテムの伸縮性の増大や商品回転率の相違に対するきめ細かい対応を可能にするためには，POS，EOS，VANなどの情報化を進め，そこで得られた仕入と販売のデータを高度活用していくことが不可欠である。(☞情報ネットワーク型流通システム，POSシステム，ストア・オートメーション)　　　　　(陶山)

情報開示(ディスクロージャー)〔disclosure〕　広義には，様々な情報全般の開示を指す場合もあるが，狭義には，金融商品取引法や会社法に基づく財務情報の開示を指し，財務報告ともいわれる。「企業会計原則」の一般原則のうち，明瞭性の原則はアメリカの「ディスクロージャーの原則」に由来するといわれる。金融商品取引法による財務報告を含む有価証券報告書は，インターネット上でEDINETによって公衆縦覧が行われている。(☞会計原則)　　　　　(久保田)

情報とデータ〔information and data〕　一般に，情報とデータという用語は意味が曖昧なまま使用されることが多い。マクドノウ(McDonough, A.M.)は，データと情報と知識という相互に密接な関連をもち，しばしば混同して使用されている3つの用語を明確に区別し，これらの意味を明らかにしている。彼によると，データは「特定の用途に対して評価されていないメッセージ」であり，情報は「特定の状況において価値があると評価されたデータ」であると定義される。すなわち，特定の問題に直面している場合に，その問題の解決に必要なデータが情報ということになる。また知識は「データに将来の一般的な使用の評価が加えられたもの」で，情報が一般化したものであると見ることができる。　(瀬見)

情報管理〔information management〕　企業の内外で大量に発生するデータを体系的に収集し，それに基づいて作成した情報を，企業内の各意思決定者に対して，必要な時に必要な形式で提供できるように情報処理システムを管理し統制することをいう。情報管理の目的は，企業目的の効率的・効果的な達成を目指すことにある。したがって，情報管理には，情報の収集，処理，加工，蓄積，検索，保全，提供といった諸活動の管理ばかりでなく，情報処理システムの設計・開発から運用に至るまでの種々の活動の管理が含まれることになる。なお，これらの活動は通常，情報センター，システム部，データ処理課などとよばれる部門で担当されており，SEやORなどの専門スタッフが配置されている。　(瀬見)

情報検索〔information retrieval〕　コンピュータを活用して，必要な文章や文献，画像，音声そして映像やデータを大量の情報データの蓄積の中

から，取捨選択して取り出すこと。例えば，携帯電話で友人に連絡したいときは，名前を打って電話番号を取り出す。現代では，必要な情報を得るには，迅速な情報検索が欠かせない。インターネット上のデータ検索では，新聞社の有料の記事検索をはじめ，ヤフー(Yahoo!)，グーグル(Google)などの検索エンジンを使う。 (福井)

情報処理システム〔information processing system〕 意思決定に役立つ有用な情報を得るために，主としてコンピュータを用いて大量・高速にデータの収集，貯蔵，検索，分類，伝達，処理加工などを行うシステムをいう。基本的には，1つ以上のコンピュータと関連するソフトウェアから構成されている。初期の形態は事務処理作業を機械化するために開発されたEDPシステムに求められるが，今日ではICT(情報通信技術)の進展に伴い多数の企業間にまたがる大規模で高性能なシステムが構築されている。(☞データ処理) (瀬見)

情報創造力〔creative power of information〕 情報の創造とは，既存知識を超えた新しい発明や発見，そして技術開発でのブレークスルーを意味する。さらに，既存の考え方を超える新しい観念をも意味する。しかし，創造とは全くの無から有を生み出すことではない。既存の知識や情報の斬新な組み合わせこそが創造である。情報通信技術の進歩で，情報の入手が容易になった現代，知識や情報の新たな獲得そのものよりも，むしろ，それらの既存の知識や情報を組み合わせて新たな価値を生むことこそが重要になってきている。新たな価値を生む情報創造力の育成が不可欠となる。回転寿司は，寿司と工場のベルトコンベアという異色の組み合わせという新しい価値の創造の一例。 (福井)

情報通信ネットワーク〔information and communication network〕 情報ネットワークあるいはコンピュータネットワークと略されることも多い。情報通信が低廉かつ高速になったため，インターネット，VAN，LAN，あるいはWANを利用して，売れ筋情報が即日に把握可能になるなど，企業の生産性は向上した。ICT革命により，電子商取引が急拡大するなど，人々のライフスタイルが変貌を遂げてきた。電子メールへとコミュニケーションの形態が変わり，世界中の誰もがインターネットによって自由に情報発信ができることになった。しかし，不正アクセスやクラッキングなどのセキュリティ上の問題が指摘され，人々の生活の安全を脅かす事態が懸念されている。(☞ VAN, LAN, ICT革命) (福井)

情報ネットワーク型流通システム〔information network type of distribution system〕 流通システムの主体間で情報の収集・処理・提供を低コスト，迅速，広域的に行うこと。それはコンピュータ，POS, EOS, SCMなど情報処理技術やインターネットが発展していくことによって可能に

なった。寡占メーカーが消費の多様化，個性化，短サイクル化などに対応するためには「小口・多品種・多頻度」の生産・流通体制が必要になる。ここから卸業者，小売業者，物流業者，情報処理業者などと情報の集積と発散を行う情報処理機構を有するネットワーク・システムが構築されたのである。そこでは商流，物流，情報流，資金流についての各種情報フローの連結が縦横に行われ，流通システム全体としての市場・競争対応行動の有効性が高められる。(☞商品管理，POSシステム，ストア・オートメーション) (陶山)

情報の非対称性〔asymmetry of information〕 一般に，情報が意思決定主体間で偏在している状況をいう。すなわち，ある事柄について，情報をよりよく知っている人とあまり知らない人がいるとき，情報は差別化されている，あるいは非対称であるといわれる。情報の非対称性は，主として環境の不確実性や人間の機会主義的態度に起因するが，既に先発者がいる時や情報を獲得するのに多大の費用がかかる場合などにも起こりうる。情報が非対称的に分布していれば，情報優位にある者がそれを利用して自己の利益の拡大に努めようとするため，取引は危険にさらされることになる。その代表的な例として，逆選択・逆淘汰(adverse selection)やモラル・ハザード(moral hazard)などの現象をあげることができる。(☞モラル・ハザード) (瀬見)

情報理論〔information theory〕 情報が担っている意味や内容といった質的側面を捨象し，情報の変換や伝送などの量的側面を工学的に解明するための理論をいい，シャノン(Shannon, C. E.)の研究に端を発する。一般に，電話などの通信システムでは，情報は，送信機によって信号という形に符号化されて通信路に送り込まれ，それが通信路を通って受信機に入り，そこで元の情報に復号化される。この時，通信路での雑音による信号の歪みを考慮しながら一定容量の通信路にできるだけ短時間に多量の情報を送り込むことが重要な課題となる。そのため情報理論では，情報量をエントロピー測度によって定義し，情報の発生速度，雑音，通信路の情報伝達容量などが数学的に分析される。(☞エントロピー) (瀬見)

正味現在価値法〔net present value method〕 投資決定に関する方法の1つで貨幣の時間的価値を考慮した割引キャッシュ・フロー法の一種。資本コストを用いて割引計算される一定期間内の将来の収益の現在価値を足し合わせ，そこから投資額を差し引くことで正味現在価値が算定され，これがプラスなら投資案として採用候補となる。複数の投資案を比較・検討する場合には，正味現在価値が最大のものが有利になる。(☞回収期間法，内部利益率法) (梶脇)

剰余金〔Surplus〕 企業会計原則によれば，純資産額が法定資本(資本金)

の額を超える部分で，資本準備金，利益準備金とその他の剰余金に区分して記載される。このうち，資本準備金には株式払込剰余金，減資差益及び合併差益，利益準備金には利益の一部を積み立てた部分，その他の剰余金には任意積立金と当期未処分利益などを表示する。なお，会社法(第453条と第454条)により，剰余金の配当はいつでも株主総会の決議で可能になった。(☞法定準備金，資本金)　　　　　　　　　　　　(牧浦)

職長・作業長〔foreman〕　工場の管理職層の最末端に位置づけられる現場管理の職制である。職場における生産労働者の管理をその職務とする。アメリカでは科学的管理法の導入以前は強圧的な職長による成行管理が問題とされたが，現在は先任権による職場規制のためその権限が弱められている。作業長は戦後に日本の鉄鋼会社を中心に導入された現場管理者の職制名で，生産現場の作業管理・労務管理・原価管理の強化による生産性向上が期待されたものである。(☞成行管理，先任権制度，ロワーマネジメント)　　　　　　　　　　　　　　　　　　　　　　　　　　(谷本)

職能給〔pay for skill ; pay for knowledge〕　労働者の職務遂行能力に対して支払われる人基準の賃金。この能力には，顕在的能力ばかりでなく潜在的なそれも含まれる。職能給を実施するには，職務遂行能力を分類するための職能資格制度と，労働者の能力を判定し職能等級に当てはめるための人事考課制度が必要である。職能給は，賃金が担当する仕事と必ずしも直結しないので柔軟な人員配置を可能にし，労働者の能力向上や多能工化に役立ちうる。そこで，欧米でも職能給を導入する動きがある。(☞職務給(仕事給))　　　　　　　　　　　　　　　　　　　　(正亀)

職能制分権化〔functional decentralization〕　分権化には一般に連邦制分権化と職能制分権化の2形態がある。職能制分権化とは生産職能，販売職能，製品開発職能など職能別に専門化した部門を組織し，それぞれの特定の職能に対してトップ組織からの権限を委譲する分権化をいう。その方式を通じてトップ組織は各部門をコントロールし集権化を強める。各部門に自立性が強化されると連邦制分権化に近づく。(☞分権的管理と集権的管理)　　　　　　　　　　　　　　　　　　　　　　　　(渡辺峻)

職能的組織〔functional organization〕　従来1人ないし少数の者に集中して担われていた管理労働を職能別に分類し，職能ごとに管理者を配置した組織のこと。テイラー(Taylor, F. W.)の「職能的職長制」に端を発するものであり，「専門化の原則」に則った組織形態である。長所として上司の負担軽減，仕事の標準化などがあるが，短所として上司が複数存在することによって命令の混乱が生じ責任が不明確になること，上司が専門に特化するので全体の調整が難しくなることなどが挙げられる。次ページの図参照。(☞専門化の原則，テイラー)　　　　　　　　　　　　(柴田)

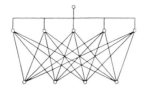

職能の垂直的分化〔vertical differentiation of function〕 組織内分業の一形態であり,最高経営層と管理層,作業層といった形で,職能を階層化する形で分化することをいう。数人の作業者が作業を行う程度の簡単な事業においても,そこにおける職能が水平的に分化すると,それらの調整のために,管理者と作業者に階層が分化する必要が生じる。さらに,組織が拡大すると,多くの管理者が必要となり,管理者間でも階層が必要となる。かくて,組織の規模の拡大とともに,ピラミッド状に階層が増加していくことになるが,その結果,それぞれの階層に応じて,総合管理,部門管理,中間管理,現場管理,現場の作業といった形で,職能が分割されていくことになる。(☞階層化の原則,管理の幅,職能の水平的分化.) (馬場)

職能の水平的分化〔horizontal differentiation of function〕 組織内分業の1形態であり,業務内容の多様化,複雑化により,専門化による利益を享受すべく,その特性に応じて同列の形で職能が分化し,それぞれの部門が形成されることをいう。分化の基準としては,①購買,生産,販売といった生産の進行過程に応じた過程的分化,②人,もの,金,情報,技術といった生産要素に応じた要素的分化,③製品ごとや地域ごとに分化せしめる単位的分化,④管理業務の拡大にともない,それ専門の職能を部門化する,ライン職能とスタッフ職能の分化があげられる。(☞専門化の原則,事業部制,ライン・スタッフ組織) (馬場)

職務拡大〔job enlargement〕 職務の量的・水平的な拡大。機械化のもとでの細分化・単純化された作業を,自己完結的な作業単位に纏めることで,責任を明確にし,仕事を意味あるものにする職務の再設計。従業員は,より多くの重要な能力を発揮する機会を与えられることで,職務に対して継続的にチャレンジする意欲をもつことになる。従業員それぞれの作業範囲を拡大することやジョブ・ローテーション等の手法がある。(☞動機づけ要因-衛生要因,職務充実) (伊藤)

職務給(仕事給)〔pay for job〕 欧米で一般的な,職務を基準に,その価値に応じて決める仕事基準の賃金を職務給という。日本では,昭和30年代に年功賃金を合理化する目的でこの導入が図られたが定着しなかった。しかし近年,成果主義の一環として管理職を中心にこれを導入する

動きがある。ただ，職務給は，その導入に職務分析と職務評価が必要なことや，職務に合わせて人を割り当てる職務主義の考えを基礎にしており，日本企業には導入しにくい面がある。そこで，人に合わせて変更可能な仕事の役割を基準に，その価値に応じて決める仕事基準の賃金である役割給を導入する企業がむしろ増えている。なお，職務給と職能給を包括し，仕事的要素で決める賃金を仕事給と定義することもある。(☞職務評価，職能給，総合給) (正亀)

職務充実〔job enrichment〕 職務の質的・垂直的な拡大。管理・監督者の職務である計画・統制を従業員に一定委譲することで，彼らに職務の計画，目標設定，成果の自己統制を任せ，責任の程度，活動範囲，仕事へのチャレンジを高める職務の再設計。具体的には，作業日程の設定，作業方法の決定，品質やコストの統制と評価等を任せる。実際には参加型リーダーシップによって，集団的な自主管理を目指すものとして適用されている。(☞動機づけ要因‐衛生要因，職務拡大) (伊藤)

職務設計〔job design〕 意識的に職務の態様を設計する活動のことである。テイラー(Taylor, F. W.)などに典型的な機械的アナロジーに基づく古典的な職務設計では，職務の細分化・特殊化を目指す。それに対して，近年の新人間関係論や社会・技術システム論などで考えられている職務設計は，成員の尊厳欲求や自己実現欲求を重視し，むしろ職務拡大や職務充実の方向を志向している。職務設計は，一般に組織設計と組み合わされて議論される。(☞職務充実，職務拡大，自律的作業集団) (宗像)

職務適性検査〔vocational aptitude test〕 組織の構成員は，それぞれ果たすべき職務を定められている。職務適性とは，職務が要請する技能への個人的な特性の適合性である。それは個人の能力，体力，健康，性格，価値観，興味等の要素を総合的に判断して判定される。適性検査は，第一次大戦中・戦後のアメリカで開発され，各国に普及した。知能，言語能力，数理能力を調べる検査が考案されている。代表的なものとしては，一般職業適性検査(GATB)がある。 (伊藤)

職務評価〔job evaluation〕 職務給の基礎となる職務の相対的価値を決定するための技法。アメリカにおいて，組織内の不公正な賃金格差を是正し合理的な賃金構造を設定するために工夫された。序列法，分類法，点数法などの方法がある。例えば点数法の場合，職務記述書をもとに熟練・努力・責任・作業環境の大別して4種類の評価要素別に職務の難易度を点数で評価し，それらの合計点が当該職務の職務価値とされる。ヘイ・システムは，この点数法の一種である。(☞職務給(仕事給)，職務分析) (正亀)

職務分析〔job analysis〕 従業員の採用や配置・異動，教育・訓練，業績評価，職務設計，職務評価等を行う目的で，仕事の内容，仕事の方法ない

し手順,仕事に用いる道具,仕事を遂行する上で必要な能力や技能,標準出来高,さらには騒音その他の作業環境等,職務に関する情報を集めるために行う調査・研究。その結果は,職務記述書にまとめられる。職務分析の方法としては,職務分析者による仕事の観察や職務担当者ないしその上司への面接等がある。(☞職務評価) (正亀)

職務明細書〔job specifications〕 職務を遂行するために必要な各種要件(職務の内容,権限と責任,知識,教育水準,肉体的・精神的特質,技能の種類・程度,訓練期間,経験年数,作業上の危険,昇進経路など)を記載したもの。職務分析により明らかにされた事項をまとめた職務記述書に基づき作成され,従業員の雇用管理や教育訓練など各種の管理目的に利用される。(☞職務分析,職務評価,権限と責任) (谷本)

ジョブ・ローテーション〔job rotation〕 ある適当な時期ごとに従業員の担当職務や職場を変えること。作業集団内において,従業員が1日あるいは1週間のうちで定期的に職務を変えることも含む。企業にとっての利点は,多様な職務を経験させることにより,①従業員の適性の発見と能力開発に役立つ,②従業員の多能工化を促進できる,③柔軟な人員配置が可能になる,④仕事にバラエティを与え,仕事の単純化に伴う従業員の不満を解消し,勤労意欲の向上に役立つなどである。(☞職務拡大) (正亀)

所有権理論〔theory of property rights〕 取引コスト理論,エイジェンシー理論と並ぶ新制度派経済学のアプローチの1つ。所有権理論は,「所有権」(財やサービスのもつ特性を自由に使用する権利,特質が生み出す利益を得る権利,これらの権利を売る権利)に基づいて取引による財の分配や様々な制度を説明する理論である。所有権理論では効用極大化仮説と「人間は限定合理的にしか行動しない」という仮定が前提となる。 (海道)

所有と経営の分離〔separation of ownership from management〕 株式会社においては,その資本金額は多数の株式に分割されて証券化し,株式市場を通して商品化され流通する。株式が多数の人々に分散されるにつれて,出資者である株主の殆どは経営に携わるというよりは配当額と株価にしか関心をもたぬようになる。また他方で,企業規模の巨大化と複雑化,技術や組織の高度化など,経営専門者が経営にあたる必要性が生じてくる。この2つの背景から出資者＝資本所有者とは別人格の専門経営者が経営に携わるようになることを所有と経営の分離という。所有と経営の分離が高度化してくると,単に別人格というにとどまらず,資本所有者の支配力が失われ,専門経営者が自ら経営者を選任・解任したり最高意思決定をしたりという実質的支配力をもつに至る。これを所有と支配の分離という。(☞専門経営者,経営者支配,経営者革命) (片岡信之)

自律的作業集団〔autonomous work groups〕 仕事上の決定に関した裁量

権を，職場の作業集団に与える作業組織。従来の管理者職能の一部が作業者自身に委譲され，①作業者がもつ自律性をはじめとした様々な欲求に応える「労働の人間化」の方法，②作業者に一定の意思決定に対する権限を与えることで直接的な経営参加の方法として機能している。1950年代にイギリスのタビストック研究所で生み出され，60年代にはノルウェー産業民主化プロジェクトの中で発展し，70年代にはスウェーデンのボルボ社のカルマル工場でベルト・コンベアに代わるものとして生産現場に具体的に導入された。フレキシブルな生産方式に適した作業組織である。(☞労働の人間化) (伊藤)

新株予約権〔stock acquisition right〕 企業が発行する株式をあらかじめ決められた価格(行使価格)で取得できる権利。株式を新たに発行することもあれば，会社がすでに保有する自己株式を移転させることもある。新たな資金調達，取締役・従業員のインセンティブ効果，敵対的買収に対する防衛等を目的に企業は導入する。権利の行使は株式の希薄化により買収防衛策として効果的な一方，既存株主にとっては一株あたりの価値が下落し不利益になる場合がある。(☞ M＆A，自己株式) (梶脇)

新規範主義経営学〔neonormativische Betriebswirtschaftslehre〕 1970年代に入ってドイツの経済に不安定性が増大し，国民の生活が脅かされるようになると，それまでの高度成長を背景としたグーテンベルク(Gutenberg, E.)の経営者による生産要素の結合という経営のとらえ方に批判の目が向けられるようになった。人間は設備や材料と同じく，単なる要素として取り扱われてはならないというのである。この人間主義の主張がロイトルスベルガー(Loitlsberger, E.)やシュテーレ(Staehle, W.H.)によって行われ，人間を生産・費用の一要素としてではなく，あくまでも主体的存在としてとらえることが主張され，改めて人間の在り方が問われたため，新規範的とよばれた。かつての規範学派の総帥，ニックリッシュのような内容展開は必ずしも十分ではない。(☞ニックリッシュ) (吉田)

シンクタンク〔think tank〕 第二次世界大戦中の米国における，戦略を策定する機密室という意味の軍事用語が語源。著名なものとして，国連大学や米国のブルッキングス研究所などがある。政策研究を行う非営利団体を特に指す場合もあるが，現在の日本では，社会科学だけでなく自然科学や学際的な分野において幅広く調査・研究する機関を指して用いられる。創設主体によって政府系，金融機関系，企業系などに分類できるが，非営利団体ばかりではない。 (森田)

人工知能〔artificial intelligence〕 人間の知能を模倣する機械(コンピュータ)による知能を指し，AI と略称されている。人間の知識獲得・生成・表現の仕組みが明らかにされはじめ，そのモデルをコンピュータシステ

ムにプログラミングすることで人造の「擬似的知能」を模倣している。(☞自然言語処理, 非ノイマン型コンピュータ)　　　　　　　　　　　　　(阿辻)

シンジケート〔syndicate〕　参加者が法的独立性を保ちつつ共同の販売機関を作り，生産物の生産量や価格など販売面を厳格に統制する共販カルテル。カルテルとしての統制力は極めて強まるが，参加者の経済的独立性は市場との結びつきを失うため非常に弱まる。元々フランス語でいう組合のことだったが，転じて，上記の①共販カルテル，②銀行等の金融業者が証券を引き受けるため組織する金融団を意味するようになった。(☞カルテル)　　　　　　　　　　　　　　　　　　　　　　　(片岡進)

人事考課〔merit rating〕　人事上の決定に必要な従業員に関する情報を把握するために行う評定。従来は，賃金・賞与や昇進・昇格を決めるための査定という性格が強かったが，今日では，配置や異動，能力の開発・育成等も含む人事管理の多様な領域に活用される傾向にある。人事考課は，仕事の目標に対する遂行度を見る成績(業績)考課，意欲や態度を見る情意考課，知識や技能，判断力・企画力・折衝力・指導力などの仕事に関する顕在的・潜在的な能力を見る能力考課の3種類からなる。人事考課は，本来評価者の恣意性を排除できないため，自己申告や面談制度，考課結果に対する異議申立と苦情処理制度などを採用することにより，被考課者の納得を高めることが必要である。(☞ハロー効果)　　(正亀)

人事相談制度〔employee counseling program〕　人間関係論に基づく人事労務管理の1施策で，専門のカウンセラーなどが不満や問題を持つ従業員の相談にのり，従業員が自主的に問題を解決し不満を解消しうるように手助けするために設けられた制度。その目的は，従業員の職場や仕事への適応を促進し，職場における摩擦の減少と労働意欲の向上を図ることにある。アメリカの大企業を中心に採用されている従業員援助プログラムは，この一種と見ることができる。(☞従業員援助プログラム, 人間関係論学派)　　　　　　　　　　　　　　　　　　　　　　　　(正亀)

新制度派経済学〔new institutional economics〕　企業制度や組織といった経営学の対象をミクロ経済学の方法で分析する諸理論。「組織の経済学」ともよばれる。コース(Coase, R.H.)やウィリアムソン(Williamson, O.E.)による取引費用論が代表的。新古典派経済学は市場価格を通した資源配分メカニズムが唯一絶対であるとするが，取引費用論は企業組織を市場に代替する資源配分メカニズムであるとする。そのうえで，なぜある種の取引は市場で行われ他の取引は組織内部で行われるのかという問題を，取引費用の概念を用いて説明した。新制度派経済学の理論には他にエージェンシー理論や所有権理論などがある。ヴェブレン(Veblen, T)を中心とする制度派経済学とは分析方法において共通性をもたない。　(西村成弘)

人的資源管理〔human resources management〕 1950年代後半から1960年代にかけて登場した，マクレガー(McGregor, D.)，リッカート(Likert, R.)，アージリス(Argyris, C.)，ハーズバーグ(Herzberg, F.)らの所説を総称してこうよんでいる。その特徴として，①人間モデルは，経済人，社会人に代わり自己実現人モデルであり，②組織成員の自己統制を重んじ，③参加的管理の有効性を認めている，ことがあげられる。そこでは，非経済的報酬も重視され，組織成員の自己実現欲求を満たせるように組織を変革すれば，成員の能力は経営資源として大いに活用でき，長期的には安定した組織が確立されると認識されている。(☞ハーズバーグ，マクレガー，リッカート) (奥林)

人的資本〔human capital〕 生産設備などの物的資本に対して，人間が保有する知識や技能などの属性を人的資本と称する。これを形成することで，企業の生産性も高められる。人的資本の価値は，生誕後の種々な教育や企業内訓練などにより向上させられるため，それへの資金投下は人的資本への投資と考えられる。企業内訓練などのこの資金投下は，労働者の単独負担の場合と企業と労働者の共同負担の場合がある。こうした人的資本への投資への見返りとして，労働者は高い報酬を得られるようになると考えられる。(☞人的資源管理，OJTとOff-JT) (関野)

信用商品〔credence goods〕 一般に信用商品というと金融商品と同義のように扱われるが，ここでは医師の診察などを意味しており，商品というよりも限りなくサービスに近い。医師は患者のからだを調べ，病気の種類や状態などを診察する。医師のもつ専門知識をベースに，患者自身の検査結果に基づいて診察が行われる。患者は医師の診察を信用し，その指示に従って手術や投薬などの治療を受けることになる。このため信用商品という。(☞信用取引) (市川)

信用取引〔margin trading〕 投資家が委託保証金を証券会社に担保として預け，証券会社から株の買付資金や株自体を借りて株式売買を行うこと。経済活動における信用とは，財・サービスの取引において支払いを後日履行する交換のことを意味する。信用取引も現在株式売買に必要な資金・株がなくても，証券会社からそれらを借り受け後日決済することで取引が実行できる性格を有している。弁済期限等の諸条件は信用取引の種類により異なる。 (梶脇)

〔す〕

水平思考〔lateral thinking〕 イギリスの心理学者デボノ(de Bono, E.)による創造性開発法。既存の概念・論理・思考法にとらわれず，様々な角度

から自由に非演繹的にユニークなアイディアを開発してゆこうとする思考法。論理的演繹的思考(vertical thinking；垂直的思考)に対置される。水平的思考で得たアイディアは垂直的思考で煮つめられる必要がある。デボノの new think (lateral think)を邦訳書が『水平思考の世界』(1969年)と題名をつけたため，この名称が普及した。(☞創造性訓練) (片岡信之)

SWOT分析〔swot analysis〕 企業が戦略策定や意思決定のため，自社の内部環境における①強み(strengths)と②弱み(weakness)，外部環境における目標達成に貢献する③機会(opportunity)と④脅威(threats)の4つのカテゴリーについて要因分析すること。戦略策定においては自社の状況を適切に把握するとともに，競争優位の確保のために経営資源をどの領域に投入すべきか(強みを活かすか，弱みを克服するか，どのように機会を利用するか，どのように脅威から身を守るか)の判断に役立てることを目的とする。また分析結果により目標達成が困難だと判断される場合，新たな目標設定と再度のSWOT分析による評価と意思決定が求められる。(☞経営戦略，戦略形成，意思決定) (谷本)

趨勢法〔trend method〕 基準年度の特定勘定項目の金額を100とし，比較年度の同一項目や相互に密接な関係のある複数項目の金額について，100に対する指標で示す趨勢比率から，動向を調べたり，新しい事実や法則を見付けようとする財務諸表分析。ギルマン(Gilman, S.)らにより提唱されたが，比率分析であるため，規模は示されない。また，基準年度から数期間にわたる展開を調べる動態的分析では，基準年度の選択が難しい。(☞経営分析) (牧浦)

スーパーマーケット〔supermarket〕 1930年にアメリカで始まった，食料品を低価格・高回転で提供する小売業態。低価格の秘密は大量仕入による低仕入価格と，セルフサービス制の導入による人件費の節約であった。取扱い商品の中心は加工食品，精肉，農産物，乳製品であったが，今日では食品以外の取扱いも増えている。わが国に多い，衣，食，住の各種商品を取り揃えた，いわゆる総合スーパーは，ディスカウント・ストアとスーパーマーケットを結合したものである。 (市川)

数理学派〔mathematical school〕 マネジメント(management)としての経営管理をどのように把握すればよいか。経営を1つの数学的モデルとしてとらえ，このモデルを通じて経営管理を把握しようとする方法がある。数理学派とよばれるものがそれである。管理，組織，計画，意思決定など，それらが論理的過程であるならば，すべてこれらは数学的記号と数学的関係によって表現することができるというのである。特にこの学派の中心をなすのが，オペレーションズ・リサーチ(operations research：OR)に携わる人々であって，これらの人々はまたマネジメント・サイエンス

(management science)という学問を主張してきた。(☞アメリカ経営学の学派分類，意思決定理論学派)　　　　　　　　　　　　　　　　　　(吉田)

スタッフ部門〔staff branch〕　企業の基幹業務であるライン部門が円滑に活動できるように，専門的見地から助言したり援助することを任務とする部門のこと。ドイツの軍隊組織における参謀組織を参考にしたものといわれ，スタッフ部門はライン部門に直接的に命令を行う権限は持たず，例外を除きあくまで助言や援助を行うのみである。業務がライン職能とサービス職能に分化し，人事や経理などのサービス・スタッフや専門スタッフが，またライン職能から計画，統制機能の分化により企画室などの管理スタッフが生まれる。(☞サービス・スタッフ，専門スタッフ，管理スタッフ)　　　　　　　　　　　　　　　　　　　　　　　　　　　　　(柴田)

ステークホルダー(利害関係者)〔stakeholder〕　企業の活動あるいは目標などはさまざまな人や集団の影響のもとで実施され，形成されているが，この関係者をステークホルダー(利害関係者)と称する。そこには，株主，経営者，従業員，債権者(金融機関など)，仕入先や顧客(販売先)などの取引相手，労働組合および行政機関などが含められる。広い範囲で捉えると，地域住民までも該当する。彼らはそれぞれ自らの目的を達成するために，当該企業に関与している。そのため，株主重視の経営が主張されている場合においても，実際の企業では，経営者が特定の関係者の利害だけでなく，すべてのステークホルダーの利害を調整することで，企業運営が可能になるのである。(☞コーポレート・ガバナンス，所有と経営の分離，経営者支配)　　　　　　　　　　　　　　　　　　　　　　　(関野)

ストア・オートメーション〔store automation：SA〕　現代流通における技術革新の一環として，流通システムの末端である小売段階で情報ネットワーク型流通システムを構築する試み。それは，コンピュータを中心とする情報処理技術やインターネット関連技術の発達・普及によって近年，急速に進められてきている。その目的は，消費の多様化・個性化と不確実性が増大する中で「多品種少量」型の流通システム作りが不可欠となっているが，小売店舗のレベルで選択的な品揃え形成と適応的な品揃え形成を同時に実現することによって，そのような小売課業を効果的に遂行しようとすることにある。特に，ネットワーク型POSシステムによる単品別の店頭販売情報の収集・管理，EOS(電子式受発注システム)やSCM(サプライチェーン・マネジメント)を通じた受発注管理，在庫管理，商品管理が注目されている。(☞情報ネットワーク型流通システム，POSシステム)　　　　　　　　　　　　　　　　　　　　　　　　　　　　(陶山)

ストック・オプション〔stock option〕　会社に関連する経営者，創業者，従業員に対して刺激を与えながら誘因を形成するためにアメリカで先行し

た，会社に対する貢献に対して自社の株式を購入する権利をさす。一定期間内に予め定められた価格で自社株を買付けできる権利である。プット(売付け選択権)とコール(買付け選択権)がそのうちに含まれるオプション(選択権付取引)の1つであり後者に相当する。株主の力が強く株価に敏感なアメリカではこの権利付与による貢献者に対する刺激が意味をなすが，自社株購入が例外を除き原則禁止されている日本でもこの権利は新株予約権という形で運営されている。(☞株式，自社株)　　　　(渡辺敏雄)

スピルオーバー効果〔spillover effect〕　経営学では，企業の知識や技術が外部に流出することを指す。漏出効果や拡散効果，波及効果とも訳される。例えば，多国籍企業は技術やノウハウを海外子会社へ移転する。これらの技術や知識は，現地企業との取引や現地人の雇用等を通じて，当該子会社の立地する国で拡散し，その国の生産性や競争力の向上をもたらしうる。公共サービスの便益が，そのサービスを対象としない人々にまで拡散することを意味することもある。(☞技術，内部化理論)　(石井)

スピンアウト〔spin out〕　個人あるいは複数の仲間が，それまで所属した既存の企業から飛び出し，独立の小企業を設立することを一般にいう。ベンチャー・ビジネスの多くがこれに該当し，大企業や中堅企業からのスピンアウトの事例も少なくない。また，リストラクチュアリングの一環として特定の事業部門を政策的に分離独立させ親会社から社員を出向させて自由に事業を展開させる分社化もスピンアウトの1つである。その場合は，中高年層の雇用対策会社という意味もある。　　　　　(渡辺峻)

〔せ〕

成果主義　賃金，退職金や昇進等の人事・処遇の決定基準を仕事の成果に求める考え方。中長期の視点から能力の育成を重視する能力主義とは対照的に，成果主義は能力が発揮された短期的な仕事の成果や業績を重視する点に特徴がある。職能給が年功的に運用され，賃金コストの上昇を招いたことなどを背景に，1990年代中頃以降は成果主義が強調されている。ただ，年俸制などの成果主義の賃金は，個人業績に応じて大きく変動するため，業績評価制度に対する従業員の納得性を高める仕組みや社内公募制などの従業員が仕事を選べる仕組みを備える必要がある。なお，成果主義に対しては，仕事のプロセスを評価せず，従業員間の協力を妨げるといった批判もある。(☞能力主義)　　　　　(正亀)

生活(保障)給〔living wage〕　労働者家族の最低限の生活を賄うだけの賃金を保障すべきであるとの思想に基づいて，生計費を基準に決定される賃金。1946年に電気産業労働組合協議会が要求し，他の産業の賃金体系

にも影響を与えた電産型賃金体系は，生活給体系の1典型である。ただ，仕事と無関係に賃金が決まる生活給に対しては，経営側はもとより，熟練労働者や若年労働者からも批判や不満が生じ，1955年前後から，生活給体系を職務給体系に転換する動きが生じた。(☞賃金体系)　　　(正亀)

成果配分制度　労使の協力を進める目的で，経営の成果を一定の基準に基づいて労使間で配分する制度。成果として利益，付加価値，売上高などがあり，それらを用いる利益分配制，ラッカープラン，スキャンロンプランが有名。日本では，中小企業で賞与算定に成果配分の考えを採る企業が多い。大企業でも，近年，賃金の成果主義化の一環として業績連動型賞与制度を導入する動きがある。米国では，賃金を変動費化するために利益分配制などを導入している。　　　(正亀)

生産関数〔production function〕　生産理論における中心的な概念の1つであり，生産過程における投入(input)と産出(output)の間の量的関係を表わす。それは，具体的には，生産過程に投入される生産要素の投入量と生産物の産出量の依存関係を明らかにするのである。したがって，生産関数は，生産性関係に関する叙述の体系であるといわれる。生産要素投入量を $r_i(i=1, 2, ……, n)$，生産物の産出量を $x_1(1=1, 2, ……, s)$ とすると，生産関数は，$(x_1, x_2, ……, x_s)=f(r_1, r_2, ……, r_n)$ であるが，生産物が1種類の場合を想定すると，$x=f(r_1, r_2, ……, r_n)$ となる。生産関数に関しては，古くから議論されているが，経営経済学においては，A型，B型，C型，D型，E型，F型の各生産関数が知られている。(☞生産理論，生産性，生産要素)　　　(深山)

生産管理〔production management〕　生産活動にかかわる管理職能で，生産活動を計画し，組織し，統制する総合的な管理活動である。したがって，生産計画，生産組織および生産統制がその内容を形成し，これらは，生産管理の部分管理とみなされる。そして生産管理は，経営管理の中で最も重要な地位を占めており，また，他の領域の管理と密接に結びついている。かかる生産管理によって，生産過程を最も効率的に遂行することが目指されるのである。その際の尺度とされるのが，生産性や経済性であり，具体的には，原価の低減と生産時間の短縮が志向されるのである。しかしながら，それらが企業目標達成のために行われることに注意しなければならない。生産管理は，それ自体が目的ではないのである。(☞生産性，経済性，生産計画)　　　(深山)

生産技術〔production technology〕　最も広義には，物的生産およびその合理的遂行のための手段と方式の全体であると理解される。かかる生産技術は，「設計技術」，「工作技術」，「管理技術」という3種類の技術から成り立っている。「設計技術」と「工作技術」は，純工学的技術で，それ

ぞれの生産にとって固有の技術である。それに対して「管理技術」は，生産を合理的に遂行するために必要な技術で，様々な生産にとって共通的な技術である。これらの技術が一体となって，合理的な生産の実現に貢献している。　　　　　　　　　　　　　　　　　　　　　　　　　　（深山）

生産計画〔production planning〕　生産計画は，生産組織および生産統制とともに，生産管理の中心的な機能を形成している。この生産計画に関しては，広狭の理解がある。広義の生産計画は，生産管理におけるすべての計画を内包する。それに対して，狭義の生産計画は，生産数量と生産時期に関する計画を意味する。生産計画は，一般に，期間を基準として，大日程計画，中日程計画および小日程計画に分けられる。大日程計画の場合，半年〜1年に関する生産活動の方向づけが行われる。中日程計画では，1カ月〜3カ月間の生産品種・数量が明確にされる。さらに，小日程計画によって，週単位の生産品種・数量が決められる。また，生産計画は，生産形態，経営規模などによっても異なることに注意しなければならない。(☞生産管理，日程計画)　　　　　　　　　　　　　　　（深山）

生産系列化　販売系列化，資本系列化，技術系列化などと同様に企業系列化の一形態である。それは，様々な部品や原材料などの供給，生産過程の一部を遂行する下請加工などに関して，工程外注，ライン外注，生産協力企業，協力企業などの形で，親企業との組織的な関係を維持することによって，生産上のシナジー効果を利用するための戦略である。わが国では，第二次大戦後における生産の急激な拡大に直面した多くの企業が，かかる事態に対応するために，協力企業などに依存しながら生産の増強を図った。このような生産系列化の形態として，後方系列化と前方系列化がある。例えば，前者は，親企業が組立に従事し，系列企業が部品供給や加工を担当する場合であり，後者は，親企業が素材工程に従事し，系列企業が加工を担当する場合である。(☞外注管理)　（深山）

生産性(労働生産性)〔productivity〕　生産性とは，生産活動における要素投入量(インプット)と産出量(アウトプット)の比率である。投入要素には，原材料，機械設備，資本および労働力，さらにはエネルギーや技術などがある。すべての要素投入量に対する産出量の割合である総生産性の算出は，それらの要素単位の相違のため困難である。一般的には，投入要素ごとの生産性が用いられる。その際，投入要素として労働力，具体的には就業者数や労働時間を用いた場合には，労働生産性といわれる。これは労働者の能力(技能や熟練度)，設備の能力(機械化や新技術)や作業方法(分業や自動化)などに影響される。生産性向上は経済進歩の根源の1つであり，経営学や経済学において中心的問題の1つとして広く論じられている。(☞経済性，収益性，付加価値)　　　　　　　　　　　（関野）

生産性向上運動〔productivity improvement movement〕 戦後日本経済の復興・発展という課題を担って1955年に設立された「日本生産性本部」は,生産性の向上こそ雇用を拡大させ,かつ賃金など分配を高めるものであるという理念の下に,官民協力の上にその向上運動を進めんとした。これが生産性向上運動である。ところが,そのためには,労使協力が大前提となるから,生産性向上の様々な具体的方法については労使で研究協議することが提案された。実際,「日本生産性本部」の下,この運動は全面的に推し進められ,わが国経済成長を支えるイデオロギー的な基礎となった。この運動はかつてのドイツの合理化運動と相通ずるものがあり,労使協調を前提とすることを見落としてはならない。(☞生産性,合理化運動,社会経済生産性本部)　　　　　　　　　　　　　　　(吉田)

生産性のジレンマ〔productivity dilemma〕 ある製品の生産過程において技術の向上により生産性が高まると,大きな技術革新が生まれにくくなること。技術を中心に産業の発展段階を3つに分けたアバナシーらによると,最初の流動段階では製品のコアコンセプトが曖昧で,製品技術も確立されていない。そのため常に製品革新の余地がある。その後製品の支配的デザインが普及する移行段階になると製品を生み出す工程革新を経て生産性は高まる。やがて製品と工程の技術が確立する固定段階になると,標準化された生産過程のなかで生産性は大きく高まる。その反面技術の変化・革新の可能性は少なくなる。　　　　　　　(梶脇)

生産性分析〔productivity analysis〕 本来,要素投入量と結果としての算出量の関係を分析するが,最近では,社会的責任や成果分配を検討するため,付加価値を用いる場合もある。代表例として,分子に売上高,生産量や付加価値などの獲得成果,分母に従業員数や総労働時間数を用いる労働生産性分析,分子に上記の獲得成果,分母に設備台数や総操業時間数を用いる設備生産性分析,付加価値や売上高を人件費で割る労働分配率分析がある。(☞生産性(労働生産性),付加価値)　　　　　(牧浦)

生産販売統合システム〔integration of production and distribution〕 企業は,経営の効率化を実現するために,生産機能と販売機能を統合しようとすることがある。これを実現するようなシステムを生産販売統合システムという。このようなシステムは,①販売競争力の強化,②在庫の削減,③操業状態の向上と工数低減,④間接業務の削減,⑤人員の削減などの理由から必要であると考えられている。　　　　　　　(深山)

生産要素〔Produktionsfaktor〕 生産物の生産のために生産過程に投入され,費消される財およびサービスが生産要素である。経営経済的な生産要素は,基本要素,処理的要素および付加的要素からなっている。基本要素としては,管理職能を遂行しない人間労働力,広義の経営手段およ

び材料があげられる。広義の経営手段は狭義の経営手段(設備,建物など)と経営材料(エネルギー,潤滑剤など)に,材料は原材料,補助材料および外部から購入した中間生産物にそれぞれ細分される。これらの基本要素を生産過程で結合するのが処理的要素である。さらに,外部からのサービスなどを付加的要素という集合概念で表わす。これらの生産要素は,生産過程での費消の態様によって,潜在要素と費消要素に分けられる。前者は,繰り返し生産に用いられるが,後者は,即座に費消され,再び利用することはできない。(☞生産理論,生産関数,原価)　　　　　　(深山)

生産理論〔Produktionstheorie〕　生産理論は,狭義の原価理論(Kostentheorie i.e.S.),原価価値論(Kostenwerttheorie)とともに広義の原価理論(Kostentheorie i.w.S.)を形成する。このことは,原価が量的側面と価値的側面から構成されていることに照応している。生産理論は,生産過程における投入と産出の間の関係すなわち生産要素の費消量と生産量の関係を分析し,説明することを課題としている。この領域における問題設定は,量的な関係の分析・説明に限られるのであって,そこでは経営的な給付生産の技術的な側面が取り扱われる。それに対し狭義の原価理論や原価価値論は,原価の価値的側面にかかわっている。かかる生産理論の叙述は,通常は,数学的な手法に基づいており,生産関数に統合される。(☞生産関数,原価理論,原価関数)　　　　　　　　　　　　　　(深山)

製造物責任制度〔product liability〕　製品の消費・使用によって消費者が何らかの身体的・物理的・経済的な被害を受けた時,その製品を提供した製造業者や流通業者が救済する責任を負う制度。製品の品質・性能が複雑化する中で,その安全性や機能に関する消費者の情報処理能力が不足したり,売り手と買い手の間の取引における信頼関係も希薄になってきた現在,商法の基本原則である「買い手危険持ち」概念は通用しなくなってきている。コンシューマリズムの台頭に伴って「売り手危険持ち」原則への転換が期待されている。企業側が商品の安全性に配慮したり,欠陥を出さないなど消費者被害をもたらさない努力をするとともに,被害の救済にあたっては消費者の立証負担を軽減する「推定規定」の導入や紛争処理機関の整備などを導入することが望まれる。　　　(陶山)

成長戦略〔growth strategy〕　企業の外部環境の変化に事業構造を全体として適応させるため,環境変化の中に各企業独自の成長機会を探究,評価,選択して,企業成長を図る経営戦略をいう。この成長戦略は,一方において,いかにして合理的でタイムリーに成長機会を探究するかという問題発見・目標形成過程と,他方においてその成長機会をいかにして実現するかという問題解決・目標達成過程を含んでいる。これらは,一般的な戦略的意思決定過程の基本原理を成長戦略へ適用することにより

生まれたものである。成長戦略をもたない場合には,企業は諸活動の方向づけが困難となり,有望な成長機会を見逃すなどの弊害に陥る。(☞戦略形成,戦略的経営計画)

(仲田)

成長動機〔growth motive〕 マズロー(Maslow, A. H.)によって用いられた用語。マズローは欲求階層説を唱えたが,生理的欲求から尊厳欲求までは,自分以外のなにかによって満たされる欲求であり,またそれらは満たされるとその行動を動機づけることはないので欠乏動機とよばれた。一方,自己の才能を発揮し,自己を完成させようとする最高次元の自己実現欲求は満たされることなく,不断に高められていくことから成長動機とよばれている。(☞欲求階層説)

(奥林)

制度論学派〔institutionalism〕 経営をもともとマネジメント(management)としてとらえる経営学と並んで,いま1つ,経営をあくまでも企業としてとらえ,その制度的構造を明らかにせんとする経営学がある。制度論学派がそれである。ヴェブレン(Veblen, T. B.)やコモンズ(Commons, J. R.)の制度経済学を端緒とし,企業の分析を通じて資本主義経済の特質を明らかにせんとするものである。バーリー(Berle, A. A.)とミーンズ(Means, G. C.)が現代企業の所有と経営の分離を実証的に明らかにしたり,バーナム(Burnham, J.)がこれに基づいて経営者革命の社会を論じたり,ドラッカー(Drucker, P. F.)が産業社会における大企業の役割について述べたりしているが,いずれもこの学派の特質を表わしている。(☞アメリカ経営学の学派分類)

(吉田)

税引前当期純利益〔income before income taxes〕 経常利益に臨時的・偶発的に生じた損益項目(特別損益)を加減して求められ,法人税等および法人税等調整額を加減する前の利益をいう。企業として最終的に稼得した,期首資本を維持した後の余剰としての利益である。連結損益計算書上は,「税金等調整前当期純利益」と表示される。この利益に正当に対応する税金(法人税等)を計上するために税金の期間配分を行う技術を税効果会計という。(☞経常利益,特別損益)

(久保田)

製品開発戦略〔product development strategy〕 アンゾフ(Ansoff, H. I.)による製品市場戦略の一類型で,現在のニーズに加えて新しい顧客ニーズの獲得につながるような,新しく異なる特徴をもった製品を開発して,現在の市場に投入し,成長を図る経営戦略のことである。それは新しい特徴を付け加える,今までとは異なる品質の製品を作る,大きさや色などが異なる製品のバリエーションを追加する,などの方法が考えられる。(☞経営戦略,製品—市場戦略)

(松本)

製品革新〔product innovation〕 特定企業や生産単位における製品上の革新をいう。製品革新は,従来製品との比較において相違の程度からラデ

ィカルな製品革新とマイナーな製品革新に分けられる。前者はそれまでの市場や製造技術から全くかけ離れた特性を有し，後者はあくまでも既存の市場や製造技術の延長における特性を持つ。本来の革新の含意からすると前者こそがそれに該当するが，経済効果を考えた場合，後者による危険の少なさと累積的な利益の大きさは軽視できない。こうして，近年はむしろ後者に対する注目が日本型製品開発への関心と重なる形で高まりつつある。しかし，後者への過度の注目はまた潜在的な大きな革新の機会を見逃す恐れがある。(☞技術革新，製法革新)　　　　　(宗像)

製品差別化〔product differentiation〕　企業が製品間競争において競争相手の製品との差異を消費者に知覚させることを通じて自社の製品の差別的優位を獲得し，当該製品市場の支配を意図する製品政策の1つ。その方法には製品それ自体の品質や性能，耐久性などの向上だけでなく，スタイルやサイズの変更，新しい包装や容器の採用，さらに迅速かつ丁寧なサービスなどもある。その意味では，製品差別化の手段には技術・生産上の革新を反映した「実質的なもの」と，ブランドのようにそうした裏付けが直接にはない「幻想的なもの」とがある。前者は中和化されにくいが費用がかかり，後者は容易であるが差別化の持続時間が短い。いずれが採用されるかは市場・競争環境と売り手の経営資源の水準，戦略目標などに依存する。　　　　　　　　　　　　　　　　　　(陶山)

製品―市場戦略〔product-market strategy〕　アンゾフ(Ansoff, H.I.)によって提唱された，成長戦略の類型のこと。それは企業の成長の方向性を，既存の製品を活用するか，新しい製品を開発するかという製品軸と，既存の市場を対象にするか，新しい市場を開拓するかという市場軸の2軸によって分類する。そこから既存の製品・市場でシェア拡大を図る市場浸透戦略，既存の製品で新市場開拓を行う市場開発戦略，既存の市場で新製品開発を行う製品開発戦略，新市場に新製品を投入する多角化戦略の4類型が導かれる。企業は成長戦略をこの4類型に照らし合わせて決定する。市場浸透戦略以外は拡大戦略であるが，最初に多角化ありきではなく，その必要性を見極める上でも有効である。(☞経営戦略)　(松本)

製品多様化〔product diversification〕　製品政策の1つで，新しい製品を追加することによって製品ラインの幅を拡張する政策のこと。その方法としては，①水平的多様化(同一市場を標的とする)，②垂直的多様化(川上・川下への拡張)，③異質的多様化(既存ラインと無関連)の3タイプがある。新製品を追加する理由には，生産ないし販売上の未利用資源が存在していること，既存製品だけでは大幅な売上高・利益増が期待できないなかで，マーケット・シェアの増大や新たな成長機会の開発をはかることなどがある。とはいえ，新しい製品ラインを追加する場合，企業目標，成

長機会,差別的優位の強さなどを考慮しなければならない。また,新しい製品ラインが既存のラインとカニバリゼーション(共食い)を起こさないようにすることも必要である。
(陶山)

製品ポートフォリオ・マネジメント〔product portfolio management〕 各製品を成長性(縦軸)と市場シェア(横軸)によって4つの明細表に分類して,それぞれの製品特性を考慮しながら経営する方法。すなわち,高い成長・低いシェアの製品は将来性があるが,当面は資金を必要とし,高い成長・高いシェアの製品はよく稼ぐが,出費も多い。また,低成長・低シェアの製品はそう稼がないが,資金もそう必要としない。さらに,低成長・高シェアの製品はよく稼いで出費も少ない。このように分析すると,例えば高い成長・低いシェアの製品の生産と売上を伸ばすと同時に,高い成長・高いシェアの製品の生産と売上を維持することを当面の目標として,低成長・高シェアの製品の稼ぎを使うことにすれば,経営の安定した発展が可能になる。(☞戦略的ポートフォリオ計画,事業ポートフォリオ・マネジメント)
(仲田)

製品輸出〔product export〕 製造企業が自社製品を海外市場に輸出する行為をさし,プラント輸出や技術輸出や資本輸出と区別される。その形態は,直接輸出と間接輸出に分かれる。標準化製品の輸出競争力には価格,差別化製品のそれには品質,機能,アフターサービス,ブランド力などの非価格要因が大きな決め手になる。輸出採算は,外国為替相場の変動次第ともいわれ,自国通貨高傾向にあれば製品輸出から現地生産への移行が起こりやすい。(☞輸出マーケティング,輸出事業部)
(藤澤)

製品ライフ・サイクル〔product life cycle：PLC〕 製品の売上高や利益は,人間の一生のように時間の経過とともにほぼS字型のカーブを描くという理論。典型的には導入期,成長期,成熟期,衰退期という4つの段階に分けられる。単純にみえるこの理論の意義は,それがマーケティング計画および戦略に対して有益な枠組みを与える点にある。新製品の開発導入,既存製品の変更または廃棄といった製品政策だけではなく,広告,プロモーション,価格など一連のマーケティング政策も基本的にはすべてこれに立脚している。さらに市場や競争への対応としてのマーケティング戦略の有効性もPLCの各段階によって異なる。その理由は,消費者のニーズや購買行動,競争状態や市場構造,技術や生産の水準などが異なると考えられるからである。
(陶山)

政　府〔government〕 一般には行政機関のことをいうが,広義には立法・司法を含めた国家の統治機関をさす。中央政府が国家レベルの行政機関を意味するのに対し,地方政府は地方公共団体(地方自治体)を意味する。政府の役割は,公共サービスの提供,社会資本の整備,所得の再分配,

景気の安定などである。近年,より良く,効率的な公共サービス提供のために「PFI(Private Finance Initiative)」(民間資金等の活用による公共事業の手法)(1999年),「指定管理者制度」(2003年),「市場化テスト」(官民競争入札)(2006年)などが導入され,企業経営もこの分野に関与できるようになってきている。(☞地方公共団体) (森田)

製法革新〔process innovation〕 生産技術の革新をミクロの視点すなわち,所与の生産単位の視点から見た場合,製品における革新と,その製品をつくる製法・工程における革新が一応区別される。このうち後者を製法革新という。とかく製法革新というと生産性向上のための機械化・自動化が想定されることが多いが,必ずしもそればかりではなく,弾力性の増大や品質向上あるいは納期短縮など目的も多様である。また機械の開発などハード面から,標準化や労働編成の変更などソフト面にいたるまで方法も多彩である。近年,特に注目されているのは情報技術を利用した製法革新である。製法革新は製品設計に影響を与えることも多く,製品革新との相互作用や,開発にあたっての両者の相互関係の強化の必要性が認識されている。(☞技術革新,製品革新) (宗像)

制約された合理性〔bounded rationality〕 経済人モデルに基づく理論では,意思決定問題の完全な定義,すべての行動代替案の認知およびその結果の正確な予測と評価のもとで合理的な意思決定がなされると想定される。しかし,サイモン(Simon, H. A.)は,人間の知識や能力には限界があるため,人間は一定の行動代替案のみを認識でき,その結果を完全には予測できず,そして,一貫した評価基準でその結果を正確には評価できないという条件のもとで,合理的な意思決定を行うと主張した。この前提条件が制約された合理性(限定合理性)であり,これに従った満足化基準に基づき経営人モデルが構築された。近年,行動経済学の領域では,人間の意思決定における非合理性を解明しようとする取り組みもみられる。(☞サイモン,満足基準,経営人モデル) (関野)

世界共通製品〔universal product〕 ポーター=竹内(1986年)によれば,ラベルやマニュアルの使用言語以外はすべて同一の製品と定義されるものをいう。基礎的原材料,部品,ハイテク製品,工業用品,消費財の一部がこのカテゴリーに入る。鉄鋼,化成品,プラスチック,メモリー・チップに使用されるセラミック鋳造品,航空機用タービン・エンジン,カメラ,レイバン製のサングラスなども該当する。(☞グローバル・マーケティング・マネジメント) (藤澤)

折衷理論〔eclectic theory〕 ジョン・ダニング氏が提示した企業の国際生産にかんする理論で,直接投資の意思決定は,優位性の源泉となる次の3要素に基づくという考え方である。第1は,所有特殊的優位性(企業が

固有の能力やブランドを有していること)である。第2は，立地特殊的優位性(当該国で現地生産することの利点)である。第3は，内部化優位性(他社との提携等と比較した場合に，自社単独で海外事業を行うことによって得られる利益)である。(☞国際生産，対外直接投資，内部化理論)　　　　(石井)

説得の方法〔method of persuasion〕　組織が個人に十分な誘因を提供して個人の貢献を引き出すことが組織における基本であるが，提供すべき誘因が不足する場合には,組織は個人の心的状態や動機などに働きかけて，彼の欲求水準を下げねばならない。この場合が説得の方法である。誘因の価値は，個人の欲求水準からみた主観的価値であるから，説得の方法によって個人の欲求水準を下げてやれば,誘因の主観的価値は高くなる。説得の方法には次の3つが考えられる。①強制的状態の創出②機会の合理化③動機の教導。(☞貢献と誘因，組織均衡)　　　　　　　　(水原)

Z理論〔theory Z〕　UCLA経営大学院教授ウイリアム・G.オオウチ(日系三世)がベストセラーとなった『Z理論』(1981年)の中で唱えた理論。彼は日米企業経営慣習の比較研究の中で，強い米企業には日本的経営に似た特徴のあることを発見し，これをZタイプ企業と名づけた。それは人間尊重，相互信頼，気配り，平等主義を基礎として，長期雇用，ゆるやかな昇進，個人的責任，非公式な統制，全体的視点などによって特徴づけられるという。(☞日本的経営，アメリカ的経営の特徴)　　　　(片岡信之)

設備管理〔machinery and equipment management〕　設備を常に有効に利用できる状態に維持することによって，生産の効率を高め，収益性の向上に貢献することを意図した管理のこと。この設備管理は，広狭二通りに理解されている。狭義の設備管理は，もっぱら設備保全(maintenance)を意味し，その場合は，設備の整備，修理，取り替えなどが問題とされる。それに対して，広義の設備管理は，設備計画(equipment planning)と設備保全を内容とする総合的な管理を意味している。すなわち，設備計画において，いかなる設備がいつ取得されるべきかということが確定され，実際の操業が行われる段階において，設備保全が管理の課題とされるのである。なお，設備の保全としては，矯正的保全，予防的保全，予測的保全がある。　　　　　　　　　　　　　　　　　　　　(深山)

ゼネラル・スタッフ〔general staff〕　スタッフ部門のうち，特にトップ・マネジメントの全般経営職能を支援する部門のこと。たとえば長期経営計画，予算，業績評価などの業務に関して，社長室，企画部，管理室などの部門がゼネラル・スタッフとしてスタッフ職能を担う。従来日本企業では本社の専門スタッフ部門の長がトップ・マネジメントを支援するのが通例だったが，企業の戦略的決定の重要性が高まるとともに，近年ゼネラル・スタッフにもその役割を担うことが期待されている。(☞スタッ

フ部門，専門スタッフ，サービス・スタッフ） (柴田)

ゼネラル・マーチャンダイズ・ストア〔general merchandise store：GMS〕 衣，住にわたる多種商品を大量販売する大型店舗で，チェーン形態をとるものが多い。店舗の形態や商品構成は百貨店に近いが，プライベート・ブランドが多いことや，チェーン本部による集中仕入方策をとっている点で，百貨店とは異なる。わが国の小売業界でも，大型総合スーパーのことをGMS（ジー・エム・エス）とよんでいるが，食料品を扱うことやプライベート・ブランドの比率が低いことなど，本場のGMSとは若干異なっている。(☞百貨店) (市川)

ゼネラル・モーターズ〔General Motors Company：GM〕 1908年設立の自動車メーカー。ビッグ・スリーの1社。アルフレッド・スローン社長の「どんな財布にも，どんな目的にも適った車」という考えの下でフルライン政策を進め，1920年代末にフォード・モーター社を抜き，2007年まで世界最大の自動車メーカーとして君臨した。2009年に業績悪化から連邦倒産法第11章の適用を申請し，アメリカ政府が国有化した。翌年株式を再上場し，2013年に政府の全保有株が売却された。(☞フォード・モーター) (平野)

セマンティクス〔semantics〕 プログラミング言語において，文法上の規則（単語間の前後関係などの規則）を表わすシンタックス（syntax）に対比される概念であり，構文規則を満たす正しい記号列が与えられた時に，そのプログラムがもつ意味を定める規則のことをいう。なお，一般には意味論と訳され，主に言語学，記号論，論理学，社会心理学などの領域において，それぞれの学問に固有の意味論が展開されている。(☞コンピュータ言語，プログラミング) (瀬見)

セリーズ原則〔CERES principles〕 1989年エクソン社のタンカーがアラスカ沖で座礁し大量の原油を流失し甚大な環境汚染を引き起こしたことを契機に環境保護団体（CERES）が企業の環境保護活動を評価するセリーズ原則を定めた。この原則は企業活動による環境への影響を評価・統制しようとするもので，生態系の保護，空気，土壌，水質の汚染防止，廃棄物やエネルギーの節減，リサイクル，製品安全性等から自社の評価とその公表を求めている。(☞環境マネジメント) (角野)

セル生産方式〔cell production system〕 従来の一般的な生産方式であったコンベア・システムによるライン生産方式に替わるものとして，1990年代以降，小部品の多い家電メーカーなどを中心に普及している生産方式。ライン生産方式が少品種多量生産に適しているのに対して，セル生産方式は消費者ニーズの多様化に対応する多品種少量生産に優れている。1人ないし数人の作業者ですべての工程を担当する点に特徴があ

る。作業台を屋台に見立て，屋台生産方式ともいわれる。(☞コンベア・システム，ライン・レイアウト，多品種少量生産) (廣瀬)

ゼロベース予算〔zero-based budgeting〕 各部門の予算額・項目を全面的に見直して現場管理者がデシジョン・パッケージ(DP)をそれぞれ作成し，そのなかから経営管理者が優先順位を付け高いものから予算を付けていくやり方。DP とは，1案：事業の目的，人員，費用，達成目標とその予想，2案：事業を遂行しない場合の結果予想，3案：それに替わる代替案といった提案群である。(☞予算統制) (梶脇)

センシティビティ・トレーニング〔sensitivity training〕 感受性訓練。Off-JT の訓練方法の1つで，グループ体験によって人間関係のあり方を学ぶもの。レヴィン(Lewin, K.)のグループ・ダイナミックスとロジャーズ(Rogers, C.)のグループ・アプローチを理論的根拠とする。実際には，10〜15人の小グループに，非日常的な合宿での討議を通して，各自に自己，他者，集団を認識するという経験を踏まさせるTグループ(training group)とよばれる方法が用いられる。(☞アクション・リサーチ) (伊藤)

全人仮説〔hypothesis of whole man〕 近代組織論の創始者であるバーナード(Barnard, C. I.)がその著で想定した人間仮説。但しバーナード自身がこの語を用いたわけではなく，後世の研究者が経済人仮説と対比するため，こう名付けたものである。バーナードによると，人間は組織人格と個人人格を併せ持つ存在であり，経済人仮説が想定したような経済的要因のみならず心理的・社会的要因を含め，全人格的に行動する。人間には自由意思があり，選択力を行使することで目的を決定しつつ行動するという特性があり，選択力の行使には，人間の物的・生物的・社会的諸要因によって制約を伴うが，こうした様々な制約下にあっても，主体的・自律的に行動する存在として人間を捉えている点が特徴である。(☞経済人仮説，バーナード) (上林)

先任権制度〔seniority rule〕 勤続年数のみを権利の強さの根拠とした労働組合員の権利。昇進，降格，配置転換，有給休暇の割り当て，一時解雇(レイオフ)と再雇用，体力に見合った仕事への異動等で，先任者が優遇される制度。アメリカでは労働協約に規定され，職務に対する組合の権利の基礎をなし，労働者間の競争を規制し，組合員の人事に関する経営者側の恣意的な管理への抵抗手段として存在している。近年，先任権よりも作業集団への協調性や改善運動への意欲，会社への貢献等を基準とした選考によって，病気やけがをした労働者の職場復帰や高齢者の職務変更といった，かって先任権によって保障されてきたことが機能しなくなってきている。(☞一時解雇制度，改善運動) (伊藤)

全般経営層〔general management〕 トップ・マネジメントの中核として，

企業の全般的経営に責任を負う者である。端的にはCEO(最高経営責任者)もしくは代表取締役つまり社長などをいうが，近年では会社法の規定が多様になり，例えば社長という職名も適用されている法律に従い，正式には「代表執行役」という企業がある。いずれにしろ，全般経営層は企業の最高経営執行者として，何よりも企業の全般的な戦略と方向づけの執行について責任をもつ。取締役会等で決定した経営方針(企業政策)に基づいて，経営計画や戦略を決定し，部門や事業あるいは職能ごとに資源配分や目標などを示すほか，各分野やグループ構成企業の活動を調整し，実行することを任務とする。(☞トップ・マネジメント，経営戦略，経営理念) (山縣)

専門化の原則〔law of specialzation〕 組織の各成員が担当する職務は，仕事が細分化され，より専門化することにより，能率が上がるとされる。職務が専門化することにより，担当者はより早くそれに習熟し，専門性を深めることができ，分業の利益を実現することができる。ただし，過度の専門化は，職務を単調にし，担当者のモラールを下げる可能性もある。またこの原則は，管理労働においても，部門編成においても適用される。(☞管理原則，職能的組織，ライン・スタッフ組織) (馬場)

専門経営者〔professional manager〕 もともと所有者がまた同時に経営者であるという所有経営者(owner manager)のタイプが個人企業をはじめ合名，合資など多くの会社の姿であったが，その後，株式会社において経営の大規模化と所有と経営の分離という事態が顕著に現われるようになると，もはや所有者ではない，まさしく高度の経営に関する技術と知識をもった経営者が企業の運営にあたるようになった。専門経営者とよばれるものがそれである。この経営者の任免権は確かに支配株主が掌握しているとはいえ，株主総会から与えられた権限と責任の下，最高管理職能を専門的に遂行しているのが常である。なお，現在の日本の会社法では，株式会社の場合，経営者というべき取締役または執行役を株主に限定できない場合がある(会社法331, 402条)。 (吉田)

専門職制度〔specialist system〕 高度の専門知識と技能・技術をもつ人々を，管理職・役職制度とは別体系で処遇する制度。最近の経営環境の変化や技術革新の進展のもと，ゼネラリスト志向が強く，ラインの長を偏重するわが国の企業風土に代わって，スペシャリスト・プロフェッショナルな人材の育成による，従業員の活性化や勤労意欲を高める方策として活用されている。 (伊藤)

専門スタッフ〔special staff〕 ライン部門やスタッフ部門に対して，その専門職能に属する事項について助言やサービスを行う部門のこと。専門スタッフは，ゼネラル・スタッフ職能の細分化・専門化の結果として生

じたものであり，人事部が行う人員募集や，工務部が行う施設建設や修繕などの作業的性格を持つサービスもあれば，情報の提供，目標方針の立案などについて援助するものや，課業，時間測定，賃金管理，研究開発，作業安全などに関して，経営者に助言やサービスを提供するものもある。(☞ライン部門，スタッフ部門，専門化の原則) (柴田)

戦略と戦術〔strategy and tactics〕 どちらも軍事用語から経営学に採り入れられた概念である。戦略はほとんどがトップ・マネジメントによって担当されるのにたいして，戦術はしばしば中間管理層によって決定され実行に移される。戦略は企業が外部環境の変化に適応するための長期的で全社的な目標や方針に係わるのにたいして，戦術は戦略を実現するための一分野ないし一部門の具体的な手段や方法に係わることが多い。従って，戦術は戦略よりも短期的で，内容においてより具体的であるから，その成果は早く明らかになり，具体的な活動となって現われるから評価が容易であり，これに基づいて戦略をフィードバックすることも可能となる。いずれも経営の諸活動を動態的に捉え直そうとする概念である。(☞戦略的経営計画，戦略的経営，競争優位) (仲田)

戦略形成〔strategic formation〕 企業における戦略形成は，環境変化とそれを知覚した経営者の先見性に基づいて開始される。一般に戦略形成の過程は，次のような諸段階から成っている。まず最初に，企業の本来的な存在理由である財やサービスの提供に関する目標を明確化したり再検討し，次に製品－市場分野での成長と拡大の機会に関する評価を実施し，そのうえで企業内各業種間に潜む潜在力を利用するためにシナジーと組織機構に関する意思決定を行い，最後に企業目標の達成へ向けてより可能性の高い具体的な戦略，例えば多角化戦略，成長戦略，財務的戦略などが探索，評価，選択されるのである。このような戦略形成過程の分析から，外部環境に適応する経営者の知覚・センスの重要性が指摘できる。(☞成長戦略，戦略と戦術，戦略的経営計画) (仲田)

戦略的意思決定〔strategic decisions〕 企業が成長を確保するためには，急激な環境変化に適応し，企業と環境を動的に均衡させなければならない。このような環境適応のための意思決定が，戦略的意思決定である。経営戦略の中心的な問題は，製品-市場戦略であり，外部環境の変化に適応して企業がどのような製品をどのような市場で販売するのかが重要となる。つまり市場浸透戦略や市場開拓戦略や製品開発戦略や多角化戦略が問題となる。(☞管理的意思決定，業務的意思決定) (海道)

戦略的革新モデル〔strategic innovation model〕 組織変動がトップによって主導されるプロセスであるとする理論モデルのことをいう。このモデルでは，組織変動の必要性はまずトップによって認識され，そこから新

しい戦略が設定される。新たな戦略の策定に伴い，戦略と組織構造との不適合を解消するために，トップは次に組織構造を変えるというわけである。このモデルの主役はトップであり，戦略的革新モデルはトップ主導モデルでもある。(☞革新的組織，戦略的経営計画)　　　　　　　　　(仲田)

戦略的経営〔strategic management〕　経営戦略論の創始者の一人であるアンゾフ(Ansoff, H.I.)は，戦略的決定をトップ・マネジメントがなす環境に係わる意思決定とみなすとともに，他方で戦略を経営者が「部分的無知」の状態で行うところの「意思決定のルール」と捉えた。この意味での戦略は，企業全体の意思決定だけでなく，研究開発，財務，マーケティングなどの意思決定，すなわち研究開発戦略，財務戦略，マーケティング戦略も含まれる。その後，アンゾフは戦略を形成し，実行しうるのは組織能力であることに着目し，組織が自らの存続を賭けて戦略を通じて環境に奉仕するように経営することを戦略的経営とよんだ。戦略的経営を行う主体は企業だけでなく，大学や病院などの非営利組織も含まれる。(☞アンゾフ，戦略的経営計画，戦略と戦術)　　　　　　　　(仲田)

戦略的経営計画〔strategic business planning〕　企業を全体として環境に適応させ，環境変化の中に新たな成長機会や競争優位の機会を見つけ出し，これらの機会を最大限に生かすための経営政策が経営戦略とよばれる。この意味での経営戦略を探究し，選択し，実現するための経営計画が戦略的経営計画である。従来の経営政策に基づく長期経営計画では企業の戦略的課題を発見し，解決することが軽視された。この欠陥を克服するのが，戦略的経営計画の中心課題である。戦略的経営計画では戦略的決定と戦術的決定が識別され，両者を密接に結びつけた戦略的計画を中核とした包括的で全体的な計画が練り上げられ，これに係わる情報のネットワークとそれによるフィードバックが重視される。(☞戦略と戦術，戦略的経営，経営計画)　　　　　　　　　　　　　　　　　(仲田)

戦略的提携〔strategic alliance〕　単なる業務の提携でなく，各企業あるいは企業集団が，長期戦略に基づいて，最も重要な経営資源を互いに提供して共存を図る状態のことである。お互いの経営資源の相互補完，情報公開を前提としたゆるやかな関係の保持，無駄な競争の排除と協調の進展などを目的とした提携である。企業が資本的に一体化する合併とは異なり，相互の独立性は保たれる。自動車産業の国際的な提携関係などはその代表であり，GM(ゼネラル・モーターズ)社とトヨタ自動車によるアメリカでの合弁企業「New United Motors Mfg. Inc.：NUMMI」の設立(1984年)はその象徴であったが，2010年，合弁解消，会社清算が行われた。(☞戦略形成，成長戦略，国際戦略提携)　　　　　　　　　(廣瀬)

戦略的ポートフォリオ計画〔strategic portfolio planning〕　企業は様々の

製品分野,事業分野で経営を行っている。この製品分野,事業分野は決して固定的なものではない。企業は環境変化に適応しながら,新しい成長の機会や競争優位の機会を見出そうとするのである。そして,この環境変化を企業の成長にいかすために,戦略的経営計画を策定する。戦略的ポートフォリオ計画とは,戦略的経営計画の作成にあたって,ポートフォリオ計画を応用するものである。戦略的ポートフォリオ計画では,成長性,市場占有率などの尺度によって,企業の各製品分野や各事業分野を評価したうえで,当該分野への追加的投資を行うか,それとも撤退するかを決定する。(☞戦略的経営計画,製品ポートフォリオ・マネジメント,事業ポートフォリオ・マネジメント) (仲田)

〔そ〕

創業者利得〔Gründergewinn, Promoter's Profit〕 創業者利益ともいう。ヒルファディング(Hilferding, R.)の『金融資本論』(1910年)の第2編第7章「株式会社」において示された概念として有名である。創業者は,会社設立の際に当該会社の株式を引き受けることになる。この創業者が保有する株式を株式市場で売却した際に,創業者が株式を引き受ける際に払い込んだ資金額と,株式の売却額(株式の時価)との差額として生じるのが創業者利得である。この創業者利得という概念を利用した事件としては,1980年代末に起こったリクルート事件が有名である。また,近年では,IPO(Initial Public Offering:株式公開)との関係で言及されることも多い。(☞擬制資本,株価) (今西)

操業度〔operating ratio;Beschäftigungsgrad〕 生産能力(Kapazität)の利用状態を表わす1つの尺度であり,一般的には,生産能力と実際の生産量の比率として理解されている。その意味では,生産能力利用度と等しいということになる。したがって,

操業度 = $\dfrac{実際生産量}{生産能力}$ である。この操業度が低下すると,固定費に占める

無効費用の割合が大きくなり,それが企業にとって大きな負担になる。したがって,いわゆる操業度政策によって,高操業度を維持することが重要である。メレロヴィッツ(Mellerowicz, K.)やケルン(Kern, W.)は,生産能力利用度と操業度を同一視せず,

生産能力利用度 = 操業度 × 給付度 = $\dfrac{実際の生産時間}{可能な生産時間} \times \dfrac{実際の生産速度}{可能な生産速度}$

と考えているが,それは,生産能力管理ということからすると,重要な主張である。給付度が1(生産速度不変)の場合は,生産能力利用度 = 操

業度である。(☞生産理論,原価理論,原価)　　　　　　　　　　　(深山)

総合給　職務内容や職務遂行能力などの仕事的要素と学歴・年齢・勤続年数などの属人的要素を総合勘案して決定される賃金。総合給は,賃金の決定基準が曖昧で,各要素の組み合わせとそのウエートの決定など,総じて経営側の裁量の余地の大きい賃金の決め方である。2001年の厚生労働省調査によれば,4割の企業が基本給を総合給のみで構成しており,基本給の一部にこれを採用する企業も含めると5割を超える(規模30人以上)。ただ,従業員1,000人以上の大企業の場合,基本給を総合給1本とする企業は2割と少なく,職務給と職能給を包括した仕事的要素に基づいて賃金を決める仕事給を基本給の少なくとも一部に採用する企業が7割と多数を占めている。(☞賃金体系,年功給,職務給(仕事給))　　(正亀)

総合収益性管理〔control by return on investment〕　投資利益率(ROI)を全体指標にした体系的な経営分析や業績管理の総称。たとえば,経営資本営業利益率を例にすると,以下のような関係式が成立する。

　経営資本営業利益率＝営業利益÷経営資本
　　　　　　　　　　＝売上高営業利益率×経営資本回転率
　売上高営業利益率＝(売上高－売上原価－販売費－一般管理費)÷売上高
　経営資本回転率＝売上高÷稼働している資産額

このため,総合収益性管理は「一定の売上高で,投資利益率を高めるためには,費用を削減して,売上高利益率を増大させるか,投下資本を削減して,資本回転率を高める」という経営原則を原価統制と資金運用に反映させる経営管理とみなせる。(☞収益性分析,投資利益率(ROI))(牧浦)

相互会社〔mutual company〕　保険業法に基づき保険事業を営むために設立された会社(保険会社独自の企業形態)。保険契約者が社員(出資者)となり,その社員の保険料(掛け金)により成り立つ。こうした保険加入者を社員として保険事業を営む社団法人。法理念上は社員すなわち出資者間の「互助組織」である。社員総会が意思決定機関となるが,実際は社員総会の機能を代替させる総代会を設け,その総代会において定款の変更,剰余金の処分,取締役の選任など経営に関する重要な事項を審議および決議する。株式会社への組織変更も可能。わが国には2014年12月の時点で5社存在する。(☞社団法人)　　　　　　　　　　　　　　(西村剛)

増資と減資〔increase of capital and reduction of capital〕　増資は,会社が資本を増加させることをさす。会社成長との関連での積極的な意味がある。その方法には,払込金を要する有償増資とそれを必要としない無償増資とがある。有償の場合にはさらに公募増資か割当増資かという区別がある。無償増資には再評価積立金の資本への組入れ,法定準備金の資本組入れ,新規発行の株式交付(株式配当)がある。これに対して減資は,

欠損金補填，取引所の売買単位未満の端株整理等の目的でなされる。資本金の額の減少については株主総会の決議によって減少額等を定めなければならない（商法第447条）。(☞株式，資本金，自己資本) (渡辺敏雄)

創造性訓練〔creativity training〕 創造的発想のできる能力を開発するための訓練。アメリカではすでに1937年エンジニアを対象にゼネラル・エレクトリック社で行われている。第二次世界大戦後同社で実施されている訓練では，エンジニアリングの基礎を含め創造性哲学，考えにくい材料やプロセス，アイディアやモデルの提起やまとめ方といった領域が取り扱われている。同社の実績によると，訓練を受けた人の特許獲得数は，そうでない人の平均約2倍であった。(☞水平思考) (大橋)

総務部〔general affairs department〕 組織全体に関する事務を扱うために企業や国の部局や地方自治体などに設けられる部署。日本独自の部署であり，規定管理，法務，管財，秘書，広報，冠婚葬祭，庶務全般を担当する。直接に利益を生む部門ではなく，他部署の業務範囲に入らない仕事が，すべて「総務の仕事」となる。部門間の調整役で会社の中枢部ともいえるが，反面，「雑用係」，「何でも屋」ともいえる。事務機能が分割している大企業にはあるところが少なくない。 (福井)

ソーシャル・スキル〔social skill〕 社会的技能。人間関係論の思想的背景を築いたメイヨー（Mayo, G. E.）は，1930年代半ばの産業文明社会には，技術的技能（technical skill）と社会的技能の均衡と調和が必要であると説いた。ここで社会的技能とは，人々が協働を確保し，維持していく技能を意味する。人間関係論では，管理者が社会的技能を身につけるべきであると，管理者の役割が重視された。(☞人間関係論学派) (奥林)

ソーシャル・マーケティング〔social marketing〕 マーケティングを非営利組織や社会的ニーズの充足に適用したもののことをいう。政府・地方自治体，学校，病院などの営利を目的としない組織でも，公害，資源節約，自然保護などの生態学的テーマのほか，禁煙，選挙，国債購入のキャンペーンなどにも，マーケティングの理念や技法が取り入れられるようになってきた。こうした社会問題に取り組み，消費者と社会の福祉の維持・高揚を目指して，社会的なテーマを対象である市民層に受け入れられるように，マーケティング的に活動を計画し，実施し，統制していくことを，ソーシャル・マーケティングとよんでいる。(☞非営利組織のマーケティング，マーケティングと販売) (市川)

疎外された労働〔entfremdete Arbeit〕 人間の社会的活動の産物（頭脳の産物である観念，手の産物である労働生産物）が，人間から独立し，それを作った人間を支配する疎遠な力として現われるようになることを疎外というが，マルクス（Marx, K.）は近代市民社会の私的所有が疎外された労働

に支えられているものととらえた。そこでは，①労働生産物からの疎外（労働者は成果を自分では享受しえず，成果は資本家のものとなる），②労働からの疎外（資本家指揮下の他律的労働でしかない），③類的生活からの疎外（連帯・信頼・相互協力の労働生活でなく，利己的労働生活），④人間からの人間の疎外（人間としての自己を失い，他人の不幸を喜ぶような類の人間的自然感情の倒錯が起こる）等があるとした。仕事の無意味感，単調感，無力感，孤立感，一体感喪失等の疎外感は，その心理的反映である。(片岡信之)

ソシオメトリー〔sociometry〕 モレノ(Moreno, J. L.)によって創案された集団の構造や行動の分析方法。社会測定法と訳されることもある。「だれが好きで，だれが嫌いか」といった簡単な質問を集団成員に与え，その結果をソシオグラム(sociogram)に図式化していくことによってインフォーマルな集団の構造が把握される。これによって，集団の影響力や凝集性，コミュニケーションのパターン，社会的距離等が明らかにされる。(☞グループ・ダイナミックス) (奥林)

組　織　近代管理論(近代組織論)の祖であるバーナード(Barnard, C. I.)によれば，組織とは「2人またはそれ以上の人間の意識的に調整された行動または諸力のシステム」と定義される。この場合，より包括的な協働システムというものが存在し，組織はその協働システムの中心概念として位置づけられる。組織は，単なる集団ではなく，その中で人間の行動がシステム化された社会的相互作用としてとらえられる。したがって，組織論の本質は組織における人間行動の考察ということになり，その研究方法は，社会学や心理学などの行動諸科学の方法や成果を応用するという，行動科学の立場をとる。(☞協働体系，組織行動，システム) (水原)

組織影響力の理論〔organizational influence theory〕 意思決定中心的組織論における主要理論の1つ。組織の構成員に対して，それがなければ行なわなかったことをなさしめる種々の影響力に関する理論をいう。そこでは，組織構成員の意思決定は決定前提から導かれるものであるが，組織は，構成員の価値前提・事実前提に作用するという過程を経て，彼の決定前提を決めるという影響力を有している，といわれる。これは組織影響力が構成員の決定前提にいかに作用を及ぼしているかを説明する理論であって，影響力が彼の意思決定そのものを決めるという理論ではない。組織影響力としてあげられるものは，一体化・能率の基準，教育訓練，特殊化，権威のシステム，コミュニケーション・システムなどである。(☞意思決定前提，サイモン) (水原)

組織開発〔organization development：OD〕 ベックハード(Beckhard, R.)によれば，組織の有効性と健全性とを増大させるために，行動科学の知識を利用しながら，組織全体にわたり，計画的に，トップマネジメント

の管理のもとで，組織の過程に介入する努力であると定義される。したがって，硬直した官僚的組織を排して，弾力的な動態的組織が目標とされ，集団および個人のレベルでのコミュニケーションの改善や信頼・協調関係の確立がなされ，開放的で問題解決志向的組織が目指される。また組織の健全性という点から，組織風土あるいは組織文化も重要視され，組織構成員間で培われる組織の価値，世論，慣習，態度などに働きかけて，組織の意識変革と活性化が行われる。　　　　　　　　　　(水原)

組織間関係〔interorganizational relations〕　組織は，それを取り巻く環境から機械，原材料，労働力，情報などを受け入れ，これらを組織内部において製品やサービスに転換し，この製品やサービスを再び環境に送り出す。このように，組織は環境と相互作用の関係にある。つまり，組織は，環境との対外的均衡を維持することによって生存・発展するオープン・システムである。例えば，製造業者は，銀行などの金融機関，機械などの供給メーカー，原材料メーカー，運輸業者，流通業者やライバル業者などの組織と関係を持ちつつ事業展開している。これらの諸関係が組織間関係といわれる。この関係の適否が業績に直接的に影響を及ぼすので，組織間の総合的な構造設計と，その維持管理が重要となる。(☞組織間関係戦略，オープン・システム)　　　　　　　　　　　　　　(廣瀬)

組織間関係戦略〔strategy of interorganizational relations〕　経営戦略の一環として，組織間関係の基本的構造を設計し，環境に適応しながらこの構造を維持管理する長期的道すじのことである。事業を展開する上での基本的事項は，財やサービスを自前で生産するのか，または市場で購入するのかを決定，区別することである。しかし，市場取引の現実は，特にわが国においては，伝統的に企業系列や企業グループ(企業集団)に見られるように長期的取引関係を重視するという特徴があり，自組織内取引と市場取引の中間的性格をもっている。それゆえ，市場取引を管理する組織間ネットワークの構築が，この戦略の鍵となる。近年では，企業グループを越えた提携関係の構築が経営戦略上の重要課題となっている。(☞組織間関係，戦略的提携)　　　　　　　　　　　　　　　(廣瀬)

組織均衡〔organizational equilibrium〕　バーナード(Barnard, C. I.)によって唱えられ，サイモン(Simon, H. A.)によって引き継がれた組織存続のための中心命題。組織と個人の二元的考察が組織の基本原理に反映されるため，有効性(組織目的の達成度)と能率(個人動機の満足度)が同時に達成されてはじめて組織が存続するという命題である。特に個人の立場が重要視されるため，能率の達成が議論の中心テーマとなる。すなわち，個人はその主観的評価において，誘因(個人が組織から受けとる効用)が貢献(組織目的達成に貢献する個人の犠牲)に等しいかあるいはそれ以上である

時，個人の動機は満たされ，組織に参加し，協働意欲を示す。これが組織存続のための最小限の組織均衡ということになる。(☞能率，貢献と誘因，協働意欲)　　　　　　　　　　　　　　　　　　　　　　　　　(水原)

組織原則〔principles of organization〕　ファヨル(Fayol, H.)，ブラウン(Brown, A.)，クーンツ(Koontz, H.)などに代表される伝統的管理論は，管理過程として，計画，組織，人員配置，指揮，統制などの管理要素を分析して，種々の管理原則を導きだした。実践的原則を経験から導くことによって，管理の理論を築かんとした。それらの原則は，規範的性格をもち，その普遍性が強調されているが，意味があいまいであり，その上その妥当性の検証がないために，原則間相互には矛盾さえも含んでいる。そのような特徴をもつ原則としては，命令一元化の原則，専門化の原則，組織の階段の数の原則，組織の幅の原則などが有名である。ドイツの伝統的経営組織論でも同様の組織原則が見られる。(☞管理過程学派，管理原則，ファヨル)　　　　　　　　　　　　　　　　　　　　　　　(水原)

組織行動〔organizational behavior〕　近代管理論では，組織は2人以上の人間の意識的に調整された行動または諸力のシステムである，と定義される。この場合組織は単なる集団ではなく，目的達成のための協働の関係でとらえられ，その中で人間の行動がシステム化された社会的な相互作用としてとらえられる。したがって，組織行動の本質は，組織における個人の行動ということになり，その研究方法は，社会学や心理学などの行動諸科学の方法や成果を応用するという，行動科学の立場をとることになる。かかる行動科学的組織論では，個人は，自由意思をもつ，すなわち選択の自由をもつ意思決定者であり，能動的な行動の主体としてとらえられる。(☞組織，組織人格と個人人格)　　　　　　　　　　　　(水原)

組織人格と個人人格(組織目的と個人動機)〔organizational personality and individual personality〕　近代組織論では，個人は意思決定の自由をもつ，能動的な行動の主体としてとらえられるが，また2つの側面から成る人格としてもとらえられる。第1は個人人格で，個人の目的ないし個人の動機を満足するために合理的に行動する人格の側面を指している。第2は組織人格で，個人が組織目的達成のために合理的に行動する人格の側面を指している。個人は組織に対して第1の側面では外部的関係に立ち，組織に対して対立的でさえある。第2の側面では，組織に対して内部的関係に立ち，職能的関係に立っている。この両方の人格を同時にもつ個人が，組織を構成しているという二元的考えが，近代管理論の展開を一貫して特色づけている。(☞組織，能率，有効性)　　　(水原)

組織人モデル〔organization man model〕　アメリカの社会学者ホワイト(Whyte, William H. Jr)がその著書の中で展開した人間モデルで，所属組織

に対し全人格的に献身・服従する存在として人間を捉えたモデル。ホワイトによると,組織人は社会に形成された「集団の倫理」というイデオロギーによって導かれるとされる。それは20世紀のアメリカ社会に特有のイデオロギーで,集団の個人に対する優位を原則としている。ホワイトは,それをプロテスタント倫理と対比し,プロテスタント倫理から「集団の倫理」への移行が,社会の集団化・組織化・管理化に対応していると説く。ホワイトは,組織と個人との間には,協調だけではなく対立も必要であるとし,組織人への警鐘を鳴らすとともに,個人主義の復権を唱えている。 (上林)

組織スラック〔organizational slack〕 スラックとは,「ゆるみ」とか「たるみ」の意味であり,組織スラックは,組織にとって利用可能な総資源と組織の存続に必要な誘因支払いとの間の差額のことである。例えば株主への不必要な高率配当の支払いのように組織を維持するのに必要であるより以上に誘引が各参加者に支払われるならば,この過剰部分が組織スラックである。この組織スラックの概念によって外部環境の変化に対する調整が説明される。好況期には企業内部に組織スラックが生じ,参加者に貢献以上の誘因原資が配分されがちとなるが,企業が不況に当面する時には組織スラックはクッションの役割を果たし,組織スラックを縮小して企業を存続させる企業行動がとられる。 (海道)

組織的意思決定の理論〔theory of organizational decision-making〕 サイモン(Simon, H.A.)などを中心に展開されてきた組織的意思決定の理論は,組織的意思決定過程を研究対象としている。組織的意思決定は,組織目的を達成するために組織構成員の行う意思決定のことであり,その過程は,組織目標の設定過程,代替案の探求過程,代替案の比較・選択過程,実施過程,結果の統制過程からなる。また組織構成員は,二重の人格つまり個人の動機を満たすために行動するという個人人格と組織目的に対し合理的に行動するという組織人格をもっている。したがって誘引と貢献のバランスをはかり,組織的意思決定の効率をいかに高めるかが重要な問題となる。(☞貢献と誘引) (海道)

組織の失敗〔organization failure〕 市場の失敗が存在するため,政府を作り公共サービスの提供や規制がなされる。しかし,最近の民営化の動きや非営利民間組織が注目されているように,政府組織にも十分な機能遂行が保証されているわけでなく政府の失敗も存在する。同様に市場経済の下,企業は大量の経済活動を組織内に内部化しているが,組織規模の拡大とともに官僚制・組織エゴ・統治問題あるいは大企業病といった問題も生じ,組織の機能障害が表面化する。市場と同様に「組織の失敗」も存在する。(☞市場の失敗,非営利組織) (角野)

ソフトウェア〔software〕 コンピュータシステムの利用技術ないしプログラムの総体をいう。通常,機械部や装置部であるハードウェアとソフトウェアによってコンピュータシステムは構成されているが,ソフトウェアは,①ハードウェアを効率的に運用する為のプログラム,②システム構築を支援する為のプログラム,③問題解決や意思決定を支援する為のプログラムに分けられる。(☞ハードウェア,コンピュータシステム,プログラミング) (阿辻)

損益計算書〔income statement〕 企業の経営成績としての損益(利益もしくは損失)を示す計算書をいう。損益計算書では,収益から費用を控除して損益が算定される。収益の認識・測定については「実現原則」,費用の認識・測定については「発生原則」がそれぞれ適用される。そして,互いに対応関係にある収益と費用とを同一期間に計上すべきことを求める原則を「対応原則」という。これらの3つが今日の発生主義会計における計算原則である。会社法施行前の損益計算書には,各種利益の区分表示の後,前期繰越利益や中間配当を加味した未処分利益の導出過程も収容されていたが,会社法施行後は,当期純利益の算定をもって完結する様式となった。(☞営業利益,経常利益,当期純利益,財務諸表) (久保田)

損益分岐点分析〔break-even point analysis〕 損益分岐図表やCVP(cost-volume-profit relationship)分析などを用いて,総費用に等しい売上高である損益分岐点を中心に,売上高の変化と損益の増減の関係や,目標利益の獲得に必要な売上高が検討される。なお,売上高をS,売上高に対する変動費の増分(変動費率)をv,固定費をFとすれば,損益分岐点が$F \div (1-v)$で,目標利益Gを達成するために必要な売上高が$(F+G) \div (1-v)$で算定される。なお,損益分岐点分析は,総費用が変動費と固定費に区分でき,分母の限界利益率$(1-v)$が一定であること,すなわち,売上高から変動費を控除した限界利益が売上高の一次関数であることを前提にする。(☞収益性分析,利益計画,限界利益) (牧浦)

〔た〕

大会社・中会社・小会社　2002年商法特例法で始められた株式会社の区分。それによると，大会社は資本金が5億円以上かまたは負債総額が200億円以上の会社，中会社は資本金が1億円以上5億円未満で負債総額が200億円未満の会社，小会社は資本金が1億円未満で負債総額が200億円未満の会社をいう。しかし現在の2005年会社法では中会社・小会社を「大会社でないもの」と一括し中会社・小会社の区分は廃止されている。一方，会社の公開性等により必要な会社機関は異なるものと規定されている。これによると，株式会社は最小の場合会社機関としては株主総会と1名の取締役があればいい。これが株式会社の最低必要要件である。(☞株式会社，公開会社と非公開会社，中小企業)　　　　　　(大橋)

対外直接投資〔foreign direct investment〕　外国企業への永続的な支配・経営参加を目的にした投資のこと。外国における現地子会社の設立や現地企業の買収などによって行われる。一般には，過半数の出資による投資先の海外現地法人に対する支配権や経営権の獲得をさす。対外直接投資では，たんなる資本だけではなく，現地法人の人や技術・ノウハウ，設備・資材といった経営資源の移転も伴うことが多い。これは外国企業への資本の移動に限定されるのが一般的な間接投資とは，異なる特徴である。対外直接投資のデータを利用する際は，データの収集条件や外国企業への永続的な支配・経営参加の意味が経時的に変化することがあるため，連続性が確保されないケースがある点に留意が必要である。(☞間接投資，対外投資)　　　　　　　　　　　　　　　　　　(石井)

対外投資〔foreign investment〕　外国に対する資本の投資のこと。様々な分類の基準があるが，資本移動の期間と目的の点から，長期的なものと短期的なものに分けることができる。まず，長期的な対外投資は，外国における現地子会社の設立や現地企業の買収のような，投資家が外国の企業に対して永続的な経営参加を目的としたものである。これは直接投資または対外直接投資(foreign direct investment)ともよばれる(外国企業への出資割合が一定以上であることなど，直接投資の基準も多様である)。短期的な対外投資は，外国企業への経営参加を目的としない，外国の有価証券の取得や外国銀行への預金，外国為替手形の買い入れ等である。これは間接投資(indirect investment)ともよばれる。(☞間接投資)　　(石井)

第三者割当〔private placement of new shares〕　公募とは異なり買い取り先を指定して株式発行をすることをさす。この方法は日本における企業集団が株式持ち合いを通じ，未知の株主による大きな割合の株式の取得

を食い止めたことに端を発する。つまり敵対的買収を極力回避しようとする日本的土壌では，買収がなされつつある時に第三者割当を行い買収を行っている社の所有率を低下させることが往々目指される。(☞企業グループ(企業集団)，株式持ち合い)
(渡辺敏雄)

第三者割当新株発行における特則　これは2014年会社法改正で新設のもの。公開会社でも上場会社ではないような場合，新株発行が増資後株式総数の半分以上の時には，新株を割り当てられる者の氏名等を既存株主に通知するか公告しなければならない。既存株式の1割以上の所有者が反対の時には，株主総会を開き承認を得ることが必要。ただし，これは新株発行が会社にとり緊急に必要な場合は不要(会社法206条の2)。巨額な新株発行は会社支配権に影響することを斟酌したもの。　(大橋)

貸借対照表〔balance sheet〕　企業の財政状態を示す財務表をいう。貸借対照表という名称は，貸借といっているが，内容は単純に貸借を対照表示しているわけではない。借方は，資産の部，貸方は負債の部および純資産の部から成る。資金という観点から見ると借方はその運用形態，貸方はその調達源泉をそれぞれ示している。収益費用アプローチの下では，収入・支出のうち損益計算書に掲載されなかった部分が収容される，期間損益計算のための連結環として説明される。一方，資産負債アプローチの下では，企業が支配する経済的資源としての資産と，それを引き渡すべき義務等としての負債とを対比して純資産を算定する機能が重視される。(☞損益計算書，貸借対照表等式，財務諸表)　(久保田)

貸借対照表等式〔balance sheet equation〕　貸借対照表の基本構造を表す会計等式の1つ。企業資金の源泉と使途，すなわち財政状態を表す貸借対照表においては，借方に掲載される資産と，貸方に掲記される負債および資本(純資産)の合計額とが常に金額的に一致しなければならない。この関係を表わした等式「資産＝負債＋資本」を貸借対照表等式という。この等式では，負債は資産と対立し，資本(純資産)と同質的なものとして扱われている。(☞貸借対照表，資本等式)　(久保田)

代表取締役〔representative directors〕　業務の執行権と会社の代表権を有する，株式会社において常設で設置される機関。指名委員会等設置会社ではない取締役会設置会社においては，必ず1名以上選ばれなければならないとされるが，複数名の代表取締役が選ばれ，社長の他，会長，専務といった役職者がそうであるケースが多い。重要な業務執行に関する意思決定は取締役会が行うが，取締役の中から取締役会で選出された代表取締役がそれを執行する。さらに，代表取締役は，取締役会から委譲された範囲内で，自ら意思決定し，それを執行する(執行権)。また，代表取締役が行った業務執行は会社の行為とみなされ，第三者に対して行っ

た行為の効果は会社に帰属する(代表権)。指名委員会等設置会社においては，代表執行役が，代表取締役に該当する機関である。(☞指名委員会等設置会社，取締役・取締役会) (馬場)

大量生産〔mass production〕 一般的には，物を画一的に，しかも大量に機械の力で生産すること，と定義される。大量生産には，互換性部品を使用する兵器や機械などの組立製品の大量生産と，紡績や織布などのプロセス製品の大規模生産とがあり，前者を mass production，後者を quantity production という。一般に大量生産といえば，マス・プロダクションを意味する。部品互換性の原理を利用したこの生産方式は，18世紀末のアメリカ兵器工業における，ホイットニー(Whitney, E.)によるマスケット銃の大量生産において確立し，アメリカ式製造システム(American system of manufactures)として有名になった。フォードのT型車生産は，大量生産の象徴である。(☞互換性部品生産方式) (廣瀬)

ダイレクト・マーケティング〔direct marketing〕 メーカーや生産者が小売店舗を通さずに，消費者に直接販売すること。通信販売，訪問販売，テレフォン・ショッピングなどの無店舗販売のほか，工場での直売，展示会での販売，さらに支店や営業所の設置もこれに含まれる。従来のマーケティングが大量販売を前提とするマス・マーケティングであるのに対し，ダイレクト・マーケティングは個々の顧客データを対象とするところから，パーソナル・マーケティングともよばれる。(☞顧客管理システム(顧客データベース)) (市川)

多角化戦略〔diversification strategy〕 アンゾフ(Ansoff, H.I.)による製品市場戦略の一類型で，新しい市場に新しい製品を投入して成長をはかる経営戦略のことである。企業の多角化の目的は，組織成員の貢献意欲など成長がもたらすメリット，未使用資源の活用による範囲の経済の実現，経営資源の複数事業への分散によるリスクを分散などがある。多角化においては事業の発展性・競争力があるか，波及効果を生み出せるかという点に留意して戦略策定を行う必要がある。(☞製品―市場戦略) (松本)

タクト・システム〔tact system〕 静止作業型流れ作業生産方式のことである。生産システムは，製品が生産工程を順次連続的で迅速に通過するように，設計されなければならない。各工程をコンベアで結び，移動中のコンベア上で効率的に作業を行うテレビや乗用車生産とは異なり，移動ラインからはずして作業する必要のある場合や，飛行機など長時間の組立作業が必要な場合には移動作業が困難であり，ラインは静止する。この静止時間をタクト・タイムともいう。(☞流れ作業組織) (廣瀬)

多工程持ち〔multi-process handling〕 工場生産においては生産の多くの段階で分業が行われており，加工段階のそれぞれを工程という。ABC

の工程ごとに同一機械が5台ずつ置かれ,作業者一人が1種類の機械を複数台数操作するという場合,この作業者は1つの工程しか担当しておらず,単能工である。生産能率向上のために,工程レイアウトの改善によって,この作業者に3工程の機械を操作させるやり方を「多工程持ち」といい,作業者は多能工といわれる。(☞工程管理,トヨタ生産方式)(廣瀬)

多国籍企業モデル〔multinationalization model〕 1960年頃から展開されてきた企業多国籍化を説明する理論モデル。代表的モデルとその先駆者には,①経営者モデル；アハロニ(Aharoni, Y.)による「経営者の多国籍化への意思決定過程モデル」(1966年),②産業組織論的アプローチ：ハイマー(Hymer, S.)による「多国籍企業の優位性仮説」(1960年),③プロダクト・サイクル論；バーノン(Vernon, R.)による「国際製品ライフ・サイクルと海外生産シフトの対応仮説」(1966年),④レディング学派：いずれも市場取引コストに着目したバックレー(Buckley, P.)とカソン(Casson, M.)による多国籍企業の知識市場内部化説(1976年),ダニング(Dunning, J.)による国際生産の折衷理論(1979年),ラグマンの知識消散内部化説(1981年)等がある。近年では,バートレット(Bartlett, C.)とゴシャール(Ghoshal, S.)のトランスナショナル説(1989年)や,バーニー(Barney, J.)の経営資源に基づく戦略論(1991年)が注目されている。(藤澤)

タックス・ヘイブン〔tax haven〕 税金が極端に低いまたは免除される地域や国のこと。租税回避地ともよばれる。外資の子会社や物流拠点を誘致して登録料等を得るために,産業があまり育たない島国等が導入する。多国籍企業が社内の国際取引で利用すれば,税負担を減らせる場合がある。製品を市場より安い価格でタックス・ヘイブンに輸出し,市場より高い価格でタックス・ヘイブンから第三国に輸出することで,タックス・ヘイブンの関連企業に利益を集中できる。(☞三角貿易)(石井)

脱工業化社会〔post industrial society〕 財の生産を中心とする工業化社会から,知識,情報,サービスに経済活動の重点が移行し,それに伴って「知識階級」とよばれる専門技術職層の役割が大きくなる社会のこと。1960年代半ばアメリカの社会学者ベル(Bell, D.)によって最初に主張された未来社会概念であり,製造業に支えられた工業化社会は,情報と知識に関連する産業を軸とする脱工業化社会に移行するという主張である。ベルによると工業化社会はエネルギーによって特徴づけられており,脱工業化社会は情報によって特徴づけられている。その意味で脱工業化社会は,知識・情報産業部門に労働力が集中する社会である情報化社会の概念と密接に関連している。(海道)

脱成熟化〔dematurity〕 主力事業の成長が市場の飽和,代替品の登場,競争相手の参入などにより鈍化,あるいは今後の鈍化が予想される際に,

その成熟期を脱却して，新たな成長軌道に乗せること。その手段としては，新事業の創造により事業構造を転換すること，既存事業を新商品や新しいビジネスシステム，あるいはイノベーションによって再活性化させることがある。それによりこれまでの事業運営により培われたパラダイムを転換させることが重要となる。(☞製品ライフ・サイクル)　　(松本)

達成動機〔achievement motive〕　より高い基準を掲げそれを成し遂げようとする動機で，もとはマレー(Murray, H. A.)が掲げた欲求リスト中の一項目。マクレランド(McClelland, D. C.)らは，主題統覚検査（thematic apperception test：TAT）によって個人の達成動機を測定する基準を開発し，個人の達成動機と行動特性との関係を明らかにした。達成動機の高い人ほど，成功を能力の高さに，失敗を努力不足に帰属する傾向があり，高い成果をもたらしている。(☞マクレランドの動機理論)　　(奥林)

棚卸資産〔inventory〕　流動資産の一種であるが，当座資産とは異なり，生産・販売過程で初めて費消や換金化が行われ，その規模が物理的に(実地棚卸で)把握できる資産。商品や製品などの販売用資産，原材料，仕掛品や部品などの作業用資産，消耗品などの営業用資産などに区分できる。なお，その管理である在庫管理では，資本の循環をスムーズに行うという本来の目的と，品切れや在庫維持費などから検討して，最適な水準が検討される。(☞流動資産，当座資産，在庫管理)　　(牧浦)

棚卸資産評価〔inventory valuation〕　実地棚卸により，数量と品質を確認するが，企業会計原則では，購入代価または製造原価に取引費用などの付随費用を加算し，これに個別法，先入先出法(fifo)，平均原価法などの原価法を適用して算定した取得原価を貸借対照表価額とする。ただし，時価が，この取得原価を下回り，回復する見込みがない場合には，時価を貸借対照表価額としなければならない。(☞棚卸資産)　　(牧浦)

他人資本〔borrowed capital〕　出資者拠出分や利益留保分たる自己資本とは対照的に，出資者以外の他者から調達された資本をさし，負債である。主たる例として借入金，社債，買掛金等がこれに含まれる。日本企業の資本構造上の特徴として銀行からの多額の借入をしている(オーバー・ボローイング)。負債には金利を支払う必要があり，製造業では製品一個当たりの製造時間が短いほど単位当たりの利子費用は少額になるので製造工程合理化と製造時間短縮の誘因が生じる。(☞自己資本)　　(渡辺敏雄)

多品種少量生産〔multi-product, small-lot production〕　生産される製品の種類(生産工程，仕様，色彩，用途など)が多様で，製品品種別の生産量が少ない生産形態のことであり，この逆が少品種多量生産である。同じ製品を連続的に大量に生産するのでなく，多様な製品を少量ずつ生産するということから，本来は熟練作業者中心の生産のあり方を意味し，注文生

産の一形態である。製品種類が多く長期間同じ作業が継続しないので，段取替えの頻繁な発生による稼働率低下や，作業の標準化が難しく作業者の技能に頼ることから品質が不均等になるなどの問題点がある。今日では，部品の共通化・標準化や段取作業の改善により，多品種多量生産化が図られている。ジャスト・イン・タイム思想がその典型である。(☞注文生産，ジャスト・イン・タイム，FMS) (廣瀬)

短期計画〔short range planning〕　1年以内の期間計画をいう。その対象は，主に生産，販売などルーチン化された反復的な活動におかれ，その目標は対象となる活動の生産性の増大にある。しかし，個別活動の計画がそのまま直ちに短期計画になるのではなく，期間計画の一環としてとりあげられるところに特徴がある。すなわち，短期計画の背後には長期計画があり，短期計画は常に長期計画の目標に向かって設定されなければならない。(☞長期計画，戦略的経営計画) (仲田)

短期資本〔short-term capital〕　企業の資本を短期資本と長期資本とに分類して考える場合，短期資本は流動負債としてとらえられ，短期間内に返済の必要な資本とされる。流動負債と固定負債の区分は，まず正常営業循環基準を適用し，そこでも流動負債に分類されなかった項目に対しては1年基準(one year rule)が適用される。主なものとして，支払手形，買掛金，短期借入金，コマーシャル・ペーパー，未払金，未払費用，前受金，預り金，仮受金等が含まれる。(☞流動負債，固定負債) (今西)

単元株制度　単元株制度とは，会社が定款で株式の一定数を1単元と定め，株主の議決権を1単元につき1個とする制度をいう。これは株主の管理コストの観点からの無駄をなくすために創設され，その採用については会社の自由である。採用した会社では，単元未満株式では株主総会での議決権を行使することはできないが，議決権を前提としない権利は原則すべて有する。ただし，定款で株主権の全部または一部を行使できないと定めることもできる。(☞株主権) (小澤)

探索理論〔search theory〕　目標物がある空間の範囲内に存在することはわかっているが，その位置が正確につかめない時に，それを最も経済的に効率よく見付け出すための理論である。クープマン(Koopman, B.O.)をリーダーとするORチームが第二次世界大戦中に敵の潜水艦の所在を発見するために行った研究に端を発する。探索者が目標物を探索するという問題は，鉱脈や魚群の探索，装置の故障個所の探索，数式の解の探索，会計監査における誤謬の探索など数多く存在している。探索理論では，もっぱら探索範囲の決定と探索精度の決定という2つの事項に対して，利用可能な一定量の資源(時間，資金，探索者など)をどのように配分すれば合理的かといった問題が取り扱われる。(☞OR) (瀬見)

団体交渉〔collective bargaining〕 労働組合が,使用者あるいは使用者団体と労働条件の改善等を求めて交渉・協定すること。憲法や労組法で保障された労働者の権利である。団体交渉の対象は,国や時代によって変化するが,賃金や労働時間等の労働条件の維持・改善や労働者の経済的地位向上に役立つと考えられるものは対象となる。企業別組合であるわが国の場合,企業と企業別組合との間の企業内交渉となり,上部団体との交渉がしばしば排除されている。ストライキに代わる平和的な紛争解決手段という意味合いもある。(☞労働協約,労働組合)　　　　(伊藤)

ダンピング〔dumping〕 不当に安い値段で商品を販売すること。不当廉売(れんばい)ともいう。海外市場で国内市場よりも安い価格で製品を販売して,海外市場でのシェア拡大をはかろうとする場合をさすことが多い。ダンピング行為は,長期的には市場における健全な競争を阻害し(特定企業だけが競争する),結果的には消費者の利益を阻害すると考えられている。ダンピング行為は,WTOのルールに則った課税措置や,独占禁止法による規制の対象となる。　　　　(石井)

〔ち〕

地域産業〔regional industry〕 限られた地域的市場を対象として,商品やサービスを提供する産業。地場産業が全国的,世界的な市場を有するのに対して,地域産業は,パンや食肉店といった専門小売店,理髪店,クリーニング店,工務店などにみられるように,比較的小規模で地域に密着した市場を対象とする。多くは,家内労働によって支えられ,零細規模企業であることが多い。近年では,全国チェーン型の小売店,大手メーカーの進出などにより,経営環境が厳しい。(☞地場産業)　　(山口)

地域統括本社〔regional corporate headquarters company〕 多国籍企業がグローバル化する過程で,現地化と統合化という相反する動きの両方に対応しなければならないときに,当該地域全体に対するライン権限を握るものとして選択される本社機能としての地域組織。地域事務所や地域営業本部,節税を目的とした金融子会社や持株会社のような部分的機能を担当する組織単位ではなく,それらを包摂した上位の組織概念である。公式組織の上では,各国の現地法人,営業所,駐在員事務所はすべて地域統括本社に直属する。地域統括本社は,地域全体にかかわる経営諸機能と営業活動全般を担当するが,製造・技術関係では親会社の製品事業部がライン的な役割を担当する場合が多い。組織形態は,多極マトリックス構造とよばれる。　　　　(藤沢)

チーム作業　スウェーデンの自動車メーカーであるボルボ社は,1974年

にカルマル工場での操業を開始した。この工場ではフォード・システム流のベルト・コンベアが廃止され，チーム作業方式が採用された。作業の基本は15〜20人からなるチームで，各チームは，専用の作業場をもち，さらに専用の更衣室，洗面所，コーヒー・コーナーなどをもつ。また，それぞれのチームには，インフォーマルな監督者であるチーム・リーダーがいて，様々な役割を果たす。このような作業チームが，自律的集団として機能し，労働者によるコントロールの可能性が増大し，また，生産効率や品質も向上した。カルマル工場に導入された生産システムは，労働の人間化の典型として高く評価されている。　　　　　（深山）

チームワーク〔team work〕　一般には小集団による協働行動をさすが，最近では特に，生産現場において，1つのタスクを達成するのに複数の作業者が全員でその作業に責任をもち遂行する作業方式をさして用いられる。そこでは，ジョブ・デマケーション（job demarcation）はなく，作業者は多能工であることが，そしてチームメンバー全員の作業へのコミットメント（commitment）が求められる。わが国では従来そういった方式がとられてきていたが，特に，欧米に進出した日本企業の現地での生産方式をさして使われることが多い。自律的作業集団に近いものであり，ウォルトン（Walton, R.E.），テイラー（Taylor, J.C.）らが多くのケースに基づきその有効性を主張している。(☞多工程持ち，社会−技術システム論，自律的作業集団)　　　　　（奥林）

チェーン・ストア〔chain store〕　本部によって統制される多数の店舗（国際チェーンストア協会の定義では11店舗）をもつ小売企業をいう。本部と店との機能分担が明確になされており，基本方針の決定，人事，財務，仕入その他の機能は本部に集中させ，店には販売機能をもたせている。1920年代初期のアメリカで生まれ，50〜60年代に廉価販売を武器として急成長を遂げた。廉価販売を可能にしたものは，大量集中仕入による低仕入原価と，標準化された合理的経営による売上高営業費率の低減であった。なお，チェーン・ストアは営業形態ではなく組織形態の1つであり，これによって，市場の小規模分散性を克服することができた。(☞ボランタリー・チェーン，フランチャイズ・システム)　　　　　（市川）

知　識〔knowledge〕　哲学では，客観的で確定的な認識内容をいう。一般的に，常識は論拠不十分で不確定であり，知識は明晰（めいせき）で確定的と考えられている。しかし，常識を学問的に論証して知識となった例もあるし，科学的に高度な知識が普及して常識化される場合も多い。また，知識は知恵から区別される。人生の指針の解答を与えるのは，科学的知識ではなく，生活の中から学んだ知恵である。経営学においては，言葉に語れない勘や経験といった暗黙知と，マニュアルのように言葉や

図で表現できる形式知との個人間や集団間の相互変換作用による知識創造が注目されている。こうしたナレッジマネジメントは日本発の経営原理として国際的注目を浴びている。 (福井)

知識工学〔knowledge engineering〕 人間のもつ様々な知識を工学的に取り扱う,つまりコンピュータシステムに組み込むことを目的とした人工知能の一領域。ファイゲンバウム(Feigenbaum, E.A. 1936-)がヒューリスティック(発見的試行的)プログラミング研究の成果として提唱した。従来の人工知能システムでは,取り扱う専門知識をプログラムの中に直接組み込んでいたために,修正・拡張が困難であった。知識工学では,知識とプログラムを分離・独立させることにより,柔軟なシステム構築が可能となった。知識工学の役割は,知識ベースに格納した知識を利用して推論を行うエキスパートシステムの構築と運用にある。例えば,在庫管理システムは最適在庫量問題の実用的解決にあたる。(☞人工知能,エキスパートシステム) (福井)

知識集約化戦略〔knowledge-intensive strategy〕 経済学で通常いわれる生産要素は,土地,資本,労働力であるが,企業にとっては,この他に知識という要素を加えることができる。この場合の知識には様々な知識(技術だけでなく,管理,マーケティング,財務などの知識)が含まれる。企業の様々な生産要素のうち,知識という特定の生産要素に企業のヒト,モノ,カネなどの経営資源を集中することによって,企業の作り出す付加価値を高める戦略を,知識集約化戦略という。具体的な知識集約化戦略には,独自の技術,製品の開発によって事業展開を図ろうとする研究開発型や,組立度の高い製品を生産することによって高付加価値の実現を図る高度組立型などがある。(☞戦略と戦術,戦略的経営計画) (仲田)

知識集約型産業〔knowledge-intensive industry〕 製品やサービスを生み出す過程が知的活動に大きく依存し,その集約度が高い産業。情報処理,ソフトウェア開発,コンピュータ関連のシステム開発,バイオ,ナノテクノロジーなどの研究開発型産業,ファッション産業などが典型である。多額の研究開発投資を行い,研究者,高度な知識やノウハウを備えた技術者,デザイナーといった知識労働者を雇用し,新製品・新技術開発,市場開発などを行う。わが国では,産業政策が幼稚産業保護の段階を経た1970年代頃から知識集約型産業への移行が政策的に推進されてきた。この背景には,海外からの製品やサービスの流入,経済のサービス化,情報化,消費者ニーズの多様化,高付加価値化といった環境変化がある。(☞資本集約型産業) (山口)

知識ベース〔knowledge base〕 推論エンジンとともに,エキスパートシステムに代表される知識システムの主要な構成要素の1つ。知識をコン

ピュータで利用可能な形式で蓄積したもの。汎用的な知識ベースを構築することは困難であるので，特定の問題に限定して構築される。問題解決に不可欠の自然法則，生産技術や生産制御方式などの専門的・経験的知識をコンピュータ上での推論過程で利用しやすい形に表現する。こうした知識を表現する代表的な方法としては，ディダクションルール(処理規則)がある。このルールに従うと，「a ならば b」を「if a then b」なる形式で記述する。「if-then」ルールとよばれる。なお，知識創造の議論では，形式知の総体を知識ベースという。(☞エキスパートシステム) (福井)

知識労働者〔knowledge worker〕 1970 年代頃からベル(Bell, D.)の脱工業化社会，ドラッカー(Drucker, P.F.)の知識経済・知識社会が唱えられた。これらは経済のサービス化・情報化を予告するものであったが，90 年代になると野中郁次郎らによって知識経営(knowledge management)が唱えられ，暗黙知の役割や知識創造が注目された。そこでは，知識労働者が組織や市場との相互作用の中で知識創造を行い知識経営を支える重要な役割を担うと主張されている。(☞暗黙知と形式知) (角野)

知的経営資源 経営資源とは，企業活動に必要とされる様々な資源や能力のことである。従来はヒト，モノ，カネという表現で代表される物質的で量的な経営資源として，労働力，生産手段，資金が挙げられることが多かった。しかし，近年では，技術的知識や情報，信用・組織文化・従業員のモラールなどのどちらかというと精神的要因を知的情報資源ないし情報的経営資源・見えざる資産として別個のカテゴリーとして扱う傾向がある。これらの知的経営資源は物的な経営資源に体化して機能することが多いが，それらと区別する意義は，それが特殊性が強いことと外部からの調達が困難であることという特性を有しており，その特性のために差別化の源泉・競争優位の源泉となりうるからである。 (宗像)

知的所有権 無体財産権ともいう。人間の知的活動や産業活動から生じる各種の創作物や識別標識に関わる財産利益を支配する権利。特許・実用新案・意匠・商標などの工業所有権や学芸の領域における著作物に係わる著作権などが含まれる。知的所有権の対象とされる，これらの無体財産は，物的ではなくてもそれを作りだした人の努力の結晶であり，それらの人々の生計を支える財産である。また，企業の差別化・競争力の源泉となる財産でもある。しかし情報技術の向上等により，これらの権利が侵害されることが多くなり，各国は知的所有権保護のための法・制度の整備に力を注いでいる。企業もこうした動きへの対応を迫られている。(☞工業所有権) (宗像)

地方公営企業〔local public enterprise〕 公共の福祉増進のために，地方公共団体によって経営される企業。地方公営事業法に規定される公営企業

であって，具体的には，水道事業，工業用水道事業，軌道事業(市電や都電)，自動車運送事業(公営バス)，鉄道事業(公営地下鉄)，電気事業，ガス事業など，住民生活の向上や地域発展に必要な事業を営む。会計は一般会計から切り離されて，企業会計原則に基づいて独立採算方式で行われる。地方公営企業の管理にあたるのは，原則として地方公共団体に置かれる管理者であるが，当該管理者は，地方公共団体の長によって任命される。一般に，公益性と採算性のバランス取りが難しく，赤字経営や負債の問題を抱えている場合も多い。(☞地方公共団体，公企業)　　　(山口)

地方公共団体〔local government〕　地方自治体ともよばれ，一般に地方自治法における普通地方公共団体(都道府県や市町村)を指す。このほかに特別地方公共団体，すなわち，特別区，地方公共団体の組合，財産区，地方開発事業団，特例法に基づく特別地方公共団体がある。普通地方公共団体は，地域公共の秩序の維持，地域住民と滞在者の安全・健康・福祉の保持に努める義務を有し，道路，学校，文化施設，福祉施設などの設置と管理，清掃，衛生，公害の防除といったサービスを提供する。普通地方公共団体が病院，工業用水，電気，ガス，軌道(例えば市電や都電)などを営む際には，地方公営企業と称されるが，しばしば公共性と採算性のバランスが問題となる。(☞地方公営企業，政府)　　　(山口)

チャンドラー(1918-2007)〔Chandler, Alfred Dupont, Jr.〕　現代経営史研究の礎を築き，初期の戦略的経営論に大きな影響を与えた。ハーバード大学で歴史学を学び，その後 MIT，ジョンズ・ホプキンス大学，ハーバード・ビジネススクールに在籍。『組織は戦略に従う』『経営者の時代』『スケールアンドスコープ』等を執筆。これらの中で米国の市場条件の変化と大企業の戦略・組織構造の問題，専門経営者の台頭と大企業の発展過程，また産業の国際比較等が分析された。(☞専門経営者)　　　(梶脇)

中堅企業〔middle-scale enterprise ; leading medium-sized firm〕　中小企業よりも規模的には拡大し発展し続けているが，大企業になるには至っていない企業。1960年代初頭にわが国で生まれた概念。規模の面で中小企業や大企業と異なることよりも，質的な面で，大企業の傘下に属さない独立企業である，株式上場を果たし資本調達を行っているが，家族・同族経営の域を脱してはいない，独自の新製品・サービス開発を行い独自の市場ももつ，将来の成長が期待される，というところに中堅企業の特徴がある。(☞中小企業)　　　(森田)

中小企業〔small and medium-sized enterprise ; smaller business〕　規模により類型化した場合，大企業に比して中小規模の企業を意味するが，規模類型化の指標や業種によってその範囲は多様となっている。中小企業基本法第 2 条は，資本金規模と従業員規模によって業種別に中小企業者

の範囲を次の通り定めている。製造業・建設業・運輸業・その他の業種では，300人以下又は3億円以下。卸売業では，100人以下又は1億円以下。小売業では，50人以下又は5,000万円以下。サービス業では，100人以下又は5,000万円以下。2012年の第一次産業を除いた中小企業数（会社数と個人事業所をあわせたもの）は，約386万で全体の99.7%を占めているが，1986年以降減少傾向にある。　　　　　　　　　　　　　（森田）

中小企業診断士〔small and medium enterprise management consultant〕　多様な経営分野に関する民間の経営コンサルタント資格があるが，中小企業診断士は唯一の国家認定資格。経営コンサルタントは，経営に関するきわめて広範な知識・経験に基づき的確なアドバイスを求められるため，中小企業診断士試験は，経済学，財務・会計，経営管理，生産・購買・販売管理，経営法務，新規事業開発，経営情報システム，企業経営の助言・診断に関する1次・2次の試験が課せられている。(☞経営コンサルタント)　　　　　　　　　　　　　　　　　　　　　　　　（角野）

注文生産〔production to order〕　不特定多数の消費者需要を予測した見込み生産と対比される生産形態。特定の顧客の注文に応じて，発注があった後に生産が開始される。顧客のニーズに合う製品の製造ができるが，製品仕様や生産工程などの生産に関する基本事項を事前に確定することができず，生産計画が立てにくい。注文生産は少量生産である場合がほとんどだが，両者の直接的な関係はない。また，製品を構成する部品の一部を見込み生産することもある。(☞個別生産，見込み生産)　　（廣瀬）

長期計画〔long range planning〕　3年ないし5年の期間にわたる企業の戦略的革新についての総合的な計画をいう。企業の経営戦略を実現するための計画であり，長期間にわたる企業の製品構成，事業構成，市場開拓を方向づけることである。最大の特徴は経営戦略を実現するための全社的・革新的な計画であることに求められる。この場合，革新とは新製品の開発，新市場の開拓，大きな設備投資などが含まれる。(☞戦略的経営計画，短期計画)　　　　　　　　　　　　　　　　　　　　　　（仲田）

長期資本〔long-term capital〕　資本の固定的部分をさす。企業活動のうち設備資金のみならず，原材料手当資金や在庫手当増資金等の長期運転資金といった長期的な資本需要を賄う。出資者から調達された出資資本と経営成果としての追加資本という相対的に長期の性格をもつ自己資本，さらに他人資本のうちで，社債・長期借入金がこれに相当する。このうち長期借入金についてその借入機関としては長期信用銀行・信託銀行・生命保険会社等の長期金融機関がある。その場合，長期とは通常1年以上をさすことが多いが徐々に1年から3ないし5年を中期それ以上を長期とするようになった。(☞自己資本，他人資本)　　　　　　　（渡辺敏雄）

帳票設計と帳票管理〔forms design and control〕 帳票とは，帳簿または台帳の「帳」と伝票の「票」の合成語である。ビジネス上の活動はすべて帳票に記録する。取引が始まると，伝票をおこす。伝票で，仕事内容や起案者・取扱者がわかり，仕事の流れがわかる。つぎに，伝票の情報を帳簿にまとめる。帳簿は対外信用の基礎で，社内の管理資料でもある。かくて，帳票はビジネスに不可欠であり，ビジネスは常に帳票とともにある。帳票管理とは，①帳票設計，②帳票の標準化，③帳票処理手続きの標準化等を意味し，ワン・ライティング・システムの前提である。会計ソフトやERP(統合業務パッケージ)による電子化の時代を迎え，こうした帳票管理活動の情報化は，オフィスの生産性向上の切り札として注目されてきた。(☞ワン・ライティング・システム，ファイリングシステム) 〈福井〉

直接金融と間接金融〔direct financing and indirect financing〕 直接金融とは企業が証券市場において株式，社債，コマーシャル・ペーパー(CP)を発行して資金を調達すること。借手である企業の発行する証券を貸手が直接購入・保有する形であるため直接金融とよばれる。それに対して，間接金融は金融機関からの借入によって資金を調達することで，資金が金融機関を介在して最終的な貸手(預金者)と借手の間で流れるため間接金融とよばれる。わが国では戦後間接金融による資金調達が主流であったが，1980年代後半から大企業を中心に直接金融の割合が増えてきている。(☞自己資本，他人資本) 〈梶脇〉

直接原価計算〔direct costing〕 原価を変動費と固定費に区分し，変動的製造原価だけで製品原価を算定し，固定的製造原価は期間原価として計上する原価計算の方法をいう。利益計画や原価管理に役立つ原価計算システムであるとされる。また，直接原価計算による損益計算においては，売上高から変動費(変動製造費，変動販売費，変動管理費など)を控除して限界利益を求め，そこから固定費を控除して営業利益が計算される。(☞限界利益) 〈久保田〉

直接部門と間接部門〔direct department and indirect department〕 企業などの組織の業務は，なすべき事業の本来的業務を担う部門と，その部門を補助・支援するための部門に区分される。前者が直接部門で後者が間接部門である。一般に生産や販売などを直接部門，それに伴う総務，経理，人事，企画などの事務的・管理的部門を間接部門とする。間接部門に事務処理や管理的業務などを集約することで，直接部門が売上や生産性向上に専念できる内部環境を整える。しかし間接部門の業務は事業の本来的業務ではないため，業績不振時に合理化の対象となりやすい。現在では間接部門の業務を外部の専門業者に委託する，グループ企業の子会社に集約するなどして，間接部門のコスト削減と生産性向上が取り

組まれている。(☞ライン・スタッフ組織, ライン部門, スタッフ部門)　(谷本)

直系式組織〔line organization〕　トップからロワーまで単一の直線的な命令系統によって結びつけられている組織形態のこと。ライン組織ともよばれる。命令一元制の原則と管理限界の原則が成り立つため, 規模に応じたピラミッド型の階層構造をなし, テイラーはこれを「軍隊式組織」とした。命令が統一的で混乱が少ない, 調整が容易, 権限と責任が明確といった長所があるが, 管理者の負担増大, 意思決定の遅延やヨコの連携が取れないなどの短所がある。(☞命令の一元制, 管理の幅, 管理限界, ライン・スタッフ組織)　(柴田)

地理情報システム〔Geographic Information System：GIS〕　コンピュータ上の電子地図に様々な付加的情報を組み込み, それらの情報を統合的に表示するシステム。根本的には, 情報技術の進歩によって可能となったもので, 電子地図に大量の情報をデジタル化して組み込むことによって, 大量の情報の中から用途に応じた必要な情報をすばやく検索することや, 容易により新しい情報に書き換えることを可能にした。　(竹林)

賃金体系　個々の労働者に支払われる賃金総額がどのような種類や決め方の賃金項目で構成されているかを示す概念。例えば第二次大戦後の賃金体系に大きな影響を与えた電産型賃金体系は, 賃金を基準労働賃金と基準外労働賃金に大別し, 前者の基準内賃金の3分の2を生活保障給(生活給)が占めていたことから生活給体系とよばれた。なお, 特に基本給(名称にかかわらず, 量的には, 現在, 所定内賃金の8割強と賃金の主要部分を占め, 通常, 退職金・賞与・諸手当等の算定基礎額となる部分)の構成を賃金体系という場合もあり, これは日本独特の概念である。この賃金体系は, 通常, 大別すれば仕事給, 属人給, 総合給のいずれか, ないしそれらの組み合わせとなる。(☞生活(保障)給, 総合給, 職務給(仕事給))　(正亀)

賃金満足モデル〔pay satisfaction model〕　賃金(給与)に対する満足感がいかなる要因によって規定されるかを示すためにローラー(Lawler, E. E., III)が提唱したモデル。彼によれば, 人が給与に満足するのは, 当然受け取るべきだと認知する給与額と現に受け取っている給与額が一致する場合のみである。前者に比べて後者が少ない場合には給与に不満を感じ, 逆の場合には罪悪感や不公平感・不快感を感じることになる。なお, これまで高給を得ていた人ほど, あるいは同僚や友人の給与が自分のそれよりも高ければ高いほど同じ給与額を低く感じるなど, 給与に対する満足度は, 本人の給与歴, 比較する他人の給与額, 担当職務の特質, 仕事に対する努力の投入量等の要因によって影響される。　(正亀)

〔て〕

DNC〔direct numerical control〕 直接数値制御(群管理)システムのこと。数台ないし数十台のNC工作機械やマシニングセンターが,コンピュータによって時分割方式でオンライン制御される。その際,DNCデータは,外部記憶装置に蓄えられ,APTやEXAPTなどの自動プログラミング言語で記述されたNC加工指令情報が各NC工作機械／マシニングセンターに移送され,制御が行われる。このDNCシステムは,工作物の加工,工作物の運搬,スケジューリング,加工や運搬の指示,進捗データの収集などに利用される。しかし,DNCシステムは,FMSほどのフレキシビリティをもっておらず,このシステムで効率を上げるためには,部品のグループ化,加工機械の工程編成の決定,素材の投入,取付治具・工具の操作,プログラムなどの統一化が必要であるといわれている。(☞ CIM, FMS) (深山)

ディーラー・ヘルプス〔dealer helps〕 メーカーが販売経路を維持・向上させるためには,販売店に対したえず刺激を与え,協力体制を強化していくことが必要である。このようなメーカー(や卸売店)が小売店に対して行う様々な援助のことをディーラー・ヘルプス,取扱業者援助または販売店援助という。メーカーは自社製品の販売促進活動や販売網の強化の一環として,得意先である販売店の経営体質を強化するためヒト,モノ,カネに及ぶ様々な支援体制を整えている。その方法には,陳列・店内ＰＯＰ・店頭装飾などの資材の提供,販売マニュアルや販売演出,販売サービスのほか,在庫管理,店員教育,情報提供,経営や商品流通に関する指導,資金援助等がある。(☞マーケティング・チャネル) (市川)

TQC〔total quality control〕 QC(品質管理)を全社的に行う総合的品質管理のこと。1960年代にアメリカのファイゲンバウム(Feigenbaum, A.V.)が提唱。わが国では,彼のTQCと区別して,CWQC(company wide quality control, 全社的品質管理)とよばれる。それは,QCを生産現場だけでなく,販売・研究開発といった全部門で実施し,トップから平社員まで全員が参加し,原価(利益・価格)管理,量(生産・販売・在庫)管理,納期管理といった企業活動のあらゆる側面に及ぶもので,その意味では,財務や人事といった間接部門を含めた全組織がQCの対象となる。(☞ QCサークル〔ZD運動〕) (伊藤)

ディジタル技術〔digital technology〕 テレビやラジオなどは従来アナログ技術,つまり,音声,映像そして画像をすべて「波」として記録してきた。アナログ波は伝送,録音,再生で波形が変わるなど,技術的な問

題が多かった。ディジタル技術では，波形を切り分けて「1」と「0」の二進法表現の信号(1ビット)に変えて送受信する。波形が崩れないから安定した情報が流せる。画像は格子に分割して格子毎の明るさを二進法表現で示す。二進法1つの単位をビットとして，8ビットをバイトという単位で表現する。文字は文字コード，音声はPCM(パルス符号変調)方式，図はベクトルデータ形式でコンピュータ処理してインターネットで配信できる。通信，放送，流通，コンピュータの業際を超えた合従連衡や競争が始まった。(☞コンピュータ，情報とデータ)　　　　(福井)

ディスカウント・ストア〔discount store〕　初期の頃はディスカウント・ハウスとよばれ，食品以外の商標品，特に家電商品などの耐久消費財を大幅な割引価格で販売する大規模小売店舗であった。簡素な設備と最小限度のサービスも廉価販売の基礎の一部をなしている。1948年のコーヴェット(Korvette, E. J.)が典型的なものでは最初である。1960年前後に取扱い商品の範囲を広げ，店舗設備やサービスもレベル・アップし，ディスカウント・ストア(DS)とよばれるようになった。　　　　(市川)

定年制〔retirement, 選択定年制〕　就業規則または労働協約に基づき一定年齢に達した時，退職する制度。政府は，公的年金支給開始年齢の順次引上げに伴い2012年の改正高齢者雇用安定法で65歳までの雇用を義務付けた。企業は，①定年制廃止②定年引き上げ③継続雇用(再雇用)のいずれかを選択するが，多くは③を選択。企業が定める再雇用条件を巡り紛争の余地は残されている。一方，多くの企業は雇用調整の一環として選択定年制(早期退職者優遇制)も導入している。　　　　(角野)

テイラー(1856-1915)〔Taylor, Frederick Winslow〕　19世紀から20世紀にかけ展開されたアメリカの能率増進運動の中心人物。ハーバード大学法学部に合格するが，一時的な視力減退のため入学を断念した。その後，技師となり，ミッドベール製鋼所に入社した。そこで現場における労働者の職場ぐるみの組織的怠業に遭遇し，その状況を克服するために科学的根拠に基づく客観的な管理方法の必要性を痛感した。種々の研究を重ね，課業管理を基軸に編成される「テイラー・システム」を考案した。後に，それは科学的管理法ともよばれ，世界中に普及した。しかし，テイラー・システムは工場管理の実際に適用されると，企業側の労働強化の手段として利用され，労働者の反発を招くことになった。主著に『工場管理(*Shop Management*)』(1903年)がある。(☞テイラー・システム)　　(仲田)

テイラー・システム〔Taylor system〕　テイラー(Taylor, F.W.)により考案された工場管理の手法であり，科学的管理法ともよばれる。それは，労働者のための高賃金と企業のための低労務費を目指し，科学的な根拠に基づく正確で客観的な作業管理の方法としての課業管理(task management)を軸とするシステムである。課業管理を推進するために，時間研究，指導票制度，差別出来高給制度，企画部制度，機能別職長制度などが考案された。テイラー・システムの特徴は，第1に科学的分析による唯一最善の作業方法を発見し，それを基準とする作業標準を設定する標準化原理にあり，第2に一人ひとりを特定の限られた職能に割り当てることで作業の効率化を狙う職能化原理に求められる。労働者の人間的存在を軽視した点で欠点をもつが，管理に科学性を与え，近代的管理論の基礎を築いたことは評価される。(☞テイラー，アメリカ経営学の特徴，管理過程学派)　　　　　　　　　　　　　　　　　　　　　　　(仲田)

DGB〔Deutscher Gewerkschaftsbund〕　600万人を超える組合員を擁するドイツ最大の労働組合連合体。ドイツ労働総同盟と訳される。金属産業(IGメタル)やサービス産業，運輸・交通，化学，エネルギーなど8つの労働組合を傘下にもつ。賃金や労働時間など労働協約の締結に際し労働側代表として経営者団体と交渉するほか，労働者の利害を代弁して政府に働きかけをするなど広範囲に活動している。なお，ドイツでは日本と異なり，労働組合は産業別に組織されている。(☞経営参加，監査役会(ドイツ)，労資共同決定制)　　　　　　　　　　　　　　　　　　　　　(山縣)

定量調査と定性調査〔quantitative research and qualitative research〕　定量調査では数量的データを通じて実態の把握または仮説の検証に努める。数量的データの収集は母集団の全数を対象とする全数調査と標本抽出された一部を対象とする標本調査がある。定性調査では仮説の導出や調査結果の検討等のため質的データを通じて現象の主観的意味や価値を読み解く。質的データの収集はインタビューや観察等によって行う。(☞マーケティング・リサーチ，市場調査)　　　　　　　　　　　　　(梶脇)

データ処理〔data processing〕　統計的データ，一般事務データなど各種のデータに対し，何らかの処理を施すことにより有用な情報を抽出することをいう。通常，データの処理にはコンピュータが用いられる。特に企業では，科学技術分野でのデータ処理と違い，大量の入出力データが扱われ，また演算そのものよりも，分類，併合，更新，比較などの処理が多く行われるという特徴がある。主に給与計算，財務会計，原価計算，在庫管理，市場予測などに必要とされる。(☞情報処理システム)　　(瀬見)

データ通信〔data communication〕　データをディジタル信号で通信すること。また，そのためのシステムをさす。遠隔地の端末機とコンピュータ，コンピュータどうしの間で，電話会社や通信業者が提供する専用線，公衆通信回線あるいは無線を使って，一定のプロトコル(送受信手順)に従ってデータを交換する。データ通信の範囲は広く，預貯金の引き落としから，携帯電話でインターネットに接続しウェブサイトの閲覧，検索

そして携帯メールの送受信なども含む。 (福井)

手　形〔bill ; draft ; note〕　取引の決済を行うための手段で一定の金額を支払う委託や約束を明記した有価証券のこと。手形の振出人が第三者に支払いを委託するのが為替手形で，振出人と支払人が一致しているのが約束手形である。法律で規定される手形はこの2種類であるが，いずれも一定の支払い猶予期間をおくことで信用を創造し，取引を円滑かつ拡大することに特徴がある。裏書で譲渡も可能。(☞企業間信用) (梶脇)

適応的探求法〔adaptive search method〕　戦略的意思決定の手法としてアンゾフ(Ansoff, H. I.)がその著書の中で提唱した分析方法。多角化による新しい製品―市場分野への進出戦略の策定において，最終的に採用すべき戦略に到達する過程は，探求的手順によって段階的に進められる。まず多角化するか否かの決定を行い，次いで企業目標，シナジー，競争力などの視点から到達目標となる事業活動の概念を決定ルールとして形成し，進出すべき製品―市場分野の諸代替案を探求し，各代替案を決定ルールに照らして評価する。企業の現状と到達目標とのギャップが小さいものがあればその代替案を採用し，もしなければ新たな代替案を探求するか，あるいは到達目標を下方修正するといった適応方法をとる。(☞戦略的意思決定，製品―市場戦略，アンゾフ) (上林)

出来高給〔piece rate pay〕　時間給と並ぶ賃金の基本形態の1つで，出来高に応じて賃金を支払う制度。出来高に比例して賃金も増えるので，出来高給には能率刺激機能がある。ただ，能率向上に応じて単位当たり賃金コストを引き下げるには出来高賃率の切り下げが避けられず，それが逆に出来高給の持つ能率刺激機能を損なうことになる。そこで，この問題を解決するために能率給の諸形態が工夫された。出来高給は，日本では運輸業等を除き一般には普及していない。(☞時間給，能率給，歩合給) (正亀)

テクノストラクチュア〔technostructure〕　ガルブレイス(Galbraith, J.K.)が，『新しい産業国家』(1967年)の中で提唱した概念で，経営者，技術者などの種々の専門家集団のことである。現代の大企業では，技術の進歩に対応し，目標達成のために多様な情報をもとに計画化を行い，専門的な知識をもった各種の人材を調整する必要がある。この管理機構を担い，意思決定を行う集団が，テクノストラクチュアである。ガルブレイスは，支配を入手の一番困難な要素，すなわち隘路要因ないし希少性との関連において捉えており，現代の大企業では，所有者たる資本家より，種々の専門家集団，すなわちテクノストラクチュアに支配力が移行したと主張している。 (海道)

デザイン開発　工業デザインの開発活動。工業デザインとは単に製品の外観のデザインを指すだけではなく，商品としての付加価値を高める全

ての設計活動をいう。そこでは顧客へのアピール度が重要となるが,製造のし易さ・信頼性の高さ・操作やメンテナンスの容易さなどの要素も重要である。そして,製品全体で見たデザインの思想の一貫性が求められる。そのこと自体がその製品やそれを作る企業のアイデンティティとして顧客に強力にアピールするからである。従って,デザイン開発には設計部門だけでなく生産や販売等の関係者も加わる必要があるとされている。製品技術の基本構造の設計は技術的デザインとして工業デザインと区別されるが,必ずしも両者に明確な境界があるわけではない。(宗像)

デザイン・マネジメント〔design management〕 商品の価値は物理的な機能価値と,パッケージやネーミング,広告あるいはブランドなどの情報価値がある。情報価値をうまく高めるようにマネジメントすることをデザイン・マネジメントという。工場や店舗の空間デザイン,インテリア空間デザイン,看板やサインあるいはロゴマーク,キャラクターマーク,ショールームや IR 公告,そしてホームページのデザインも販売促進だけでなく企業イメージ訴求に重要となってきた。　　　　　　　(福井)

デシジョン・ツリー〔decision tree〕 考えうる状況に応じて意思決定者にどのような行動の可能性があるかを図示したもので,それがちょうど木の枝別れのような樹形図となるので,デシジョン・ツリーとよばれている。複雑な意思決定問題を解決する場合に有用な方法である。例えば新製品を市場に導入するかどうかについては,需要が多いか少ないかによって異なる意思決定が行われる。図において四角印(□)は意思決定点を意味しており,丸印(○)からでる枝によって意思決定の結果生じる事象とその確率が示されている。それに基づいて期待利益が計算されることになる。　　　　　　　　　　　　　　　　　　　　　　　　(海道)

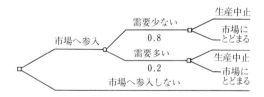

手順計画　　工程計画ともいわれる。手順計画とは,特定の製品を製造するに際して,必要な作業・作業の順序・それぞれの作業に必要な機械や道具・各作業の標準時間・必要とされる材料の種類および量・作業ロット数などを予め決めておくことである。その目的は要求される生産量や品質・納期を確保しながら経済的に最適な生産手順を考えることにある。手順計画は,実施に際して手順表に書き表わされる。それに基づき日程

計画が組まれる。(☞生産計画, 日程計画) (宗像)

テスト・マーケティング〔test marketing〕 新製品の発売や新サービスの提供に際して, 全国市場への本格的導入に先だって, ある代表的な特定市場を選定し, 新製品のマーケティング計画をテストすることがある。この市場実験ないし実験的マーケティングがテスト・マーケティングである。事前のテストによって, 企業は新しい製品やサービスに対する市場の反応や流通業者の反応をチェックできるだけでなく, マーケティング計画が引き起こすと予想されるあらゆる問題を解決することができる。テスト・マーケティングの狙いは, 新製品の全国市場への導入をよりリスクの少ない, 効率的なものとすることにある。テストのタイミングや代表となる市場の選定が問題である。 (市川)

デット・サービス・レシオ(債務返済比率)〔debt service ratio〕 一国の対外債務を支払う能力を示す指標である。国家の対外債務返済額(その年の元本返済額と利払いの合計である元利償還額)を, その国における財・サービスの輸出額(対外収入)で割った比率で表わされる。カントリー・リスクの評価の1つの基準である。この指標が高いほど, 対外債務の負担が重い。経験的に, この値が概ね20%を上回った場合に, 対外債務の返済が困難なレベルになるといわれている。(☞カントリー・リスク) (石井)

デ・ファクト・スタンダード〔de facto standard〕 事実上の標準ともよばれ, 日本規格協会のような公的な標準化機関が標準規格を決定するのでなく, 市場競争の中から事実上市場の大勢を占めることで標準的規格となる場合を指す。かつて家庭用VTRの分野において, ベーター方式に対しVHS方式が市場競争の結果としてデ・ファクト・スタンダードを獲得した例がある。近年, とりわけ情報通信・ディジタル家電などの分野では, その分野での世界的な企業標準を確立することが競争に打ち勝つ基本的要件になってきている。 (角野)

手元流動性〔liquidity at hand〕 会社の資金繰りの上で, 短期余裕資金がどの程度あるかを示すものである。手元流動性を示す指標は, 手元流動性=(手元流動資金)/(売上高÷365), として表される。手元流動資金とは, 現金・預金および一時所有の市場性のある有価証券である。したがってこの指標は, 会社が一日当り売上高に対し何日分の手元流動資金をもっているかを表しており, 会社の財務上の安全性や支払能力を示す。この指標は業種により異なるが, 通常40～60日分が平均的である。(☞安全性分析) (角野)

デモンストレーション効果〔demonstration effect〕 アメリカの経済学者デューゼンベリー(Duesenberry, J.S.)が『所得・貯蓄・消費者行動の理論』(1949年)で指摘した消費者の行動傾向。個人の消費支出は, 単に自分の

所得の関数として所得の大きさによってのみ一義的に決定されるのではなく，彼の属する社会集団の平均的消費水準によっても影響を受けるという。例えば彼の周囲の多くの人々が車をもつようになると，彼も買わずにはおれなくなるように，人間の消費行動は，自分の真の必要や欲望に基づくよりも，見栄や流行のように他人の消費水準や消費様式の影響を強く受ける。新型製品の出現により，まだ使用可能な耐久消費財を，消費者が買い換える傾向もこれで説明できるとされる。 (片岡信之)

テリトリー制 流通系列化の１手段で，専売店制や一店一帳合制とともに，おもにメーカーが販売業者の販売地域を指定すること。市場を地域的に分割し，効率的な販売活動を展開しようとの狙いがある。卸売段階では家電，化粧品，合成洗剤，小売段階では自動車，新聞などで採用されている。テリトリー制には，その地域に１人の販売業者しか置かないクローズド・テリトリー制，複数の販売業者を置くオープン・テリトリー制，それに，店舗の立地場所だけを指定し，販売地域は特に制限しないロケーション制がある。テリトリー制は販売業者の営業地域を制限するものであることから，流通系列化に伴う公正競争阻害行為の１つとして，規制強化が叫ばれている。(☞マーケティング・チャネル) (市川)

デリバティブ〔derivative〕 金融派生商品ともよばれる。具体的には，各国の株式・債券・金利・通貨・商品の先物取引やオプション(権利売買)も対象とし，高度の数学を利用した多様な取引条件の組合わせが商品化されている。世界的金融危機を引き起したサブプライムローンにみられたように，デリバティブ取引はその性格が複雑な上，大きなリターン(収益)が望める反面リスク(損失)が大となる場合もあり，リスク管理が最重要課題となる。 (角野)

テレ・コミュニケーション〔telecommunication〕 インターネットの登場により，電話をイメージした電気通信という用語は限定的で，ダイナミックでより広い意味をもつ情報通信が使われてきている。電話，放送，ケーブルテレビといった伝統的なテレ・コミュニケーションに加えて，例えばスカイプといったIP電話や携帯端末でのテレビ受信など情報通信技術を駆使した新しいサービスが続々と誕生してきた。これらは従来のテレ・コミュニケーションを融合し拡大を続けている。 (福井)

電子マネー〔electronic money〕 電磁的記録をやり取りして決済が行われる仕組み，またはその電磁的記録自体のこと。タイプとしてはプリペイドカード等現金通貨の代わりとなる「カード型」の他，預金通貨の代わりにクレジットカード情報等をコンピュータに登録してインターネット上で決済する「ネットワーク型」がある。日本ではICチップの入った「カード型」電子マネーの利用が盛んで，近年では携帯電話にもICチッ

プが内蔵されている。(☞インターネット)　　　　　　　　　　　（梶脇）

〔と〕

ドイツ経営学の学派分類　　ドイツ経営学はその学問的性格を整えることに力を注いだため、様々な学派を生ぜしめた。シェーンプルーク(Schönpflug, F.)が戦前のドイツ経営学を大きく理論的学派、技術論的学派、規範論的学派に分類し、それぞれの特質を明確にして、経営学のさらなる発展を意図したことは、経営学史研究の方法と課題を示したものとして画期的な業績であった。戦後は、グーテンベルク(Gutenberg, E.)の理論経営学でもって出発したが、その後、アメリカ経営学の影響を受けて意思決定やシステムを中心とする学派とか、労働者の利害の上に立った学派とか、ドイツ伝統の規範論を生かした学派など様々な学派が生まれ、経営学はさらなる分派の過程を辿っている。(☞ドイツ経営学の特徴、シェーンプルーク)　　　　　　　　　　　　　　　　　　　　　　（吉田）

ドイツ経営学の特徴　　もともと経営者の養成を主たる目的として設立された商科大学では、実務的な商取引を主体とした商業学が講義されたが、商業学が余りにも科学としての理論化・体系化に欠けていたため、その地位を私経済学に譲った。私経済学は科学としての性格を整えたものの、今度は国民経済学から金もうけ論という非難を受け、私経済学はやがて経営経済学という学問に落ち着いた。ドイツの経営学はまさしく、学問的性格をめぐって大学から生まれ出たところにその特質がある。今日、経営経済学は国民経済学と並び存する独自の学問となっているが、それでもなお、科学性と実践性、経営経済と国民経済、組織と経済など論議が絶えないところにさらなる特質がある。(☞経営経済学、私経済学、ドイツ経営学方法論争)　　　　　　　　　　　　　　　　　　　（吉田）

ドイツ経営学方法論争　　経営学とはどういう学問か。まず今世紀の初めに、ワイヤーマン(Weyermann, M. R.)とシェーニッツ(Schönitz, H.)の私経済学をめぐってその国民経済学との関係が論議され、私経済学の国民経済学に対する相対的自律性か絶対的自律性かが第一次論争の中心となった。その後、1920年代に、経営経済学の性格をめぐってリーガー(Rieger, W.)が改めて私経済学を主張し、経営学の対象・目的として、経営か企業か、経済性か収益性かが第二次論争の的となった。さらに第二次世界大戦後、グーテンベルク(Gutenberg, E.)が近代経済学に基づく新たな理論経営学を主張したのに対して、改めて経営学の性格をめぐって理論か実践かが第三次論争として問われ、それは今日でも、さらに新たな科学哲学の方法をめぐって続けられている。(☞私経済学、ドイツ経営学の特徴、ド

イツ経営学の学派分類) (吉田)

ドイツ的経営の特徴〔characteristics of German management〕 ドイツ企業では、まずトップ・マネジメントが二重組織である。株式会社の場合、経営執行機関である取締役会とその監督機関である監査役会との2階層制である。株主総会は監査役を選出し、監査役会が取締役を任命する。次に労働者・労働組合の広範なる経営参加が特徴である。監査役会は多くの場合、出資者代表と労働者代表が1対1または2対1で構成する。出資と経営との分離では、出資側の比重が高く、経営者は何よりも企業者たらんとする。しかし取締役は法律上も「自己の責任で経営にあたるもの」とされていて、一方的に出資者に奉仕するものではなく、企業は出資者のための金儲けの機構という考えはうすい。仕事をする所、物を生み出す所という意識が強い。(☞監査役会(ドイツ)) (大橋)

当期業績主義〔current operating performance concept〕 わが国では1974年以前、特定期間での経常的な期間成績を示すために、当期に確認された損益の内、固有・経常的・反復的な期間損益のみを損益計算書に記載し、当期の業績に関係のない過年度の損益、臨時・異常な損益は期間外損益として利益剰余金計算書に計上していた。現行の企業会計原則は、当期業績主義で経常損益計算の区分のみを行い、全体作成方針では包括主義を用いている。(☞包括主義) (牧浦)

当期純利益〔net income〕 期間損益計算の最終的な目標であり、営業利益、経常利益等の他の利益はその途中経過を示す。税引前当期純利益から法人税、住民税および事業税を控除し、それに法人税等調整額を加減して求められる利益をいう。連結財務諸表上は、「連結財務諸表に関する会計基準」の改正により、平成27年4月1日以後開始事業(連結会計)年度から「少数株主損益調整前当期純利益」は「当期純利益」に、旧基準の「当期純利益」は「親会社株主に帰属する当期純利益」となる。(☞営業利益、税引前当期純利益) (久保田)

動機づけ〔motivation〕 欲求に意思が加わり行動に導く起因を動機とよぶが、動機によって何らかの行動が引き起こされていく状態全体を称して動機づけとよぶ。つまり、ある行動が喚起され、それがある方向へ持続的に導かれる状態を総称したものである。経営学の分野では、どうすれば人は仕事に積極的に取り組むかという点から動機づけに関する多くの研究が進められた。それ故、仕事意欲を指す時にモチベーションの語が用いられる場合もある。(☞期待理論、動機づけ要因-衛生要因) (奥林)

動機づけ要因-衛生要因〔motivation and hygiene factor〕 従業員を動機づける要因と不満を解消する要因のこと。ハーズバーグ(Herzberg, F.)は、従業員の職務態度を研究する中で、従来同一要因の充足と欠如によ

ると思われていた職務満足と職務不満が、別の要因から生み出されるという結論を導き出した。職務満足は、職務の内容やその達成、さらに達成への評価といった、仕事そのものに関する要因、つまり動機づけ要因と関連していた。一方、職務不満は、会社の方針と管理方式、監督者との関係、職場の人間関係、給与やその他の労働条件といった、仕事の環境条件に関する要因、つまり衛生要因と関連していた。衛生要因は不満を解消するだけで、従業員の意欲を積極的に引き出すのは動機づけ要因である。(☞職務拡大、職務充実、ハーズバーグ)　　　　　　　　(伊藤)

等結果性(エクイファイナリティ)〔equifinality〕　オープン・システムに固有の特質の1つ。オープン・システムは絶えず物質、エネルギー、情報という変数を環境と交換している。その交換過程でシステム形成要素は絶えず淘汰、再生される。流動と変化を示すこの状態は流動均衡といわれる。流動均衡は、その基礎となっている行動パラメーターに依存するのであって、出発条件が異なっても、方法が異なっても、行動的なシステム変換によって達成される。この意味でオープン・システムは、等結果性を示すのである。(☞オープン・システム、システム)　　　　　(水原)

動作研究〔motion study〕　労働者が行う作業動作を分析し、不必要なむだな動作を排除し、当該作業に必要な動作を確定し、最も能率的な作業方法を発見するための研究。このような研究は、テイラー(Taylor, F.W.)によって課業管理のための動作時間研究(time and motion study)として提唱され、彼の後継者たるギルブレス(Gilbreth, F.B.)によってさらに発展させられ、一応の完成をみた。ギルブレスは、この動作研究を一層精緻化することに成功し、微細動作研究(micromotion study)を確立した。それに際して、彼は、サーブリッグやサイクログラフ法などの様々な技法を開発した。ギルブレスの研究は、その後、バーンズ(Burns, R. M.)、ホルムズ(Holmes, W. G.)、マンデル(Mundel, M. E.)などによって受け継がれ、発展させられている。(☞テイラー・システム、サーブリッグ、微細動作研究)　　　　　　　　　　　　　　　　　　　　　　(深山)

当座資産〔quick asset〕　貨幣資産や支払資産ともよぶ。現金預金以外に、売掛債権、一時所有の有価証券、短期貸付金、未収金、前払金、立替金など、正常な状況では短期に換金できる流動資産である。なお、棚卸資産とは異なり、生産・販売過程を経ずに支払いに充当できる。反面、過剰な手元資金や売掛債権は、資本の循環を鈍化させるが、流動負債に対して当座資産の比率(当比率)が高ければ、短期的な支払能力は大きいとみなせる。(☞流動資産、流動比率と当座比率(酸性試験比率))　　(牧浦)

投資利益率〔return on investment : ROI〕　ROIは、特定の投資案件に対して、どの程度の利益が生み出されているのかを示す指標であり、投下資

本利益率とも訳される。基本的な計算式は、ROI(%) = 利益÷投下資本×100 である。ROI の数値が高いほど投資効率がよく、有利な投資ということができる。ほぼ同様の概念として ROIC(Return On Invested Capital：これも投下資本利益率と訳される)がある。ROI は本来、個別の投資案件の測定に使用されるのに対して、ROIC は企業全体の投資評価に使用される。 (今西)

同族企業〔family company〕 同じ親族、一族や一門の者により実質的に所有され運営されている企業をいうが、同族企業の範囲を厳密に規定することは容易ではない。わが国法人税法では同族会社は扱いが異なるために同族会社の規定をしている(2条)。それによると同族会社とは、3人以下の出資者もしくはそれらの同族関係者(個人、法人)の出資が出資総額の半分以上を占めるものをいう。さらに、同族会社のうちでも、1個人もしくはその同族関係者の出資割合が半分以上のものは特定同族会社という。わが国では法人企業でも同族企業が多いといわれる。(大橋)

動態的組織〔dynamic organization〕 伝統的な組織形態としての静態的組織に対置せられる新しい組織形態をいう。硬直化した組織では、現代の急激に変化する環境に適応することが困難であるところから、組織の弾力化をはかり、流動的で柔軟な組織編成をねらうものである。組織の固定性、閉鎖性を排し、部、課、系列を横断的・縦断的に選抜あるいは組合わせを行いつつ活用することになる。経営戦略のための組織形態を設ける場合もあれば、また組織自体の戦略として使用される場合もある。人的・物的資源の最大限の利用から組織構成員の満足に至るまでの多くの効果が、これによって期待される。具体的な形態としては、プロジェクト・チーム、マトリックス組織などがある。(☞マトリックス型組織、プロジェクト型組織) (水原)

投入産出分析〔input-output analysis〕 産業連関分析ともよばれる。一定期間内における国民経済の諸部門間の財・サービスの取引の流れを包括的に記録した産業連関表を基礎データとして、企業、家計、政府の各経済主体がどのように取引を通じて相互連関し合っているかを読み取り、その因果関係を定量的に分析することをいう。ワルラス(Walras, L.)の一般均衡理論を統計資料の当てはめによって、実証的に分析しようとしたレオンチェフ(Leontief, W. W.)の研究に端を発する。投入産出分析では、1国の産業構造や各産業部門の特性が分析されたり、最終需要が増加すればこれにより各産業部門の生産水準はどのように変化するかといった経済予測や経済計画のための分析が行われたりする。(☞インプット・アウトプット) (瀬見)

トータル・システム・アプローチ〔total system approach〕 下位の各シス

テムを全体システムへと統合するアプローチをいう。もともとこのアプローチは経営情報システム(MIS)論でとられた方法である。そこでは,営業,購買,生産－在庫,財務,人事などの下位システムを全体として統合した情報が統合情報システムとよばれた。①インターフェイス,②共通のデータ・ベース,③資源の共用,という特徴をもつこのMISは,下位情報システム間の情報相互利用による重複の排除,中央の共通データ・ベースの集中化と利用,資源共用等により,情報システム全体の効率化に貢献すると考えられたが,それは理想像であるという批判もあり,MISそのものはすたれた。　　　　　　　　　　　　　　　　　　(水原)

特殊法人〔government-affiliated corporation〕「法律により直接設立される法人又は特別の法律により特別の設立行為をもって設立すべきものとされる法人」であり,公企業体(現在NHKのみ)を含むものである。その事業活動が営利目的に適さず,行政機関からの独立性が必要な場合に,行政のみの出資あるいは行政とその他の公共団体や民間企業の共同出資により設立される。かつて日本国有鉄道,日本専売公社,日本電信電話公社の3公社など多く存在したが,現在は廃止,民営化,独立行政法人への移行が進められている。(☞法人,公企業,独立行政法人)　　(関野)

独　占〔monopoly〕　財やサービスの取引市場において,供給者(または需要者)が1社だけで競争者がいない場合を独占状態といい,完全競争と対極の関係をなす。独占には買い手が1人の買い手独占(需要独占),売り手が1人の売り手独占(供給独占),双方独占などがある。完全競争下ではどの企業も市場価格を独力で左右する力はないが,独占企業は自分の供給量(または需要量)を調節して市場価格を左右しうるので,利潤極大化を狙う独占価格を設定することで独占利潤を獲得することができる。近代経済学では市場を独占,複占,寡占等に機能的に細分化して捉えるが,マルクス主義経済学の如き歴史的社会的視点からは,自由競争に代わって独占・複占・寡占等の不完全競争が決定的役割を果たすようになった状態を一括して独占資本主義段階と捉えるので,独占概念は競争を排除しない。(☞競争,寡占,管理価格)　　　　　　　(片岡信之)

独占禁止政策〔anti-monopoly policy〕　一般に資本主義が高度化すると私的独占や寡占の状況に至る。こうした競争制限的な状況を防ぎ,一般消費者の利益を保護し,民主的で健全な国民経済の発展を促すことを目的とする諸政策。最もよく知られるのはアメリカにおける反トラスト法である。わが国では第二次世界大戦後の占領政策のもとで独占禁止法(私的独占の禁止及公正取引の確保に関する法律)が成立し,私的独占,不当な取引制限,不公正な取引方法などが禁止されることとなった。(☞企業結合形態,カルテル,トラスト,コンツェルン)　　　　　(山口)

特別支配株主の株式売渡請求　2014年会社法改正で設けられたもの。ある株式会社において株式の9割以上を持つ株主(特別支配株主)は，当該会社の承認を得て，残りの株式を持つ株主に対し，その株式の全部を売り渡すよう請求できることをいう。この権利は，9割以上の株式を自ら持つ場合(直接保有)だけではなく，自分が出資金の全部を出している会社や法人が9割以上の株式を持つ場合(間接保有)にも可能である。売渡請求された株主では，法令違反がある場合などには，売渡請求を止めるよう申し立てできる(会社法179条)。　　　　　　　　　　　(大橋)

特別損益〔extraordinary gains and losses〕　臨時的・偶発的に生じた損益項目で，通常の事業活動以外の取引から生じる損益をいう。特別利益としては，本来，利用する目的で保有する固定資産の売却によって生じる固定資産売却益や投資有価証券の売却益等がある。一方，特別損失としては，固定資産売却損や投資有価証券売却損等がある。経常利益にこれらの項目を加減することによって税引前当期純利益が算定される。(☞経常利益，税引前当期純利益)　　　　　　　　　　　　　　　(久保田)

特別取締役による取締役会の決議　これは2002年改正商法で導入された重要財産委員会が前身で，2005年会社法で名称も変わった。株式会社でトップにおける意思決定の迅速化を図ろうとするもの。取締役が6人以上(うち社外取締役1名以上)いる取締役会設置会社で(指名委員会等設置会社を除く)，予め3人以上の特別取締役を決めておき，取締役会の最重要事項である重要財産の処分・譲り受けと多額の借財についての決定を，これら特別取締役の決定に一任するもの(会社法373条)。ただし監査等委員会設置会社では，この措置をとれない場合がある(会社法399条の13)。　　　　　　　　　　　　　　　　　　　　　　(大橋)

匿名組合〔anonymous association ; silent partnership〕　資本(匿名組合員)と人(営業者)とが結合した共同企業である。商法では，匿名組合契約を匿名組合員が営業者の営業の為に出資し，その営業から生じる利益の分配を約束するものと規定される。組合員は出資義務を負い，この出資は金銭その他の財産に限られ営業者の財産となり，営業者がそれを用いて営業を行う。対外的には営業者の単独企業に映り，出資者が誰か分からないために「匿名」と称される。組合員には業務執行権や代表権はないが，営業者に営業を求める権利，利潤分配請求権，業務監視権等を有する。わが国では，税負担の軽減を目的として利用されることが多い(☞組合)　　　　　　　　　　　　　　　　　　　　　　　(西村剛)

特約店(代理店)〔agency(agent)〕　特約店(代理店)とは，製品やサービスの売買をメーカーに代わって行う企業のことである。特約店には2つの形態がある。1つは商法上の問屋に当たるもので，事業者から提供され

た商品を自己の名で，事業者の計算において他に販売する。第三者に対しては売り主となり，事業者に対しては受託者となる。もう１つは代理店(代理商)とよばれ，事業者から提供された商品を事業者の代理人として販売するもので，委託販売の形式をとる。(☞卸売商)　　　　　(市川)

独立行政法人　2001年発足した公経営体の1種。これまで政府諸機関の中には，その業務が公共的見地から不可欠ではあるが，しかし国の直属機関として担当する必要は必ずしもないけれど，民間に全く任すこともできないものが種々あった。これらの諸機関を政府直属機関からはずし自立的に運営できるようにしたもの。造幣局など多くある。法人の長は主務大臣が任命。運営資金は多くの場合政府から交付されるが，運営実績は政府設置の評価委員会で評価される。職員が国家公務員のままのものは特定独立行政法人，旧国立大学は国立大学法人という。　(大橋)

トップ・マネジメント〔top management〕　企業において最高経営管理を担う層。経営者や経営陣とも称される。これにあたるのは一般に企業の役員や重役といわれる人たちであるが，その役割は，企業所有者である出資者や広く社会全体から企業に付託されている役割の遂行，企業全体の調整・総括・統率，全般的な戦略・進路の決定である。この中で社長など最高執行者が行うトップ・マネジメント行為は，全般管理といわれる場合もある。(☞全般経営層，経営戦略，経営理念)　　　　(山縣)

ドメイン〔domain〕　企業や展開する事業の，戦略的に定義された生存領域。それは企業・事業がどんな顧客に対してどのような機能をどのように提供するかを定義する。それにより市場の範囲や組織成員の注意が限定されることで，経営資源を有効利用し，競争相手に対し的確な対応をすることにつながる。適切なドメインの定義には，対象とする市場・果たすべき機能・コアとなる技術などを出発点に，未来へ向けた成長や発展の方向性を示すことが求められる。(☞経営戦略)　　　　(松本)

トヨタ生産方式〔Toyota production system〕　「徹底したムダの排除」という基本思想と，それを支える「ジャスト・イン・タイム」ならびに「自働化」を基本原理とした日本オリジナルの生産方式。大規模市場とそこでの大量生産，すなわち量とスピード(より速く，よりたくさん)による効率追求という欧米自動車工業の生産方式に対抗し生き残るため，小規模市場である戦後の日本自動車工業に課せられた多品種少量生産という市場の制約を克服するために考案された，生産方式および生産管理方式である。その根底には，生産の普遍的原理である「品質のよいものを安くつくる」という日本オリジナル技術の追求という思想がある。1973年の石油危機を契機に，その効率性が国内外で注目された。(☞ジャスト・イン・タイム，かんばん方式，リーン生産方式)　　　　(廣瀬)

トラスト〔trust〕 企業がM&Aにより資本的に統合する市場支配力において最強の企業結合形態であり,企業合同ともいう。同一業種で生産過程も同一な複数企業(例:玩具製造業と玩具製造業)が結合する水平的合同,同一業種で生産過程の異なる複数企業(例:自動車製造業と自動車販売業)が結合する垂直的合同の2形態がある。先進資本主義国では過度な独占につながると判断されるトラストは独占禁止法により禁止されている。(☞会社合併,M&A) (片岡進)

ドラッカー(1909-2005)〔Drucker, Peter F.〕 制度学派の影響を受けた学説を展開し,日本の企業家や経営学者に大きな影響を与えたアメリカの経営学者。オーストリアに生まれ,1932年に渡米し,経営コンサルタントなど経験する。その後ニューヨーク大学大学院やクレアモント経営大学院などで教授を務める。著書として,*The Practice of Management*(1954年)(邦訳『現代の経営』自由国民社),*Management for Results*(1964年)(邦訳『創造する経営者』ダイヤモンド社),*The Age of Discontinuity*(1969年)(邦訳『断絶の時代』ダイヤモンド社)など多数。 (渡辺峻)

トランスファー・プライス〔transfer price〕 「移転価格」とか「振替価格」とも訳される。市場価格や独立の生産者間の交渉価格の決まり方とは異なり,多国籍企業の親会社の経営管理命令を通じて,自社内で国際取引される財に操作的に付けられる価格をいう。親会社と海外子会社の間および子会社相互間での原材料,部品,半製品,完成品の移転価格水準は,各国間の法人税率,関税率,輸出補助金,インフレ率,金利水準,外国為替相場の変動,政治的安定度などによって決まる。多国籍企業がグローバルな利益極大化を図るための主要な手段として用いる価格であり,内部化の促進要因として重視されるが,各国租税当局が価格操作への取り締まりを強化しているため,その乱用は難しくなっている。 (藤澤)

トランスファマシン〔transfer machine〕 加工工程順に専門機械を並べ,それらの間を運搬装置で結び,一連の加工に必要な作業のすべてを高速自動化したもの。もともとは加工品の着脱・加工・移動を全く自動的に行うようにした全自動搬送加工機械。メカニカル・オートメーションの最も初期のもので,1924年イギリスの自動車工場で設置されたものが始まりといわれるが,1950年代アメリカの自動車工場で新しく展開された。(☞オートメーション) (大橋)

取締役・取締役会〔directors・board of directors〕 取締役は,株主総会で選任され,株式会社において必ず設置しなければならない機関である。ただし公開会社では,3名以上の取締役からなる取締役会が置かれなければならない。取締役会は,会社の重要な業務執行に関する意思決定とその執行の監督を行う機関である。意思決定に関しては,取締役会で決

定されなければならない専決事項が会社法で定められている。また，取締役会で決定された事項は，代表取締役等によって執行されるが，取締役会はこれを監督する権限を有しており，その選定ならびに解職の権限を有している。また，代表取締役は四半期に一度，職務執行の状況を取締役会に報告することを求められる。取締役会の監督機能の形骸化が問題視されてきたが，社外取締役の導入や指名委員会等設置会社への移行は，その強化を意図したものである。(☞指名委員会等設置会社，代表取締役，株式会社) (馬場)

取引コスト〔transaction costs〕 限定された合理性のもとで，システムが不確実性を主内容とする環境変化に適応していく場合の計画と統制のコスト。具体的には，情報探索・入手・処理コスト，交渉・調整・動機づけコスト，監視コスト，契約や統合を行う際に必要な開設コストなどからなる。機会損失コスト，物流コスト，プロモーション・ミックスのコストを含める見解もある。市場，中間組織，内部組織といった資源配分様式ないし取引様式の選択は，この取引コストを最小化しようという動機に基づいて説明される。(☞制約された合理性) (陶山)

トレード・シークレット〔trade secret〕 企業秘密と訳される。明確な定義はないが，公開を前提に保護を受ける特許などとは異なり，非公開のままで保有する企業の営業上の秘密である。独特の製法や独自の顧客情報などが該当する。特許などに比べて，技術や情報における優位を長く維持できる可能性が大きい。しかし，特許法などによる保護が受けられないため，契約の際に秘密遵守義務事項の設定などによって企業が自衛策を講じておくことが必要とされる。 (宗像)

トレンド分析〔trend analysis〕 傾向分析ともいう。伝統的な時系列分析では複雑な動きをする時系列を，傾向変動，循環変動，季節変動，不規則変動という4つの構成要素に分離したうえで，それぞれについて分析が加えられる。この時，移動平均法などを用いて原系列から季節変動を除去し，ついで不規則変動を調整した後の系列に対して，それがかなり長期的にみてどのような趨勢を示しているかを，直線，2次曲線，指数曲線，ロジスティック曲線，ゴンペルツ曲線などの当てはめによって明らかにすることをトレンド分析とよぶ。トレンド分析の結果，過去のデータに最もうまく適合した曲線が見出されるので，それを外挿することによってトレンドの予測を行うことが可能になる。(☞ロジスティック曲線) (瀬見)

〔な〕

内部化理論〔internalization theory〕 対外直接投資について，国際的な企業間の市場取引が，企業が組織内部で行う取引に置き換えられるものとしてとらえる考え方。例えば，自社単独の海外工場で生産活動を行う費用（設備投資費や組織維持費）を，他社との合弁で運営する場合や国内からの輸出で対応した場合の，他社との契約や取引管理のための費用（取引コスト）と比較する。自社単独の海外工場の設立で取引コストが節約でき，それが財やサービスを当該市場に提供する上で総費用が最も安い取引形態ならば，対外直接投資が行われる。パートナーの存在や情報の漏えい，海外戦略の自由度，海外市場での規制や税制上の利点等の要因も，取引の内部化では考慮される。(☞取引コスト，対外直接投資，折衷理論) 　（石井）

内部金融と外部金融〔internal financing and external financing〕 内部金融は事業活動を通じて企業内部から資金を調達する方法。具体的には法定準備金や任意積立金等を含む利益留保，減価償却費・引当金等の支出を伴わない費用項目等がその源泉となる。それに対して外部金融は，企業の外部で資金を調達する方法で証券市場を介した直接金融，金融機関からの借入による間接金融，取引先との企業間信用に大別される。外部金融は配当や利息，発行費用等の資本コストを伴うが，内部金融は金額の多寡や機会費用を別にすれば，資金調達にコストが不要な有利さをもつ。(☞自己資本，他人資本，直接金融と間接金融) 　（梶脇）

内部統制〔internal control〕 公認会計士・官庁による監査を典型とする外部監査に対する概念で，会計数値を企業内部によってチェックすることをさす。一般的に企業内の事務処理について進行の過程と結果について複数の担当者が監視し過誤を事前に防止する体制をいい，また財務会計について企業内において過誤や遺漏を発見しまた事前に監視する体制を意味する。近時では監査の意味の拡大に伴って財務会計的数値の処理過程と結果のチェックと並んで，管理会計的数値の監視並びに検討も含みながら数値の過誤の監視から経営・事業内容の判断を通じてさらには将来的経営計画等の戦略立案に対して役立つ分析の意味も強調されている。(☞管理会計，財務会計) 　（渡辺敏雄）

内部利益率法〔internal rate of return method〕 投資決定に関する方法の1つで貨幣の時間的価値を考慮した割引キャッシュ・フロー法の一種。投資額と一定期間内の将来の収益の現在価値合計が等しくなる割引率（＝内部利益率）を求め，この内部利益率が資本コストを上回っている場合に投資案として採用候補となる。複数の投資案が存在する場合には，

内部利益率の高い方が有利になる。ただし，投資の規模や資本コストの程度によっては同じ投資案の比較でも，正味現在価値法と異なることがある。その場合は投資案の差額を求めて，資本コストと比較する方法がある。(☞回収期間法，正味現在価値法)　　　　　　　　　　　　　　　(梶脇)

内部労働市場〔internal labor market〕　企業内部に形成される労働市場を一般的な労働市場(外部労働市場)に対してこうよぶ。1970年代にドーリンジャー(Doeringer, P.)とピオーレ(Piore, M.)によって提唱された。通常の労働市場では，労働力の配分は価格機構を媒介として決定されるが，内部労働市場ではそれは企業内の慣行や制度に大きく影響される。欧米では外部労働市場を通じての採用が多くなされるが，わが国では新卒者を採用した後は，内部労働市場において教育訓練，配置がなされ外部労働市場からの新たな人員採用は少ない。しかし，教育訓練や配置転換などに労働経済学の考え方を適用することによりそれらを経済学から説明することができる。(☞フル・タイマーとパート・タイマー)　　　　　　(奥林)

中西寅雄(1896-1975)　マルクス『資本論』をベースにした経済学の立場から，経営の本質を個別資本の運動として措定する経営経済学の創始者として有名。その学説は個別資本論(説)ともよばれ，1つの学問的潮流を形成し，同氏はその教祖的な存在であったが，その後自説の学問的立場と方法論を変更した。和歌山県で生まれ，東京大学経済学部を卒業後，助手を経て1923年に助教授になる。留学後，1927年に教授になり，経営学を担当するが1939年に東大を退職した。著書に『経営経済学』日本評論社(1931年)『経営費用論』千倉書房(1936年)などがある。(☞個別資本理論，経営経済学，日本経営学の特徴)　　　　　　　　　　　　(渡辺峻)

流れ作業組織〔organization of progressive production〕　品種別職場作業組織の一形態。生産工程において最も重要な要素の1つは，物の流れである。この流れの連続性を確保し，作業時間を迅速化するための作業組織が流れ作業組織である。そこでは，各工程の作業時間の均等化と工程間移動(運搬)時間の均等化が鍵となる。各工程での作業は反復的で単調作業となる。この作業組織は，製品が工程間を移動中に作業が行われるか否かで，移動作業型と静止(節動)作業型(タクト型)とに分類される。流れ作業組織による生産といえば，移動作業方式を思い浮かべる場合が多いと思われるが，両者を区別する必要がある。コンベア・システムによる自動車生産は前者，飛行機製作の場合などは後者である。(☞品種別職場作業組織，コンベア・システム，タクト・システム)　　　(廣瀬)

ナノテクノロジー〔nano-tecnology〕　10億分の1メートルを1ナノメートルという。この単位で計測や加工をする技術分野すなわち超々精密技術がナノテクノロジーである。この概念は，1974年の国際生産技術会議

において，谷口紀男教授によって初めて提唱された。今日においては，薄膜や光学などのさまざまな分野で応用され，21世紀のキーテクノロジーであるといわれている。2003年にはナノ学会が設立された。　（深山）

成行管理〔drifting management〕　19世紀の末から20世紀の初めにかけて，工場管理方式の改善が進んでいたのはアメリカであった。当時，そこではタウン(Towne, H. R.)の「分益制度」など，刺激的な賃金形態を利用した労働能率の向上方式が考案された。しかし，もっぱら賃金制度を利用しての管理方法はまだシステム化された管理制度とはいえず，工場管理の事前の計画も，具体的な目標も設定されず，従来の経験や勘に基づく大まかな管理にすぎなかった。それらは成り行きまかせの管理であり，この点を批判してテイラー(Taylor, F.W.)が独自の科学的管理方式を唱えることになった。(☞テイラー・システム)　（仲田）

ナレッジ・マネジメント〔knowledge management〕　個人が組織で働きながら得た知識や情報を部門や組織全体で共有したり，新たな知識を創造したりすることで，組織の問題解決に役立てる管理手法の総称。知識経営ないし知識管理と訳される。ナレッジ・マネジメントにおけるナレッジ(知識)は，文章によって客観的・論理的に明示できる形式知と，個々人の感覚や価値観の中で体得され，客観化が難しく非論理的な暗黙知に区分されるが，一般に知識社会が進展するにつれ，形式知よりも暗黙知の比重が高くなるとされる。ナレッジ・マネジメントにおいては，ナレッジを有する労働者(知識労働者)が重要な役割を果たし，彼らによる主体的な知識創造(knowledge creation)が組織発展の鍵となると理解される。(☞暗黙知と形式知，知識労働者)　（上林）

〔に〕

ニーズとシーズ〔needs and seeds〕　ニーズとは消費者の要求であり，シーズとは生産者が有している要求に応えるための諸資源とりわけ自己保有技術をさす。それらは，単独で認識されるよりは，むしろ相互の交流によって認知されることが多い。すなわち，何らかの製品が市場に提供されることによって消費者の潜在的なニーズが顕在化し購買行動に結びつく。あるいは，消費者の既存製品に対する不満を感知することによって生産者は自分の持つシーズを活かせないか模索を行い，そこからニーズに適合しそうな新製品が生み出される。こうした過程が試行錯誤的に繰り返されることで，対応するニーズとシーズが次第に明確となり結びつく。市場調査の1つの限界は，こうした市場での同意形成過程を十分に把握できないことにある。(☞研究開発)　（宗像）

ニックリッシュ(1876-1946)〔Nicklisch, Heinrich〕 シュマーレンバッハ(Schmalenbach, E.)、シュミット(Schmidt, F.)と並ぶ戦前のドイツ経営学の三大巨頭の一人であり、規範論学派の代表的な学者である。ワイマル期の経済民主主義を反映した経営共同体論を展開しており、経営を人間の組織とみなし、欲求充足のための労資の共同体としてとらえている。したがって利潤ではなく、労資の共同の取分である「経営成果」が経営目標として設定されている。彼は、このような共同体論に基づいて独自の経済性論を主張しており、経済性は、生産過程における最大限の成果の産出と、分配過程における労資それぞれの給付に応じた公正な成果の分配を意味している。 (海道)

ニッチ市場〔niche market〕 ニッチとは、本来、彫像や花瓶などを置く壁のくぼみ、人や物に適した所という意味で、「隙間」とも訳される。ニッチ市場とは、事業機会の見落とされた、したがって埋めねばならない隙間市場のことである。この用語はマーケティングの分野で多用され、マス(大量)市場と対比される。消費者ニーズが高度化し、画一的な大量市場を前提とする大量生産・大量販売による企業成長の限界が明らかになるにつれ、重視されるようになった。消費者ニーズの高度化は絶えざる市場細分化(segmentation)をもたらすため、ニッチ市場は絶えず出現する。それゆえ、各企業や個人にとって、これらの機会をすばやくとらえ、最初に市場を支配することが重要となる。(☞市場セグメント) (廣瀬)

日程計画〔scheduling〕 基本生産計画によって生産品目・生産数量が決定された後、生産遂行のための日時レベルでの具体的で詳細な計画が立てられる。これが日程計画である。日程計画では数量や品目は既に決められているので、重点は納期管理と工程の稼働率向上におかれる。そのためには不必要な切り替え等をできる限り排除することが重要となるが、同時に不測の事態に備え一定の弾力性も有しておくことが要求される。複雑な日程計画のための手法としては、PERTやCPMが有名である。現在では日程計画やその進捗管理にコンピュータが使われることが多いが、ルーチンでない作業の進捗管理には伝統的な手法であるガント・チャートも利用されている。 (宗像)

日本経営学の特徴 明治以来の官主導経済の中にあって、私的な実務本位の商業学を、学としての国家経済学のレベルにまでいかに高めるかという学問的欲求を、ドイツの経営経済学でもって充足せんとしたところにまずは日本の経営学の特徴が見られる。したがって、戦前の日本の経営学は主としてドイツに傾き、経営学の器を整えることに努力した。ところが、戦後、アメリカの資本と技術の援助の下に、アメリカ経営管理学が全面的に導入されると、今度は日本の経営学はそれでもって主とし

て中身を充実せんとした。今日，日本の経営学はこの器と中身を共に経営経済学と経営管理学でもって基礎づけ，さらに日本独自なものを織り込み，独自の経営学を形成せんとしている。(☞経営学，個別資本理論(批判経営学)) (吉田)

日本工業規格〔Japan Industrial Standard : JIS〕 1949年の工業標準化法に基づいて定められる規格のこと。工業製品の品質向上，生産能率増進を図るための統一的な規格として，製品の種類，形状，品質，性能，設計，製造，試験，分析，使用，包装などについて定められる。主務大臣は，日本工業標準調査会への諮問を経て，JISを定める。したがって，それは，国家的な標準化ということもできる。主務大臣に申請して，製品がJISに適合していることが認定されると，当該製品にJISマークをつけることができる。最近では，製品規格の国際的統一の要求ということを背景に，JISのあり方の再検討が必要になってきている。 (深山)

日本生産性本部〔Japan Productivity Center〕 1955年3月,「生産性向上対策について」の閣議決定に基づいて設立された，わが国の生産性運動推進の中核組織。財団法人日本生産性本部と，1973年11月に同本部から独立した社団法人社会経済国民会議が1994年4月に統合し，財団法人社会経済生産性本部となり，2009年4月に日本生産性本部の名称に復した。翌年公益財団法人に移行。生産性運動3原則として，①雇用の維持拡大，②労使の協力と協議，③成果の公正な分配が掲げられる。当初の重要な活動には，海外視察団の派遣と海外専門家の招聘があった。現在では，生産性や経済・社会・福祉政策などに関する調査・研究，情報収集・提供，教育・訓練，研究会・セミナー開催などを行っている。(平野)

日本的経営〔Japanese management system〕 日本企業に独特な経営方法や考え方をいう。1972年のOECD対日特別調査報告が終身雇用制，年功制，企業別労働組合を日本的経営の「三種の神器」と指摘しこれが共通した理解となった。日本的経営を特徴づける特有の社会関係として集団主義，タテ社会，イエ型社会などが議論された。90年代半ば以降「人間中心経営」と「長期的視野にたった経営」を内容とする「新・日本的経営」が唱えられたが，企業の現場では，政府の規制緩和政策とあいまって派遣労働，有期雇用といった非正規の雇用形態が増加した。なお，雇用制度における特徴のほかに生産システム，企業間関係，企業統治などの側面における独特なあり方を含めて日本的経営とする場合もある。(☞終身雇用制，集団主義，経営家族主義) (西村成弘)

人間関係論学派〔human relations school〕 マネジメント(management)としての経営管理をどのように把握すればよいか。経営管理を，組織内における人間の心的な相互関係を通して把握する仕方がある。つまり人間

はもともと目標を達成するために集団内で協働するものであるから，人間はまず人間を理解しなければならないというのである。この経営の人間的側面に焦点をあてた学派を人間関係論学派という。規則に基づくフォーマル(formal)な人間関係ではなく，人々の感情に基づいて自然発生的に取り結ばれたインフォーマル(informal)な人間関係を通して，モラール(morale)やリーダーシップ(leadership)などが問われるところにその特質がある。メイヨー(Mayo, E.)などの人間関係研究を祖とする。(☞アメリカ経営学の学派分類，経営学の新古典理論) (吉田)

人間工学〔human engineering〕 アーゴノミクス(ergonomics)ともいう。人間の肉体的特性・精神的特性・行動特性と機械・道具・作業方法・作業環境などとの適合性を生理的・心理的な観点から向上させることを目的とした学問である。生理学・心理学・工学・社会学などの学問成果が援用される。近代以降，業務や日常生活で人間は諸作業を機械設備を介して遂行することが多くなってきた。こうした状況での作業能率や安全性を高めるために，人間工学が求められるようになったのである。現在では，製品設計や工程設計において人間工学からの検討が不可欠になりつつある。また，労働の人間化という観点からも，これに対する積極的な取組みが求められている。 (宗像)

認知過程〔cognitive process〕 人間が生得的，経験的にもっている情報に基づいて，外界の事物に関する情報を選択的にとり入れ，それらを既存の情報と関係づけることによって行動を制御するといった一連の知識獲得過程のことをいう。これは，人間が脳の働きを通じて能動的に行う情報収集・処理活動のプロセスである。例えば，単語を見た際の認知過程は，目から入力される視覚的情報の形態上の特徴を，まず特徴分析装置を通して分析し，次にパターン認識装置で既存の文字パターンと比較照合することによって文字として識別し，最後に識別された文字列を意味記憶に蓄えられた語彙情報と照らし合わせることにより既知の単語として認知するという一連の流れで捉えられる。(☞パターン認識) (瀬見)

〔ね〕

ネットワーク〔network〕 もともとは，組織における構成員間または組織内の種々の部門間の活動の関係や影響力関係を，具体的あるいは抽象的に示した特殊なタイプのグラフを指す言葉である。グラフは，いくつかの頂点とそれらがリンクという線で結びつけられた平面の図形で示される。例えばコミュニケーションネットワークの諸形態には，①鎖型，②車輪型，③Y型，④サークル型，⑤全チャネル型などが挙げられる。頂

点間の関係は，ネットワーク理論では，単に構造的だけでなく，リンクがもっている数量的関係も考慮される。代表的問題には，輸送・通信網問題，意思決定と情報伝達のネットワーク問題等がある。　　　　（水原）

ネットワーク組織　　ピラミッド型組織との比較でとりあげられる組織形態で，企業間結合の形態としてもよく用いられる。この組織では，メンバー相互の関係は機能重視の結合関係で，支配・従属関係ではない。また，メンバーの行動には主体性と自律性があり，制約を受けるものではない。しかしそれぞれの行動は目的達成の方向で弾力的に結合されており，常軌性よりも革新性，創造性が求められるため，環境からの攪乱にも適応できる。(☞ネットワーク)　　　　　　　　　　　　　　　（水原）

年功給　　年齢，勤続年数，学歴などの属人的要素で決まる賃金で，属人給ともいう。年功給が可とされるのは，年齢が高く勤続年数が増えるほど能力も向上し企業への貢献も高くなると考えられるからである。ただ，技術革新の進行等に伴い，年功序列と技能序列が矛盾するようになる。また，年功給は賃金の決め方が明確であるため，賃金決定における経営者の裁量の余地を狭める。そこで今日では，年功給は，基本給の一部に採用されるに過ぎない。(☞賃金体系，総合給，職務給(仕事給))　（正亀）

年功制〔nenko/seniority system〕　学歴，年齢，勤続年数といった属人的要素を基準として賃金や職位を決めるしくみ。学歴別に勤続年数によって能力が認定され段階的に序列化される。ただし勤続年数が伸びると自動的に昇格・昇給するのではなく，業務能力や勤怠が評定されて決められる。年功制は企業特殊的な熟練労働力を形成し蓄積するうえで合理的なしくみである。他方，中途採用者は不利に扱われることがあり，労働力の移動を妨げる要因の１つといわれてきた。　　　　　（西村成弘）

年俸制　　プロ野球選手に典型的な，賃金を１年単位で決める制度。年俸額の決定には，前年度の業績や仕事の役割・期待度等，実績や能力が重視される。ホワイトカラーの増加とその高齢化を背景に，年功重視の賃金決定から能力・成果重視のそれへの転換等を目的に，1990年代以降，管理職を中心に年俸制を導入する企業が増加した。ただ，業績に応じて年俸額が変動する年俸制には，目標管理制度や公正で納得性の高い評価制度が不可欠である。(☞成果主義)　　　　　　　　　　　　（正亀）

〔の〕

ノイマン型コンピュータ〔Neumann computer〕　ノイマン(von Neumann, J.)によるプログラム内蔵方式によるディジタル型コンピュータを指す。1945年アメリカでENIACコンピュータが開発され，大陸間弾道ミサイ

ルや NASA(航空宇宙局)の宇宙開発で急速に進歩した。ノイマン型コンピュータの構成原理は，①プログラム内蔵方式，②入力，出力，記憶，制御，演算の5大機能，③人間の言葉に近い論理的な人工言語を利用するという特徴があげられる。(☞コンピュータシステム，オートマトン，アーキテクチャ) (阿辻)

能　率〔efficiency〕　近代組織論では，組織の立場と個人の立場という二元的考察が組織の基本原理に反映されるので，能率の概念も二元的にとらえられる。すなわち，一般的にいう能率が，組織の立場からは「有効性(効率)」，個人の立場からは「能率」という言葉でとらえられる。有効性は，組織目的が達成された度合いを指しており，能率は個人の動機が満たされた度合いを指している。有効性と能率が同時に達成されてはじめて組織が存続する。(☞貢献と誘因，協働意欲，バーナード) (水原)

能率給〔payment by results ; incentive wage〕　能率に応じて支払われる賃金支払形態のこと。これには，次の3タイプがある。①出来高給：賃金が出来高に比例する単純出来高給，課業＝標準出来高の達成の可否に応じて高低2種類の賃金率を適用するテイラー(Taylor, F. W.)の異率出来高給など。②割増賃金制：日給に加え，作業時間を短縮すれば賃金を割り増しするハルシー割増賃金制など。③賞与制：日給を保障し，課業達成後は賃率を20％増にするガントのボーナス付課業制度など。(☞出来高給，時間給) (正亀)

能力主義　賃金や昇進等の人事・処遇の決定基準を従業員の能力に求める考え方。石油危機後の低成長経済への移行と高齢化の進展に伴い役職ポストが不足し年功的昇進の維持が困難になったことなどを背景に，年齢や勤続年数を基準に従業員を画一的に処遇する年功主義的人事から，従業員の能力に応じた個別管理を重視する能力主義的人事への転換が図られた。具体的には，職務遂行能力を基準とする職能資格制度の導入とこれに基づく昇進・配置・中長期の視点に立った能力開発ならびに賃金の職能給化などである。ただ，能力の正確な把握は困難なため，能力主義の下でも評価や処遇が年功的になる傾向がある。そこで，1990年代中頃以降は成果主義が強調されている。(☞成果主義) (正亀)

ノックダウン生産〔knocked down assembling〕　本国や第三国から主な部品を海外工場で輸入して，製品を組み立てること。KD生産ともいう。すべての部品を輸入して組み立てる場合と，輸入された基幹部品と現地調達した周辺部品を組み立てる場合がある。多くの部材を現地調達する本格的な海外生産とくらべると，海外工場への高度な技術移転はあまり必要としない。関税によって完成品の輸入が制限されている途上国等に対して，外国企業が輸入を代替するために実施することも多い。(☞現地

調達) (石井)

暖簾(のれん)(営業権)〔goodwill〕 同業他社の平均利益を上回る超過収益力で,長期の経営努力から自然に創出される。会計では,この自己創出暖簾ではなくて,買入暖簾のみを無形固定資産として計上し,買収価格と被買収会社の純資産(時価ベース)の差額をのれん代とすることを認めるが,その償却では,減損処理のみを行う「国際会計基準」は,一括償却は原則禁止するが,規則的償却も認める「わが国の企業会計原則」と相違している。(☞国際会計基準) (牧浦)

ノンリニア・プログラミング〔nonlinear programming〕 非線形計画法と訳す。全てまたは一部が非線形式で表わされる制約条件のもとで,線形式か非線形式の目的関数を最適化する問題を制約付き非線形計画問題,また制約条件がなく非線形式の目的関数の最適値を求める問題を制約のない非線形計画問題とよび,これらを解くための数学的手法を一括して非線形計画法という。非線形計画法はORの諸手法の中でも線形計画法と並んで古い歴史をもち,また極めて多岐にわたる応用可能性を有している。しかしその反面,対象とする問題が多様であるがゆえに,線形計画法のように一般的な解法を構築することが難しく,最適解を見つけだすまでにコンピュータを使った大量の計算が必要となる。(☞リニア・プログラミング) (瀬見)

〔は〕

パーキンソンの法則〔Parkinson's law〕 イギリスの歴史学者・政治学者のパーキンソン(Parkinson, C.N.)が1957年に書いた同名の著書で有名になった一連の社会生態学的諸法則を指す。例えば「仕事の量と役人の数との間には相関関係はなく,仕事の増減や有無と関係なく役人数は一定割合(年率5.17～6.56%)で増加する」という成長法則(これは①役人は,ライバルは望まぬが,部下を増やすことを望む,②役人は互いのために仕事を作り合う,という2つの要因に基づく)や,「予算審議で議題の1項目の審議に要する時間は,その項目についての支出額に反比例する」という凡俗法則,「これ以上の人数では委員会が運営不能になるような限界(非能率係数)は19.9～22.4人で,委員会の最適人数値は3と21の間にある」という閣僚定数法則など。(☞官僚制組織) (片岡信之)

ハーズバーグ(1923-2000)〔Herzberg, Fredrick〕 実証的研究から動機づけ-衛生理論を提唱した。彼は,従業員を満足させる要因と不満足にさせる要因が異なり,満足要因は仕事そのものに関係し,不満足要因は仕事にたいし周辺的で環境的なものであることに着目して,前者を「動機づけ要因」,後者を「衛生要因」とした。賃金や監督方法などの「衛生要因」よりも職務充実を図り「動機づけ要因」に働きかけることを重視した。主著に『作業動機の心理学(*Motivation to Work*)』(1959年)がある。(☞動機づけ要因-衛生要因,職務充実,職務拡大) (仲田)

バーチャル・コーポレーション〔virtual corporation〕 ダビドゥ(Davidow, W.H.)とマローン(Malone, M.S.)が1992年に提示した21世紀企業モデルで,「仮想企業体」とも訳される。バーチャルは伸縮自在を意味し,バーチャル・コーポレーションは伸縮自在な企業のことである。グローバル市場で生き残るために,重要な資源などのコア・コンピタンスは自企業に保持するが,それ以外は他企業との提携や合弁などによって迅速で柔軟に事業を編成する,随時的な会社ネットワークのこと。(☞コア・コンピタンス,戦略的提携,国際戦略提携) (廣瀬)

PERT〔program evaluation and review technique〕 日程管理の代表的手法。まず,1個のプロジェクトをそれを構成する作業に分解し,その順序関係を矢線で示してネットワークの形で表わす。結節点には作業順序に従って番号を入れる。各作業の所要日数を見積もる。各作業は先行作業が全て終了しなければ始められないので,最大の累計日数を要する先行作業の終了日が最早開始日となる。こうして作業ごとに累計日数を計算し,最終作業の終了した点での累計日数が最短工期となる。従って,

プロジェクトの工期は最大の作業期間を要する経路に規定されることになる。この経路をクリティカル・パスという。クリティカル・パスに属する作業については遅延が即，全体工期の遅延につながる。　　　(宗像)

ハードウェア〔hardware〕　コンピュータシステムの機械部や装置部を指す。一般にコンピュータシステムはハードウェアとソフトウェアによって構成されており，現代のノイマン型コンピュータのハードウェアは，入力・記憶・演算・制御・出力の5大機能にわかれ，LSI等の素子によって構成されている。(☞コンピュータシステム，ソフトウェア，ノイマン型コンピュータ)　　　　　　　　　　　　　　　　　　　　　　　　(阿辻)

バーナード(1886-1961)〔Barnard, Chester Irving〕　アメリカの実業家で，近代の組織論の創始者。マサチューセッツ州生まれ。AT&Tに入社，のち傘下のニュージャージー・ベル電話会社社長，ロックフェラー財団理事長，その他公職を歴任。主著『経営者の役割』(1938年)では個人と組織という対立的契機を共に生かす視点から，組織論とその上にたつ管理論を展開した。単なる「経済人」でも「社会人」でもない自律的人間(全人仮説)観にたって，物的・社会的・人的・組織的サブシステムから成る協働システムの存続，殊にその中心たる組織のそれを論じた。組織の成立条件(共通目的，協働意欲，伝達)，存続条件(有効性，能率)，誘因と貢献の組織均衡，伝達体系としての組織構造，権威受容説，個人的・組織的意思決定，目的と環境，戦略的要因，道徳・責任などを論じ，功績は大きい。(☞経営学の近代理論，全人仮説，組織均衡，権威受容説)　　(片岡信之)

バーナム(1905-1987)〔Burnham, James〕　アメリカの政治思想家，評論家。1929年からニューヨーク大学で政治哲学を教え，55年以降 *National Review* 誌の編集長。はじめ反スターリン主義の立場からトロツキーの第4インターナショナル運動に参加したが，40年以降マルクス主義と絶縁，『経営者革命』(1941年)を書く。彼は第一次大戦後の世界が資本主義から社会主義へではなく，経営者社会へ移行している過程にあるとする。会社支配をめぐる集団(経営者，財務管理者，金融資本家，一般株主)のうち，生産の技術的過程を指揮・調整する知識・能力をもつ経営者が生産面でも分配面でも決定的な支配階級となり，他の人々を支配する新しい階級社会(経営者社会)になると彼は予測した。(☞経営者革命)　　(片岡信之)

バーリ＝ミーンズ〔Berle, A. A., Jr. & Means, G. C.〕　バーリとミーンズは，1932年の『近代株式会社と私有財産(*The Modern Corporation and Private Property*)』において，アメリカの株式会社で所有と経営の分離が起こっていることを明らかにした。彼らは金融機関を除いた資産額最大の200社を調査し，そのうち44%が経営者支配の状態であることを指摘している。この研究は，コーポレート・ガバナンス研究の先駆けとなったと

いわれている。(☞所有と経営の分離，経営者支配)　　　　　　　　　(小澤)

バイオコンピュータ〔bionics-computer〕　ノイマン型コンピュータに代表されるLSIなど無機素子による情報処理システムではなく，生物の神経細胞に似せた有機素子を構成単位とするコンピュータシステム。人間の情報処理を模倣する情報技術の革新ではあるが，耐熱性といった点で開発上の課題も多い。(☞ノイマン型コンピュータ)　　　　　　　　　(阿辻)

配当性向〔dividend payout ratio〕　企業の純利益のうち，どの程度の割合を株主に対し配当しているかを示す指標。計算式は，配当性向(%)＝配当支払額÷当期純利益×100。配当性向が低い場合，企業による利益の内部留保の割合が高く，高い場合は，株主への利益還元の割合が高いことを示す。日本では，従来は，利益額に関係なく安定配当が行われていたが，近年の株主重視経営の浸透により，配当金は業績に応じ変動し，配当性向それ自体も高まったといわれている。(☞資本コスト)　　(今西)

ハイネン(1919-1996)〔Heinen, Edmund〕　意思決定志向的経営経済学を主張した代表的な学者。その理論の中心には，意思決定主体としての経済する人間があり，人間を一定の制約の中で合理的に行動する意思決定主体としてとらえ，より現実的な企業者像を描こうとしている。そして個人の意思決定を理論的出発点として，企業目標の形成過程を企業構成員の個人目標より説明し，多元的な企業目標論を展開している。(☞意思決定志向的経営学)　　　　　　　　　　　　　　　　　　　　　　(海道)

ハイパーメディア〔hyper media〕　ハイパーテキスト(hypertext)を画像や音声などにも拡張した概念。ハイパーテキストとは，文書(text)を超越(hyper)したものの意で，文書同士を相互に関連付ける(リンクする)ことで，利用者が関連する情報に次々に辿っていけるようにした。ハイパーメディアは，従来は別のものと考えられてきた画像，音声，動画などを含む様々な種類の情報を扱う機能を追加し，相互関連付けの範囲を大きく拡大した。マルチメディアという概念に近い。　　　　　　　　　(福井)

パターン認識〔pattern recognition〕　外界からシステム(生物や機械)に入力された未知のパターン(画像，音声，図形，記号列などで構成される意味のある情報)が，システムの内部に記憶されている既知のパターンの中のどのカテゴリーに属するのかを決めることである。さらに，この新たに認識されたパターンを，システム内部の知識を用いて推論し，システムの今後の行動を決定する要因として使用することをパターン理解という。人間は大量の情報の中から自分にとって意味のある一定のパターンだけを読み取るという優れた能力を有している。最近，こうした認識のメカニズムを人工知能という形で再現しようという工学的研究が盛んに行われるようになってきている。(☞認知過程)　　　　　　　　　　(瀬見)

馬場克三(1905-1991)　滋賀県に生まれ九州帝国大学を卒業。九州大学教授，西南学院大学教授，広島修道大学教授を歴任。経営学，会計学の研究者。保険論，株式会社論，減価償却論など幅広い業績があるが，なかでも経営学方法論での功績は大きい。経営学の対象を総資本の一環としての個別資本の運動であるとする個別資本運動説の抽象性を批判し，段階的・具体的規定を加えるべきであるとした。個別資本の5段階規定は批判経営学の発展に大きく貢献した。　　　　　　　　　　　　　　（西村成弘）

馬場敬治(1897-1961)　大阪府生まれ。東大工学部，経済学部卒。東大経済学部助教授，教授，名誉教授を歴任。科学的管理法，産業経営論，経営学方法論，技術，組織など多方面での研究を踏まえて，経営学を組織学として体系化しようとした。すなわち経営学を一般組織学の特殊化された特殊組織学（「経営組織の組織理論」）とし，①仕事の組織，②組織における人間関係，③価値の流れ，④技術と経営，⑤経営と社会の5者の総合理論を「本格的な経営学」とよんだ。　　　　　　　　　　（片岡信之）

パブリシティ〔publicity〕　そのニュース価値があるために，媒体スペースを無料で確保する活動，またはそれを通じて紹介・提供された製品や催事に関する情報。人的販売，広告，陳列，見本市・展示会などとともに，企業の販売目標の達成に向けたプロモーションないしマーケティング・コミュニケーションの手段の1つである。ただ商品の存在や機能を広く大衆に告知したり消費者に好ましい認知を作りだすという点で，より直接的に購買説得を行う他のプロモーション手段とは異なる。　　（陶山）

パブリック・ドメイン・ソフトウェア〔public domain software〕　パブリック・ドメインとは，公有財産という意味で，ソフトウェアに限らず，広く著作権や所有権を放棄したり消滅した著作物をさす。パブリック・ドメイン・ソフトウェアとは，完全に著作権を放棄して誰でもいつでもどこでも自由に使用や配布ができるソフトウェア。ソースコードを公開して，ボランティアによる品質の向上を目指して，変更や改訂そして再配布などを許す。日本では，「著作者人格権（著作権法59条）」があるために，法律上，著作者が著作者人格権を放棄できないので，日本ではパブリック・ドメイン・ソフトウェアという言葉は次第に使われなくなり，著作者人格権を放棄しないが自由に使えるフリーソフトないしフリーウェアが使われている。(☞コード(コーディング))　　　　　　　　　　　（福井）

パブリック・リレーションズ〔public relations：PR〕　企業が，自らを取り巻く経営環境・社会環境としての消費生活者・取引先業者・地域住民・従業員およびその家族・株主・債権者・金融機関などの多種多様の広範囲の利害関係者に対し，良い関係を維持するために行う一連の諸活動をパブリック・リレーションズあるいはPRという。具体的には，企業の

事業内容，施策，製品・商品などについて，理解・信頼・協力を得るために行うコミュニケーション活動のことで，広報紙誌やマスメディアなどを利用した広告宣伝，パブリシティ，工場見学，講演会，音楽会，イベントなどの多様な形態がある。
(渡辺峻)

パラダイム〔paradigm〕 パラダイムの意味は本来，範例とか模型，模範のことであるが，この範例をことさらに科学理論上の問題として取り上げたのが，クーン(Kuhn, T. S.)であった。クーンは科学史の研究を通じて，一度，ある新しい偉大な科学理論が成立すると，その後多くの優れた人々がこの革新的理論の検証，伝播，応用に努めるということに注目し，そのような理論をパラダイムと性格づけた。もともとニュートン(Newton, Sir I.)やアインシュタイン(Einstein, A.)のような革新的理論が想定されているが，経済学の分野では例えば，ケインズ(Keynes, J. M.)などが挙げられ，経営学の分野ではグーテンベルク(Gutenberg, E.)などがそれにあたるものといわれている。
(吉田)

ハロー効果〔halo effect〕「あばたもえくぼ」とか「坊主憎けりゃ袈裟まで憎い」ということわざにあるように，人のある特定の印象ないし全体的印象によってその人の他の側面の評価が影響を受けることをハロー効果(後光効果，光背効果)といい，ソーンダイク(Thorndike, E. L.)が名づけた。例えば高い業績をあげた人を能力や態度等の他の評価項目についても高く評価することになるなど，人事考課に際して評定者が陥り易い欠陥の1つ。(☞人事考課)
(正亀)

パワー〔power〕 権力，勢力などと訳され，様々な学問分野で非常に多様な解釈がなされている。一般には，個人ないしは集団による他者への影響力を意味する。権限と混同されやすいが，権限は組織目的達成のために組織の公式的職位に付与された影響力のことであり，公式的パワーともよばれる。どんな管理者にも一定の権限は付与されているが，本当に部下を意のままに動かせるかどうかは管理者のもつパワー次第である。公式的パワーが組織上層部に集中している組織は集権的組織とよばれ，下部にも委譲されている組織は分権的組織とよばれる。組織内のパワー分布を調べるために，タンネンバウム(Tannenbaum, A. S.)によるコントロール・グラフが利用される。(☞分権的管理と集権的管理)
(奥林)

範囲の経済〔economies of scope〕 複数の生産物生産あるいは事業活動を複数の企業が別々に分かれて行うよりも，それらをとりまとめて特定の1社で行う方が，総費用の点でより少なくてすみ，節約の効果がでるということ。その理由は，まとめて1社で複数の生産(事業)を行う場合には生産要素に共通利用可能な部分があり(例えば機械設備，エネルギー，情報，ノウハウなど)，そのため，別々の企業で行う場合よりも，追加投資や

新規投資の総額コストが節約できると考えられるからである。類似の概念に規模の経済(economies of scale)があるが，それは単一事業における生産規模拡大によって生産コストが逓減することを指しており，複数事業の組み合わせによるコスト節減を説く範囲の経済とは，この点で区別される。(☞規模の経済) (片岡信之)

万能職場作業組織〔universal workshop organization〕 機種別職場作業組織，品種別職場作業組織と対比される作業組織の一類型。注文生産の多様な需要に応じるために，多様な熟練を身につけた万能工的熟練労働者を中心に，万能(汎用)機械・器具を整備した作業組織であり，ここでは生産工程のほとんどすべてが行われる。必要とされる技術が多様であるため機械設備の固定化がしにくく，また，その規模は比較的小さい。つまり，多種類の製品を少量生産するのに適した作業組織である。(☞品種別職場作業組織，機種別職場作業組織，個別生産) (廣瀬)

販売員管理〔salesman management〕 販売員活動は広告，セールス・プロモーション，パブリシティとともに，コミュニケーションの重要な手段の1つである。販売員活動は人的販売ともよばれ，古くから販売促進の中核をなすものと考えられてきた。見込み顧客とのコミュニケーションを通じて，市場を創造・開拓することが販売員(セールスマン)の仕事であるが，この販売員の活動を企業内で計画，指揮，統制することを販売員管理という。販売員管理には販売員の募集・選定，訓練，割当，監督，報酬，動機づけ，評価などの内容が含まれる。管理の方法については，販売員の自己管理・自己啓発が基本で，それに経営側の要請を加味して修正が行われる仕組みが望ましい。(☞販売促進) (市川)

販売系列化 流通系列化ともよばれ，メーカーが自社のマーケティング・チャネルを組織化しようとして，自社製品の販売に協力する販売業者を選別し，様々な拘束や制限を与える行為をいう。その手段には専売店制，テリトリー制，一店一帳合制などがある。これは流通の近代化・合理化，計画的生産，流通コストの節減などをもたらす反面，他社製品の販売を禁止するなど，販売業者の自由な活動を制限することにもなる。ちなみに独占禁止法研究会では，流通系列化を「製造業者が自己の商品の販売について，販売業者の協力を確保し，その販売について自己の政策が実現できるよう販売業者を掌握し，組織化する一連の行為」としている。(☞マーケティング・チャネル，テリトリー制) (市川)

販売促進〔promotion〕 対象とする標的顧客に積極的に働きかけ，その需要を刺激し，売上高の増大へとつなぐ一連の活動である。ただしこれは，製品やサービスの単なる売上増進活動ではなく，売り手と買い手とのコミュニケーション活動としてとらえなければならない。実際，マーケテ

イング・ミックスのサブ・ミックスの1つであると同時に，自らも広告，販売員活動，セールス・プロモーション，パブリシティからなるコミュニケーション・ミックスを形成している。売り手中心の販売促進ミックスから，買い手中心のコミュニケーション・ミックスへというとらえ方の変化は，戦略としての販売促進に新たな展望を与えることになる。(☞マーケティング・ミックス，広告) (市川)

販売費・一般管理費〔selling, general and administrative expenses〕 販売および経営管理活動に関連して生じる費用項目をいう。「販管費」と略称される。例としては，販売手数料，荷造費，運搬費，広告宣伝費，貸倒引当金繰入額，販売および一般管理部門に生じる，給料手当，賞与，福利厚生費，交際費，旅費，通信費，租税公課，減価償却費，修繕費，保険料，不動産賃借料というように多岐にわたる項目を含む。売上総利益からこれらを控除して営業利益が算定される。(☞営業利益) (久保田)

販売予測〔sales forecasting〕 一般経済的な状況，市場の趨勢，類似ないし競合する製品やサービス，過去の売上高，さらには実施予定のマーケティング戦略を前提として，将来のある一定期間における販売数量や売上高を予測すること。予測の期間は通常6カ月または1年であるが，3年から5年といった中期の予測も行われる。短期の販売予測は，販売業者にとっては仕入商品の数量や時期を決定する上で重要であり，製造業者にとっては生産計画や原材料の調達計画にも重要である。販売予測は販売予算の前提となり，販売予算は会社の予算編成の出発点となる。販売予測は金額や売上数量のほか，個別品目，製品ライン，企業の総売上高で示される。 (市川)

〔ひ〕

B to B, B to C〔Business to Business, Business to Consumer〕 前者はB2Bともいわれる業者間の電子商取引である。Webサイトを使って製品や原材料の受発注を行う。後者はB2Cともいわれ企業と消費者との電子商取引でオンラインショッピングなどが盛んである。消費者間のオークションはC to CあるいはC2Cと言われる。2012年度の経済産業省調査によれば，金額ベースでは国内電子商取引市場のほとんどはB to Bで売り上げ262兆円である。部品の受発注や文具などのオフィス用品やパソコン，書籍などの物品販売から，航空チケットの手配やホテルの予約などのサービス，部品や原料などの調達，人材仲介など，B to Bに含まれる分野は多岐にわたる。B to Cの売り上げは，10兆円である。(福井)

PTS法〔predetermined time standard〕 既定時間標準法，予定時間法，動

作時間標準法などと訳され，作業が実際に行われる前に正確な作業標準時間を測定するために考案された方法の総称である。まず，人間の作業がいくつかの基本動作に分解され，各基本動作の標準時間値が求められ，動作時間標準表が作成される。そして，具体的な作業がこれらの基本動作の組み合わせとみなされ，当該作業の標準時間が算定される。代表的な方法は，WF法(work factor method)とMTM法(methods time measurement)である。前者は1935年に発表され，4つのワーク・ファクターにより標準時間を測定する。後者は1948年に発表され，手の動作，目の動作，身体動作により作業を分析し，標準時間を算定する。いずれも日本において適用されている。(☞動作研究，時間研究) (深山)

PPBS〔planning-programming-budgeting system〕 長期的な視野にたって行われる計画策定(planning)と単年度主義という短期的な視点のもとで行われる予算編成(budgeting)とを，プログラム作成(programming)を媒介として有機的に結合することによって，資源配分に関する組織体の意思決定を合理的，効率的に行おうとする予算制度である。まず計画策定の段階で組織体の目標が明確に設定され，それを達成するための基本計画が練られる。次に，プログラム作成の段階で費用・効果分析や費用・便益分析とよばれるシステム分析を通じて基本計画がいくつかの個別のプログラムに具体化される。そして最後の段階で，このプログラムに基づいて各年度ごとに必要な資金を配分するという形で予算編成が行われる。(☞費用・便益分析) (瀬見)

ヒーブ〔home economist in business：HEIB〕 「企業内の家政学士」という意味で，企業の中にあって企業と消費者のいわばパイプ役を果たしている。アメリカではすでに1920年代に，企業や団体が家政学士を採用し，専門職としての高い地位を与え，単に苦情処理だけでなく，消費者の声を企業活動に反映させる任務にあたっている。そのほとんどが女性。わが国でも企業の組織内部での消費者部や苦情処理課の設置に伴い，ヒーブという職制を導入する企業が増えている。ヒーブは企業内で製品計画，消費者教育，商品テスト，市場調査，販売促進，社内報の作成など，広く消費者関連の業務に携わる専門家である。 (市川)

非営利組織〔nonprofit organization：NPO〕 NPOは民間非営利組織ともよばれ，ボランティアを含む組織成員が利他的な寄付金・会費を主な活動資金とし，利潤の追求や分配を目的とせず社会的サービスを提供する。この意味でNPOは，市場や政府機能の失敗を補いあるいは取って代わるものとして注目されているが，米国社会ではすでに大きな役割を担っている。1998年，医療・福祉・文化・芸術・スポーツ・災害救助等のNPO活動を促進するNPO法が制定された。現代はNPOの時代とも言

われている。(☞組織の失敗) (角野)

非営利組織のマーケティング〔marketing for non-profit making organization〕 マーケティングの理念や技法は利益志向の会社のみならず、政府・地方自治体、学校、病院、宗教団体、政治団体などの非営利組織にも広く適用すべきである。これはソーシャル・マーケティングの1つとして、コトラーやレヴィー(Kotler, P. & Levy, S.)によって主張された見方である。非営利組織のマーケティングの狙いは、社会に有用なサービスを提供したり、禁煙やシートベルト着用などの活動を社会全体に広めることにある。(☞ソーシャル・マーケティング) (市川)

非価格競争〔non-price competition〕 寡占メーカー間の競争において製品の価格を所与とし、それ以外の諸条件である製品の品質やサービスなどの次元で消費者や競争相手企業に訴求を行うことによって差別的優位を獲得しようとする競争形態。価格競争に比べてより多様な次元で、様々な手段が利用されることから、競争の態様はますます複雑化する。また特に技術革新や販売サービスの画期的変化を伴う場合には、価格競争に比べて差別的優位の中和化は困難と考えられる。それは製品またはサービスと価格との間の関係を変化させる。現実の競争過程では価格競争と非価格競争が混然一体となっており、その意味で重要なことは、需給斉合や企業目標の実現という観点から製品の品質・サービスと価格との間のバランスを統制することである。(☞価格競争、需給斉合) (陶山)

比較優位〔comparative advantage〕 全ての財をある国が他国よりも低い生産費で生産している場合、その国は他国に対していずれの財についても絶対優位にあるといわれる。一方、ある国が他国よりも低い機会費用で生産できる財を有している場合、その国は他国に対してその財について比較優位にあるという。この比較優位の概念を用いて、リカード(Ricardo, D.)は比較生産費説を展開している。それは、全ての国が自己の比較優位にある財の生産に特化し、それ以外の財の生産を他国にまかせるという形で国際分業を行い、各国が特化した財を貿易によって交換すれば、貿易を行わなかった場合に比べていずれの国もより多くの利益を得ることができるという説である。(☞差別的優位性) (瀬見)

光通信〔optical communication〕 電線(銅線)に代わって、ガラスの線の中を通る光が情報を運ぶ。光ファイバーといわれる非常に透明度が高い特殊なガラス線を使って、電気信号を光の信号に変換するので、長距離回線であっても信頼度が高くかつ高速で通信できる。電線や電波による無線通信に比べ、傍聴されにくく、通信の秘密保持が容易である。電磁波ノイズの影響を受けない安定した通信を実現する。最近では、家庭内でのインターネットに光通信が普及してきた。 (福井)

非関税障壁〔non-tariff barrier〕 国内市場を競争輸入から保護し,輸出拡大のため国内生産者を補助する間接的政府措置。主要な措置には,国内生産者への政府補助金,物品税や加工税のような関税以外の課税,国家と地方当局の調達政策,および安全,保健,品質管理の基準を義務づける技術上の規則などがある。輸出国に輸出自主規制を適用させようとする圧力も,非関税障壁の一種である。先進国間では,関税率の引下げに逆行して様々な非関税障壁を生み出してきている。こういった世界貿易の自由化の足枷を撤去するのは各国に事情があるために困難だが,非関税障壁自体は多国籍企業の対外進出の誘因となり,現地進出に伴う競争優位を与えることになる。(☞関税) (藤澤)

引当金〔alowance〕 期間損益を適正に算定するために計上するが,企業会計原則注解(18)は,①将来での当該費用や損失の発生の可能性が高い,②原因が既に発生している,③金額が合理的に見積もられることを設定要件として,製品保証引当金,売上割戻引当金,返品調整引当金,賞与引当金,工事補償引当金,退職給与引当金,修繕引当金,特別修繕引当金,債務保証損失引当金,損害補償損失引当金と貸倒引当金を例示している。(☞負債) (牧浦)

非公式組織〔informal organization〕 公式な組織図には表れないが,経験を共有したなどの理由から独自の社会規範が自然発生的に生じ,それがメンバーの行動を調整しているもののこと。「費用と能率の論理」に基づく公式組織に対して「感情の論理」に基づくとされ,公式組織を補完する。人間関係論のホーソン実験においてその存在や機能が発見された。メンバーの帰属意識の充足,コミュニケーションの促進などの長所があるが,公式組織の効率阻害,組織変革への抵抗などの問題点がある。(☞公式組織,人間関係論学派,ホーソン実験) (柴田)

微細動作研究〔micromotion study〕 ギルブレス(Gilbreth, F. B.)により開発された動作研究の方法で,テイラー(Taylor, F. W.)の研究をさらに深めたものである。それは,肉眼では捉えられないような動作を把握するために,ストップ・ウォッチと撮影機を用いて,作業者の動作を記録し,作業管理を科学的に行うための基礎を形成した。この狭義の微細動作研究とメモモーション研究,サイクルグラフ分析,クロノサイクルグラフ分析をあわせて,広義の微細動作研究ということもある。(☞テイラー・システム,動作研究,サーブリッグ) (深山)

ビジネス〔business〕 ビジネスという用語は多義的に使われており,商業上の取引,一定の仕事,企業などの組織体あるいは実務や事業を意味する用語である。取引として使う場合は,製造業のようにリスクを負って商品を製造し,販売し,供給することによって利益を得る活動,商業の

ように利益を得るために商品を売買する活動，あるいはサービス業のように人を雇うことによってサービスを提供し利益を得る活動を意味する．また他の用語と組み合わせることによってビジネス・モデル，ビッグ・ビジネス，ビジネス・ゲーム，ビジネス・サイクル，ビジネス・スクール，ビジネス・パークなど多様な内容を表現する用語として用いられる． (海道)

ビジネス・アメニティ 労働現場・職場の快適性のことをビジネス・アメニティ(和製英語 business amenity)という．「ゆとり社会」や人材確保に対する関心が深まる中で，ハードおよびソフトの両面から，仕事のしやすい，働き易い，快適な職場環境を創造する必要性の認識が深まっている．ハードの面では，空調用設備，植栽の配置，騒音の削減，社員レストラン，郊外オフィスなどであり，また，ソフトの面では，フレックス・タイム制やメンタルヘルスなど新しいコンセプトによる労働環境の創造が追求されている． (渡辺峻)

ビジネス・ゲーム [business game] 経営者・管理者の経営管理能力を高めるための Off-JT の教育訓練方式の1つで，架空の企業経営のモデルを想定して，商品開発・生産管理・販売管理・財務管理など経営管理に関する情報分析や意思決定の能力を実地訓練したり，その結果としての業績を競い合うゲームのことである．参加者は各チームに分かれて企画・製造・営業などの分担別に編成され，それぞれの意思決定内容の検討・改善などを通じて経営管理能力を高める．(☞ OJT と Off-JT, 監督者教育) (渡辺峻)

ビジネス・スクール(MBA) [business school] 国際的には，将来の産業界を担う有能な経営の専門家を養成するために，経営学および経営関連科目の教育を行う大学院を指し，修了すると経営学修士(MBA : Master of Business Administration)が授与される．アメリカのハーバード大学やスタンフォード大学などが有名であるが，日本でも，社会的・国際的に活躍できる高度専門職業人育成へのニーズの高まりに応じて，2003年に従来からの大学院制度に加えて専門職大学院の制度が作られ，欧米のMBAプログラムに倣ったビジネス・スクールによる教育が行われるようになった． (竹林)

ビジネスモデル特許 [business model patent] ビジネスモデルは企業がビジネスにおいて利益を上げるための仕組みのことであり，ビジネスモデル特許はそれを独自の手法として特許化したものである．1998年にアメリカで投資管理手法に対して特許が与えられたのが端緒である．特にコンピュータやインターネット関連の手法が特許化されることが多いが，これは過去に存在しなかったビジネス手法として特許認定するのが，

他の分野では困難であるからである。日本におけるビジネスシステムあるいは事業システムとの違いは、ビジネスモデルは他社への販売や移植を前提にモジュール化したものを指すのに対し、ビジネスシステムは他社が模倣・移植困難な部分も含めた仕組みの総体を指す。　　（松本）

秘　書〔secretary〕　英語の secretary が示すように本来は権力者の機密的な文章を扱う書記の意があった。現在でも、重要書類を扱う職種であるが、電話番、コピー取り、文書作成そしてスケジュール管理等の事務補助的業務から、上司本来の業務を補佐して企画・立案・交渉を行う業務まで、秘書のタイプは大変幅広い。専属の個人秘書、チームで動く秘書課の秘書、プロジェクトや部課につくグループ秘書といった形態がある。米国各省長官を secretary とよぶ。　　（福井）

非正規労働(者)　期間に定めのない労働契約を結ぶ正規従業員に対し、契約社員といわれる者などの主に有期労働契約で働く労働者のこと。これには、契約社員、パート・タイマーなどの就労する会社に直接雇用されている非正規従業員と、請負や派遣労働者などの就労する会社との間には雇用関係のない外部人材との2タイプがある。日本の雇用者全体に占めるその数は1984年以降ほぼ一貫して増加し、今日では3人に1人強が非正規労働者となっている。こうした増加の背景には、非正規労働を選ばざるを得ない人や正規従業員よりも拘束性の少ない働き方を望む人の増加とともに、即戦力となる人材の確保、人件費の節約、景気変動に応じた雇用量の調節を行いやすいといった企業側の要因もある。(☞フル・タイマーとパート・タイマー)　　（正亀）

ビッグデータ〔big data〕　情報通信・処理技術の進展によって生成・収集・蓄積が可能になった大量かつ多様なデータ群。類似した概念にビジネス・インテリジェンス(BI)があるが、ビックデータはそれよりも対象データがはるかに多い上に、質的にも非構造的でリアルタイム性を有する。また活用分野も広範囲である。こうした多種多様なデータを分析して新しい知見を見いだし、企業の経営活動や社会経済的な課題に役立てることが期待されている。　　（梶脇）

非ノイマン型コンピュータ〔non-Neumann computer〕　ノイマン型コンピュータの構成原理にとらわれない機能を有するコンピュータへの理論仮説。従来のノイマン型コンピュータは、①プログラム内蔵方式、②5大機能(入出力・記憶・制御・演算)、③プログラミング言語からの自動翻訳を基にしているが、弱点として非定型域に関して限界があった。このノイマン・ボトルネックを克服するシステムとして非ノイマン型コンピュータが理論上考案された。(☞ノイマン型コンピュータ、バイオコンピュータ)　　（阿辻）

批判的合理主義〔critical rationalism〕 ポパー(Popper, K.R.)の主張する認識論上の立場。科学を永久的な真理の体系としてではなく、一時的に妥当する仮説の体系としてとらえ、一切の学説を批判に曝し、批判的な議論によって少しずつ真理に接近しようとする科学方法論である。したがって批判的合理主義では仮説に一致する現象よりもむしろ矛盾する現象が求められ、仮説が現象と厳しく対決される。そして仮説に矛盾する現象が生じればその仮説は反証されたことになり、科学より排除される。このように批判的合理主義においては、科学はある反証可能な仮説の設定、その仮説の反証、新しい仮説の設定という過程を経て進歩すると考えられている。 (海道)

百貨店〔department store〕 伝統的に都心のターミナルに立地し、様々な部門(department)で衣料品や家具などの広範な領域の商品を販売する近代的な大規模小売業。商品の仕入-在庫-販売は各店舗で部門別に行い、対面販売をはじめとする多様なサービスを提供する。世界最初の百貨店はフランスのボン・マルシェ(1852年)で、もとは低価格を武器とする安売り店であった。わが国では江戸時代の越後屋を前身とする三井呉服店(1904年)が最初で、高級イメージの小売業態としてスタートした。(☞ゼネラル・マーチャンダイズ・ストア) (市川)

ヒューリスティック・アプローチ〔heuristic approach〕 組織における意思決定は、定型的意思決定と非定型的意思決定に二分できるが、後者の非定型的意思決定に際し、その問題解決過程にコンピュータを応用して人間の問題解決能力を高めようとする手法をさす。ヒューリスティックとは「学習者の発見を促す」という意味であり、このアプローチに依拠することで、必ず正しい答えを導けるわけではないものの、ある程度のレベルで正解に近い解に到達することが期待される。非定型的意思決定においては、問題解決者が必要情報を探索しなければならず、与えられた条件下での人間の思考過程をシミュレートするプログラムを作成し、コンピュータを用いて問題解決させるのである。経営戦略上の問題解決は、多くの場合このアプローチに依っているといえる。(☞意思決定の種類) (上林)

標準化〔standardization〕 材料、部品、機械・設備などに関して合理的な標準・規格を設定し、これを利用して生産の効率化・合理化を図ること。単純化(simplification)ならびに専門化(specialization)とともに3Sといわれる。多くの場合、標準化は、単純化および専門化を前提とする。標準化は、テイラー(Taylor, F.W.)の科学的管理法における1つの重要な基礎概念である。その場合、作業方法や作業工具・設備などについて"one best way"を発見することが意図されている。また、フォード・システ

ム(Ford system)においては，大量生産のための製品や部品の規格化・統一化を意味し，これが全社的に徹底的に利用された。(☞テイラー・システム，時間研究，動作研究) (深山)

標準原価計算〔standard cost accounting〕 事前に原価標準を決定し，これに基づき計算された標準原価と実際原価とを比較した結果の原価差異を分析・報告する一連の手続をいう。標準原価を実施する重要な目的の1つは，原価管理であり，原価管理にとって原価差異は不可欠の情報であるため，原価差異の計算が標準原価計算の中心である。財務会計に組み入れられた標準原価計算は標準原価計算制度とよばれ，一般に標準原価計算という場合，これを指す。(☞原価管理，原価計算) (久保田)

標準原価差異分析（予算差異分析）〔analysis of standard cost (budgetary) variance〕 実績値と標準原価や予算値を比較し，差異を測定し，原因を究明し，対策を検討する一連の行為。売上高，販売費，製造高や資金量についても差異分析を行うが，直接費では，製品一単位当たりでの直接材料の標準価格と標準消費量や，直接労働の標準作業時間と標準賃率を予め設定し，価格差異は式［(実際価格−標準価格)×実際期間消費量］，賃率差異は式［(実際賃率−標準賃率)×実際期間作業時間］，数量差異は式［標準価格×(実際期間消費量−単位当たり標準消費量×実際期間完成量)］，作業時間差異は式［標準賃率×(実際期間作業時間−単位当たり標準作業時間×実際期間完成量)］で算定する。(☞予算統制，原価管理，標準原価計算) (牧浦)

標準産業分類〔standard industrial classification〕 産業別（もしくは職業別）になんらかの統計を行う際すべての産業を体系的に分類する必要がある。それは少なくとも一国内では統一的なものであり，歴史的経過比較のためにもあまり変更のないことが望ましい。こうした観点から作成されているのが標準産業分類で，わが国では総務省統計局作成の「日本標準産業分類」が代表的なものである。内容は社会経済の変化に応じて時折変更されるので，その都度確認することが必要である。 (大橋)

標的市場〔target market〕 企業や事業単位がマーケティング活動を展開する際に直接の対象とする市場のこと。各市場セグメントの魅力を評価し，参入すべき1つまたはそれ以上のセグメントを選択することによって確定される。かつては市場全体がマーケティングの標的になったが，今日では標的市場を明確に絞り込んで，そこにおける顧客のニーズやウォンツに適合したマーケティング戦略や具体的なマーケティング政策を展開することが不可欠になっている。(☞市場セグメント) (陶山)

費用・便益分析〔cost-benefit analysis〕 一般には，ある目的を達成するための代替案について，それが生みだす便益とそれに要する費用を評価し，

ヒンシ

それらを一定の判断基準で対比することによって，代替案の採否を決定したり優先順位付けを行ったりする分析をいう。通常，政府など公共機関の投資決定のために利用されることが多い。費用・便益分析を実行する場合には，どの範囲までの便益と費用を含めるのか，異なった時点での便益や費用を現在価値に割り引くときの割引率に何を用いるのか，何が代替案の選択基準として適当かといった問題を解決しなければならない。なお，評価項目が金銭的尺度で測定される場合を費用・便益分析，そうでない場合を費用・効果分析(cost-effectiveness analysis)とよぶこともある。(☞PPBS) (瀬見)

平井泰太郎(1896-1970) 神戸高商(現・神戸大)，東京商大(現・一橋大)を卒業後，神戸高商に赴任。同高商，同商大，神戸大教授，同名誉教授を歴任。大正15年に上田貞次郎，滝谷善一，増地庸治郎らと日本経営学会を創設。日本で初のCIOS(国際経営科学協議会)会員，日本初の経営学博士，日本初の経営学部創設(神戸大)，日本初の本格的経営学辞典の編集(1952年)など，経営学・会計学の発展に幅広い立場から大きく貢献した。(☞上田貞次郎，増地庸治郎) (片岡信之)

品質管理〔quality control〕 日本工業規格の定義によると，品質管理とは，「買い手の要求に合った品質の製品を経済的に作り出すためのすべての手段の体系」である。したがって，それは，製品について設定された標準が維持されるようにコントロールするすべての活動を意味している。このような品質管理の機能としては，①受入機能，②不良防止機能，③品質保証機能があるといわれている。最近では，品質管理は，広く解釈されることが多くなり，製造部門においてだけではなく，企業のほとんどすべての領域において展開されている。それを反映して，総合的品質管理(total quality control : TQC)，全社的品質管理(company-wide quality control)などという概念が用いられている。(☞検査，ボーナス・ペナルティ・システム) (深山)

品種別職場作業組織 万能職場作業組織，機種別職場作業組織と対比される作業組織の一類型。製品の種類を軸に，異なる種類の機械と作業者が，作業工程別に配置されており，工程別職場作業組織ともいわれる。機械別に作業組織が固定され，製品の工程間移動が複雑な機種別職場作業組織に比べ，製品ごとに生産工程が設計されているので，各工程間の製品移動の距離も短くすることができ，生産時間の短縮が可能となる。大量生産に適した作業組織である。(☞万能職場作業組織，機種別職場作業組織，大量生産) (廣瀬)

〔ふ〕

歩合給　売上高や契約高に対する一定の比率(歩合率)で支払われる賃金のこと。タクシーの運転手や生命保険の外交員などに普及している。これらの外勤者の仕事は，上司が直接監督できないため，業績向上を刺激する手段として出来高給の一種である歩合給が活用される。ただ，労働者の責めによらない賃金収入の低下を防ぐために，労働基準法は歩合給等の出来高給を適用する労働者には一定額の賃金を保障しなければならないと定めている。(☞出来高給，時間給)　　　　　　　　　　　　　　(正亀)

ファイナンシャル・レバレッジ〔financial leverage〕　負債の利用をてこ(レバレッジ)として株主利益(自己資本利益率：ROE)が影響を受けること。すなわち，総資本利益率が利子率よりも高い場合，負債を積極的に利用することでROEを高めることができる。いま法人税を慮外におくと，ROEは $\frac{総資本営業利益率 \times 総資本 - (利子率 \times 負債)}{自己資本}$ と表せるが，総資本営業利益率30%，利子率10%として，総資本10億円のうち，負債がない場合と8億円の負債がある場合，ROEは負債がない場合は30%であるのに対し，負債がある場合は110%まで向上する。(☞負債，収益性(営利原則，営利主義))　　　　　　　　　　　　　　　　　　　　　(梶脇)

ファイリング・システム〔filing system〕　社内業務に必要な文書などの諸資料を効率的に管理するためのしくみ。必要な場合にすばやく利用できるように資料に分類記号を系統的に付与して整理し，保管する。分類記号に従って，ホルダー(紙挟み)に入れて，ファイリング・キャビネットや書架式整理棚に保管する。事務スペース狭隘化のため，最近は文書や画像をスキャナーなどの入力装置で読みとってPDF化などの電子処理を行って効率的にコンピュータ内部に保管する。　　　　　　　　(福井)

ファクトリー・オートメーション〔factory automation：FA〕　工場における自動化のことで，究極的には素材の供給から加工，検査，組立，製品の搬出まで一貫して自動的に行うことである。こうした生産の自動化は，これまでメカニカル・オートメーションではトランスファーマシンの進展と結合により，プロセス・オートメーションではフィードバック機構に基づく処理作業の自動化により遂行されてきた。今日これらはコンピュータ・電子回路を軸とした自動制御により一段と高度なものとなるとともに，多様な製品の生産を可能にする柔軟な生産システムとしても機能しうるものとなっており，ファクトリー・オートメーションといわれるようになったが，ファクトリー・オートメーションは狭義には機

械工学の分野のみをさす場合もある。(☞オートメーション,オフィス・オートメーション) (大橋)

ファジーコンピュータ〔fuzzy computer〕 人間のあいまい(fuzzy)な部分を模倣するコンピュータ。例えば、「大きい、小さい」といった相対的表現は、これを取り巻く状態や環境条件、観測位置が特定されなければ具体的な処理対象にはならない。ファジィシステムは、相対的なものを絶対的なものに変換する為の環境条件を予め測定し、それをプログラム内蔵したコンピュータシステムである。(☞人工知能) (阿辻)

ファジー理論〔fuzzy systems theory〕 あいまいさを定量化し、処理する数理的理論および方法である。人間の思考や判断には、機械の純論理的思考と異なって、多分のあいまいさが含まれていて、人間の情報処理機能はあいまいさの処理と大きく関係している。ファジー理論は、カリフォルニア大のザデー(Zadeh, L. A.)がこの点に着目し「ファジー集合」を提唱し、人間の思考・判断の過程を定量的に取り扱わんとしたことに始まる。ファジー理論は数学の論理、集合、測度の拡張であるので、応用可能性が大きく、工学、医学、社会科学等の理論や方法との融合が可能となる。例えば、人間に近い人工頭脳やロボットの進歩に役立つ。 (水原)

ファシリティ・マネジメント〔facility management〕 ビル、工場、店舗、倉庫などの業務用施設を、担当部門でなく全社的な経営戦略的観点から総合的かつ長期的な最適化を目指して、企画、管理、活用する経営活動。これは、建物や設備すべてのローコスト・オペレーションだけでなく、全体最適な状態(全社コスト最小、収益最大)で保有、賃貸、運用、維持するための総合的な経営管理活動。従来通りに現場感覚で管理運営する管財や営繕とは違い、経営戦略的な視点から活用方法を考慮する。 (福井)

ファヨール(1841-1925)〔Fayol, Henri〕 コンスタンチノープル生まれ。フランスのサンテティエンヌ鉱山学校を卒業後、コマントリー・フールシャンボー鉱業会社に入社。鉱山技師、鉱山所長、社長を歴任。同社の危機を救い、他の炭坑・鉱山を買収・合併するなど名経営者として活躍した。引退後は管理研究所を設立し、(1918年)、管理方法の普及・教育に貢献した。『産業並びに一般の管理』(1916年)では経営活動を①技術的、②商業的、③財務的、④保全的、⑤会計的、⑥管理的の6つの活動から構成されるとし、⑥の管理的活動を計画、組織、命令、調整、統制の5要素で捉える。また管理の一般原則を分業、権限と責任、規律から団結に至るまで14原則に集約して示している。彼の理論はファヨーリズムとよばれ、アメリカのF.W.テイラーとともに、経営学創始者として並び称されている。(☞管理過程学派) (片岡信之)

フィージビリティ・スタディ〔feasibility study〕 新しいプロジェクトやシ

ステムなどの実行可能性について調査し評価すること。本格的なシステム設計に移る前に行われることが多い。コストと獲得できる成果の分析が中心になるが、実施に際しての諸問題も調査・研究の対象になる。アメリカでは特別の委員会で行われることが多いが、実際に稼動した時との誤差はプラス・マイナス 15% ぐらいが目処といわれる。　　　(大橋)

フィードバック制御〔feedback control〕　システム活動の実績が、どの程度計画目標値と差異があるかについて情報を送り、その情報に基づいて、元のシステム活動を修正あるいは調整する過程が、フィードバック制御とよばれる。差異を察知した場合この過程では、目標値を変更したり、組織を変えるなどの戦略をとることによって差異が無くされる。組織やシステムの活動を管理するために使われる方法で、あらゆる分野での重要な制御原理である。　　　(水原)

フィードラーのリーダーシップ・コンティンジェンシー理論〔Fiedler's contingency model of leadership〕　1960 年代フィードラー(Fiedler, F.E.)が発表したもの。すべての状況に適応されうる唯一最善の普遍的なリーダーシップ・スタイルは存在しないという考えに基づいて、リーダーシップ・スタイルを測定するための LPC 尺度(Least Preferred Coworker)を考案した。リーダーが集団を容易に掌握できる場合と、反対に掌握が困難な場合には課業志向型のリーダー(低 LPC)が有効であり、集団の掌握が容易でもないし困難でもない中程度の場合には、人間志向型のリーダー(高 LPC)が有効であるとした。(☞リーダーシップ, コンティンジェンシー理論)　　　(竹林)

フィランソロピー〔philanthropy〕　博愛、慈善という意味である。企業が社会的公器としての性格をもち、その経営行動が大きな社会的影響をもつようになると、市民社会の一員として社会との調和のとれた良い関係を維持するために行動することが要求されるが、その結果行う種々の社会的問題解決のための貢献活動や、地域社会に対する慈善活動・公益活動などのことをフィランソロピーという。企業メセナもこの活動の1つとみて良い。(☞経営の社会的責任, メセナ)　　　(渡辺峻)

ブーメラン効果〔boomerang effect〕　本国企業による対外直接投資や技術供与が受入国の当該産業の生産を拡大させ、やがて本国側に受入国からの製品輸入の増大や、同一産業での競合激化を生じさせること。資本・技術の輸出がいずれ製品輸入という形で本国にはね返ってくる現象を、投げたブーメランがもとに戻ってくる様子にたとえたもの。典型的には、プラント輸出に伴う生産力移転を指している場合が多い。(☞逆輸入, プラント輸出)　　　(藤澤)

フォード・システム〔Ford system〕　1910 年代にフォード(Ford, H.)がフ

ォード自動車会社において，T型車を生産するために開発した半自動の移動組立ラインを中心とする生産システムに由来する。それは，自動車のような複雑な組立製品の製造工程に最初に持ち込まれた大量生産システムであった。フォードは製品をT型車の1車種に限定し，部品に互換性を与え，専門化した工場を整えて生産の標準化を進め，ベルト・コンベアによる流れ作業方式を導入して作業の合理化を促進した。フォード・システムの普及によって，生産費の低減と生産品目の均一化がはかられ，1920年代から今日まで特に耐久消費財の大量生産が実現されるようになった。現在では生産の革新と多品種少量生産への適応性に欠け，また緊張度の高い単純作業が人間性を軽視するとの問題点も指摘されている。(☞フォード，コンベア・システム) (仲田)

フォード，ヘンリー(1863-1947)〔Ford, Henry〕 自動車の大量生産を確立し，モータリゼーションの道を開いたアメリカの実業家。1903年にフォード・モーター社を設立。1908年に販売を開始したT型車は，軽量・簡便・廉価でありながら信頼性に富み，市場を席巻した。1913年からベルトコンベアを用いた流れ作業方式による生産効率の向上を図り，1914年には日給5ドルと1日8時間労働という画期的な労働政策を打ち出し，業界トップ企業へ導いた。高賃金は，労働問題の解決に加えて，労働者の自動車保有を可能にして，大量生産を裏付ける市場拡大にも寄与した。自動車の普及にともない，フォードの単一車種政策は，ゼネラル・モーターズ社のフルライン政策に敗れた。労働組合嫌いとしても有名。(☞フォード・システム，フォード・モーター) (平野)

フォード・モーター〔Ford Motor Company〕 1903年にヘンリー・フォードが設立した自動車メーカー。ビッグ・スリーの1社。自動車工業に本格的な大量生産方式を導入し，モータリゼーションに先鞭をつけた。1920年代，躍進を支えたT型車が市場に受け入れられず，フルライン政策を採用したゼネラル・モーターズ社に抜かれた。第二次世界大戦中，軍用車・軍用機生産で高い生産性を発揮した。1970年代末以降，小型で燃費の良い欧州車や日本車にシェアを奪われていった。(☞ゼネラル・モーターズ，フォード，フォード・システム) (平野)

フォルクスワーゲン〔Volkswagen〕 ドイツ最大の自動車製造企業グループ。「国民の車」という名称のとおり，ヒトラー(Hitler, A.)が自動車の大衆への普及のためにポルシェ(Porsche, F.)に開発を指示したことに始まる。1937年に準備会社，翌年に有限会社として設立され，敗戦後の国有化をへて1960年に株式会社となった。2013年末もニーダーザクセン州が12.7%，ポルシェ・アウトモビール・ホールディング(Porsche Automobil Holding SE)が32.2%の株式を保有する。多彩なブランド戦略で世

界有数の自動車メーカーとなった。 (山縣)

フォレット〔1868-1933〕〔Follett, Mary Parker〕 米国ボストン近郊に生まれ，1898年ハーバード大学ラドクリフ校を卒業した。彼女は，市民運動家としてその後約20年間ケース・ワーカーとして活動し，また人事管理協会の仕事にも長く携わった。社会的存在である人間は他の人と考えや利害が相違する。これを抑圧や妥協というやり方でなく，統合によって解決できると説いた。経営学者の枠をこえた「政治哲学者」である。主著に遺稿集 *Dynamic Administration*（1941年）他がある。 (廣瀬)

付加価値〔added value〕 企業自体の自らの経営活動によって原材料などに新たに付加された価値のことであって，通常，売上高から外部からの購入原材料費や購入部品費などを差し引いたものである。したがって，それは結局，純利益・人件費・利子・租税などを合計したものとなる。この付加価値は経営戦略の1つの基準におかれ，企業は，例えば知識集約度の高い製品の開発を目指して，付加価値を高めんとしている。なお，減価償却費を付加価値に含めない場合と含める場合とがある。 (吉田)

不確実性〔uncertainty〕 将来どのような事柄が発生するかがわからない状態（部分的無知）や，ある事柄が発生することは推定できても，それがどのような確率で発生するかを正確に予測できない状態のことを意味する。一般に意思決定にはこのような不確実性が伴うので，意思決定論においては不確実性のもとでの意思決定の様々な基準がある。このような基準には，ラプラス原理，マクシミン原理，ミニマックス原理などがある。（☞部分的無知） (海道)

複雑系〔complex system〕 システムが，相互に関連する複数の要素が絡み合って全体としての複雑な特性を表し，そのシステム全体が部分を構成する要素からは明らかでないような系をいう。複雑系においては，全体を基本的な法則に還元して予測を行う，いわゆる還元主義的なアプローチはそぐわない。経営学が対象とする「組織」は，環境の複雑性・多様性に適応しながら発展していくことから，複雑系の典型例であるといえる。（☞システム，組織，コンティンジェンシー理論） (上林)

複雑人モデル〔complex man model〕 組織心理学者のシャイン（Shine, E. H.）において提示されている人間モデル。経済人における物質的・経済的欲求，社会人における帰属意識などの社会的欲求，自己実現人モデルにおける自己実現欲求といった，特定の側面のみに焦点を合わせて人間行動を捉えるのではなく，こうした多種多様な側面を含む多面的かつ可変的なものとして人間行動は理解されるべきであるとして提示された。人間が特定の欲求に規定されない複雑な行動をとるとするこの複雑人モデルは，人間が様々な側面を有するといっているに過ぎず，その意味で

正式な意味での人間モデルとは言いがたいが，動機づけに有効な手法が多種多様であることを強調するところに当モデルの主眼がある。(☞経済人仮説，社会人モデル，自己実現) (上林)

複数本社制〔multiple head office system〕 本社とは事業活動を統括する役割を担う事業所であり，通常は立地条件を考慮して1つの本社が設立される。しかし，近年，大規模な企業は複数の本社を設ける傾向にある。とりわけ，グローバルな活動を行う企業は，アメリカやヨーロッパ，アジアのように地域別にわけてそれぞれに地域統括本社を設置し，その傘下に現地法人や営業所を置いて経営の現地化と統合を目指すことにより，業務を円滑に進めようとしている。(☞地域統括本社) (小澤)

含み資産〔hidden assets〕 資産評価に際して取得時に記載された簿価より時価が値上がりした場合，その差を含み資産という。取得原価主義のもと1980年代まで含み資産は企業の隠れた担保能力とみなされてきたが，バブル崩壊以降，資産価値が下落するなか企業の財務状態を透明化するため，段階的に金融商品の時価会計が始まり，2005年度の事業から減損会計が導入されている。 (梶脇)

福利厚生制度 賃金とは別に従業員の生活や福祉の向上を図るために企業が行う施策。賃金を補完したり，賃金では対応できない従業員の多様なニーズに応えることにより，従業員の確保・定着，勤労意欲の維持・向上を図ることがその目的である。この制度には，健康保険や厚生年金等の法律で実施が義務づけられた施策と，社宅や持家援助，給食援助など，企業が任意に実施する施策がある。後者に関しては，カフェテリア・プランを導入する企業もある。(☞フリンジ・ベネフィット) (正亀)

負　債〔liability〕 企業会計は，債権者持分や消極財産と解し，貸借対照表上では，資本ともに貸方を形成するが，通常，将来の財貨・用役の費消の原因が発生したために期間費用として計上される負債性引当金をも含めて，正常営業循環基準とワン・イヤー・ルールにより，流動負債と固定負債に分けられる。また，自己資本とともに，総資本を構成するが，期限付きの借入資本の性質から利子と返済の固定的負担を伴うものと考えられる。(☞固定負債，流動負債，他人資本) (牧浦)

物流管理〔physical distribution management〕 物流管理は，顧客のニーズに合わせかつ利益を得る形で原材料と最終商品の出発点から使用地点までの物理的フローを計画し，実行し，統制することを意味する。具体的には販売予測，生産・流通計画の作成，在庫管理，原材料の調達，包装，輸送などの業務が含まれる。その目的は，適切な製品を適切な場所へ，適切な時間に，最小のコストで提供することであるとよくいわれるが，顧客へのサービス水準とそれを実現するためのコストとのバランスを考

慮したシステム効率という概念が有益である。そのためにも作られた製品を低コストで顧客に提供するという発想ではなく，市場ないし顧客のニーズと競争企業の行動の把握から出発し，それに基づいて原材料の調達から顧客までの資材の流れをトータルに統制することが求められている。(☞ロジスティクス，ジャスト・イン・タイム物流) (陶山)

物流拠点(配送センター)〔delivery center〕 メーカーや卸売商が物流管理を行う時の保管・配送の有力な拠点。メーカーの工場などから入荷した商品を検品，仕分，計量，包装，値付けなどを行って出荷する機能をもつ。従来は各地区のメーカー系列販売会社を経由していた物流方式が商物分離の中で配送センターと商品センターの集約化や広域化が進められた。一方，各センターではEOSやインターネットを使ったオンライン受発注システムが稼働することにより，ロボットや自動化機器を使ったオーダーピッキング，包装・梱包，仕分，搬出など庫内作業の自動化・合理化がはかられている。(☞ロジスティクス，物流管理) (陶山)

不当労働行為〔unfair labor practice〕 使用者が，労働者のもつ団結権を妨害・干渉する行為。その内容として労働組合法は，①労働者が組合員であること，組合に加入したり，組合を結成しようとしたこと，あるいは正当な組合活動をしたことを理由に，解雇その他の不利益的な取扱いをすること，②労働者が組合に加入しないことや組合を脱退することを雇用条件とする黄犬契約，③正当な理由のない団交拒否，④労働組合の結成・運営に対する支配・介入を規定している。 (伊藤)

部分改良製品〔modified product〕 ポーター=竹内(1986年)によれば，各国または国家群で販売されるほぼ同じ基本製品に，あまりコストを掛けずに改良を施した製品をいう。改良部分は，電圧，色，サイズ，アクセサリーなど。包装，表示などへの政府の規制に対応した強制的改良と，嗜好，購買慣習，気候，使用条件などの地域差に合わせた任意改良がある。CTスキャナー，放送用ビデオカメラ，コンピュータ，複写機，大型建設機械，自動車，電子レンジが該当する。(☞グローバル・マーケティング・マネジメント) (藤澤)

部分的無知〔partial ignorance〕 不確実性には，将来，特定の事柄が発生することはわかっているが，その発生確率がわからない場合とどのような事柄が将来起こるかもわからない場合の2種類がある。部分的無知とは，後者の場合をさし，意思決定者にとって将来について一部はわかっても他の部分はわからない状況を意味している。戦略的意思決定を行う場合には，企業はこのような意思決定状況にある。 (海道)

部門管理層〔departmental management〕 全般経営層が決めた方針・政策・戦略・計画に従って，事業や職能によって分けられた各部門を管理

運営する階層。組織構造上は全般経営層の下に位置するが，意思疎通の点から部門管理層の長がトップ・マネジメントのメンバーとなることもある(例えば，取締役○○事業部長)。どの職位が部門管理層にあたるかは企業によって異なるが，事業部長や支店長，工場長などは代表的な例である。ミドル・マネジメントと重なり合うこともある。(☞ミドル・マネジメント)　　　　　　　　　　　　　　　　　　　　　　　　　　(山縣)

プライス・リーダーシップ戦略〔price leadership strategy〕　ある市場において，特定の企業がその市場の価格変更の先導者となり，他の企業が一定期間内にこの価格に追随して，全企業が同一の価格ないしは秩序ある価格体系を設定する状況における価格先導者の役割をプライス・リーダーシップという。日本ではビール市場に典型的に見られる。このような市場状況のもとで，価格変更の先導者として行動することによって市場の主導権を握ろうとするのが，プライス・リーダーシップ戦略である。(☞コスト・リーダーシップ戦略，市場浸透戦略)　　　　　　　　　(仲田)

プラグマティズム〔pragmatism〕　19世紀末から20世紀前半にかけて，アメリカのパース(Peirce, Ch.S.)やジェイムズ(James, W.)，デューイ(Dewey, J.)らによって構築されたアメリカ固有の思想。論者によってその説くところのニュアンスの違いはあるが，その概ねの特徴は，デカルト以来の近代合理主義思想のような先験的概念から具体的現実的な経験世界を演繹・論証する方法を退け，逆に，経験的現実的手段によって人間の認識を基礎づけようとするところにある。そして，人間の認識作用は当面の問題や必要の解決のためのもので，認識の真理性は認識の実際的効果・有用性に依るとする。すなわちプラグマティズムは有用性を重視し，経験を基礎にして人間の目的・理想の実現のための手段や道具を掴む方法論といえ，道具主義(instrumentalism)として特徴づけられる。(☞アメリカ経営学の特徴)　　　　　　　　　　　　　　　　　　(片岡信之)

ブラック・ボックス・モデル〔black box model〕　システム内部の構造や仕組みが複雑で不明な時に，システムへのインプット(独立変数)の値とシステムからのアウトプット(従属変数)の値のみを用いて，インプットとアウトプットの関係を説明するモデルをいう。ここでは，一定のインプットがどのようなメカニズムを経て一定のアウトプットを生み出すかについては暗箱(black box)のままにおかれて解明されない。需要予測モデルや時系列モデルはその典型的な例である。一方，システムの内部構造が明らかで，システム全体を表現する関係式が完全にわかっている場合のモデルをホワイト・ボックス・モデル，システムの内部構造の一部分がわかっている場合のモデルをグレー・ボックス・モデルとよぶ。(☞需要予測，インプット・アウトプット)　　　　　　　　　　　　(瀬見)

フランチャイズ・システム〔franchise system〕 主宰者(フランチャイザー)が加盟店(フランチャイジー)に対し、一定の加盟料と手数料と引換えに、一定地域での販売権を保証する制度。加盟店は一定地域での特定商品の製造・販売その他の権利を与えられるとともに、店舗・売り場構成、広告・販売促進、従業員の訓練などについて経営指導・統制を受ける。フランチャイズ・システムはファースト・フードを中心にレストラン、洋菓子、飲食サービスなどで数多く見られる。加盟店が少ない資本投資で組織的な企業と同じような形で事業展開できることから、中小企業振興策として意義がある。しかし、主宰者側からの不利益な取引条件の押しつけや、過大なノルマの要求など、解決すべき問題も多い。(☞チェーン・ストア、ボランタリー・チェーン) (市川)

ブランド・エクイティ〔brand equity〕 ブランド間競争において各企業に持続的な競争優位をもたらすブランド資産またはブランド力のこと。ブランドまたはブランド名、シンボルと結びついた資産や負債の集合で、①ブランド・ロイヤルティ、②ブランド認知、③知覚品質、④ブランド連想、⑤その他パテントやトレードマークなどからなる。それは顧客に提供される製品・サービスの価値や満足を高める効果をもつとともに、企業にとってはプレミアム価格や高いマージン、ブランド拡張、流通支配力の源泉になる。(☞ブランド、ブランド・ロイヤルティ) (陶山)

ブランド(商標)〔brand〕 ある売り手またはそのグループの商品またはサービスを識別するために、またそれらを競争相手のものと差別化するために付与された名前、言葉、サイン、シンボル、デザイン、あるいはそれらの組み合わされたもの。企業名が統一ブランドとなる場合もある。企業間のマーケティング競争はブランド・ロイヤルティをめぐる競争という性格をもつが、ブランドは消費者への訴求ないし信頼獲得手段として企業にとって最も価値のある資産の1つである。(☞ブランド・ロイヤルティ、ブランド・エクイティ) (陶山)

プラント輸出〔plant export〕 製品を生産するための技術やノウハウ、資材、工場設備、関連施設をセットとして、工場ごと輸出すること。設備の設計・施工だけでなく、人材育成を含めた契約を結んで、工場を操業できる状態で引き渡す場合は、ターン・キー方式とよばれる。たんなる製品の輸出と比べて、雇用創出や技術開発の面で相手国にもメリットがあるため、海外でも比較的受け入れられやすい。計画・実施に時間を要する、為替変動リスクを被りやすい等の問題もある。 (石井)

プラント・レイアウト〔plant layout〕 工場設備の配置と連結を計画する活動である。主なレイアウト法には次の3種類がある。①ジョブ・ショップ型。同種の機械が集められ、そこで同種の作業が行われる。特定の

作業の流れというものはなく，加工上の必要に応じて各作業場を材料が行き来する。必ずしも効率は高くないが弾力性がある。②ライン・フロー型。特定の作業順序に合わせて必要とされる設備を直線的に並べる方式。コンベア・システムやオートメーションが導入されることも多い。効率は最も高いが，製品変化に対する弾力性に欠ける。③定置型。加工対象を動かすことなく必要な機械設備の方を近づける。船舶などの製造に使う。以上は典型的な方法であり，実際には混合もされる。　（宗像）

ブランド・ロイヤルティ〔brand loyalty〕　銘柄忠誠ともいわれ，消費者が特定のブランドに対してもつ執着心の尺度である。それは同一のブランドをどの程度反復購買するか，同じことであるがブランド・スイッチをしない頻度を表わしている。ブランド・ロイヤルティが高まるにつれ，それを享受する企業は顧客基盤に対する競争相手からの攻撃を受けにくくなる。それは認知や連想，知覚品質などとともにブランドの将来利益に結びつくブランド・エクイティの指標の1つである。(☞ブランド，ブランド・エクイティ)　　　　　　　　　　　　　　　　　　　　　　（陶山）

フリンジ・ベネフィット〔fringe benefits〕　米国で賃金以外に企業が従業員に支給する付加給付。わが国の福利厚生制度に相当するが，休暇や休日などの非就業時間に対する賃金や企業年金制度等もこれに含まれる。この制度は，第二次世界大戦中の賃金統制下で実質所得の向上策として普及し，戦後は組合の要求を背景に増加，その費用は2014年には労働費用の3割を占める。近年，従業員の欲求の多様化を背景に，希望する給付を各人が選べるカフェテリア方式を採る企業が増えている。(☞福利厚生制度)　　　　　　　　　　　　　　　　　　　　　　　　　　　　（正亀）

古川栄一(1904-1985)　　東京商科大(現・一橋大)卒業後，山口高商(現・山口大)，一橋大，青山学院大，亜細亜大の各教授を歴任。一橋大名誉教授。戦前はドイツ経営経済学の研究，殊に予算統制，経営比較，経営計理を中心とする経営計算制度の研究を，戦後はアメリカ経営学，殊に経営者論，経営管理論を研究し，さらにドイツ経営計算制度とアメリカ経営財務論の両者を踏まえた独自の内部統制組織，財務管理組織，経営分析，財務管理論を著わした。　　　　　　　　　　　　　　　　　　（片岡信之）

フル・コスト主義〔full cost principle〕　製品生産に要する変動費を算定する直接原価計算に対して，製品1単位当たりの製造原価，販売費と一般管理費を見積もる吸収原価計算(absorption costing)である。なお，独占的市場支配を前提にして，製品1単位当たりの直接費を基準に，間接費配賦率と目標利益率を掛けて，間接費と計画利益を求め，合計額を販売価格とするが，競争市場では，割増生産費の回収をめざす限界原価主義が用いられる。(☞直接原価計算)　　　　　　　　　　　　　　　　（牧浦）

プル戦略とプッシュ戦略〔pull strategy and push strategy〕 一般にはマーケティング戦略でとりあげられるもの。プル戦略は企業が最終消費者に直接働きかけ，それが消費者→小売商→卸売商→……→自企業というように消費者が引っ張る形で自企業の販売拡大をはかるものである。プッシュ戦略は反対に流通業者への働きかけに重点をおき，自企業→……→卸売商→小売商→消費者と販売を押していくものである。前者では一般消費者に働きかける広告や宣伝が重要になるし，後者では流通業者への対策，例えばリベートや割引政策などが重要になる。生産過程などでも最終段階＝販売を起点とし後段階から前段階へ進んでいくのがプル，前段階の結果に基づき後段階のことを考えるのがプッシュである。　（大橋）

フル・タイマーとパート・タイマー〔full timer and part timer〕 正規従業員で雇用の安定した常用の労働者をフル・タイマーとよび，所定労働時間がフル・タイマーよりも短い者をパート・タイマーという。総務省の推計では，日本の 2013 年のパート（週就業 35 時間未満）人口は 1,568 万人（雇用者の 29％）で，7 割弱が女性である（女性雇用者の 46％）。パートは，特に第一次石油危機以降急増した。その背景には，①サービス経済化の進展に伴う短時間就労型の労働力需要の増加，②低成長の下，人件費が割安で雇用調整も容易なパートへの依存を企業が強めたこと，③家事との両立を図り易いパートを希望する女性が増えたことがある。オランダでは，ワークシェアリングとしてパート労働が推進されてきている。　（正亀）

フルライン戦略〔full-line strategy〕 同じ製品ライン（生産技術，販売経路，用途が同じ）で多様なバリエーションを揃えることで，幅広い顧客ニーズに応え，競争優位を構築する戦略のこと。これにより大きな市場を獲得できる，流通・広告・サービス面で範囲の経済を実現できる，流通業者との取引を有利にできる，部品の共通化による利益を得られる，などのメリットを享受できる。自動車では小型車から高級車まで幅広い種類の車を製造するのがフルライン戦略にあたる。（☞集中化戦略，シナジー）（松本）

ブレーン・ストーミング〔brain storming〕 オズボーン（Osborn, A. F.）によって，1940 年代初めに考案された，創造性開発のための集団思考法。独創的なアイディアを引き出すために，5〜10 名程度のチームに特定の問題について討議させ，できるだけ多くの課題解決のアイディアを出させる方法。その際，アイディアの良し悪しの判断をしてはならず，自由奔放に多くのアイディアを出させると同時に，アイディアの結合を図らせることも必要である。通常 40〜60 分位継続して討議させる。（☞センシティビティ・トレーニング）　（伊藤）

フレキシブル・オフィス・オートメーション〔flexible office automation〕 現在のオフィスはパソコンなどの IT 機器を備えた，マン・マシンシス

テムの現場である。IT機器を有効利用し、オフィス全体の事務を合理化しその生産性の向上を図るには、ソフトウェアのバージョンアップやパソコンの更新など、たえずオフィス環境をフレキシブルに対応し変更していかねばならない。製品のニーズの多様化に応じて臨機応変に多品種少量生産を展開する生産ライン・システムをフレキシブル・マニアファクチャリング・システム(FMS)というが、これをオフィスに展開させた概念がフレキシブル・オフィス・オートメーション(OA)である。あるIT機器メーカーは画像情報を巧みに活用したOAをフレキシブルOAと宣伝する。(☞ FMS, OA, マン・マシンシステム) (福井)

プレゼンテーション支援システム〔presentation supporting system〕 人前でのプレゼンテーションの伝統的なやり方は、黒板やOHPを使った言葉による説明である。アイコンタクトを心がけたとしても、話し手が多数の聞き手に一方的に情報を伝えがちになる場合がある。そこで、聞き手によりよく理解してもらうために、図や表そして映像で訴えることが考えられる。プレゼンテーション用の部材作成や三次元画面などの機能をもつソフトウェアで作成した映像などを液晶プロジェクタに投射して、ロゴ、文字、グラフ、表などをはめ込んだスライドや動画を用いて、アニメーション効果も援用して臨場感を高め、レーザポインタをときおり使いながら、話し手を引き込み、彼らと聞き手の距離感を縮めることができる。 (福井)

フレックス・タイム〔flextime〕 自由勤務時間制。勤務時間の一部を従業員の自由裁量に任せることで、拘束感・疎外感を減らし、勤労意欲を高めようとする労働時間管理の一手段。全従業員の拘束時間(コア・タイム)を含め、従業員が一定時間の定められた労働時間内で、その労働の開始・終了時間を自由に決定できる制度。 (伊藤)

フローチャート〔flow chart〕 仕事の手順や処理の流れをわかりやすく図形と矢印で示した図。流れ図または流れ作業図ともいう。基本的な処理は長方形、条件分岐は菱形、処理の流れは矢印と、視覚的に処理の流れを書くことで計算手順を理解させる。複雑な処理アルゴリズムに従うプログラムをもつ業務システムの設計では、順序の誤りや脱落、改良点などを確認するために使う。工業・情報処理で使うJIS規格では、端子記号、判断記号、処理記号、線記号を使う。 (福井)

ブログ〔blog〕 ウェブ上に公開されるソーシャルメディアの一種で、ウェブログ(weblog)が略されたもの。多くのブログサービスは、ホームページ作成に関する専門的な知識なしで運営できるだけでなく、更新の自動通知や、他のブログへリンクし相互に参照しあうトラックバックなどの機能がある。これらの機能を利用して、企業がニュース配信をしたり、

広告の媒体(アフィリエイト広告)として利用することも多い。(☞ホームページ) (竹林)

プログラミング〔programming〕 コンピュータシステムを動かすための人工の「言葉」であるプログラムを作成すること,もしくはソフトウェアを構築する行為を総称し,コンピュータに処理させる手順や計算方法をコンピュータ言語を用いて論理的に記述することを指す。コンピュータで処理する為のアルゴリズムを解析,システムを分析し,コンピュータ言語の文法にそったシステム開発を含む。(☞コンピュータ言語,ソフトウェア) (阿辻)

プロジェクト型組織〔project organization〕 特定のプロジェクト(企画や事業)を計画し遂行するために編成された組織のことをいう。プロジェクトが終了すれば解散となる一時的な組織である。プロジェクト・チームといわれることも多い。プロジェクトの企画と実行には,社内の各分野の専門家の協力と,多方面からの知識の結集が不可欠であるから,そのつど提起されるプロジェクトを中心にして,相応しい人材を組織し編成することが要求される。(☞マトリックス型組織) (渡辺峻)

プロダクト・コンセプト〔product concept〕 製品やサービスは消費者のニーズやウォンツを満たすようデザインされ,生産される。製品が市場でもたらすと期待される満足や効用の束が,プロダクト・コンセプトである。製品は単なる物質ではなく,それに付随する包装,サービス,アイディア,アメニティ(快適さ)などを含んだ全体をいう。消費者が市場で製品を購入する場合,物理的な製品のみに対価を支払っているのではなく,心理的な側面を含めて,製品とサービスの購入によってもたらされる全体的な満足に対価を支払っているのである。例えば,「わずかスプーン1杯で驚くほどの白さに」というのは,花王のアタックのプロダクト・コンセプトである。 (市川)

プロダクト・ミックス〔product mix〕 会社が製造・販売する全製品をプロダクト・ラインといい,それを組み合わせたものがプロダクト・ミックスである。プロダクト・ラインを構成する各製品はそれぞれ無関係ではなく,需要,競争,費用などの点で関連しあっている。会社が生産計画や製品政策を進める際に,プロダクト・ミックスが意味をもってくる。流通業者にとってのプロダクト・ミックスは品揃えであり,それは幅と深さと一貫性という3つの次元をもっている。幅は様々な商品ラインの数,深さは1つの商品ラインに含まれる平均の商品数,そして,一貫性は商品ラインに含まれる各商品が関連する度合いを意味している。品揃えは流通業のマーケティングの中核である。(☞マーケティング・ミックス,プロダクト・コンセプト) (市川)

分化-統合化モデル〔differentiation-integration model〕 ローレンス=ローシュ(Lawrence, P. R. and Lorsch, J. W.)によって提唱された組織設計モデルをいう。組織と環境との適合を意図するモデルである。つまり、環境の違いによって差別化、すなわち分化された各部門は、差別化が進めば進む程に、共通目的の下で統合化されねばならない。この統合化は、構造的統合手段と過程的統合手段でもって行われる。 (水原)

分 業〔division of labour ; division of work〕 ある全体をなす総労働を、一連の相異なる部分労働(作業)に分割し、それらを個々人や各集団の専門的機能として分担させる協業形態。社会的分業と技術的分業がある。前者は社会全体の中での農業、漁業、工業、商業など産業別・事業別・職業別に異なる労働による分業で、相互の商品を交換する形で結びつく。後者は企業内分業(工場内分業)ともよばれ、企業内で1つの指揮のもとにある労働者達が、相互に異なる部分労働の担い手として組織化された分業で、計画的な組織と管理によって結びつけられる。この際の結合労働は専門的熟練、集団的凝集力、機械利用の容易性などで労働生産力の向上が著しく、そのため経営学では早くから分業の原則(専門化の原則)を管理原則として掲げてきた。(☞専門化の原則、職能の垂直的分化、職能の水平的分化、協働体系) (片岡信之)

分権的管理と集権的管理〔decentralized management and centralized management〕 決定権が下位の管理階層に大幅に委譲され、各部門管理者が計画と管理について一定の自主性を与えられている管理形態を分権的管理という。これに対して全ての決定権が最高経営者もしくは上位の管理階層に集中している管理形態を集権的管理という。企業が小規模で、経営者が業務に十分な知識と経験と能力をもち、全般的な状況を的確に把握できる場合には集権的管理が有効である。しかし企業が大規模化し、経営活動が複雑化すると意思決定の遅れなど集権的管理に限界が生じ、分権的管理が必要となる。この分権的管理の典型が事業部制であり、そこでは地域別、製品別に事業部が設けられ、各事業部は独立採算の単位として運営される。(☞事業部制) (海道)

文書管理〔document management system〕 文書(ドキュメンテーション)とは用紙に記録された情報を意味する。顧客情報や社員情報そして社内機密情報、財務情報、部署機密情報などが詰まった文書を整理し収納しかつ安全に守ることが重要である。経営活動において文書管理はビジネスの基礎をなす。経営活動の継続に不可欠であり、ビジネス上のトラブルへの対処は正確な文書管理なくして抗弁できない。具体的には、帳票、規則類、議事録、通信文、契約書、マニュアルそして手順書が含まれる。(☞内部統制) (福井)

粉飾決算〔window dressing〕 架空の利益を計上し,財務諸表に不実の記載を行うことをいう。手口としては,棚卸資産の期末残高を水増しし,その結果,売上原価を減らして利益を捻出するといった,資産評価を利用したもの。架空売上などの架空取引によるもの。親子会社間取引において子会社の犠牲により親会社に利益を計上し,親会社の損失を隠蔽するといった関係会社を利用したものなどがある。 (久保田)

〔ヘ〕

ペイオフ・マトリックス〔payoff matrix〕 ペイオフとは,意思決定者の得る利得ないしは損失のことである。このペイオフは,意思決定者の行動によってのみ規定されるのではなく,意思決定がどのような状況において行われるかにも依存する。そこで意思決定の代替案(a_i)と状況(S_j)を組み合わせ,それぞれの場合のペイオフ(P_{ij})を表にしたものがペイオフ・マトリックスである。

代替案 \ 状況	S_1	S_2	S_3
a_1	p_{11}	p_{12}	p_{13}
a_2	p_{21}	p_{22}	p_{23}
a_3	p_{31}	p_{32}	p_{33}

どの代替案を採用するかの選択原理には,ラプラス原理,マクシミン原理,マクシマックス原理,ハーヴィッツ原理などがある。(☞ミニマックス原理/マクシミン原理) (海道)

ベイジアン決定理論〔Bayesian decision theory〕 一般に決定理論では,意思決定者が制御できない自然の状態,意思決定者が自由に選択することのできる行動,およびある自然の状態のもとである行動をとった時に意思決定者が得ることのできるペイオフという3つで定式化された決定問題に対して,どのような判断基準に基づいてどのような行動を選べば最も合理的かが分析される。その際,自然の状態の生起確率に意思決定者の主観確率を用い,各ペイオフも主観に基づく効用に置き換えて分析を行ったり,自然の状態の生起について新たな情報が追加された時に,事前の主観確率をベイズの定理を用いて事後確率に修正してから分析を行うことがある。このような立場で構築された決定理論を特にベイジアン決定理論とよぶ。(☞ペイオフ・マトリックス) (瀬見)

並列処理〔parallel processing〕 1つのプログラムを行う際に処理の順番が前後しても問題ないような場合に,複数の処理装置を用いてそれぞれ

が独立して同時並行的に処理を行い，処理効率を向上させようとする手法。複数の処理装置を用いる場合，その数に比例して処理性能が上がると考えられ，これまでスーパーコンピュータに多く用いられてきたが，最近では一般向けのコンピュータにも導入されている。　　　　　（竹林）

ヘクシャー＝オーリンの定理〔Heckscher＝Ohlin theorem〕　リカードの比較生産費説によると，技術的な違いが各国の生産性の差につながり，生産性の高い財の生産に特化した国家間で，貿易が行われる。そこでは労働だけを生産要素として考えている。ヘクシャー＝オーリンの定理では，国家間で技術的な違いがないことを前提に，土地，労働，資本を含む生産要素がその国に相対的にどの程度存在するかによって，生産性が異なると考えた。当該国で豊富に存在する生産要素を投入した財が比較優位となって輸出され，当該国に希少な生産要素を投入する財は輸入されることになる。例えば，土地や資本が豊富な国は資本集約的な産業で生産される財は比較優位となり，輸出されることになる。(☞国際分業，産業内貿易)　　　　　　　　　　　　　　　　　　　　　　　　　（石井）

ヘッド・ハンティング〔head hunting〕　人材スカウト。アメリカから入ってきた人材ビジネス。企業の依頼によって，経営管理者や技術者といった専門的能力をもつ人々を別の企業から引き抜き，依頼企業から手数料を得る。依頼がなくとも独自の判断でスカウトし，企業に売り込む場合もある。この業務に携わる者をヘッド・ハンターとよぶ。　　　　　（伊藤）

ベンチマーキング〔bench marking〕　社内の経営や業務の改善を図るため，社内外を問わず最高のパフォーマンスを発揮している手法やプロセス，いわゆるベスト・プラクティスに学び，それをベンチマーク(基準)として社内の根本的改革を行う経営手法。ベスト・プラクティスが成り立つ背景や条件を認識しておく必要がある。ベンチマークの対象は，同業種の競合企業に限らず，異業種や海外企業にも求められる。1980年代アメリカのゼロックス社による実施が最初とされる。　　　　　（平野）

ベンチャー・ビジネス〔new venture ; venture management〕　強い起業家精神，高度な専門技術，卓越した事業プランなどをもつ者に率いられた革新的な中小企業，あるいはその事業活動。ベンチャー・ビジネスは高度経済成長期に生まれた和製英語。これまで，1970年代初頭，第二次石油ショック後，バブル経済崩壊後の1990年代初頭と過去3度のベンチャーブームがあった。ベンチャー・ビジネスは，経済の活性化や雇用機会の創造，夢やロマンの提供など直接，間接に社会に活力を与える機能ももつ。(☞会社，有限責任事業組合)　　　　　　　　　　　　　（森田）

変動費と固定費〔variable costs and fixed costs ; variable Kosen und fixe Kosten〕　原価を操業という作用因に関連づけると，操業に依存する原

価と操業に依存しない原価という2つの範疇を区別することができる。前者が操業変動費たる変動費であり，後者が操業固定費たる固定費である。このことは，変動費と固定費の発生起源が根本的に異なるということを意味している。変動費は操業によって発生させられ，固定費は操業の前提である経営準備に依存し，それにより発生させられる。したがって，固定費は経営準備原価ともいわれ，それは経営準備の変化によって変動させられ得るのである。このように，固定費は変動しない原価ではなくて，基本的には変動する原価であることに注意しなければならない。
(☞操業度，コミッティド・キャパシティ・コスト，生産要素)　　　(深山)

〔ほ〕

包括主義〔all-inclusive concept〕　当期業績主義に対するもので，当期の経常活動による期間損益だけではなくて，過年度の損益と臨時・異常な損益である期間外損益も含めたものが，企業の経営成績であると考える。出資者の関心も，期間損益ではなくて，期間外損益についても考慮した可処分利益であるため，現行の企業会計原則は，包括主義を採用している。そこでは，期間外損益の影響を受けるが，実態をより反映できるとみなされている。(☞当期業績主義，会計原則)　　　(牧浦)

報告システム〔reporting systems〕　定期的に一定の内容事項について，決められた書式に従って作成した情報を組織内外に伝達するシステム。内部報告システムと外部報告システムがある。前者は企業マネジメントのための報告であり，月次損益計算書といった会計報告および売り上げ報告といった業務報告に大別できる。後者は，監督官庁や投資者その他の外部利害関係者向けの報告。例えば，EDINETは，金融商品取引法に基づく有価証券報告書等の開示書類の電子開示システムである。　　　(福井)

法　人〔juridical person〕　法律上権利・義務の主体となるのは，自然に人間として生まれた者(自然人)だけであるから，人間の集団である団体や企業等はそのままでは権利・義務の主体とはならない。これでは団体や企業の運営上でも社会運営上でも不便が多いので，団体や企業などで永続的統一性の強いものを法律上人間とみなして権利・義務の主体とし，人格(法人格)の認められているものが法人である。法人は，従ってどれかの法律で法人格を認められている必要があり，団体や企業のすべてがただちに法人であるのではない。団体や企業は法人であるものと，法人でないものとに大別される。法人でないものとしては，個人企業，民法上の組合や匿名組合などがある。(☞財団法人，社団法人，会社)　　　(大橋)

法人税〔corporate income tax〕　法人の事業活動で発生した益金から損金

を差し引いた法人の所得に対して課される税のこと。益金・損金は必ずしも企業会計上の収益・費用と一致せず，税法上の規定に従って算出される。法人格の種類により課税所得の範囲は異なるが，普通法人の税率は例外措置があるものの原則として一律に固定税率である。なお，国税である法人税に地方税(法人住民税，法人事業税)を加えて，企業に実際に課される実効税率が算定される。(☞法人，当期利益) 　　　　　　(梶脇)

法定準備金〔legal reserve〕 株式会社では定款や株主総会の決議による任意準備金とは異なり，法律上強制されている法定積立金。法定準備金は損益取引による利益準備金と資本取引による資本準備金に分けられる。なお，会社法によれば，株式会社では，準備金の資本金への組入れも準備金の減少とみなされるが，準備金の減少は，株主総会の決議によりいつでも可能であるが(448条)，原則として剰余金の増加額とみなされる(446条4)。(☞資本金，剰余金) 　　　　　　　　　　　　　　　(牧浦)

ホーソン実験〔Hawthorne experiment〕 アメリカのウエスタン・エレクトリック社ホーソン工場で1924年から1933年にかけて行われた一連の調査・実験で，照明実験，第1次・第2次継電器組立作業実験，雲母剥ぎ作業実験，従業員面接調査，バンク捲き線作業観察実験の6種からなる。中心メンバーのメイヨー(Mayo, E.)やレスリスバーガー(Roethlisberger, F.J.)らが出した結論としては，ホーソン効果やインフォーマル集団などが確認され，人間は組織の中でも人間的社会的な存在であるとし，人間関係論の発展の契機となった。しかし，その調査・実験の過程あるいは結論に対して批判的・否定的な意見もあり，現在でもその議論は続いている。(☞人間関係論学派，メイヨー) 　　　　　　　　　　　　　(竹林)

ポーター(1947-)〔Porter, Michael E.〕 ハーバードのビショップウィリアムローレンス大学教授。ハーバードビジネススクールに所属。主要著書に『競争の戦略』(1980年)，『国家の競争優位』(1990年)など。編著の『グローバル企業の競争戦略』(1986年)では，多国籍企業の経営諸活動の配置と調整を軸にして，価値連鎖の中での競争優位の追求方法を描いている。「競争戦略の5つの諸力」や「経営活動の付加価値連鎖図」は多く引用されている。競争戦略論の他，産業クラスター論にも定評がある。(☞グローバル企業，マルチ・ドメスティック企業，グローバル戦略)　(藤澤)

ボーダーレス化〔borderless〕 企業が国家の枠にとどまらずに，国境を越えて事業活動を展開すること。その背景には，情報通信技術や輸送技術の発達や，企業が自ら海外市場を開拓して販売や生産の活動を国際展開してきたことがある。一方で，世界各地では民族問題や資源獲得競争，経済のブロック化等，ビジネスにおいて国境に配慮せねばならない新たな問題も顕在化している。企業の国際化では，こういった問題にも上手く対応

できなければならない。企業が経済活動を国際展開する中では、組織の内部では人々が国境の制約を乗り越えるための努力がより一層必要となっている。このような国境をより意識しなければならない状況をボーダーフルと表現することもある。(☞グローバル戦略) (石井)

ポートフォリオ理論〔theory of portfolio selection〕 ポートフォリオとはもともと有価証券を入れる書類入れのことで、そこから転じて投資家が収益を上げるために保有する複数の運用資産のことを意味するようになった。このような複数の運用資産の組み合わせ方、資金の配分等、資産運用の選択にかかわる問題に取り組むのがポートフォリオ理論である。そこでは各資産の組み合わせであるポートフォリオの期待投資収益率とリスク(標準偏差)を計算して、特に一般的な投資家と考えられるリスク回避型投資家にとって最適なポートフォリオ選択を示す内容が展開されている。1952年にマーコビッツが提唱したものが有名。(☞CAPM) (梶脇)

ボーナス・ペナルティ・システム〔bonus penalty system〕 主として企業の製品内製・外製関連で使用される概念で、外製させる場合に納入させる製品の品質・納期に応じて良質・迅速の場合には報酬を、品質不良・遅延の場合には負荷を課すことによって製品受注側の製造刺激を作り出そうとするシステムである。例えば、製品の質の評価項目のそれぞれに対して評価した数値を各評価項目で重みづけして当該製品の納品時の評価をなし、この値に基づいて成約時の支払いの百分率を算出して実際の支払い価格とする方法で運用する。(☞外注管理、品質管理) (渡辺敏雄)

ホームページ〔homepage〕 本来的にはインターネットに接続した際に最初に表示されるウェブページのことであるが、一般的にはウェブサイトの最上位の階層のページ、あるいはウェブサイト全体のことを指す。多くのホームページはHTMLやXHTMLで記述され、文字、動画、音声などのデータを表示することができ、閲覧者はウェブブラウザを利用することでそれを閲覧することができる。また、ただ単に情報を表示するだけでなく、ホームページ同士をハイパーリンクで相互に参照することや、ホームページ閲覧者と相互にコミュニケーションをとることができることから、個人のみならず、企業でも活用されることが多い。(☞インターネット、ウェブ、ブログ) (竹林)

ホールディングカンパニー〔holding company〕 持株会社。株式を所有することで他社の事業活動を支配する会社のことで、他社の事業活動を支配することを主たる事業とする純粋持株会社と主たる事業を他に行う事業持株会社とがある。戦前の財閥では、財閥本社が持株会社として傘下企業を支配してきた。独占禁止法により1947年から1997年まで純粋持株会社の設立は禁止されてきたが、現在では、所有することにより事業

支配力が過度に集中することとなる会社を除いて,持株会社の設立は原則自由となっている。持株会社の設立は,合併することなしに企業間の経営統合を図る方法でもあり,1999年の商法改正で株式移転や株式交換が認められたことも,持株会社設立を促進させる方向で機能した。(☞株式持ち合い,企業グループ(企業集団),財閥) (森田)

POSシステム(バーコード)〔point of sales system(bar code)〕 現代の小売業の販売システムは,POS(販売時点情報管理)システムなしには語れない。商品に印刷されたバーコードは,スキャナー(光学式自動読取装置)によって瞬時に読みとられ,ストア・コントローラに送られて,コードに対応する商品の価格や品名が引き出される。バーコードは通常は13桁で,最初の2桁が国名(日本は49),次の5桁がメーカー記号,次の5桁が商品番号,最後の1桁はチェック用コードである。これによって,レジの効率化はもちろん,販売時点での販売管理,在庫管理,品揃え,受注・発注などの商品管理が合理化できる。POSデータをどう分析し,活用するかが重要な課題である。バーコードの不足もまた,深刻な問題である。(☞商品管理) (市川)

ポストモダンとトランスモダン〔postmodern and transmodern〕 近代社会は,概ねルネサンス時代に始まったモダン段階から,1970年代ごろにはモダン以後(ポスト)の新しい段階に移行した。モダン段階は資本主義経済形成の時代で,いわば生産中心の社会であったが,ポストモダンは多品種少量生産に照応する販売中心の社会であった。売るためにはこれまでの基準にとらわれず,「何でもする」という考えが広まり,性商品化や環境破壊などが進んだ。こうした傾向を押し止め,環境保全,男女の完全平等を指針とした,人間らしい生活ができる社会を作ろうとして,1989年スペインのマグダ(Magda, R.M.R.)により提唱されて以来,全世界的に急速に広まっているのがトランスモダン論である。 (大橋)

ボトムアップ経営とトップダウン経営〔bottom-up management and top-down management〕 意思決定が,下から順次積み上げられる方式をボトムアップ経営という。下意上達の経営方式であるボトムアップ経営の典型は,わが国の稟議制度である。これは,下位の管理階層の立案が,上司の間を修正されながら順に上に送られ,最終的にはトップの経営者がそれを決裁する意思決定の方式である。この制度には下位の管理階層のモラールを高め下位の提案を上位の意思決定に反映できるというメリットがある反面,起案から実施まで時間がかかり,環境の変化に対応した迅速な意思決定を行うことができないという欠点がある。これに対し,上位の管理階層が明確な経営計画や経営戦略をたて上意下達の意思決定を行う経営方式を,トップダウン経営という。(☞稟議制度) (海道)

ホメオスタシス〔homeostasis〕 生体的均衡をホメオスタシスという。これは、環境の変化によってシステムが不均衡の状態に陥った場合、システム内の適応機能によって自律調整作用が作動して、元の均衡状態に戻るということを意味している。これをキャノン(Cannon, W. B.)が、ホメオスタシスと名づけた。組織や企業の適応行動を生物の場合と同様に、ホメオスタシスとして説明することができる。(☞システム)　　(水原)

ボランタリー・チェーン〔voluntary chain〕 大規模なチェーン・ストアに対抗して生まれた組織形態で、チェーン加盟の中小小売商が自らもチェーン・ストアと同じ組織上の有利性を獲得し、経営の合理化を目指すもの。フランチャイズ・チェーンと違うところは、経営の独立性を維持したまま、仕入、販売促進などの事業を協同することである。ボランタリー・チェーン(VC)は本来、卸売商が主宰し、取引のある小売商を加盟店とするものを指すが、小売商主宰のものもある。(☞チェーン・ストア、フランチャイズ・システム)　　(市川)

ポリシー・ミックス〔policy mix〕 ある特定の政策目標に対しては、通常、複数の利用可能な政策手段があり、またある特定の政策手段には、それによって達成できる複数の政策目標があり得る。これらのことを前提にして、1つの目標ないし複数の目標の達成のために、複数の政策手段を組み合わせて利用することを、ポリシー・ミックスとよんでいる。ポリシー・ミックスが必要となるのは、ある政策目標に割り当てた手段が余り有効でない場合とか、複数の政策目標を同時に達成したい場合である。特に後者の場合には、複数の目標を実現するために複数の手段が採用されるわけで、ポリシー・ミックスの一般的なケースである。このようなケースではその最適手段の組合わせの研究が重要となる。(☞経営政策、最適化基準)　　(仲田)

ポリセントリック(現地志向)〔polycentric〕 多国籍企業の意思決定や経営行動において、本国の本社(または親会社)ではなく、海外の現地法人を重視する考え方や態度のこと。それぞれの国や地域における特殊な事情に基づいて意思決定できるように、海外事業を海外子会社に任せることになる。このような海外子会社においては、高い自律性をもつ、トップ・幹部に現地人が多く登用される、業績評価や人事は現地の手法を積極的に採用する、といった特徴が見られる。(☞エスノセントリック)　　(石井)

〔ま〕

マーケット・シェア〔market share〕 特定の市場において全体の売上高に占めるそれぞれの企業の売上高の割合のこと。ある産業または業界の市場構造や競争状態を表わす指標となる。1社で市場全体を占拠している場合は独占,数社の場合は寡占,多数の企業が乱立している市場は完全競争とよぶ。個々の企業にとってそれは,製品開発力,生産技術水準,営業・販売力,資本力,人的資源その他の面で競争力を反映している。従って,企業間の競争はマーケット・シェアをめぐって展開されるといってよい。(☞戦略的経営) (陶山)

マーケティングと販売〔marketing and selling〕 マーケティングとは「市場的環境に対する,企業の創造的かつ統合的な適応行動」(三浦信)である。それは製品やサービスをただ販売するのではなく,顧客のニーズをさぐり出し,それを満たす製品やサービスを,利益をあげながら提供することとかかわっている。その意味で,マーケティングは,製品が作られる以前に,すでに始まっている。いいかえると,販売が製品を出発点とし,作られた製品をどう売るかを考えるのに対して,マーケティングは顧客のニーズを出発点とし,それを満たすためにどのような製品を供給すべきかを考える。販売の概念は拡大されつつあるが,なおも「マーケティングは販売以上のもの」である。(☞マーケティング・コンセプト,販売促進) (市川)

マーケティング・インテリジェンス・システム〔marketing intelligence system〕 企業内会計システム,マーケティング・リサーチ,マーケティング意思決定支援とともに,マーケティング情報システムを構成する下位システムの1つ。それはマーケティング環境の展開に関する日々の情報を獲得するために利用される手続きと源泉の集合といわれる。具体的には企業のマクロ環境と課業環境の双方における様々な変化についての情報を選択,評価,解釈,表現,提供するシステムである。特にCEOやCOOなど企業の最高意思決定者が長期計画や執行,統制等の戦略的意思決定を行う際に必要となるもので,その意味でマーケティング情報システムの中核をなすより高度な形態にほかならない。 (陶山)

マーケティング・コスト〔marketing cost〕 マーケティング活動に関するあらゆる努力に支払われるコスト。マーケティングを社会的流通と解した場合,商品が生産されてから消費者の手に渡るまでにかかったコストの総計がマーケティング・コストであり,流通費と同義となる。マーケティングを企業の商品流通活動と解した場合,広告費,販売促進費,物

流費,市場調査費,一般管理費などを含めた販売費と同義となる。マーケティング・コストは次式で求める:マーケティング・コスト=小売販売価格-単位当たり生産コスト。マーケティング・コストと生産コストの比率は,かつてはおよそ5:5とされていたが,最近ではマーケティング・コストのウェイトが高まりつつある。　　　　　　　　　　　(市川)

マーケティング・コンセプト〔marketing concept〕　市場的環境への適応行動としてのマーケティングは,理念ないし考え方としての側面ももっている。理念としてのマーケティングはマーケティング・コンセプトとよばれ,1950年代に登場して,企業の経営活動を方向づける基本的な考え方となった。マーケティング・コンセプトの基本要素としては一般に,顧客(市場)志向,利益志向,および統合志向をあげることができる。要するに,マーケティング・コンセプトとは,適正な利益水準を維持しながら,顧客満足を実現させる方向に組織全体を適応させるというものである。近年,社会的責任の要素を盛り込む形で,顧客満足,企業利益,コミュニティの福祉を3要素とする論者も現われている。(☞CS(顧客満足),マーケティングと販売)　　　　　　　　　　　　　　　　(市川)

マーケティング情報システム〔marketing information system〕　MIS(経営情報システム)の下位システムの1つで,マーケティング意思決定に貢献する情報を提供するシステムである。それは,①ニーズの決定,②情報の収集,③情報の処理(データの調整,修正,解釈,ユーザーへの提供),④情報の貯蔵,⑤情報の使用,という一連の情報処理プロセスの集合体としてとらえられる。情報フローの内容には,商流(受発注,価格など),物流(在庫,出荷,配送など),プロモーション(広告媒体・内容・費用など),リスク機能(競争,顧客など),ファイナンス機能(資金源,借入れ利率など),会計経理(売上高,利益など)等の諸次元がある。マーケティング情報システムの目的は,このような情報を有効に活用することによってマーケティング戦略の効果的・効率的な遂行をはかることにある。(☞マーケティング・インテリジェンス・システム)　　　　　　　　　(陶山)

マーケティング戦略〔marketing strategy〕　企業または事業単位が標的となる市場においてその目標を効果的・効率的に達成するため,戦略的経営の一環として全体の経営資源との有機的な関連においてその保有するマーケティング諸手段の最適なミックスを構築する計画を立てること。企業の目標としては消費者や顧客に対してニーズの充足や満足の極大化をはかりながら,売上高や利益,マーケット・シェアの増大,イメージの向上を達成することなどがある。一方,マーケティング手段には製品政策,価格政策,チャネル政策,プロモーション政策などが含まれ,これらのマーケティング・ミックスを効果的に組み合わせながら展開され

る。企業をとりまく市場や競争をめぐる環境が変化し、不確実になっている今日、マーケティング戦略の役割はますます増大してきている。(☞戦略的経営) (陶山)

マーケティング組織〔marketing organization〕 マネジリアル・マーケティングの実現のためには、マーケティング・マネジャー制の導入など、企業の組織面での新たな構造が必要となる。マーケティング組織は一般には、企業がマーケティング諸活動を統合的に管理するために形成する組織基盤の1つである。例えば、ある大規模製造企業のマーケティング組織はマーケティング・サービス部門、販売管理部門および製品管理部門からなり、それらをすべて統括するのは、副社長の地位にあるマーケティング・マネジャーである。マーケティング組織は上記の機能別組織のほか、製品別、顧客別、地域別などで組織されることもある。(市川)

マーケティング・チャネル〔marketing channel〕 マーケティング・マネジャーがマーケティング戦略を実施するための手段の1つで、特定メーカーが自社製品を流す道筋を意味する。マーケティング経路、販売経路、または、単に経路、チャネルともよばれる。ここでの政策上の課題は、自社製品のチャネルをどう構築するか、そして、いったん構築したチャネルの効率を高めるために、チャネルを構成する卸売商や小売商とどのような関係を維持していくかにある。なお、無数のチャネルが集まって形成される流通経路(特定製品群の流れる道筋)や、流通経路が集まって形成される流通機構(社会的な商品流通の仕組み)は、チャネル政策に制約を加える環境要因となる。(☞ディーラー・ヘルプス) (市川)

マーケティング・マネジメント〔marketing management〕 顧客志向、利益志向、統合志向からなるマーケティング・コンセプトを、現実の企業経営の場で実践する時に生じる概念で、マーケティング管理ともいう。それは企業のマーケティング諸活動(製品、価格、広告、販売員活動、販売経路、物流等)の統合的管理を示す言葉でもある。標的市場の選定とマーケティング・ミックスの最適構成が、ここでの中心課題である。すなわち、一定の市場環境の下で選定した標的市場のニーズを満たすために、マーケティング諸活動をどう組み合わせるかが検討される。しかし、最近の乱気流の時代には、マーケティング管理のような部門管理では十分な対応ができず、戦略的マーケティングの登場を促すことになった。(☞マーケティング・コンセプト、マーケティング・ミックス) (市川)

マーケティング・ミックス〔marketing mix〕 製品、価格、広告、販売員活動、物流などのマーケティング諸活動を、標的市場の特性に合わせて効果的に組み合わせたものをいう。マッカーシー(McCarthy, E. J.)はこれらの多様な要素を、product(製品)、price(価格)、promotion(販売促進)

およびplace(場所＝立地，販売経路，物流)の4つに要約し，それぞれの頭文字をとって「4P」と名づけた。標的市場の選定とこれに続くマーケティング・ミックスの構成は，マーケティング戦略の中核プロセスを形成する。マーケティング・ミックスはまた，マーケティング諸活動の統合的管理を意味する，伝統的なマーケティング・マネジメントの中心概念でもある。(☞マーケティング戦略，マーケティング・マネジメント)　(市川)

マーケティング・リサーチ〔marketing research〕　製品やサービスのマーケティングとかかわる問題についてのデータをシステマティックに収集し，記録し，分析すること。これは一般経済や市場状況のほか，自社および競合他社のマーケティング行動，消費者の購買行動にいたる，様々な領域を含んでおり，マーケット・リサーチ(市場調査)よりも広い領域をカバーしている。マーケティング・リサーチの基本的役割は，マーケティング問題の確認と解決に役立ち，戦術的および戦略的な意思決定の基礎となるべき情報を継続的に生み出すことである。正確な情報を保有するだけでは，成功の保証とはならないことはいうまでもない。(☞マーケティング情報システム，市場調査)　　　　　　　　　　　(市川)

マーチャンダイジング〔merchandising〕　「企業のマーケティング目標を実現するのに最も役立つように，特定の商品やサービスを適正な場所，時期，価格，そして数量で市場に出すことに伴う計画と管理」をいう。主体が製造業者の場合は製品計画，流通業者の場合は商品化計画や仕入活動を意味するが，現在は後者の意味に用いられる。要するに，仕入から販売，在庫にいたるあらゆる業務を連動させることによって，消費者のニーズを最も効率的に充足させる活動がマーチャンダイジング(MD)である。MDは売れるための品揃えや売り場づくりを目指すことから，流通業者のマーケティングを指す傾向がある。MDの強化は流通業の経営強化の主要目標となっている。　　　　　　　　　　　　(市川)

マイクロエレクトロニクス〔microelectronics〕　オプトエレクトロニクス(opto-electronics)と並ぶ先端分野の1つで，IC(integrated circuit：集積回路)技術の応用として出発したが，現在では，LSI(large scale integrated circuit：大規模集積回路)や超LSI(very large scale integrated circuit：超大規模集積回路)とそれを応用したエレクトロニクス分野のことをいう。マイクロエレクトロニクス技術は，ニュー・メディア，オフィス・オートメーション，産業ロボット等に応用されている。　　　　　　(深山)

埋没原価〔sunk cost〕　実際原価や標準原価のほかに，企業では意思決定のために特殊な原価を調査することがある。(機会原価とともに)埋没原価もその1つで，どの代替的意思決定を採用しても，それらに無関連で変化の生じない原価(無関連原価)をいう。例えば，開発費を投じた鉱山

や油田の涸渇した際の開発費の未回収分(回収不能原価)は新たなどの代替的意思決定でも零として扱われる。現有設備枠内での生産品目変化の際，減価償却費はいずれにせよ変化のない埋没原価である。(☞原価計算，機会原価，意思決定会計) (片岡信之)

マクレガー(1906-1964)〔McGregor, Douglas〕 職場における人間完成・自己実現の可能性を主張し，X理論-Y理論を提唱した。従来の管理方式の基礎にあるX理論は人間を経済的，仕事否定的，管理者依存的な人間観に立っているが，ほんらい人間は創造的，積極的，自律的であるとするのがY理論である。この観点から従業員を自己動機づけ，自己制御させつつ，組織目標を達成させるのが，管理者の役割だと説いた。主著に『企業の人間的側面(*The Human Side of Enterprise*)』(1960年)がある。(☞X理論-Y理論，自律的作業集団) (仲田)

マクレランドの動機理論〔McClelland's motivation theory〕 人間には達成(achievement)，親和(affiliation)，権力(power)の3動機があるとするもので，1950年代初頭マクレランド(McClelland, D.C.)の唱えたもの。達成動機はなすべき課題の遂行に志向し，その達成に喜びを感じるもの。親和動機は他の人々と親しく交わり所属感を得ようとするもの。権力動機は他人に命令したり影響を及ぼすことに喜びを感じるもの。これら3動機はすべての人に多少ともあるものであるが，その程度が人によって違い，それがその人の個性をなす。高達成動機の人は自分の努力と結果が直結するよう行動することを好む。高親和動機の人は人間関係を大事にする。高権力動機の人は，目標の達成いかんよりも達成方法，すなわち自分の影響下で行われたかどうかを重視する。(☞動機づけ) (大橋)

マクロ組織論とミクロ組織論〔macro- and micro-organizational theory〕 組織全体の構造や組織と環境の関係を対象として，主として社会学的分析を行うものをマクロ組織論という。これに対し，組織構成員の動機や心理過程に由来する行動を対象として，心理学的分析を行うものをミクロ組織論という。前者はウェーバー(Weber, M.)の官僚制組織論から始まりマートン(Merton, R. K.)やグールドナー(Gouldner, A. W.)の新官僚制論，パーソンズ(Parsons, T.)を中心とした構造機能主義を経て組織のコンティンジェンシー理論へと発展している。後者は，人間関係論に始まり，モティベーション論，リーダーシップ論，意思決定論にまで及び，経営組織論の広い分野を占めている。経営学の発展と経営実践面への適用でミクロ組織論の貢献は大きい。 (水原)

マクロ・マーケティングとミクロ・マーケティング〔macro marketing and micro marketing〕 マーケティングはもともと個別企業の市場問題解決方策として誕生したものであり，その意味で，それは本来的にミクロ・

マーケティングである。ミクロ・マーケティングが個別企業の目標や活動とのからみで設定されるのに対して，マクロ・マーケティングは一国の経済や社会的ニーズ全体とのからみで設定される。すなわち，マクロ・マーケティングというのは，異質的な需要と供給を効果的に適合させるという社会的目標を達成できるように，経済における商品やサービスの適切な流れを管理するプロセスである。個別企業を離れた全体的視点から，企業活動と消費者行動とのかかわりを問題とするのがマクロ・マーケティングである。(☞マーケティングと販売)　　　　　　　　(市川)

マシニングセンター〔machining center〕　1台の機械に各種多数の切削工具と自動工具交換装置を備え，工作物の取り付け換えなしに，多種類の加工や多面的な加工を自動的になしうる数値制御工作機械で，複合NC工作機械ともいう。単純NC工作機械が数本の切削工具を備えているだけであるのに対し，これははるかに多くの切削工具をもち，それを自動的に交換し駆使して多くの加工を連続自動的に行う。自動的に動く万能工作機械で，1958年アメリカで開発された。(☞NC工作機械)　　(大橋)

マス・カスタマイゼーション〔mass customization〕　顧客の個々別々のニーズを満たすとともに大量生産性も併せ実現しようとするもので，部品を規格化して大量生産しておき，その組立・仕上げ・最終製品化は顧客のニーズに合わせ販売現場でするもの。販売現場ではその場で特定顧客の希望を聞きながら仕上げる方法，包装を顧客別にする方法，常連客の場合には既知のオーダーで用意する方法等があるが，電器製品のように顧客が必要とするであろうすべての機能を製品に組み込み，実際消費の場で客が好きなように使用できるものを大量生産するのも1つの方法である。1990年代頃から盛んになった。(☞モジュール生産方式)　　(大橋)

増地庸治郎(1896-1945)　京都府生まれ。東京高商(現・一橋大)専攻部卒で上田貞次郎門下。東京商大(現・一橋大)教授。ドイツのリーフマン，シュモラーらの企業論，ニックリッシュの経営経済学等を学び，ドイツ経営経済学の体系的導入に貢献した。研究領域は広範で，企業論，企業形態論，経営経済学，経営財務論，賃銀論，株式会社支配論，工業経営論，商業論，小売商廉売問題などに関する著書が多数ある。アメリカ経営学にもよく通じていた。(☞上田貞次郎，平井泰太郎)　　　　(片岡信之)

マズロー(1908-1970)〔Maslow, Abraham H.〕　個人の欲求の階層性に注目し，特に高次の自己実現欲求の充足によって組織への貢献意欲を刺激することが有効であるという欲求階層説を唱えた。ニューヨーク市生まれ。1930年にウィスコンシン大学を卒業，1934年に同大学より博士号を取得した。その後，カーネギー特別研究員としてコロンビア大学で研究し，1938年にブルックリン大学助教授，1951年ブランダイス大学教授

となり，その後同大学心理学部長を務めた。また1962～63年にはアメリカ心理学会会長に選出された。著書は，*Motivation and Presonality*（1951年，1970年）等多数。(☞欲求階層説，自己実現) （渡辺峻）

待ち行列モデル〔queueing model〕 サービスを求める顧客(故障機械，車など)が窓口(修理工，料金所など)に到着し，サービスを受けてからそこを立ち去るといった現象は企業内部や日常生活の中で数多く見受けられる。この場合，もし窓口の数が少なすぎると待ち行列ができて顧客は不満を感じるであろうし，逆にその数が多すぎると余分な遊休費用が発生する。こうした状況を数学的・統計学的に取り扱うのが待ち行列モデルである。ここでは，窓口の遊休により発生する費用と待ち行列の出現に伴い発生する費用との総和が最小になるようなサービス能力の設計が求められる。待ち行列モデルは，顧客の到着分布，窓口のサービス時間分布などの違いによって様々なタイプに分類されている。(☞ OR) （瀬見）

MAPI法〔MAPI method〕 設備の取替時を分析する手法。名称はアメリカ機械関連製品協会に由来し，同協会に所属していたジョージ・ターボが1949年に考案した。例えば旧設備が5年前に購入され，操業費が100万円とし，新設備を使用した場合の操業費が50万円であったとすると，差額の50万円を利用年数5年で割った10万円が1年あたりの操業劣性とよばれる。これを現在価値，資本回収係数で調整した額に，調達時の資本費の調整額を足して最小となる期間の費用(アドバース・ミニマム)を求める。これと旧設備の最小費用とを比較し取替の是非を判断する。後に新MAPI法として投資利益率を加味した評価・計算方式が考案されている。 （梶脇）

MAP〔manufacturing automation protocol〕 1982年にアメリカのゼネラル・モーターズ社によって提唱された生産機器の情報通信の規約で，その後，ISO(International Organization for Standardization：国際標準化機構)によって推進されている。FMS(flexible manufacturing system)の場合のように，各種の工作機械，ロボットなどの生産関連機器，CAD／CAMの情報などを統合的にコンピュータ制御する場合には，その効率化のために，LANが利用されるが，その際の阻害要因は，各種機器・システムのインターフェースの規格が標準化されていないことであった。かかる障害を除去するために提唱されたのがMAPで，これに対応することによって，様々な機器やシステムを相互に接続することができるようになるのである。(☞ CAD・CAM・CAP・CAT，CIM，FMS，ISO) （深山）

マテリアルズ・ハンドリング〔materials handling〕 原材料の合理的な取扱い，移動，保管，包装に関する管理システムの総称。生産過程のマテリアルズ・ハンドリングと物流過程のマテリアルズ・ハンドリングがあ

り，いずれも形態効用の創出を目的とする生産と，時間・空間効用の創出を目的とする物流の手段となる。いいかえると，流通部面だけでなく，生産部面でもそれらがスムーズに機能していくように，必要な資材を必要な時に，必要な量だけ，必要とされる方法で提供する活動全般をいう。今日，リーン生産方式が注目されるなか，ジャスト・イン・タイム物流とあわせてその役割はますます大きくなっている。ただその場合，資材のフローは情報のフローと一体となって統制・管理されることが不可欠である。(☞リーン生産方式，ロジスティクス，物流管理)　　　　　（陶山）

マトリックス型組織〔matrix organization〕　マトリックスとは，数字や文字をタテとヨコの方形に配列したものをいうが，そのようにタテ糸として職能別組織を，またヨコ糸としてプロジェクト型組織を編成する二重組織のことをマトリックス型組織という。それは2つの異なる編成原理により組織されるので，個人はタテ系列の組織のみならずヨコ系列の組織の一員でもあり，したがって個人は二人の上司をもつことになる。この組織の狙いは，職能別組織の安定性とプロジェクト型組織の機動性をミックスすることにより，環境変化に柔軟に対応することである。しかし，責任が曖昧になったり管理者の負担が増加するなどの欠陥もある。(☞プロジェクト型組織)　　　　　　　　　　　　　　　　　（渡辺峻）

マニュファクチュア(工場制手工業)〔manufacture〕　もともと多数の労働者が同じ場所に集まり，企業者の指導の下，同じ種類の製品を同時に生産するという単純協業の形態が資本制生産の出発点をなしていたが，その後，協業に分業が導入されて，例えば時計製造のように，労働者の異種的な部分的作業による協業の場合とか，ピン製造のように，同一作業が新たに分割されて分業が発生する場合とか，分業に基づく協業形態が生まれた。この形態がマニュファクチュアとよばれる。企業者のきびしい指導の下，労働者は道具を使ってあくまでも手工業的に生産せんとするものであるから工場制手工業とよばれる。熟練労働者を主体に生産性が増大したが，またその反面，労働の強化が一層促進されることとなった。(☞機械制大工業，分業)　　　　　　　　　　　　　　　　　　（吉田）

マネジメント・サイクル〔management cycle〕　管理職能の循環過程を表したもの。管理者・経営者の職能が，計画(plan)から始まり，実行(do)，統制(see)，さらには，次の計画策定へと統制結果がフィードバックされる1つのサイクルを形成することから，このように表記される。ただし，実行の際の管理職能が指揮(directing)であることに注意が必要である。近年は，統制をチェックと修正という2つの活動に分けて，plan→do→check→actと表すことが多い。(☞管理，管理の要素)　　　　　　（小澤）

マネジメント・バイアウト〔management buyout〕　企業の合併・買収(M

& A)の一形態であり，MBO と称される。被買収企業の経営陣が，主として投資ファンドなどによる資金提供のもとで，既存の株主から株式を買い取り，当該企業を買収する。上場企業の場合，これにより当該企業は非公開となり，株主からの影響を受けず，短期的な業績ではなく，長期的な観点での戦略の構築，ならびに，企業買収などの意思決定の迅速な遂行が可能となるというメリットが生じる。(☞専門経営者，M & A，レバレッジド・バイアウト)　　　　　　　　　　　　　　　　　　　　　(関野)

マネジリアル・グリッド〔managerial grid〕　ブレーク & ムートン(Blake, R.R. & Mouton, J.S.)によって開発されたリーダーシップ・スタイル類型論。業績に対する関心を横軸に，人間に対する関心を縦軸に取り，それらを2軸としてグリッド(格子)を作ることにより，リーダーシップ・スタイルを類型化した。それぞれ関心の度合いの低い1から高い9までのレベルがあり，81個の類別がなされているが，9・1型，1・9型，1・1型，5・5型，9・9型の5つが代表的スタイルとしてよくとりあげられる。両方への関心が高い9・9型(チーム型管理)が目指すべきスタイルとされる。管理者スタイルの評価のみならず，管理者訓練や組織開発にも実践的に用いられている。　　　　　　　　　　　　　　　　　　　　　　　　　(奥林)

マネジリアル・マーケティング〔managerial marketing〕　1958 年，ケリーとレイザー(Kelley, E.J./Lazer, W.)共編の『マネジリアル・マーケティング』の出版を契機として一般化した用語で,「経営者のためのマーケティング」を意味している。マネジリアル・マーケティングのもとでは，マーケティング諸活動の統合的管理(マーケティング・マネジメント)のみならず，企業活動全体のマーケティング的視点からする統合・調整が重視されるようになり，トップ・マネジメントの役割が不可欠となってくる。ここに，トップ・マネジメントの経営原理としてのマーケティングが登場したのである。マネジリアル・マーケティングの性格からすれば，その延長線上に戦略的マーケティングをとらえることができる。(☞マーケティング・マネジメント，トップ・マネジメント)　　　　　　(市川)

マルチ・ドメスティック企業〔multi-domestic enterprise〕　各国の子会社が独立採算制で運営され，支配権や決定権は現地責任者に任され，親会社は財務的関係を中心とした緩やかな連帯を維持するに止まるようなタイプの多国籍企業をいう。ヨーロッパ系多国籍企業に多い。各国における競争が他の国から本質的に独立しているような国際競争環境のもとでは，こうした一国市場に適応した独立型会社の緩やかな集合体が効果的であり，グローバル企業とは区別される。各国の子会社がマーケティング政策と生産システムで主体性を発揮して市場への即応性を高める反面，統合の弱さゆえに，環境適応の過程で蓄積した知識やノウハウを相

互に交換する学習システムを欠くため，グローバルなイノベーションへの発展機会を失う。(☞現地化) (藤澤)

マルチ・ベンダー〔multi vender〕 企業などの情報システムにおいて，パソコン，サーバー，メインフレームや各種のIT機器を特定の一社からすべて調達するのではなく，複数のメーカー(マルチ・ベンダー)から最適な製品やサービスを調達することをいう。コストや性能，機能など，ユーザー側のニーズに応じることができる。かつて，企業情報システムの中心がメインフレームだった時代では，関連製品もすべて同じメーカーから調達した。1990年代から普及したUNIXやWindowsは，マルチ・ベンダー化をさらに進めた。コンピュータ動作の共通基盤が登場したことで選択可能な製品のバリエーションが増え，メーカー各社の激しい競争の結果，価格低下や性能向上につながった。 (福井)

満足基準〔criteria of satisficing〕 サイモン(Simon, H. A.)がその著書の中で提起した，人間の意思決定の基準。満足化基準ないし満足化原理ともよばれる。具体的には，人間が意思決定を行う際に，一定の目標水準を定め，それを概ね達成できる代替案を発見した段階で新たな代替案の探索を中止し，それを選択するという意思決定の主観的な基準をさす。人間は全知全能ではなく「制約された合理性」の下でしか行動できないため，経済人仮説における人間のように，常にありとあらゆる代替案の中から最適な解を合理的に選択しようと行動するわけではなく，主観的に概ね満足できる代替案を選択する。こうした満足基準に基づいて行動する人間をサイモンは経営人とよび，経済人から区別した。(☞制約された合理性，経営人モデル，サイモン) (上林)

満足-生産性仮説・不満足-生産性仮説〔satisfaction-productivity hypothesis・dissatisfaction-productivity hypothesis〕 人間関係的状況が良好で満足感のある時，人は作業意欲が高まり生産性が高いというのが満足生産性仮説で，人間関係論者によって提起された。これに対しマーチ／サイモン(March, J.G./Simon, H.A.)は欲求水準より実際水準の低い時に不満足がおこり，それが行動を引き起こし生産性を高めるとした。不満足生産性仮説である。最近の動機づけ理論では，仕事の内容や出来ばえが満足をもたらすのであって，その逆ではないという。しかし実際には人の行動は多様で，仕事に満足を見出す人もいれば，そうでない人もいる。前者の人では仕事が狭く限定されたりすると不満足を感じるが，後者では神経を使わない狭く限定された仕事を好むという調査もある。(☞動機づけ，リーダーシップ) (大橋)

マン・マシンシステム〔man-machine system〕 機械によって人間を支援するシステムの総体，もしくは人間と機械によるシステムを総称する。

知識獲得・生成・表現や学習・推論・演繹といった人間システムの情報処理・通信をコンピュータに支援させたシステムを指す。(☞人工知能, ICT 革命)　　　　　　　　　　　　　　　　　　　　　　　　　　(阿辻)

〔み〕

見込み生産(市場生産, 在庫生産)〔production for stock replenishment〕 特定の顧客の需要(注文)に応じて生産する注文生産と対比される生産形態。製品に対する市場の需要の予測に基づき, 発注前に生産して在庫として保管することから, 市場生産あるいは在庫生産ともいわれる。この形態では, 消費者ニーズを満たす製品仕様を事前に決めているので, 生産計画が立てやすい。ただし, 見込み生産と大量生産とは直接的な関係はない。発注以前に生産する場合, 少量生産でも見込み生産とみなされるからである。(☞注文生産, 大量生産)　　　　　　　　　　　(廣瀬)

ミシガン研究〔Michigan studies〕 1940 年代後半以降ミシガン州立大学で行われたリーダーシップに関する研究。リーダーは, 個人間の相互関係を強調する従業員志向型(employee-oriented)か, 仕事の技術的遂行の側面を強調する職務志向型(job-oriented)の 2 つのタイプに分かれるとし, 従業員志向型のリーダーの方が, グループの生産性がより高く, 職務満足もより高いと結論づけた。(☞リーダーシップ, オハイオ研究)　(竹林)

ミドル・マネジメント〔middle management〕 中間管理(職)層ともよばれ, トップとロワーの間に位置する。一般に部長や課長, 工場長, 支店長, 営業所長などの職位がこれに該当する。トップ・マネジメントによってなされる全般的な決定に基づいて, 事業を展開する役割を担う。具体的には, 組織構造の形成や運用, 資源の調達や生産, 販売, 財務管理, 人的資源管理など, 価値創造過程の構築・展開が主な役割である。企業をとりまく環境の変化がダイナミックで迅速なものとなるにつれ, ミドル・マネジメントを圧縮する動きがある一方, 企業における革新機能やトップに対する監督機能を期待する主張もあるなど, ミドル・マネジメントをどう位置づけ, 活用するかは企業にとって大きな課題である。(☞部門管理層)　　　　　　　　　　　　　　　　　　　　　　　(山縣)

ミニマックス原理／マクシミン原理〔minimax principle, maximin principle〕 不確実性下での意思決定問題に対する選択基準の 1 つであり, ワルド(Wald, A.)により定式化された。意思決定者が複数の行動の中から 1 つの行動を選択しなければならない時に, それぞれの行動に対して将来最悪の状態が起こるであろうと想定し, それら最悪の状態下で得られる結果(保証水準)の中で自己にとって最善の結果をもたらしてくれる行

動を選ぶという意思決定原理である。堅実である反面,消極的・保守的な選択基準であるといえる。この原理は,ゲームの理論におけるプレイヤーの合理的選択基準としても用いられている。これとは逆の大胆で楽観的な行動基準をミニミン原理／マキシマックス原理(minimin principle, maximax principle)とよぶ。(☞ゲーム理論) (瀬見)

未来原価〔future cost〕 経済価値の費消を原価とよぶが,これを原価の発生時点の相違という視点から分類すれば,過去原価と未来原価とに分かれる。すなわち未来原価とは,未来の経営活動によって発生すると予想される原価の総称である。プロジェクト計画の検討にあたっては差額原価,限界原価,機会原価などが,また原価管理目的のためには標準原価,見積原価,予算原価などが計算され,いずれも未来の経営意思決定や未来の原価管理に用いられるのである。(☞機会原価,標準原価計算,意思決定会計) (片岡信之)

〔む〕

ムーアの法則〔Moore's law〕 米インテル社の創立者の一員であるゴードン・ムーア(Gordon E. Moore)が,1965年『エレクトロニクス・マガジン』で述べた予言が元の経験則。「半導体の集積度は18カ月で2倍になる」とされ,現実にも約24カ月で倍増しているとされる。近年その限界が指摘されつつも,この法則に基づく情報通信・処理機器の性能向上とコストダウンは現代のICT社会の進展に大きな影響を与えている。(☞ICT革命) (梶脇)

無関心圏〔zone of indifference〕 バーナード(Barnard, C. I.)の権限受容説において,権限の主観的側面の1つとしてあげられているもの。部下がある命令に関してそれを受容すべきか否かには無関心で,問題なく受け容れる範囲が存在する。それが無関心圏または無差別圏とよばれる。この無関心圏は,部下個人の受け取る価値が負担と犠牲をどの程度超えているかに応じて,広くも狭くもなる。無関心圏が広いほど,管理者の権限は安定し,組織の秩序も安定することになる。一般に,無関心圏内にある命令の権限を維持しようとする積極的関心が,組織から利益を得ている人々の間から生まれてくる。これは非公式組織に依るところが大きく,組織の感情,あるいは組織の態度などとよばれている。(☞権限と権威,権限受容説,受容圏) (水原)

村本福松(1890-1973) 大阪市に生まれ,大阪高等商業学校卒業後,同校の講師をへて教授。以後,ハーバード大学に留学,帰国後,科学的管理法などを講義,後,大阪商科大学の設立とともに教授。ハーバードの大

学院では日本人としてはじめて MBA(経営学修士)を取得、早くからアメリカ経営学の導入に努めた功績は大きい。主著、『商工経営経済論』(1929年)ほか著書多数。　　　　　　　　　　　　　　　　　　　　(吉田)

〔め〕

メイヨー(1880-1949)〔Mayo, George Elton〕　オーストラリア生まれ。心理学や精神病理学を学び、大学教授を経て 1922 年に渡米、26 年からハーバード大学経営大学院に所属し、47 年に引退。人間関係論をもたらしたホーソン実験には途中から参加し、その理論構築に貢献した。彼は、産業社会における人間の環境不適応に関心をもち、人間の協働関係を確保する方法を研究し、管理者が組織の中に協働関係をもつ集団を作り出すことを主張した。『産業文明における人間問題』等、文明批判の著書がある。(☞人間関係論学派、ホーソン実験)　　　　　　　　　　(伊藤)

命令の一元制〔unity of command〕　組織内において、その構成員に命令する上司は、唯一人であることをいい、組織内において確保されるべき属性であるとされる(命令一元制の原則)。複数の上司が存在し、その両者から命令を受けるとすると、それらの命令は矛盾する可能性があり、組織の秩序が乱れることになる。管理部門の専門化の利益を追求しながら、命令一元化を確保するために、権限をライン権限とスタッフ権限に区別することが行われる。(☞階層化の原則、管理原則、専門化の原則、ライン・スタッフ組織)　　　　　　　　　　　　　　　　　　　(馬場)

メセナ〔mecenat〕　企業が優れた芸術・文化・科学などに対して、直接的な見返りを求めずに行う支援活動のことをメセナという。日本では、日本経団連が「社会貢献部」を設けたり、経常利益の 1% を文化活動支援のために寄付する「1%クラブ」を設立し会員企業に加盟を呼びかけて企業メセナを推進している。またいくつかの大企業では「企業文化部」「文化支援室」などを設けて独自にメセナを推進している。(☞フィランソロピ、経営の社会的責任)　　　　　　　　　　　　　　　　　(渡辺峻)

メタ意思決定〔Metaentscheidungen〕　ハイネンの意思決定志向的経営経済学においては、研究対象は企業の意思決定過程である。この意思決定過程は、目標システム、情報システム、社会システムから影響を受ける。つまり意思決定過程は目標に規定されるし、収集、処理される情報に左右されるし、意思決定を行う複数の意思決定担当者から様々な影響を受ける。これらの作用因それ自体も、さらに上位の意思決定の対象である。ハイネンは、この上位の意思決定をメタ意思決定とよんでいる。例えば企業の長期営業政策についての決定、企業職分の各担当者への割当につ

いての決定,命令・権限システムに応じた組織形態の決定などがメタ意思決定に属する。(☞ハイネン,意思決定志向的経営学)　　　　　　(海道)

メモリ(RAM・ROM)〔memory〕　磁気記憶ないし磁気記憶装置を指す。コンピュータシステムでは,磁気信号によって記憶され,各種コードで磁気媒体に書き込まれる。記憶は,処理過程上,内部記憶と外部記憶にわけられる。内部記憶は ROM(read only memory)と RAM(random access memory)があり,ROM は読み出し専用記憶で,コンパイラ言語などプログラミングの記憶に使われる。RAM は読み出しや書き込み用の記憶に使われ,磁気ディスク上などにおかれる。(☞ハードウェア,アーキテクチャ)　　　　　　　　　　　　　　　　　　　　　　　　(阿辻)

〔も〕

目標設定理論〔goal setting theory〕　1968 年にアメリカの心理学者ロック(Locke, E. A.)が提唱した動機づけ理論の 1 つで,目標という要因が動機づけに及ぼす効果を探ることを目指した理論。動機づけの違いは,目標設定の違いによってもたらされると理解され,本人が納得している目標については,曖昧な目標より明確な目標の方が,また難度の低い目標より高い目標の方が,結果としての業績は高くなるとされる。仕事場面における管理技法としての目標設定の考え方としては,既に 1950 年代にドラッカー(Drucker, P. F.)がいわゆる「目標による管理」(MBO : Management by Objectives)を提唱していたが,昨今では,目標設定理論はこの「目標による管理」に理論的裏付けを与えた理論として取り上げられることが多い。(☞動機づけ,目標による管理)　　　　　　　　　　(上林)

目標による管理〔management by objectives〕　個人目標を組織目標に統合化するための方法である。目標による管理は,ドラッカー(Drucker, P.F.)により提唱され,シュレー(Schuleh, E.C.)によって具体的に展開された。目標による管理においては,組織目標と個人目標を有機的に関連づけることにより,組織目標を達成するための努力をそのまま個人の欲求充足に結びつけ,強制的な命令や統制なしに組織と個人の一体化がはかられる。そのプロセスは,まず上位の管理階層において企業の方針や目標が明確に決定され,順次下位の管理階層が各自の行動目標を具体的,定量的に設定する。目標の達成は各自の自己管理に任され,目標の達成度を各自が自主的に評価し,自己啓発がすすめられる。　　　　(海道)

目標利益率〔target for profit rate〕　利益計画や経営計画において,一定期間内に達成すべき目標値として事前に設定される利益率をいう。目標利益率には,目標資本利益率と目標売上利益率とがあり,さらに前者は,

分母の資本の内容により目標総資本利益率と目標経営資本利益率などに分けられる。わが国の企業では，目標利益率に目標総資本利益率を用いる場合が多い。目標利益率は，企業の発展に必要な利益率，同業他社の利益率，金利などを総合的に考慮して決定される。(☞利益計画) (瀨見)

モジュール生産方式〔module production system〕 多品種少量生産の流れ作業化，つまり同期化(synchronization)を目指した生産方式。標準化・画一化した製品の大量生産ではなく，市場での消費者の個性化・多様化に対応し，多種類の製品を多量に提供する必要から考案された。類似の製品群(モジュール)別に大きい単位で工程を編成し，作業時間を決めて工程間をタクト方式的に製品群を流す方式。近年，自動車生産などにおいて重要性が増している。現在，多くの自動車企業は，プラットホーム(車台)を共有して規模の利益を得ているが，さらに部品共通化を推し進めるために，車の構造を複数のモジュールに分けてこれを柔軟に組み合わせることによって，より幅広い車種を生産しようと試みている。(☞多品種少量生産，タクト・システム，流れ作業組織) (廣瀨)

モジリアニ＝ミラー理論(MM 理論)〔Modigliani-Miller Theorem〕 MM 理論は，1958 年にモジリアニ(Modigliani, F.)とミラー(Miller, M. H.)という2人の経済学者により発表された財務理論である。企業の資金調達には，株式発行，資金の借入，利益の再投資などの方法がある。MM 理論が出現する以前の伝統理論においては，最適資本構成(企業の自己資本と負債の構成)が存在すると考えられていた。しかし，MM 理論は，法人税が存在せず，貸借金利が同じで，将来にわたって設備投資が一定と仮定した場合，資本構成は企業価値に影響を与えず(第一命題)，また企業価値と配当政策は無関係(第二命題)であることを示した。MM 理論は，それ以降の財務理論に革命的な影響を与えた。(☞資本コスト) (今西)

持分会社〔membership company〕 会社法では，会社は株式会社と持分会社に分けられる。持分会社は 2006 年に施行された会社法によって新しく設立された形態で，合名会社，合資会社，合同会社の総称である。持分会社3種では出資者を社員といい，社員の地位を「持分」とよぶ。持分会社は広範な定款自治が認められ，また社員は原則として業務執行権を有する。社員数も少なく所有と経営が一致している場合が多い。会社の内部関係は民法上の組合の規律が適用される。社員相互の強い信頼関係を重視する人的会社と位置づけられる。そのため持分譲渡には原則として全社員の同意が必要。(☞合資会社，合同会社，合名会社) (西村剛)

最寄り品・買い回り品・専門品〔convenience goods・shopping goods・specialty goods〕 コープランド(Copeland, M. T.)が，消費者の購買行動や購買慣習に基づいて提唱した商品分類アプローチ。最寄り品は便宜品

ともよばれ，消費者が最も頻繁に，迅速に，かつ最小の努力で購入する商品をいう。単価が低く，家の近くや通勤途上で簡単に買える雑誌，罐飲料，ガム，その他食品など，ブランドに固執しない商品がこれにあたる。買い回り品は商品の選択に際して，耐久性，価格，品質，デザイン，スタイルなどを比較するために買い回る商品をいう。ファッション衣料，ハンドバッグ，靴などがそれである。また，専門品というのは，自動車，ピアノ，高級家具など，商品の特別な特徴を求めて特別の購入努力を惜しまない，有名な高級ブランド品をいう。 (市川)

モラール〔morale〕 集団のメンバーが目標達成に向けて積極的に協働する心理的態度。士気，作業意欲などと訳される。人間関係論ではモラールが高いほど生産性が高くなるとされたが，今日ではそれほど単純な関係は否定されている。また最近は，モラールという言葉よりもモチベーションが多く使われるようになってきているが，元来，モラールは集団レベルの概念であり，モチベーションは個人レベルの概念であることに注意する必要がある。(☞従業員態度調査，動機づけ) (奥林)

モラル・ハザード〔moral hazard〕 本来は保険関連の用語であり，リスク回避のために保険をかけて安心感が高まると，逆に該当するリスクや事故発生も増加して規律が失われる状況を指している。例えば，失業保険が必要以上に充実していると就職して働く意欲の減退を招くことがある，などである。転じて，近年では企業経営者の経営倫理の欠如を意味して用いられることがある。 (渡辺峻)

モンテカルロ法〔Monte Carlo method〕 通常の解析的方法では解を求めることができない問題に対して，乱数を用いた実験を繰り返し多数回行うことにより近似的な解や法則性を見いだす方法をいう。シミュレーション手法の最も代表的なものであり，第二次世界大戦中にフォン・ノイマン(von Neumann, J.)等により提唱された。多変数を含む複雑な定積分の値を求める場合など決定論的な問題にも適用されるが，待ち行列問題や在庫問題などの確率論的な性格をもつシステムの分析に用いられることの方が多い。近年のコンピュータ技術の飛躍的な向上に伴い，精度の高い乱数の生成と大規模計算が可能となったため，モンテカルロ法が応用される分野も拡大しつつある。(☞シミュレーション) (瀬見)

〔や〕

役割給〔pay for the role grade〕 従業員が役割等級に応じて支払われる給与のこと。従業員は担当する職務に期待される役割行動・職責・権限の大きさ・業績の貢献度などに応じて役割等級に格付けられる。また職務給と異なり，単に職務に期待される役割行動と成果を達成するだけでなく，従業員がより創造的な役割行動と積極的な成果の獲得に取り組むことが期待される。そのため人事考課の結果に基づき，同一等級内での給与にも幅をもたせた範囲給であるところに特徴がある。(☞人事考課，職務給(仕事給)，成果主義)　　　　　　　　　　　　　　　　　　(谷本)

役割理論〔role theory〕 個人は社会や集団で一定の地位・位置を占め，その地位にふさわしいと期待される行動様式をとりつつ，他の個人と相互作用をし，またその経験の中でこの行動様式を学習(つまり認識，評価，解釈)しながら，自分に特有のパターン化された行動をする。このように期待され学習される行動様式を役割とよぶ。役割理論は，この役割概念によって役割期待，役割行動，役割規範，役割関与，役割構造，役割知覚，役割取得(役割学習)，役割距離，役割葛藤など様々な視点から社会や集団における個人の行動を解明する。R.リントンやT.パーソンズらの構造一機能主義理論，R.H.ターナらの象徴的相互作用理論，T.R.サービン，T.M.ニューカムらの社会心理学的理論の3系統がある。(片岡信之)

〔ゆ〕

有限会社〔Gesellschaft mit beschränkter Haftung (GmbH); limited liability company〕 1892年ドイツで有限会社法の成立により設立され，日本では1938年に有限会社法が制定された。2006年の「会社法の施行に伴う関係法律の整備等に関する法律」で有限会社法が廃止され，これに伴い有限会社はそれ以降新設できない。既存会社は，特例有限会社として存続でき会社法上の株式会社として扱われる。有限会社という商号をそのまま使用することが認められる。手続きにより株式会社への組織変更も可能。かつての有限会社は間接有限責任による利点を享受しつつ，社員すなわち出資者の個性もいかされ中小規模の事業に適した企業形態であった。株式会社に比べて機関や設立手続きなどが著しく簡素化されたもの。機関として社員総会，取締役，監査役があるが，監査役は任意的機関とされ必置ではなかった。また社員総数は50人以下に限定されており，社員の持分譲渡も制限され，さらに社債の発行も認められなかっ

た。国税庁の 2006 年 12 月の報告によれば 1,454,078 社あり、全法人企業数の 56.3% を占める。(☞会社、株式会社)　　　　　　　　　　　　　　（西村剛）

有限責任事業組合〔limited liability partnership〕　2005 年に「有限責任事業組合契約に関する法律」が制定され，民法上の任意組合の特例として創設された。法人格を有しない組合組織。全組合員（出資者）が有限責任であり，内部自治が徹底され，組合員課税が適用される事業体。組合員 2 人以上で設立可能。全組合員が業務執行に携わらなければならない。異業種間や大・中・小規模企業間の連携による共同研究開発事業，専門技能を持つ人材による連携事業などを振興し，新産業の創造が期待されている。経済産業省の調査によれば，2010 年 12 月末の時点で 4,125 組合ある。(☞合同会社，組合)　　　　　　　　　　　　　　　　（西村剛）

有効性〔effectiveness〕　近代組織論では，組織の立場と個人の立場という二元的考察が組織の基本原理に反映され，いわゆる能率が，組織の立場からは有効性として，個人の立場からは能率としてとらえられる。有効性は組織目的の達成度を指している。有効性と能率とが同時に達成されてはじめて組織は存続する，というのがバーナードの主張である。伝統論は有効性の達成のみを追求する理論であった。(☞能率)　　　（水原）

輸出事業部〔export division〕　輸出量が増加し，輸出品が多様化した場合に，事業部制組織を採用している大企業において設立される，国内の販売部門から独立した事業部。その新設によって，企業は国内販売部門内の輸出組織といった従来の輸出でみられた組織上の制約を克服し，より大規模な輸出活動を，より効果的な輸出業務を通じて行える。輸出業務に精通した人員が責任者に起用される。輸出先国に密着した戦略の展開には，現地販売子会社の新設が望ましい。(☞製品輸出)　　　（藤澤）

輸出自主規制〔voluntary export restraint〕　一国が輸入国政府の要請によって行う他国または他の諸国の国内市場に対する，同国人による輸出制限。輸出自主規制は先進国の非関税障壁の一形態として，一般的かつ増加の傾向にある。日本の輸出史上では，1950 年代末における繊維品の対米輸出自主規制に始まり，60 年代に西欧諸国への輸出にまで拡大し，70 年代には対発展途上国への輸出にも及び，対象品目も広がった。81 年には乗用車の対米輸出自主規制が始まった。(☞非関税障壁)　　　（藤澤）

輸出代替〔export substitution〕　既存の自国内生産商品の輸出が，自国企業のその国への直接投資に伴う現地生産品で代替されるために減少する現象をいう。仕向先国側の関税と非関税障壁，ならびに外国為替相場変動などの要因が引金になる。標的市場国からみれば，輸入代替に相当する。輸出代替型直接投資は長期的には，国内産業の空洞化を生み出すといわれるが，高付加価値製品への国内生産シフトがスムーズに進めば，

国内経済全体への影響はさほど心配ない。(☞関税,非関税障壁)　（藤澤）

輸出ドライブ〔export drive〕　国内経済の不況期に生じる供給先行現象がもたらす輸出拡大効果。国内経済が不況になると、企業は稼働率を維持し、在庫圧力を回避したいがために、値引きをしてでも自社製品を売りさばこうとする結果、需要の低迷している国内市場ではなく海外に目を向けざるを得なくなり、急激な輸出増を生み出す。競合他社も同様な結果に走る傾向があり、かかる輸出ドライブは価格引下げ競争を生み、ダンピング提訴や貿易摩擦の原因にもなる。(☞ダンピング)　（藤澤）

輸出マーケティング〔export marketing〕　国内で生産された製品を海外市場に輸出するために、市場調査や販売促進、流通、価格といった要素を海外市場に適合させる市場行動のこと。国際マーケティングの初期段階や、自国を主要市場とする企業が採用する、国際化の一段階として位置づけられている。商社等に輸出業務を任せる間接輸出ではなく、自社の海外子会社や輸出(または海外)部門が輸出業務を手掛ける直接輸出によって展開される。これは輸出の実験段階等で行われるスポット的な輸出とは異なる。輸出先での自社ブランドによる製品の販売を前提とした自社ブランド輸出マーケティングと、輸出先での他社ブランドによる製品の販売を前提としたOEM輸出マーケティングとがある。(☞国際マーケティング,グローバル・マーケティング・マネジメント)　（石井）

ユビキタス〔ubiquitous〕　元来は、「同時にいたるところに存在する」ことを意味する単語であるが、一般的には、いつでも、どこでも、だれでもが、意識することなくコンピュータやネットワークを利用することができる、というユビキタス・コンピューティングの意味で用いられることが多い。また、このユビキタス・コンピューティングが実現している社会をユビキタス社会という。ゼロックス社のワイザー(Weiser, M.)が概念化したといわれている。(☞コンピュータ)　（竹林）

〔よ〕

ヨーロッパ会社〔Societas Europaea：SE〕　1970年に提案されてから30年以上の議論を経て2001年に採択、2004年10月から施行された欧州会社法に基づく公開・有限責任のEU地域統一の会社形態である。欧州会社法はSEの設立方法や機関を規定する「欧州会社規則」と、SEにおける労働者の経営参加のあり方を定めた「欧州会社への労働者参加に関する指令」からなる。EU全域で活動する際に手続きが簡素化できるほか、本社移転も容易になる。ただし、設立は既存会社の合併か転換に限定されている。　（山縣）

予算統制〔budgetary control〕 事業分野別に作成される個別計画を,予算期間と企業目標に関連させて貨幣で表示して,総合計画に纏めた企業予算を用いて,多様な部門活動を相互に調整し,統制するもので,予算管理(budget management)の一部を構成する。このような管理機能の達成には,各種の予算値が整合性を有するとともに,利害関係者が容認できるように,実態に合わせた統制をする必要がある。このため,ゼロベース予算のように,部門活動を分析して,緊急性や重要性を反映した予算値を設定したり,事後の予算差異分析では,弾力的予算のように,実施時の環境の変化を考慮して基準値を変えるとともに,管理不可能な要因による差異について責任負担させないようにする工夫が必要になる。(☞標準原価差異分析(予算差異分析),ゼロベース予算) (牧浦)

欲求階層説〔need hierarchy theory〕 マズロー(Maslow, A. H.)によって提唱された欲求理論。マズローは自らの臨床経験から,生理的欲求,安全・安定性欲求,社会的欲求,尊厳欲求,自己実現欲求と5つの欲求が,最低次(生理的)欲求を下にして最高次(自己実現)欲求まで順に階層を形成していると主張した。人間は満足されていない欲求を満たそうと行動するが,既に満足された欲求は人間を動機づけることはなく,それゆえ人間の欲求は最高次の自己実現欲求へと順に登っていくこととなる。しかし,自己実現欲求だけは満足させられてもその動機づけの力は減少せず,逆に高められさえすると仮定されている。この説はその後の行動科学の発展に大きな影響を与えた。なお,この欲求5段階説が明示されたのは1943年の著書であるが,その後欲求の段階が8段階に精緻化されている。それは下位段階からみると,⑧生物的生理的欲求(Biological and physiological needs),⑦安全性欲求(Safety needs),⑥愛と所属の欲求(Love and belongingness needs),⑤尊厳欲求(Esteem needs),④意義認識欲求(Cognitive needs),③審美欲求(Aesthetic needs),②自己実現欲求(Self-Actualization needs),①超越欲求(Transcendence needs)をいうものである。最上位の超越欲求は,端的には,他人の自己実現欲求を援助するもので,自己実現欲求をさらに展開したものといえる。(☞マズロー,行動科学) (奥林)

欲求水準〔level of aspiration〕 要求水準とも訳される。何かを行う時に個人が主観的に期待し,目標とする達成レベル。ホッペ(Hoppe, F.)の研究より生まれた用語。個人の行動の成功,不成功は客観的な基準により絶対的に決定されるのではなく,各人のその都度の欲求水準に応じて決まってくる。一般に,成功すれば欲求水準はだんだん高くなり,失敗すればそれは低くなる。(☞マクレランドの動機理論) (奥林)

〔ら〕

ライセンシング〔licensing〕 特許や商標, 著作権, ノウハウを保有するライセンサーが, ライセンシーに有償でそれらを提供し, それらの使用を許諾すること。企業間で相互の技術を無償で利用できる, クロスライセンスとよばれる形態がとられることもある。海外市場において他社に自社製品の生産についてライセンシングを行い相手企業から使用料を得る場合や, ライセンシングを通じて現地で販売する自社製品の委託生産も同時に行う場合がある。(☞内部化理論)　　　　　　　　　　　　(石井)

ライフサイクルアセスメント〔life cycle assessment：LCA〕 環境破壊を未然に防ぎ持続可能な発展を維持するために, 製品ライフサイクル(資源の採取→原材料への加工→製造→輸送→販売→使用→リサイクル→廃棄)の全体にわたって, どのような種類のエネルギーや材料がどれだけ使用され, その結果どのような物質がどれくらい排出されているかなど, 環境への負荷を定量的, 客観的に調査・分析し, 製品やサービスの環境に及ぼす影響を総合的に評価していこうという考え方やそのための手法をいう。国際標準規格 ISO14040 シリーズでは, LCA を①評価の目的と範囲の設定, ②インベントリー分析(環境負荷量の算出), ③環境に及ぼす影響の評価, ④結果の解釈という手順に従って実施すべきであると定めている。(☞環境アセスメント, 環境マネジメント, 持続可能な発展)　　(瀬見)

ライン・スタッフ組織〔line and staff organization〕 組織の基本業務をライン部門が担当し, ライン管理者が決定や命令を行うが, それに対してスタッフ部門が専門的観点から助言や支援を行う組織のこと。直系式組織と職能的組織の長所である, 命令の一元性の原則と専門化の原則を同時に追求したものであり, 軍隊組織において司令官に参謀官あるいは参謀組織を設置したのが起源だといわれる。ラインとスタッフが事前に意思統一をしなければ越権行為が生じ, 組織が混乱してしまうという短所がある。下図参照。(☞専門化の原則, 命令の一元性)　　　　　(柴田)

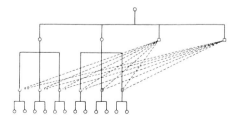

ライン・バランシング〔line balancing〕 ライン生産などのように，生産過程が多段階の工程から構成されている場合，それらは，コンベアなどで緊密に結合されている。このような生産過程では，各工程に遊休が発生しないように，各生産工程の生産時間ができるだけ均等になるように編成が行われなければならない。生産時間が不均等であるゆえに遊休時間が生じるということは，それだけ生産能力が利用されていないということを意味するのであり，そのことによりアイドル・コストが発生し，それが企業利益の圧迫要因となる。このようなライン編成を行う際の指標になるのが，ライン・バランス効率である。それは，

$$\frac{各作業者の工程時間の合計}{隘路工程の作業時間 \times 作業者数} \times 100$$

で表わされ，このラインバランス効率は，高いほど良いが，少なくとも80％以上であることが望ましいといわれている。(☞アイドル・コスト，ライン・レイアウト)　　　(深山)

ライン部門〔line branch〕 企業の事業活動において基本的で重要な業務を担当する部門のこと。ライン部門は，トップから末端まで直接的な意思決定や命令，権限の関係で結ばれている。例えば製造業では調達(購買)，製造，販売などが，商業では仕入れ，保管，販売などが典型的なライン部門である。一般に作業職能がライン部門に当たるが，今日の大企業では，作業職能の管理部門の巨大化などにより，ラインとスタッフの区別は以前ほど明確ではないといわれる。(☞直系式組織，ライン・スタッフ組織，スタッフ部門)　　　(柴田)

ライン・レイアウト〔line layout〕 生産ラインにおける機械などのレイアウトのこと。その目的は，レイアウトを最適にして効率的な生産を実現することで，生産物の種類と量，生産技術等の要因によって規定される。ライン・レイアウトとしていくつかのものが知られている。①鳥カゴ型－単能工を前提として，作業者の周囲に同種の複数の機械が配置される。三角形，四角形，菱型のレイアウトになるのが普通。②孤島型－多能工を前提として，作業者の周囲に，異なる種類の機械が加工順に配置される。③直線型－異なったタイプの機械が直線的に配置される。④Ｕ字型－ラインの入口と出口が同じ位置にあり，凹型，円型などの変形がある。トヨタ生産方式では，生産システムに柔軟性をもたせるため，いくつかのＵ字型ラインを１本のラインに結合する連結Ｕ字型ラインが採用されている。(☞アイドル・コスト，ライン・バランシング)　　　(深山)

LAN〔Local Area Network〕 企業のオフィスや研究所，工場，大学キャンパス内の建物など，狭い空間にあるコンピュータを接続して通信するネットワーク。光ファイバーが使われることが多い。ユーザーが自由に施設し運営するので，回線使用料はかからない。なお，ユーザーは道路や

他人の敷地を通ってLAN回線を引くことはできないので，本支社間の連絡など距離的に離れた場所の機器を接続する場合は電気通信事業者が敷設し運営するWAN(Wide Area Network)回線を使う。　　　　　　(福井)

ランチェスター戦略〔Lanchester strategy〕　第一次世界大戦末期に，近代的なORの開祖であるイギリスの技術者のランチェスター(Lanchester, F.W.)が戦闘の兵員力と戦闘結果に関して導きだした数学法則を，マーケティング分野に応用した戦略。この法則はランチェスターN二乗法則といわれ，例えば，A社とB社のセールスマン数の比が2対4のとき，販売力の差は2対4でなく4対16になるというように，有利さの程度を数値で示したもの。つまり，販売戦略における重点的なセールス活動の有効性を示す指針となる。より一般的には，自社が優勢な領域を確保して，そこに重点的に資源配分を行うことが，競争優位をえるうえで決定的に重要であるということを示唆している。(☞OR)　　　(廣瀬)

〔り〕

リーガー(1878-1971)〔Rieger, Wilhelm〕　ワイマル期の代表的なドイツの経営学者。主著『私経済学入門』(1928年)において利潤概念を中心にすえ「企業者のための利潤の獲得」を目的とする企業を研究対象とした。1923年のインフレーション終息後の慢性的な操業短縮は固定資本の回収を困難なものとしたが，リーガーはこのようなワイマル期の矛盾を企業の貨幣的・財務的な危険として強く意識し，貨幣資本の循環，回転の問題に重点をおいた。また方法論的には，技術論学派のように応用科学を主張したり，規範論学派のように企業のあるべき姿を研究するのではなく，利潤を追求している企業をあるがままに価値判断なしに研究する純粋科学の立場を主張した。　　　　　　　　　　　　　　　(海道)

リージョナリズム〔regionalism〕　地域主義や地方主義ともよばれ，複数の自治体や国で構成される地方や地域の主体性を重視する考え方。これが欧州で具体化されたのがEU地域の市場統合であり，域内国家間の経済面での結びつきが強い地域統合の形である。今日では，世界の各地域で経済面での地域統合が進んでいる。このような動きに対応して，北米，欧州，アジアなどに地域本社を設置して，地域別の戦略の策定や実行，あるいは拠点間の調整などを地域単位で行う多国籍企業も少なくない。このような地域本社の活動を通じて，企業は各地域のニーズや特性に対応しながら，地域レベルでの事業機能の集約化や立地の最適化をはかろうとしている。(☞グローバル戦略)　　　　　　　　　　　　(石井)

リーダーシップ〔leadership〕　組織の指導者・リーダーが，組織を構成す

る個々人に働きかけて,組織目標の達成に個々人が貢献するように統率していく組織的力量あるいは指導力のことをリーダーシップという。かつて優れたリーダーシップは,リーダーの資質によって決まるという議論(資質論,特性論)もあったが,近年の行動科学論や組織行動論の立場からは,組織の状況によって決まるとする考え方が支持されている。とくに上司と部下の関係,部下の側の成熟度・自律度などの状況要因に適合したリーダーシップスタイルの採用が効果的であるというコンティンジェンシー理論(状況適合の理論)が有力である。 (渡辺峻)

リーダーシップ・スタイル〔leadership style〕 リーダーシップのあり方については,そのモチベーション効果,集団凝集性などとの関連にて種々の類型化が存在する。例えば,レヴィン(Lewin, K.)やリピット(Lippit, R.)による研究によれば,独裁的(専制)的リーダー,民主的リーダー,放任的リーダーという3つに類型化され,民主的なリーダーシップが最もよいとされる。また,リッカート(Likert, R.)は,権威的リーダーと参加的リーダーとの比較において後者の方が効果的であると立証した。これ以外にも,人間中心的リーダーか,仕事中心的リーダーかによる類型化もある。(☞リーダーシップ,リーダーシップPM論) (渡辺峻)

リーダーシップPM論 三隅二不二教授によって提唱されたリーダーシップ理論。P(performance)は集団の目標達成や課題解決に志向する機能を,またM(maintenance)は集団それ自体を維持・存続する機能を示している。前者に関連するリーダーシップ行動をP行動,後者に関連するリーダーシップ行動をM行動とよぶ。そしてヨコ軸にP次元,タテ軸にM次元をとれば,PM型(P行動およびM行動の双方が強く発揮),Pm型(P行動は強いがm行動は弱い),Mp型(M行動は強いがp行動は弱い),pm型(p行動もm行動も弱い)の4つのリーダーの行動類型が見出だせる。そして,PM型リーダーシップが最も効果的で,pm型リーダーシップは最も効果が低いとされる。(☞リーダーシップ) (渡辺峻)

リード・タイム〔lead time〕 資材調達期間のことで,発注が行われてから,発注品が納入されるまでに要する時間のこと。具体的には,在庫補充の必要性を認識した時点からいつでも出庫要求に応じられるような状態になるまでの時間を意味している。このリード・タイムを予測し,決定することが,調達計画にとっては重要である。(☞在庫管理) (深山)

リーン生産方式〔lean production〕 リーンとは"ぜい肉を落とした""スリムな"という意味である。リーン生産方式はマサチューセッツ工科大学の研究チームが1990年日本のトヨタ生産方式にこの名をつけ,世界で最も進んだものと推賞したことに始まる。同チームの報告書 *The Machine that Changed the World*(邦訳書名『リーン生産方式が世界の自動車

産業をこう変える』)によると，リーン生産方式では，これまでの大量生産方式にくらべて多くのものが少なくて済む。労働力も半分なら在庫量も半分で済んで，しかもバラエティに富んだ製品ができるようになる。リーン生産方式＝トヨタ生産方式は徹底したムダの排除とコストの低減を至上目標とし，しかもそれが品質向上，多様なる生産と両立しうることを示した。(☞トヨタ生産方式) (大橋)

利益管理〔profit management〕 利益計画と利益統制を含む総合管理のこと。利益計画は長期計画と短期計画に分かれるが，一般には短期の計画を指す。利益計画で設定された目標利益(率)を実現するために，利益統制は計画と実績の間の差額，たとえば営業利益，売上総利益等の差異を計算して，数量と価格，費用の見込み違い等の原因を探っていく。この統制の結果は利益統制報告書として経営管理者に提出され，必要な改善措置や計画の見直し，次年度の計画の策定に反映される。ただし，現在は利益計画が利益管理の中心で，利益統制は計数管理の技法として予算統制の内容と重複する点が多い。(☞利益計画，予算統制) (梶脇)

利益計画〔profit planning〕 目標利益(率)とその実現方法を計数的に策定する計画。利益計画は1年以上の長期計画と次年度の具体的な収益・費用計画を設定する短期計画とに分かれる。企業の全般的経営計画は，最終的に具体的な予算として各部門に明示されるが，その予算編成の前提条件をなすのが短期利益計画である。この利益計画は最初に目標利益(率)を設定した上で，損益分岐点分析を中心としたCVP分析等を用いてそれを達成するための売上高・費用等を分析し，適切な収益性の基準を検討する。その後に適切な流動性を確保するための資金計画との調整を図り，最終的に確定した利益計画として徹底される。(☞損益分岐点分析，利益管理) (梶脇)

リエンジニアリング〔reengineering〕 リストラクチュアリングを超える企業の再興策として，1990年アメリカでハマー(Hammer, M.)らが提起したもの。リストラクチュアリングが事業や製品の見直し・再編成であるのに対し，リエンジニアリングでは仕事のあり方・プロセス自体を抜本的に見直すことを主眼とする。旧来の職能的専門化の考え方では必要以上に仕事が細分化し，企業全体のことや顧客のことを無視して，自己の専門的職責の立場のみから仕事が行われたりする。そこでこうした官僚主義的な職能的専門化をやめ，顧客の注文から製品納入までの全プロセスを責任をもって遂行できるよう，かつ事務・情報技術の発展に即応して，職務の統合を行うなど仕事の再編成をするものである。 (大橋)

利潤と利益〔profit and income〕 利潤はどちらかといえば経済的思考上の用語であって，一定期間内における企業の売上総額から，その期間内に

生産に利用された機械,原料などの資本財の消耗額,労働者に対する賃金支出額など一切の費用,つまり総生産費を控除した残額をいう。この利潤とはまた企業の利益であり,この利益はどちらかといえば計算的思考上の用語として,一定の資本を維持することによって得られた資本余剰,つまり期末資本と期首資本の差額として財産法的に計算されたり,また利益の発生原因にてらして,収益と費用との差額,つまり収益余剰として損益法的に計算されたりする。ともあれ,利潤・利益は賃金や地代や利子とともに国民所得を形成する。 (吉田)

利潤極大化説〔theory of profit maximization〕 資本主義経済では,企業の目的は利益の追求であるということが一般化している。伝統的なミクロ経済学では,企業を資本家と同一視し,企業の目的は資本家の利潤の最大化であると主張されている。これが利潤極大化説である。しかし,現代の企業にはさまざまなステークホルダーが関与しており,企業を資本家と同一視することは現実的ではなく,経営者はさまざまな関係者の利害を調整している。そのため,企業の目的にもさまざまな関係者の利害を反映し,対立する彼らの利潤を極大化することは不可能であることからも,その満足化や適正化が主張される。その一方で,近年,株主重視の経営として,株主の利潤極大化を唱える傾向もみられる。(☞企業目標,最適化基準,経済人仮説) (関野)

リスク・マネジメント〔risk management〕 企業活動を取り巻く各種の危険(リスク)を特定・評価し,最小費用でこれを軽減する管理を指す。危険は,自然災害や政治的危機など企業外部に由来するものと,自社の経営管理上発生する内部由来のものとに大別できるが,いずれの危険もその正確な理解・評価をもとにした対策が必要となる。グローバル化や技術革新など,経営環境が多様かつ急激に変化しつつある昨今,企業にとってリスク・マネジメントの重要性はますます高まっている。 (上林)

リストラクチュアリング〔restructuring〕 企業が事業や製品の構成を見直し再編成することをいう。それは,企業環境の変化に対応して不採算部門を切り捨て,新たな事業を構築することにより収益構造の改善を図ることである。アメリカでは1980年代にM&A(企業の合併・買収)が急増することでリストラクチュアリングが進んだが,日本では1985年秋からの急激な円高をきっかけに広がった。主な形態には,新事業・新分野への参入,既存事業の合理化と拡充,成長性のより高い事業を営む企業のM&Aによる獲得,収益性や成長力に問題のある事業の整理・撤退などがある。リストラクチュアリングの広がりにより従来の日本の経営慣行に変化が生じたとの指摘もある。(☞減量経営,M&A) (仲田)

リッカート(1903-1981)〔Likert, Rensis〕 ミシガン大学社会調査研究所を

率い，作業集団へのリーダーの影響力，集団と集団の相互作用に関する多くのアクション・リサーチ(実験)を行い，集団力学に基づく行動科学的な人間関係論を開拓した。「連結ピン理論」を中心とした新しいマネジメント・システム論を提唱し，リーダーシップ・スタイルには4つの型があるが，参加的集団型のリーダーをもつマネジメント・システム4が最も組織成果をあげるとした。主著に『経営の行動科学(*New Patern of Management*)』(1961年)がある。(☞連結ピン理論，システム4，グループ・ダイナミックス)　　　　　　　　　　　　　　　　　　　　　　　(仲田)

リニア・プログラミング〔linear programming〕　線形計画法ともいう。いくつかの1次式で表わされる制約条件と変数の非負条件のもとで，1次式で与えられる目的関数を最大化または最小化する形で定式化される問題を線形計画問題とよび，これを解くための数学的手法を線形計画法という。全てが1次式で表わされるという線形性の仮定は，現実を近似するといった点からは強い制限になるが，その反面，代数的な処理が簡単である。線形計画法は主に，利用できる限られた資源あるいは手段を，いくつかの競合する用途間にどのように配分すれば最も効果的であるかといった配分問題の分析に用いられる。なお，解導出の技法にはシンプレックス(simplex)法やカーマーカー(Karmarkar)法などがある。(☞ノンリニア・プログラミング)　　　　　　　　　　　　　　　　　　(瀬見)

流動資産〔current asset〕　固定資産に対するもので，支払手段と，比較的短期間に換金化や費消が行われる資産から構成される。貸借対照表では，現金預金，受取手形，一時所有の有価証券など，直接もしくは容易に支払手段になりうる「当座資産」，商品，半製品や原材料など，生産・販売過程を経て換金化される「棚卸資産」と，前渡金，前払費用や短期貸付金などの「その他の流動資産」に区分される。(☞当座資産，棚卸資産，固定資産)　　　　　　　　　　　　　　　　　　　　　　　　(牧浦)

流動比率と当座比率(酸性試験比率)〔current ratio and quick ratio (acid test ratio)〕　企業の短期的な支払能力を検討するための財務指標。流動比率は銀行家比率とも呼ばれ，流動資産÷流動負債×100% で算定されるが，100% 以下では，正味運転資本が存在せず，固定資産の一部が流動負債で資金供給されている。反面，流動比率が高くても，たとえば，棚卸資産の中に大量の余剰品や売残品があると，債務の弁済が困難になるため，棚卸資産の回転率を検討したり，棚卸資産を除いて，当座資産÷流動負債×100% で算定される，当座比率(酸性試験比率)が併用される。しかし，当座比率が高くても，大量の不良債権が存在すると，支払不能危険は大きい。(☞固定比率と固定長期適合率，安全性分析)　　(牧浦)

流動負債〔current liability〕　固定負債に対するもので，短期負債ともよば

れる。両者の区分では，まず正常営業循環基準で，営業活動による支払手形，買掛金などの営業債務が，次にワン・イヤー・ルールにより，その他の債務，たとえば，1年以内に，支払期限が来る，借入金，未払金と未払費用，対価の提供により収益になる，前受金，預り金や前受収益などと，通常1年を超える使用が見込まれない負債性引当金が流動負債になる。(☞固定負債，ワン・イヤー・ルール) (牧浦)

リレーションシップ・マーケティング〔relationship marketing〕 ここでいうリレーションシップとは売り手と買い手との人間同士の関係をいい，マーケティングでもこの関係を最優先に考えるもの。旧来のマーケティングでは商品の良し悪しが優先し，売り手と買い手の関係は商品のいかんにより決まり，顧客との関係は1回限りのものでもよいとされてきたが，顧客の獲得には商品のいかんよりも顧客との長期継続的信頼関係が重要と考えるもの。リピート客獲得方法の1つで，航空会社等の継続客優遇策(いわゆるマイレージ)等は一例である。元々は日本企業の長期継続的取引慣行が始まりで，1990年代世界的に広まった。 (大橋)

理論的学派〔theoretische Richtung〕 経営をどのようにとらえればよいか。現実の経営をあくまでも企業としてとらえ，その企業の構造と機能をただ認識すること自体が目的であって，認識の成果の利用については一切問わないというとらえ方がある。ドイツの理論的学派とよばれるものがそれである。戦前のこの学派の総帥とよばれたリーガー(Rieger,W.)は企業を貨幣資本の運動としてとらえ，利潤追求の姿を客観的かつ理論的に明らかにせんとしたし，また戦後，この学派の代表者とよばれるグーテンベルク(Gutenberg,E.)は同じく企業を，労働，設備，材料など生産要素の結合過程としてとらえ，生産の実態を近代経済学の成果を利用して数量的かつ理論的に明らかにせんとした。今日でも根強い学派である。(☞ドイツ経営学の学派分類，リーガー，グーテンベルク) (吉田)

稟議制度 企業や官庁などにおいて，会議を開いて承認・決定するほどに重要でない事項については，稟議書といわれる書類を，起案者としての下位機関のロワー・マネジャーから順次関係責任者に回覧して，上位機関としてのトップ・マネジメントに至るまで，それぞれの押印による承認を得て，組織内の意思を確定する手続きのことを稟議制度という。日本独特の方法として注目されている。それは，ボトムアップによる意思決定という長所もあるが，他面では，責任や権限も曖昧になるという欠陥もみられる。(☞日本的経営) (渡辺峻)

〔る〕

ルース・カプリング・モデル〔loose coupling model〕 システムを構成するサブシステム間の結合の度合いが弱く,それぞれのサブシステムが相互に反応的であるが比較的独立して動作するような状況下にあるシステムがもつ特徴を説明するモデルをいう。もともとはシステム理論の用語であるが,ワイク(Weick, K.E.)が組織論の中で,官僚制組織のようなタイト・カプリング(tight coupling)な組織と対比する組織を表現するために用いたのが始まりである。ルース・カプリングな組織は,その性質のゆえに,外界の変化に敏感に反応でき,システム内に発生した障害を最小限にくい止めることができるなど多くの利点を有しており,従来の組織より適応力,創造力に富んでいるといえる。(☞ネットワーク組織)(瀬見)

〔れ〕

レアメタル〔rare metal〕 鉄,銅,亜鉛,アルミニウム等のようなベースメタルとは異なり,資源として存在量が少なかったり,供給不安があったり,技術的・経済的な理由から抽出が困難な金属のことである。この金属は多くの産業で必要とされるが,今後も大きな需要が見込まれる。レアメタルは希少であることに加えて,その存在が特定の国に偏在しており,このことが資源リスクなどの問題を惹き起こすことになる。 (深山)

例外の原則〔law of exception〕 上司が,業務の際に事前に規定された方法では処理できない例外的問題が生じた場合に意思決定を行い,それ以外の日常的でルーチンな業務の処理は部下に委ねるという管理の方式をいう。このことにより,上司は例外的問題の処理にのみ専念することができ,部下も日常的業務に専念することができることから効率が上がる。古典的組織論において窺うことができる主張であり,組織構造を考えるうえで重要となる。(☞権限委譲) (小澤)

レバレッジド・バイアウト〔leveraged buy-out:LBO〕 買収しようとする企業の資産を担保にした借入金によって,その企業の株式を買収するやり方のことであり,M & A の有力な手段である。少額の自己資金で巨額の資産をもつ企業を手中に収めることが可能となる。借入金の返済は,買収企業のあげる利益の中からか,あるいはこの企業の資産の売却によって支払うというやり方のため,借入金の金利を相当高くしなければ融資を受けることが難しい。このような LBO の資金源として,米国で 1980 年代にジャンク・ボンド(屑債券とも訳される,高金利だが格付けの

低い債券)市場が注目された。だが,ジャンク・ボンドの高い利払いによる財務体質の悪化という危険が現実化し,90年代に入るとLBOは急減した。(☞ M&A,株式公開買付け) (廣瀬)

連結決算〔consolidation of accounts〕 法律上独立している複数の企業が1つの企業集団を構成する場合に,人為的に計算期間を区切り,当該期間での企業集団での財政状態と経営成績などを明らかにするために,連結財務諸表を作成すること。その際,連結決算の対象である連結会社間での相互取引により発生した,投資関係,債権・債務関係,取引関係,未実現損益などを相殺・消去するとともに,真実の内容を提供するため,連結会社の決算日,会計処理の原則や計算手続きなどを統一する必要がある。なお,わが国では1975(昭和50)年に「連結財務諸表原則」が公表され,制度化されたが,1997(平成9)年の見直しで,連結情報を主,個別情報を従とする方向が示された。 (牧浦)

連結の経済〔economies of network〕 複数の企業間のネットワークの結びつきが生む経済性(経済効果)のことをいう。企業と企業が多様に連結し合うことによって,経営資源(特に情報や技術)の獲得・利用面でシナジー効果が得られる,取引コスト(情報コスト,決済コスト,在庫コスト)が削減できるなどのメリットがある。情報化,国際化が進展する中,規模拡大による規模の経済,多角化による範囲の経済にかわる新しい経済性の概念として注目されている。(☞規模の経済,範囲の経済) (瀬見)

連結ピン理論〔the theory of linking pin〕 複雑な経営組織における中間管理者の役割を示すために,リッカート(Likert, R.)によって提唱された理論。リッカートは自らの実証的研究の成果を踏まえ,それまでの点と線によって示された伝統的階層組織ではなく,大小の三角形が階層的に重なり合った重複集団型組織が現実に近いモデルであると考えた。この重複集団型組織において,例えばある課長はその課のメンバーであると同時に,より上位の部会議のメンバーでもあることから,ある集団のリーダーは同時に2つの集団の構成員となっており,上下の2つの集団型組織をつなぐ「連結ピン」の役割を果たしていることになる。そこで,組織の凝集力を強め,組織成果を高めるうえで,2つの集団型組織をつなぐ中間管理者の「連結ピン」としての役割が決定的に重要となる。(☞リッカート,リーダーシップ・スタイル) (仲田)

連 合〔Japan Trade Union Confederation : JTUC〕 日本労働組合総連合会の略称。1989年11月,78組織,約800万人で発足した官民統一の新ナショナル・センター(労働組合の全国中央組織)。1987年11月には,労働戦線の統一の動きから,民間部門の統一ナショナル・センターとして全日本民間労働組合連合会(全民労連)が55組織,約550万人で発足して

いた。賃金闘争への関与にとどまらず，政府，各省庁，各政党に経済社会のあり方に関する政策制度要求も行っている。　　　　　　　　　　(平野)

連合体理論〔theory of coalition〕　サイアート(Cyert, R. M.)とマーチ(March, J. G.)によって提唱された理論である。連合体理論では企業組織は様々な利害をもつ経営者，従業員，株主，供給者，顧客などからなる連合体とみなされる。各構成員は個人的な目標をみたすために連合体に参加しており，連合体構成員の様々な要求を反映した多元的な組織目標が形成される。その際この組織目標は，構成員内部でのサイド・ペイメント(金銭，個人的処遇，権限，組織方針など)についてのバーゲニング(交渉)を通して形成される。そして形成された目標は，内部のコントロール・プロセス(予算など)により安定化され，精緻化される。　　　　　　　　　(海道)

連邦制分権化〔federal decentralization〕　事業部ごとに編成された各組織に対し制度的に大幅な権限委譲をして自主的に事業活動をさせる分権化のことをいう。事業部制とほぼ同じ概念である。各事業部は独自の製品・市場・利益責任をもつ自立的な単位組織で，また独自に経営計画を立て経営戦略を展開する。このような分権化を通じて全体として本社からの集権化を強める。連邦制分権化の形態としては，製品別事業部制，地域別事業部制，得意先別事業部制などがあり，さらに独立性を強化したものは子会社形態である。(☞分権的管理と集権的管理)　　　　(渡辺峻)

〔ろ〕

ロイヤルティ〔royalty〕　ライセンス契約に基づき，特許権や著作権を保有している者にそれらの使用に際して対価として支払われる料金のことである。支払方法として，一定の金額を支払う定額払い(lump payment)や，期間中の生産量または販売量に応じて支払うランニング・ロイヤルティ(running royalty)がある。後者はさらに，価格や利益に定率を乗じた額を支払う料率法と，生産・販売量に賦課する従量法とがある。(☞技術提携)　　　　　　　　　　　　　　　　　　　　　　　　(宗像)

労使関係〔industrial relations〕　労資関係という第二次大戦前から使われていた資本家と賃労働者との対抗関係を本質とした用語とは別に，労使関係は戦後の労働組合法，労働基準法，労働関係調整法制定以降使われるようになった。それは，使用者や経営者と労働者，使用者団体と労働組合との間の雇用と労働条件をめぐる交渉・協定関係，それらと政府との間の関係等を表現している。民間産業と公共部門での労使関係，企業内と企業を越えた労使関係，対立的な労使関係と協調的な労使関係といった分類がある。それは，専制的・原生的なものから，温情的・自警的

なもの、そして緩和的・協調的なものへ、さらに民主的・対等的なものへと発展してきている。(☞団体交渉, 労働組合, 労働協約)　　　　(伊藤)

労使協議制〔labour-management consultation system〕　企業や職場において、労働者側と使用者側が経営全般や生産、労働条件、福利厚生などの諸問題について、法律や労使間での協約・協定に基づいて協議する制度。ドイツでは従業員代表機関として経営協議会が労働組合とは別にあり、これが労使協議上労働側代表となるが、日本では労働組合がその役割を担うことが多い。日本では企業内労働組合が多いからである。(☞経営参加, 監査役会(ドイツ), 経営協議会)　　　　(山縣)

労資共同決定制〔wirtschaftsliche Mitbestimmung〕　労資共同決定は企業の運営を労働側と資本側とが対等で行うことをいう。単なる経営参加を超えるものとして、特にドイツの労働運動では獲得目標となってきたもので、現在ドイツでは部分的に実現している。例えば企業レベルでみると、通常従業員が2千人以上の大企業では、取締役を決定する監査役会は労資代表が同数ずつの構成となっている(ただしそれ以下の企業では、それが労資1対2の比例的構成)。また事業所レベルでは、当該事業所従業員を代表する経営協議会は、例えば就業時間の開始・終了時刻の決定につき事業所側と共同決定できる。すなわち経営協議会の同意がないと実施できない。こうした共同決定制は、ドイツでは1951年の石炭・鉄鋼産業共同決定法、1976年の共同決定法で確立した。(☞経営参加, 監査役会(ドイツ), 経営協議会)　　　　(山縣)

労働基本権　日本国憲法28条には、「勤労者の団結する権利及び団体交渉その他の団体行動をする権利は、これを保障する」とある。この団結権(労働組合を結成しこれに加入する権利)、団体交渉権(労働条件や労使関係上のルールについて労働協約の締結やその他の取決めを行う目的で使用者と交渉する権利)、団体行動権(労働者が同盟して行動する権利で、争議権と組合活動権からなる)の3つの権利を労働基本権(労働三権)という。憲法28条は広く勤労者に労働基本権を保障している。ただ、特に公共部門の勤労者には、争議権が認められないなどの制限が加えられている。なお、労働三権と勤労権を一括して労働基本権という場合もある。(☞労働権)　(正亀)

労働協約〔trade agreement〕　労働組合と使用者が、賃金・労働時間等の労働条件について団体交渉を行い、合意に達した場合に締結する協定。労働基準法が定めた最低労働条件以上の条件を決定するもの。労使間の紛争を労使対等の話合いのもとで処理することで、労使関係を安定させるという効果をもつ。内容的には、各種労働条件の基準を定める条項と、使用者と労働組合との間の関係を定める条項からなる。(☞労使関係, 団体交渉, 労働組合)　　　　(伊藤)

労働組合〔labor(trade) union〕 労働者が主体となって，自主的に労働条件の維持と改善，労働者の社会的・経済的地位の向上を図る団体あるいは連合団体のこと。労働組合は，労働能力の損失に備える共済機能，交渉機能を中心とした経済的機能，労働三権の制度化や社会保障・社会保険の拡大そして時短，最低賃金制，ILO条約の批准といった政治的機能，最近では「役に立つ組合」を目指した文化・社会機能等を果たすが，その基本的な機能は経済的機能にある。(☞組合) (伊藤)

労働権(勤労権) 日本国憲法27条1項は「すべて国民は，勤労の権利を有し，義務を負う」と定めている。この労働権の規定から，国は，①労働者が自己の能力と適性を活かした労働の機会を得られるように労働市場の体制を整え，②労働機会を得られない労働者に対し生活を保障する義務を負うと解されている。①に関しては職業安定法に基づく公共職業安定所を通じた職業紹介事業の実施等が，②に関しては雇用保険法による失業者に対する給付金の支給等の施策が採られている。なお，米国では，労働権州とよばれる州が南部を中心に24(2014年現在)ある。これは労働組合への加入を雇用の条件とする労使間の取り決めを違法とし，労働者の組合に加入しない自由を保障する労働権法(Right-to-Work Law)を制定している州のことである。 (正亀)

労働志向的個別経済学〔arbeitsorientierte Einzelwirtschaftslehre〕 1970年代に入ってドイツの経済に不安定性が増大し，国民の生活が脅かされるようになると，ここに労働組合の方から新しい経営学が主張されるようになった。ドイツ労働総同盟による労働志向的個別経済学の構想がそれである。従来の経営学は主として収益性を中心に構成され，ほとんど労働者の利害を考慮しなかったというのである。このいわば資本志向的経営学に対して，個々の労働者の自己実現を可能にするような新たな経営学が主張されたわけであるが，そこでは職場や所得の確保，労働の最適な形成など，まさしく労働者本位の問題が問われた。経営経済学ではなく，あえて個別経済学とよばれたところに，この経営学の特質と限界がある。 (吉田)

労働者重役制〔worker directorship〕 出資や昇進によるのではなく，労働側の選出による会社役員が資本側選出の役員とともに企業経営を担う制度。ドイツや北欧などヨーロッパ諸国で採られている。ドイツの場合，監査役会レベルでは労働組合代表を含む従業員代表が正規な監査役となるばかりか，労務担当取締役が労働側代表の意を汲んで選出されることもある。労働者重役は企業経営に対する責任と労働者利害の実現のはざまで，忠誠コンフリクトに直面することも多い。(☞経営参加，監査役会(ドイツ)，労資共同決定制) (山縣)

労働集約型産業〔labor-intensive industry〕 資本の投入率が高く，資本設備の占める割合が高い資本集約型産業に対し，生産やサービスを生みだす過程において人的労働の投入率が高い産業。労働力への依存度が高い農業や商業，保険・銀行などのサービス業などが典型である。一般に，製造業において労働賃金が低く資本調達に必要となる費用が高い地域では，労働集約化を進めることが企業の収益確保につながるが，逆に労働賃金が高く資本調達費用が低いケースでは，資本集約化が有利となる。多くの先進諸国においては，低廉な労働力を確保することが困難な場合が多いことから，労働集約型産業は，資本集約型産業や知識集約型産業に移行するか，海外生産に切り替えられるケースがみられる。(☞資本集約型産業) (山口)

労働争議〔industrial dispute〕 労使間で賃金・労働時間等の労働条件やその他の事項で意見が対立し，労使双方の実行行為である争議行為が発生した結果，業務が阻害される状態。賃上げや時短等の経済関係の利益争議と，労働協約や就業規則に関する権利争議がある。争議行為には，労働組合の行うストライキ，サボタージュ，ピケッティング等と，使用者の行う工場閉鎖(ロックアウト)がある。(☞団体交渉，労働協約) (伊藤)

労働の人間化〔humanization of work ; quality of working life: QWL〕 労働生活の質的側面を向上させるあらゆる諸方策の総称。英語圏ではQWLが，ヨーロッパやわが国では労働の人間化がよく使われるが，ほぼ同義である。1960年代以降，大量生産方式下の単調労働による労働疎外への対策として，新しい作業組織が追究されたのがその始まりである。そこでは，職務拡大，職務充実，自律的作業集団の形成など，労働者の自主的判断の余地を拡大し，彼らの社会的・心理的欲求をも満たしていく方向が目指された。今日では労働の人間化の射程は，ブルーカラーのみならず，ホワイトカラーの働き方や労働者の仕事と生活との関係にまで拡大されてきている。(☞ボルボ，自律的作業集団，職務拡大) (奥林)

労働分配率 企業活動の成果のうち労働者にどれだけ分配されたかを示すもので，その指標として，①付加価値(売上高－原材料費。または賃金総額＋利子＋利潤)に占める賃金総額の割合，②国民所得に占める雇用者所得の割合，が用いられる。労働分配率の値は用いる指標により異なるが，その動きを見ると，日本の場合，1970年代前半に急上昇したがその後は停滞傾向にあり，短期的には好況期に低下し不況期に上昇する傾向が認められる。 (正亀)

労務監査〔labor audit〕 労務管理改善のために，企業の労務管理が健全になされているかどうかの実態を体系的に分析し検討するもの。労務監査には内部監査と外部の専門家による委託監査があるが，その責任はいず

れもトップ・マネジメントにある。その代表的な方式としては、ミネソタ大学のヨーダー(Yoder, D.)らによる、三重監査方式があり、それは①労務施策監査、②労務予算分析、③労務効果調査、からなる。　　(奥林)

労務管理と人事管理〔personnel management〕　最広義には、ヒトに関する企業の管理活動、その対策や諸施策が労務管理である。労務管理は、個人の労働能率を促進する能率促進機能と、優れた労働能率を発揮する労働者を組織の協業関係の中に定着させる組織統合機能とをもつ。現在、実務界では労務管理と人事管理はほぼ同義に用いられているのが現実であるが、特に次のような狭義の労務管理を人事管理とよぶことがある。①ホワイトカラーの労務管理、②採用、配置、昇格といった従業員個々人の管理上の諸事項に関する労務管理。わが国の大企業では、人事部の中でも人事課と労務課が区別されている場合がある。　　(奥林)

ローマン＝ルフチ効果〔Lohmann-Ruchti Effekt〕　減価償却費を累計的に積み増すことで資金の追加なしに設備量を拡大させる効果。例えば取得価格300万円、耐用年数3年の機械を毎年1台ずつ購入し、減価償却費として毎年100万円償却し続けると、3年目には600万円の累計減価償却額が計上される。ここから旧機械を新機械に更新する支出(300万円)を差し引いた300万円が新たな設備投資可能額として残る。　　(梶脇)

ロール・プレーイング〔role playing〕　教育・訓練の一方法。被訓練者に日常生活とは別の役割を演じさせ、その態度や行動を変容・改善させようとするもの。同時に、自分の社会的役割を理解することで、人間関係の技術的側面(コミュニケーションやリーダーシップの技術)とそのあり方、対人関係スキル(自己の他者への影響と他者の感情の動きを知る能力)の向上を目指す。(☞センシティビティ・トレーニング)　　(伊藤)

ロジスティクス〔logistics〕　本来は軍事用語で作戦軍のために軍需物資の前送、補給など後方任務の方法についての研究である兵站学のことである。それが転じてマーケティングで使われる場合には、物資の効果的かつ効率的な輸送、保管・貯蔵などをより戦略的な観点から行うことをいう。ロジスティクス管理には原材料の獲得から最終製品の消費者への配送までの物資のトータルなフローと、物資の運動を統制したり、記録する情報のフローが含まれる。今日では「ジャスト・イン・タイム」を物流面で支えるものとしてロジスティクス・システムの意義がますます増大している。(☞物流管理、ジャスト・イン・タイム物流)　　(陶山)

ロジスティック曲線〔logistic curve〕　本来は人口の増加過程を時系列的に表現するための曲線である。一国の人口は、その国の経済水準が一定であればいつかは飽和点に達するという考え方に基づいて、ヴェルハルスト(Verhulst, P. F.)が考案した。最も簡単なタイプのロジスティック曲

線は，y = a/{1 + b・exp(−cx)} で与えられる。この曲線は下限値0と上限値aの間で単調増加するS字型の曲線であり，上限値の2分の1の点を境にして，前半では傾斜が次第に急になり成長の速度が大きくなるが，後半では成長速度が落ちて次第に上限値に向かって収束するという性質をもっている。冷蔵庫，VTR，新型乗用車など耐久消費財の普及過程を表わすモデルとしてよく利用される。(☞トレンド分析) 　　(瀬見)

ロボット〔robot〕 人や動物に近い形をし，それと同じような機能をする機械。または，ある一定の目的のためにある程度自律的・自動的に作業を行うことのできる機械。人間が作業するには負担の大きい環境で用いられることが多い。現在では，産業用，軍事用などの様々な用途でロボットが用いられているが，プログラムに応じて動作するという点では一般的な機械装置と相違ないが，状況の変化に応じて動作を変更したりするなど，ある程度の自律性を持つことが特徴である。チェコの作家チャペックが，チェコ語で「労働」を意味する robota から造った語といわれている。 　　(竹林)

ロワー・マネジメント〔lower management〕 現場での業務(製造，事務，営業，開発，サービス提供など)の遂行を指揮・監督する管理(職)層で，一般には係長や主任といった職位によって構成される。ミドル・マネジメントによる事業展開についての意思決定に基づき，業務の日程や量，質などについての業務的意思決定を行うとともに，現場業務が適切になされているかどうかの監督，さらには業務が円滑になされるようにするための促進や支援を行う。ロワー・マネジメントは現場業務に直接かかわるため，現業担当者とともに現場業務を遂行することも少なくない。そのため，管理労働者であると同時に現場就業者という性格をもつことがある。 　　(山縣)

論理実証主義〔logical positivism〕 1920年代から1930年代に展開されたヴィーン学団の哲学運動とその科学理論をさす。カルナップ(Carnap, R.)やライヘンバッハ(Reichenbach, R.)などが理論的指導者である。論理実証主義では概念と命題の意味が論理的に分析され，意味をもたない非経験的，形而上学的要素は排除される。その際，命題が意味をもつかどうかの判定の基準は，経験的に検証可能かどうかに求められる。このような論理実証主義は，言語分析的側面が強く，検証に帰納的方法を用いるので，反証可能性を基準とし演繹的方法を用いる批判的合理主義のポパー(Popper, K.R.)より厳しく批判された。(☞批判的合理主義) 　　(海道)

〔わ〕

ワーク・サンプリング〔work sampling〕 作業測定に必要とされるデータを収集するための方法。ランダムな時間間隔をおいて作業者の作業状況と機械の稼働状況を瞬間的に観測し，事前の分類に基づいて記録する。その標本データをもとに母集団である全作業時間における各状況の占める割合を統計的に推定するものである。一般に反復的でない作業の測定に利用される。この方法によれば，作業者にあまり意識されることなく，しかも少ない労力で偏りの少ないデータを収集することができる。また一人の観測者が多くの作業を同時に測定することができる。しかし，作業の連続的な状況を把握することができないので，観測の精度が失われる恐れがある。また，統計的推定に伴う信頼性の問題もある。(☞ワーク・メジャーメント) (宗像)

ワーク・シェアリング〔work sharing〕 仕事の分かち合い。一般的にはILO がいうように，労働時間の短縮で雇用を確保・創出する手段だが，わが国では，総額人件費の抑制を原則とする経団連等，賃下げを基本とする考えが強い。さらに，正社員をパートや派遣労働者等に置き換える動きもある。タイプ別には，雇用維持型（緊急避難型と中高年雇用維持型）型，フランスにみられる法定労働時間短縮による雇用創出型，オランダで成功したパートタイムとフルタイムの組み合せによる多様就業対応型に分類される。 (伊藤)

ワーク・メジャーメント〔work measurement〕 作業測定ともいう。IEにおける作業研究は，方法研究とワーク・メジャーメントからなる。ワーク・メジャーメントは，一定の作業に要する時間の測定に基づいて標準時間を設定することを目的としている。標準時間は方法研究で求められた標準作業に従う場合の所要時間であるので，ワーク・メジャーメントの前提には方法研究がある。ワーク・メジャーメントの手法としては，ストップウォッチ法，ワーク・サンプリング法，PTS法などがある。観測値には個人差が含まれるので，レイティングとよばれる修正を行い，さらに余裕率を加味して標準時間を求める。こうして求められた標準時間は，作業改善や要員計画などの基礎資料として利用される。(☞ワーク・サンプリング，PTS法，時間研究) (宗像)

ワーク・ライフ・バランス〔work-life balance〕「仕事と生活の調和」と訳され，勤労者が働き過ぎることなく，自身の仕事(ワーク)と私生活(ライフ)との関係にバランスがとれている状態，またそれを目指した運動や施策の総称。例えば，残業の削減はこの典型例である。経営学でこの概念

が注目される背景には，過労に伴う弊害が勤労者の健康維持や動機づけに影響しかねない懸念があるためである。ワーク・ライフ・バランスを改善し，各自が仕事と私生活の間に好循環を生み出して仕事で業績をあげ，企業の収益改善へと繋げることが，経営学的に期待される効果である。日本では，2000年頃までは主に女性の出産・育児の文脈でこの用語が使われたが，昨今では性別に関わりなく使われるようになっている。　　　　(上林)

割増給　時間外労働等に対して支給される，通常の賃金率よりも高い賃金。日本では，所定外労働時間の短縮を目的に直近では2008年に労働基準法に定める割増賃金率が引き上げられ，①法定労働時間(原則として1日8時間)を超える労働および②午後10時〜午前5時の深夜労働の場合は通常の賃金率の25％以上，③法定休日(原則として週1日)の労働の場合は35％以上，④月60時間を超える時間外労働の場合は50％以上となっている。　　　　　　　　　　　　　　　　　　　　　　　　(正亀)

ワン・イヤー・ルール〔one year rule〕　1年基準ともよばれる。決算日の翌日から起算して1年以内に換金化や費消される資産を流動資産，支払期限が1年以内に来る負債を流動負債とみなす。しかし，ワン・イヤー・ルールは正常営業循環基準(operating rule)を補足するもので，正常営業循環基準が先に適用され，取引先との通常取引と経営活動から生ずる取引債務は流動負債，同様の取引債権と棚卸資産などは流動資産とみなされる。(☞流動資産，流動負債，固定負債)　　　　　　　　　　　(牧浦)

ワン・ライティング・システム〔one writing system〕　発注の見積りから納品受け入れ，そして支払いという会計処理の流れの中で，別々に帳票を作成するのではなく，一枚の帳票で集約して事足りるようにする。最初の伝票を連続的に重複して活用することで，張票書類への転記もなく，時間と手間が節約でき，転記ミスも防止できる。ただ，伝票に挟みこむ複写票の枚数が多いことは避けられない。経営情報システムによる電子化で，この事務システムの理念と理想は達成されてきた。
　　　　　　　　　　　　　　　　　　　　　　　　　　　　　　　(福井)

和文索引

(太字ノンブルは見出し項目をあらわす)

〔あ〕

アーキテクチャ 3
アーゴノミクス 205
アージリス 144
ROI分析 128
RTAモデル 3
ICT革命 4
相手先ブランド製品生産 22
アイドマの法則 4
アイドル・コスト 4
アウトソーシング 5
アカウンタビリティ 5
アクション・リサーチ 5
アクターネットワーク理論 5
アクナカリー協定 90
アシュビー 102
アストレイ 129
アストン・アプローチ 6
アダムズ 86
アベグレン 6,129
アメニティ 236
アメリカ経営学の学派分類 6
アメリカ経営学の特徴 6
アメリカ的経営の特徴 7
粗利益 16
アルゴリズム 7
安全管理 7
安全性分析 7,72
アンソニー・モデル 7
アンゾフ 8,115,152,153,161,172,187
アントレプレナーシップ 8
暗黙知 8

〔い〕

EDI 8
Eメール 9
委員会組織 9
家制度 9
異業種交流 9
池内信行 10
意思決定 10
意思決定会計 10,42
意思決定支援システム 10
意思決定志向的経営学 11
意思決定前提 11
意思決定の種類 11
意思決定理論学派 11
一時解雇制度 12
一時帰休 12
1年基準 175,282
一個流しの生産 12
一店一帳合制 214
一般財団法人 102
一般システム理論 12
一般社団法人 127
一般法人 12
イノベーション 13,50
異文化インターフェイス 13
インカム・ゲイン 13
インサイダー取引 13
インストア・マーケティング 14
インストア・マーチャンダイジング 14
インターディシプリナリー・アプローチ 14
インターフェイス 14
インダストリアル・エンジニアリング 14
インダストリアル・ダイナミックス 118
イントラネット 15
インプット・アウトプット 15
インフラストラクチャ 15
インフレーション 131
インベスター・リレーションズ 15

〔う〕

ウィーナー 103
ウェーバー 16,44,249
上田貞次郎 16
ウェブ2.0 16
ヴェブレン 143,152
ヴェルハースト 279
ウォンツ 236
ウッドワード 97,105
売上総利益 16
売上高極大化モデル 16
VRIO分析 17
ウルリッヒ 117
運賃・保険料込み値段 108
運転資本 17
運搬分析 17

〔え〕

営業外損益 18
営業権 208
営業利益 18
衛生要因 192,209
営利経済原理 60
営利原則 128
営利主義 128
エージェンシーの理論 18
エージェント 19
ABC管理 18
ＡＢＣ分析 18
エキジット・アンド・ヴォイス 19
エキスパートシステム 19
エクイファイナリティ 193
エクセレント・カンパニー 19
エコロジー 19
エスノセントリック 20
X理論 20
NC工作機械 20
MM理論 259
MTM法 216
LAN 266
LPC尺度 226
演繹 255
エンタープライズ・アーキテクチャ 21
エントロピー 22
エンパワーメント 22

〔お〕

黄犬契約 230
欧州連合 9

和文索引

欧州連合条約　9
応用研究　22
OR　22
OEM　22
オーダー・エントリー・システム　23
オートマトン　23
オートメーション　23
オーバー・ボローイング　174
オープン・システム　24
オープンソース　24
オドンネル　61
オハイオ研究　24
オフィス・オートメーション　24
オフィス環境　25
オフショア生産　25
オプトエレクトロニクス　248
オフバランス取引　105
オペレーションズ・リサーチ　145
オペレーティングシステム　25, 98
オペレーティング・レバレッジ　25
親会社　38
オルセン　95
オルダースン　26
オルダースン理論　26
卸売商　26

〔か〕

海外現地法人　27
海外子会社　27
会計監査　27
会計監査人　27
会計原則　27
会計参与　27
会計責任　5
会　社　28
会社合併　28
会計計算規則　104
会社更生法　48
会社分割　28
会社法上の会社　28
回収期間法　28
外生変数　29
改善運動　29

階層化の原則　29
外注化　5
外注管理　29
開発輸入　29
外部金融　200
外部経済　30
外部成長戦略　30
外部不経済　30
外部報告会計　104
外部労働市場　48
買い回り品　259
カウンターヴェイリング・パワー　54
価格競争　30
価格政策　30
科学的管理法　66, 185
科学哲学　191
価格引下げ競争　263
価格分析　31
科学方法論　221
価格理論　31
家　業　31
課業管理　111, 185
学　習　255
学習理論　31
革新的組織　32
過去原価　256
加重平均資本コスト　121
寡　占　32
仮想企業体　209
仮想現実　97
価値工学　32
価値自由　16
価値前提　11
価値の流れ　68
価値判断　32
価値判断排除　16
価値分析　32
価値法則　122
価値連鎖　33
活動性分析　33, 72
割賦販売　33
合　併　21
金もうけ論　52, 191
ガバナンス構造　104
カフェテリアプラン　33
株　価　34
株価収益率　34
株　券　34
株　式　34

株式会社　34
株式会社における責任追及等の訴え　35
株式公開買付け　35
株式譲渡制限会社　81
株式の種類　36
株式持ち合い　36
株主権　36
株主資本コスト　121
株主総会　159
株主代表訴訟　35
カムアップシステム　36
カルテル　37
ガルブレイス　54, 187
川上作戦　37
川下作戦　37
為替手形　187
為替リスク・マネジメント　37
環　境　37
環境アセスメント　38
環境志向の経営学　38
環境マネジメント　38
関係会社　38
還元主義　228
監査委員会　124
監査等委員会設置会社(方式)　39
監査役　39
監査役会(ドイツ)　39
感受性訓練　158
関　税　39
関税同盟　40
間接金融　182
間接投資　40, 170
間接輸出　154, 263
完全競争　58
監督者教育　40
ガント・チャート　203
カントリー・リスク　40
カンパニー制　28
カンパニー制組織　40
かんばん方式　41
官房学　41
管　理　41
管理会計　41
管理価格　42
管理過程学派　42
管理可能費　42
管理限界　42

管理原則 43
管理スタッフ 43
管理的意思決定 43
管理の幅 43
管理の要素 44
管理不能費 42
官僚制組織 44
関連会社 27,38

〔き〕

機　械 44
機会原価 44
機械制大工業 45
機械の種類 45
機会費用 45
機関株主 45
期間損益計算 45
企　業 46
企業アイデンティテイ 49
企業会計基準委員会 27
企業間信用 46
企業組合 46
企業グループ 46
企業系列 47
企業結合形態 47
企業合同 47,198
企業行動理論 85
企業国有化 47
企業資本 120
企業集ામ 46
企業集中形態 47
企業成長モデル 47
企業戦略 71
企業提携 47
企業統治 88
企業内移動 48
企業内の家政学士 216
企業内分業 237
企業内貿易 48
企業の倒産と再生・更正 48
企業秘密 199
企業文化 49
企業民営化 49
企業目標 49
企業用具説 38
企業連携 47,96
企業連合 47
議決権制限株式 36
記号モデル 49,49
技　術 49

技術移転 50
記述科学 50
技術革新 50
技術管理 51
技術シナジー 51
技術提携 48,51
技術の応用 50
技術の技能 164
技術の創造 50
技術の分業 237
技術輸出 154
技術論的学派 52
機種別職場作業組織 52
基準外賃金 52
基準内賃金 52
規制緩和 52
擬制資本 53
帰属意識 53,88
帰属理論 53
基礎研究 53
基礎的技術 50
期待―確認論 109
期待理論 54
北川宗蔵 54
拮抗力 54
基盤技術 110
規範論的学派 54
忌避宣言権 55
規模の経済 55
規模の不経済 103
基本給 163
基本動作 216
基本要素 150
逆エンジニアリング 55
逆輸入 55
キャッシュ・フロー 56
キャッシュフロー計算書 56
ギャップ分析 56
キャノン 244
キャピタル・ゲイン 13
キャリア・デベロップメント・プログラム 57
QCサークル 57
吸収合併 28
吸収原価計算 233
協業組合 57
共　生 57
業績管理会計 10
競　争 57
競争戦略 58

競争優位 58,81
共通目的 58
協働意欲 58
共同関与権 67
協同組合 58
共同決定権 67
共同決定法 39
共同事業 86
共同市場 40
協働体系 59
業務監査 27
業務担当取締役 119
業務的意思決定 59
共利共生型 129
協力会社 5
巨大科学 59
切替式 99
ギルブレス 59
ギルマン 145
ギルモア=ブランデンバーグ・モデル 60
金庫株 113
近代組織論 85
金融資産 60
金融商品取引法 13,134
金融派生商品 190
勤労権 277

〔く〕

グーテンベルク 11,60,117,191,272
クーン 213
クーンツ 6,42,43,60
組　合 61
組織生産 61
クラークソン 61
クラークソン・モデル 61
クライアントとサーバー 61
クラウド・コンピューティング 100
クラスター 62
クラスター戦略 62
クリティカル・パス 210
クリティカル・パス・メソッド 62
繰延資産 62
グループ・アプローチ 158
グループウェア 62
グループ体験 158
グループ・ダイナミックス

和文索引

63
グループ・テクノロジー　63
グレー・ボックス・モデル　231
グレシャムの法則　43
クローズド・システム　63
グローバル企業　63
グローバル・コンピュータ・ネットワーク　64
グローバル社会　4
グローバル戦略　64
グローバル・ポジショニング・システム　64
グローバル・マーケティング・マネジメント　64
クロス・カルチャー　65
クロス・ライセンス　65

〔け〕

経　営　65
経営安全性分析　7
経営学　65
経営学の近代理論　66
経営学の古典理論　66
経営学の新古典理論　66
経営家族主義　67
経営管理学(論)　67
経営協議会　67
経営共同体　67
経営計画　68
経営経済学　68
経営権　68
経営現地化政策　68
経営工学　14
経営合理化　69,87
経営コンサルタント　69
経営参加　69
経営資源　69
経営者革命　70
経営者支配　70
経営者社会　70,210
経営人モデル　70
経営成果　203
経営政策　70
経営専門者　141
経営戦略　71
経営統合　71
経営の社会的責任　71
経営風土　72
経営分析　72

経営方針　72
経営民主化　72
経営民主主義　72
経営理念　73
経営倫理　73
計画的陳腐化　73
経験学派　73
経験対象　74
傾向分析　199
経済原則　74
経済3団体　75
経済人仮説　74
経済性　74
経済同友会　75
経済民主主義　203
計算書類　104
形式知　8
経常外収支　112
経常収支　112
経常利益　76
継続企業　87
経団連　75
系列会社　27
経路-目標理論　75
ゲーム理論　75,130
欠乏動機　152
ケルン　162
権　威　78
原　価　75
限界原価主義　233
限界利益　76
原価価値論　77,151
原価関数　76
原価管理　76
原価計算　76
減価償却　77
原価比率分析　128
原価理論　77,151
研究開発　77
研究開発戦略　77
研究開発の国際化　78
研究開発費　78
研究開発プロジェクト　78
現金合併　28
権　限　78
権限委譲　79
権限委譲説　83
権限受容説　79
権限と責任　79
権限法定説　83

検　査　79
減　資　163
現地化　80
現地志向　244
現地仕様製品　80
現地調達　80,207
現地調達率　69
限定合理性　155
減量経営　80
権力動機　249

〔こ〕

コア・コンピタンス　81
コア・タイム　235
公益財団法人　102
公益事業　81
公益社団法人　127
公益法人　12
公　害　81
公開会社　81
公企業　81
工業化社会　173
公共財　116
公共事業　81
工業所有権　82
貢　献　82
公　庫　82
広　告　82
合資会社　83
公式組織　83
公式的権限説　83
公私合同企業　83
公私混合企業　83
工場制手工業　252
工場内分業　237
工場の自動化　24
工場閉鎖　278
構成主義経営学　84
拘束時間　235
工程開発　84
工程管理　84
工程計画　188
工程の連続化　24
工程別職場作業組織　223
合同会社　84
行動科学　85
高度道路交通システム　85
公認会計士　85
高付加価値化　85
高分子材料　86

和文索引

公平理論　86
合弁事業　86
合名会社　86
合理化運動　87
小売商　87
小売りの輪の理論　87
ゴーイング・コンサーン　87
コーヴェット　185
コーエン　95
コース別人事管理　88
コーディング　88
コード　88
コーブランド　259
コーポレート・アイデンティティ　88
コーポレート・ガバナンス　88
子会社　38
互換性部品生産方式　89
顧客管理システム　89
顧客(市場)志向　246
顧客データベース　89
顧客の創造　89
顧客満足　109
国際会計基準　89
国際会計基準審議会　89
国際化とグローバル化　90
国際カルテル　90
国際規格　3
国際交渉　90
国際購買管理　90
国際財務報告基準　89, 90
国際事業部　91
国際市場細分化　91
国際生産　91
国際製品戦略　91
国際戦略提携　92
国際トラスト　92
国際標準化機構　3
国際分業　92
国際マーケティング　92, 263
国際ロジスティクス　93
国立大学法人　197
後光効果　213
個人株主　93
個人企業　28
個人人格　159, 167
個人動機　167
コスト・マネジメント　76
コスト・リーダーシップ戦略　58, 93
固定資産　93
固定長期適合率　93
固定費　239
固定比率　93
固定負債　94
古林喜楽　94
個別資本理論　94
個別生産　94
コミッティド・キャパシティ・コスト　94
ごみ箱モデル　95
コミュニケーション　58, 95
コモンズ　152
コラボレーション　95
コンカレント・エンジニアリング　95
コングロマリット　96
コンシューマリズム　96
コンツェルン　96
コンティンジェンシー理論　96
コンバインド・レバレッジ　25
コンピテンシー　97
コンビナート　97
コンピュータ　97
コンピュータ・アート　97
コンピュータ教養　98
コンピュータ・グラフィックス　97
コンピュータ言語　97
コンピュータシステム　97, 98
コンピュータ統合生産　123
コンピュータ・リテラシー　98
コンプライアンス　98
コンフリクト　81, 98
コンプレックス　97
コンベア・システム　99
混流生産　99

〔さ〕

サース　100
サーバ　100
サービス産業　100
サービス残業　105
サービス・スタッフ　100
サーブクォール　101
サーブリッグ　101
サイアート　275
再帰的近代化　67
サイクログラフ　193
債　券　101
再　建　48
最高経営責任者　108
在庫管理　101
在庫生産　255
財産目録　101
ザイシャープ　110
最小有効多様性の法則　102
在宅勤務　102
財団法人　102
最低賃金制度　102
最適化基準　102
最適生産規模　103
財　閥　103
サイバネティクス　103
再販売価格維持政策　104
財務安全性分析　7
財務会計　104
財務管理　104
財務諸表　104
財務諸表監査　27
財務諸表分析　72
債務超過　105
債務返済比率　189
サイモ・チャート　101
サイモン　12, 70, 105, 155, 254
裁量労働制　105
サウスエセックス研究　105
作業簡素化　106
作業研究　111
作業測定　281
佐々木吉郎　106
サテライト・オフィス　106
サプライチェーン・マネジメント　106, 146
差別価格制度　106
差別化戦略　58, 93
差別的優位性　107
サポーティング・インダストリー　119
三角合併　28
三角貿易　107
参加的集団管理型　118
参加的リーダーシップ　75
産　業　107

和文索引

産業革命 121
産業合理化 87
産業内貿易 107
産業の空洞化 262
産業民主主義 125
産業連関分析 194
酸性試験比率 271
参入障壁 108
3分の1経営参加法 39

〔し〕

CEO 108
シーケンシャル制御 109
シーケンシャル編成 109
シーズ 202
シェーア 109
シェーニッツ 191
シェーンブルーク 110
ジェネリック・テクノロジー 110
シェルドン 110
支援活動 257
支援的リーダーシップ 75
資格制度 110
時間給 111
時間研究 111
時間的管理 84
事業者団体 111
事業戦略 71,111
事業統合 71
事業部制 111
事業ポートフォリオ・マネジメント 112
事業本部制 112
事業持株会社 242
資金繰り計画 112
私経済学 112
自己株式 113
自己金融 113
自己実現 113
自己実現欲求 250
自己資本 113
自己資本比率 114
自己資本利益率 128,224
自己申告制度 114
自己組織化 114
仕事給 139
資材所要量計画 114
資　産 114
事実前提 11

指示的リーダーシップ 75
自社内国際分業 48
市場開発戦略 115,153
市場カバリッジ戦略 115
市場細分化 203
市場細分化戦略 115
市場集中化戦略 115
市場浸透戦略 115,153
市場生産 255
市場セグメント 116
市場地位別戦略 116
市場調査 116
市場の失敗 116
システム 116
システム・エンジニアリング 117
システム監査 117
システム志向的経営学 117
システム設計 117
システム・ダイナミックス 118
システム4 118
システム分析 118
自然環境 38
自然言語処理 118
持続可能な発展 118
下請企業 119
実効税率 241
執行役 119
執行役員 119
執行役会 119
実際原価 44
実数分析 72
実用新案 82
自働化 119
自動加工プログラミング 120
自動化の島 123
自動制御 24
シナジー 120
地場産業 120
四半期財務諸表 105
資　本 120
資本維持 120
資本会社 34
資本回収点 122
資本金 121
資本コスト 121
資本集約型産業 121,278
資本主義 121

資本準備金 138
資本図表 122
資本装備率 122
資本提携 48
資本等式 122
資本の集積 47
資本の集中 47
資本の動化(動員) 122
資本輸出 123
シミュレーション 123
事　務 123
事務管理 123
事務分析 124
指名委員会 124
指名委員会等設置会社(方式) 124
シャープ 108
シャイン 228
社会環境 38
社会関係資本 124
社外監査役 126
社会－技術システム論 124
社会システム学派 125
社会資本 15
社内重役 125
社会主義 125
社会人モデル 125
社会的技能 164
社会的システム 59
社会的責任投資 126
社会的分業 237
社外取締役 124,126
社会保険労務士 126
社外役員 126
社　訓 73
社　債 126
ジャスト・イン・タイム 41,127
ジャスト・イン・タイム物流 127
社　是 73
写像モデル 49
社団法人 127
社　長 159,171
社内振替価格 127
社内分社制 40
社内報 128
シャノン 137
ジャンク・ボンド 273
収　益 128

和文索引

収益性 128
収益性分析 72,128
集塊企業 96
従業員援助プログラム 128
従業員給付 33
従業員志向型 255
従業員態度調査 129
従業員持株制度 129
就業規則 129
自由勤務時間制 235
集権の管理 237
集合戦略 129
重商主義 41
終身雇用 6
終身雇用制 129
囚人のジレンマ 130
集団主義 130
集団の倫理 168
集団力学 63,271
集中化戦略 58,93,130
自由貿易協定 40,90
重　役 197
重要財産委員会 196
需給斉合 130
熟練の移転 131
授権資本制度 131
シュタインマン 84
出資金 115
シュテーレ 142
取得条項付株式 36
シュマーレンバッハ 52,131
シュミット 131
受容圏 132
需要予測 132
種類株式 36
シュレー 258
純資産 113,171
純粋競争 58
純粋持株会社 242
シュンペーター 8,13,50,
情意考課 143
小会社 170
昇　格 134
商業学 132
商業信用 46
状況の法則 133
証券代位 133
証券取引所 133
商　社 26

使用者団体 275
小集団活動 133
上場会社 133
昇　進 134
商取引学 133
消費者行動論 134
消費者信用 134
消費者満足 109
商　標 82,232
商品管理 134
少品種多量生産 174
情　報 135
情報開示 104,135
情報化社会 173
情報管理 135
情報検索 135
情報処理システム 136
情報創造力 136
情報通信ネットワーク 136
情報ネットワーク型流通システム 136
情報の非対称性 137
情報理論 137
正味運転資本 17
正味現在価値法 137
剰余価値 121
剰余金 137
職長・作業長 138
職能給 138
職能制分権化 138
職能的組織 138
職能の垂直的分化 139
職能の水平的分化 139
職能別戦略 71
職務拡大 139
職務給 134
職務志向型 255
職務充実 140
職務設計 140
職務適性検査 140
職務の再設計 140
職務評価 140
職務不満 193
職務分析 140
職務満足 193
職務明細書 141
ショップ・オートメーション 177
ジョブ・ローテーション 141

所有経営者 159
所有権理論 141
所有者支配 70
所有特殊的優位性 155
所有と経営の分離 141
処理的要素 150
自律原理 60
自律的作業集団 141
シルバーストン 55
事例の研究 73
新株予約権 126,142
新規範主義経営学 142
シンクタンク 142
人工システム 23
人工知能 142
人材スカウト 239
人事管理 279
シンジケート 143
人事考課 143
人事相談制度 143
新制度派経済学 143
新設合併 28
シンタックス 157
人的資源管理 144
人的システム 59
人的資本 144
新・日本的経営 204
新人間関係論 140
信念の判断 32
信用商品 144
信用取引 144
親和動機 249

〔す〕

垂直的国際分業 92
垂直的産業内貿易 108
垂直的思考 145
垂直的統合 37
水平思考 144
水平的国際分業 92
水平的産業内貿易 108
推　論 255
推論エンジン 19
SWOT分析 145
趨勢(差異)分析 72
趨勢法 145
数値制御工作機械 250
スーパーマーケット 145
数理学派 145
スタッフ部門 146

和文索引

ステークホルダー 146
ストア・オートメーション 146
ストーカー 97
ストック・オプション 146
スピルオーバー効果 147
スピンアウト 147
スミス 74

〔せ〕

成果主義 147
生活（保障）給 147
成果配分制度 148
生 業 31
税効果会計 152
清 算 48
生産関数 148
生産管理 148
生産技術 148
生産計画 149
生産系列化 149
生産シナジー 120
生産手段 45,125
生産性 149
生産性向上運動 150
生産性のジレンマ 150
生産性分析 150
生産能力 162
生産販売統合システム 150
生産要素 75,148,150
生産理論 77,151
静止作業型流れ作業生産方式 172
正常営業循環基準 282
生 績 255
成績（業績）考課 143
製造物責任制度 151
生態学 19
生体の均衡 244
静態的組織 194
成長戦略 151
成長動機 152
制度論学派 152
税引前当期純利益 152
製品開発戦略 152,153
製品革新 152
製品差別化 86,153
製品－市場戦略 153
製品多様化 153
製品ポートフォリオ・マネジメント 154
製品輸出 154
製品ライフ・サイクル 154
政 府 154
製法革新 155
制約された合理性 155
税理士 85
世界共通製品 155
世界的な企業標準 189
世界貿易機関 90
折衷理論 155
説得の方法 156
ZD運動 57
Z理論 156
設備管理 156
設備生産性分析 150
説明責任 5
ゼネラリスト 159
ゼネラル・スタッフ 156
ゼネラル・マーチャンダイズ・ストア 157
ゼネラル・モーターズ 157
セマンティクス 157
セリーズ原則 157
セル生産方式 157
ゼロベース予算 158
線形計画法 208,271
センシティビティ・トレーニング 158
全社の品質管理 184
戦 術 160
全人仮説 158
全数調査 186
選択定年制 185
全地球測位システム 64
先任権制度 158
専売店制 214
全般経営層 158
専門化の原則 159
専門経営者 159
専門職制度 159
専門スタッフ 159
専門品 259
戦 略 160
戦略形成 160
戦略的意思決定 8,160
戦略的革新モデル 160
戦略的経営 161
戦略的経営計画 161
戦略（的）情報システム 20
戦略的提携 161
戦略的ポートフォリオ計画 161

〔そ〕

創業者利得 162
操業度 162
総合給 163
総合収益性管理 163
相互会社 163
相互使用特許権 65
増 資 163
総資産利益率 128
総資本利益率 114
相乗効果 120
創造性開発 144,234
創造性訓練 164
装置型産業 121
総務部 164
ソーシャル・スキル 164
ソーシャル・マーケティング 164
ソーシャルメディア 16
ソーンダイク 213
疎外された労働 164
属人給 206
ソシオグラム 165
ソシオメトリー 165
組 織 165
組織影響力の理論 165
組織開発 165
組織間関係 166
組織間関係戦略 166
組織均衡 166
組織原則 167
組織行動 167
組織人格 158,167
組織人モデル 167
組織スラック 168
組織的意思決定の理論 168
組織の失敗 168
組織目的 167
その他の剰余金 138
その他の流動資産 271
ソフトウェア 98,169
損益計算書 169
損益分岐点分析 76,169

〔た〕

ターナー 3

和文索引

大会社 170
対外直接投資 170,200
対外投資 170
対価の柔軟化 28
第三者割当 170
第三者割当新株発行における特則 171
第3セクター 81,83
貸借対照表 171
貸借対照表等式 171
対人関係スキル 279
ダイナモ 118
ダイバーシティ 88
代表執行役 119,172
代表取締役 119,171
代理店 196
大量生産 172
ダイレクト・マーケティング 172
タウン 202
多角化戦略 153,172
多角的企業 96
多極マトリックス構造 176
タクト・システム 172
タクト・タイム 172
多元的な企業目標 211
多元的な組織目標 275
多工程持ち 172
多国籍企業モデル 173
多重代表訴訟制度 35
タックス・ヘイブン 173
脱工業化社会 173,173
達成志向的リーダーシップ 75
脱成熟化 173
達成動機 174,249
棚卸資産 174,271
棚卸資産評価 174
他人資本 174
ダニング 155
多能工 173,177
タビストック研究所 5,142
タビストック人間関係研究所 124
多品種少量生産 174
WF法 216
多変量解析 33
短期計画 175
短期資本 175
単元株制度 175

探索理論 175
単純協業 252
団体交渉 176
単独決定原理 60
タンネンバウム 213
単能工 173
ダンピング 176

〔ち〕

地域産業 176
地域生産複合体 97
地域統括本社 176
地域本社 267
チーム型管理 253
チーム作業 176
チームワーク 177
チェーン・ストア 177
地球環境 38
知識 177
知識獲得 255
知識経営 179,202
知識工学 178
知識集約化戦略 178
知識集約型産業 178
知識創造 202
知識ベース 202
知識労働者 179
知の経営資源 179
知的所有権 179
知的生産システム 3
地方公営企業 179,180
地方公共団体 154,180
地方自治体 180
地方税 241
地方政府 154
チャペック 280
チャンドラー 180
中央処理装置 109
中会社 170
中堅企業 180
中小企業 180
中小企業診断士 181
忠誠コンフリクト 277
注文生産 181
長期計画 181
長期継続的取引慣行 272
長期資本 181
帳票管理 182
帳票設計 182
直接金融 182

直接原価計算 182,233
直接数値制御 184
直接投資 40,170
直接部門と間接部門 182
直接輸出 154,263
直系式組織 183
地理情報システム 183
賃金体系 183
賃金満足モデル 183

〔て〕

提案制度 29
T型車 227
ディーラー・ヘルプス 184
定型的な意思決定 11
定型的意思決定 221
ディジタル型コンピュータ 98
ディジタル技術 184
ディスカウント・ストア 185
ディスクロージャー 104,135
定性調査 186
定年制 185
テイラー 6,74,111,185,207
テイラー・システム 185
定量調査 186
データ 135
データ処理 186
データ通信 186
デール 73
手形 187
適応的探求法 187
敵対的買収 171
出来高給 187
テクノストラクチュア 187
デザイン開発 187
デザイン・マネジメント 188
デシジョン・ツリー 188
デシジョン・パッケージ 158
手順計画 188
テスト・マーケティング 189
デファクト・スタンダード 189
デトロイト・オートメーション 24

和文索引

[て（続き）]

デ・ファクト・スタンダード 189
デボノ 144
手元流動性 189
デモンストレーション効果 189
テリトリー制 190
デリバティブ 104,190
テレ・コミュニケーション 190
テレワーク 102
電産型賃金体系 183
電子政府構築計画 22
電子データ交換 8
電子マネー 190
伝統的管理論 167

[と]

ドイツ経営学の学派分類 191
ドイツ経営学の特徴 191
ドイツ経営学方法論争 191
ドイツ的経営の特徴 192
同期化 259
当期業績主義 45,192
当期純利益 192
動機づけ 192
動機づけ要因 192,209
等結果性 193
統合志向 246
動作研究 193
当座資産 193,271
当座比率 271
投資会社 45
投資利益率 193
投資利益率分析 128
同族企業 194
動態的組織 194
動的貸借対照表論 131
投入－産出 15
投入産出分析 194
トータル・システム・アプローチ 194
特殊会社 81
特殊法人 195
独占 195
独占禁止政策 195
独占禁止法 176
独占資本主義 195
特定同族会社 194

特定独立行政法人 197
特別支配株主の株式売渡請求 196
特別損益 196
特別地方公共団体 180
特別取締役による取締役会の決議 196
匿名組合 61,196
特約店 196
独立行政法人 197
独立採算 237
独立採算性 112
特許 82
トップダウン経営 243
トップ・マネジメント 197
ドメイン 197
トヨタ生産方式 197
トラスト 198
ドラッカー 89,152,198,258
トランスファー・プライス 198
トランスファーマシン 198
取締役 198
取締役会 198
取引コスト 199,200
取引費用論 143
トリプル・ボトムライン 118
トレード・シークレット 199
トレンド分析 199
問屋 26

[な]

内生変数 29
内部化優位性 156
内部化理論 200
内部監査 27
内部金融 113,200
内部資金源 77
内部統制 200
内部報告会計 104
内部利益率法 200
内部労働市場 201
中西寅雄 94,201
流れ作業組織 201
ナノテクノロジー 201
成行管理 202
ナレッジ・マネジメント 202

[に]

ニーズ 202
二国間貿易 107
二重帰属 53
ニックリッシュ 54,203
ニッチ市場 203
日程計画 203
日本型生産システム 15
日本経営学の特徴 203
日本工業規格 204
日本商工会議所 75
日本生産性本部 150,204
日本的経営 204
日本標準産業分類 222
ニュー・メディア 248
人間関係論学派 204
人間工学 205
認識対象 74
認知過程 205

[ね]

ネットワーク 205
ネットワーク組織 206
年功給 206
年功制 206
年俸制 206

[の]

ノイマン 3,23,98
ノイマン型コンピュータ 206,211
能率 207
能率給 207
能力考課 143
能力主義 207
ノックダウン生産 207
暖簾(のれん) 208
ノンリニア・プログラミング 208

[は]

パーキンソンの法則 209
バーコード 243
ハーズバーグ 209
バーチャル・コーポレーション 209
バーチャル・テクノロジー 96
ハードウェア 210

和文索引

パート・タイマー 234
パートナーシップ 95
バーナード 12,158,165,210
バーナム 70,152,210
バーノン 173
バーリー 152
バーリ＝ミーンズ 210
バーンズ 97
バイオコンピュータ 211
買　収 21
配送センター 230
配当性向 211
ハイネン 11,211
ハイパーメディア 211
ハウス 75
パターン認識 211
馬場克三 212
馬場敬治 212
パブリシティ 212
パブリック・ドメイン・ソフトウェア 212
パブリック・リレーションズ 212
ハマー 269
破滅的競争 30
パラスラマン 101
パラダイム 213
ハルシー割増賃金 207
ハロー効果 213
パワー 213
範囲の経済 213
反証可能 221,280
万能職場作業組織 214
販　売 245
販売員活動 214
販売員管理 214
販売管理部門 247
販売系列化 214
販売促進 214
販売提携 48
販売店援助 184
販売費・一般管理費 215
販売比率分析 128
販売予測 215

〔ひ〕

B to C 215
B to B 215
PTS法 215
ヒーブ 216

非営利組織 216
非営利組織のマーケティング 217
非価格競争 32,217
比較生産費説 107,239
比較優位 217
比較劣位 92
光通信 217
非関税障壁 218
引当金 218
非公開会社 81
非公式組織 218
微細動作研究 218
ビジネス 218
ビジネス・アメニティ 219
ビジネス・インテリジェンス 220
ビジネス・ゲーム 219
ビジネスシステム 220
ビジネス・スクール 219
ビジネスモデル特許 219
秘　書 220
非正規労働(者) 220
非線形計画法 208
ビッグデータ 220
非定型的な意思決定 11
非定型的の意思決定 221
非ノイマン型コンピュータ 220
批判経営学 94
批判的合理主義 221
百貨店 221
ヒューリスティック・アプローチ 221
費　用 128
費用化資産 115
表　現 255
標準化 221
標準原価計算 222
標準原価差異分析 222
標準産業分類 222
標的市場 222
費用・便益分析 222
標本調査 186
平井泰太郎 223
ピラミッド型組織 206
ヒルファディング 162
品質管理 223
品種別職場作業組織 223

〔ふ〕

歩合給 224
ファイゲンバウム 184
ファイナンシャル・レバレッジ 224
ファイリング・システム 224
ファクトリー・オートメーション 224
ファジーコンピュータ 225
ファジー理論 225
ファシリティ・マネジメント 225
ファヨール 43,44,79,225
フィージビリティ・スタディ 225
フィードバック制御 226
フィードラー 226
フィードラーのリーダーシップ・コンティンジェンシー理論 226
フィランソロピー 226
ブーメラン効果 226
フェアトレード 30
フォード 99,227
フォード・システム 226
フォード・モーター 227
フォルクスワーゲン 227
フォレスター 118
フォレット 133,228
付加価値 85,228
不確実性 228
付加の要素 150
不完全競争 32,58
複合ＮＣ工作機械 250
複合企業 96
複雑系 228
複雑人モデル 228
複数本社制 229
複　占 32
複線型雇用 88
含み資産 229
福利厚生制度 229
不公正な取引方法 107
負　債 229
負債コスト 121
負債性引当金 94,272
普通株式 36
プッシュ戦略 234

和文索引

物的会社 34
物的システム 59
物流管理 229
物流拠点 230
不当労働行為 230
部分改良製品 230
部分的無知 230
不満足-生産性仮説 254
部門管理層 230
プライス・リーダーシップ 42
プライス・リーダーシップ戦略 231
プライベート・ブランド 157
プラグマティズム 231
ブラック・ボックス・モデル 231
フランチャイズ・システム 232
フランチャイズ・チェーン 244
ブランド 232
ブランド・エクイティ 232
プラント輸出 232
プラント・レイアウト 232
ブランド・ロイヤリティ 233
フリー・キャッシュ・フロー 56
振替価格 55
プリンシパル 19
フリンジ・ベネフィット 233
ブルーカラー 278
ブルーム 54
古川栄一 233
フル・コスト主義 233
ブル戦略 234
フル・タイマー 234
フルライン戦略 234
ブレーン・ストーミング 234
フレキシブル・オフィス・オートメーション 234
プレゼンテーション支援システム 235
フレックス・タイム 235
フローチャート 235
ブログ 235

プログラミング 236
プログラム内蔵方式 206
プロジェクト型組織 236
プロセス・オートメーション 24
プロダクト・コンセプト 236
プロダクト・ミックス 236
プロダクト・ライン 236
分化-統合化モデル 237
分業 237
分権的管理 237
分社化 147
文書管理 237
粉飾決算 238

〔ヘ〕

ペイオフ・マトリックス 238
ベイジアン決定理論 238
並列処理 238
ヘクシャー＝オーリンの定理 107,239
ヘッド・ハンティング 239
ベル 173
ベルタランフィ 12
ベンチマーキング 239
ベンチャー・ビジネス 239
変動費 239
片利共生型 129
ペンローズ 47

〔ホ〕

ホイットニー 172
貿易摩擦 263
包括主義 45,240
報告システム 240
報酬委員会 124
法人 240
法人株主 45
法人税 240
法定監査 85
法定準備金 241
法定労働時間 282
法務省令 104
法令遵守 98
ホーソン実験 241
ポーター 33,93,241
ボーダーレス化 241
ポートフォリオ 13

ポートフォリオ理論 242
ボーナス付課業制 207
ボーナス・ペナルティ・システム 242
ホームページ 242
ボーモル 16,47
ホールディングカンパニー 242
POSシステム 243
ポストモダンとトランスモダン 243
保税加工区 25
ホッペ 264
ボトムアップ経営 243
ポパー 221
ホムブラン 129
ホメオスタシス 244
ボランタリー・チェーン 244
ポリシー・ミックス 244
ポリセントリック 244
ボルボ社 142,176
ホワイト 167
ホワイトカラー 278
ホワイト・ボックス・モデル 231
本国志向 20
本船渡し値段 21
ボン・マルシェ 221

〔マ〕

マーケット・シェア 245
マーケティング 92,245
マーケティング・インテリジェンス・システム 245
マーケティング・コスト 245
マーケティング・コンセプト 246
マーケティング・サービス部門 247
マーケティング情報システム 246
マーケティング戦略 246
マーケティング組織 247
マーケティング・チャネル 247
マーケティング・マネジメント 247
マーケティング・マネジャー

247
マーケティング・ミックス 247
マーケティング・リサーチ 248
マーコビィッツ 242
マーチ 95,275
マーチャンダイジング 248
マートン 44
マイクロエレクトロニクス 248
埋没原価 248
マイルズ 32
マクシミン原理 255
マグダ 243
マクドノウ 135
マクレガー 20,249
マクレランド 97,174
マクレランドの動機理論 249
マクロ組織論 249
マクロ・マーケティング 249
マシニングセンター 250
マス・カスタマイゼーション 250
マス市場 115
増地庸治郎 250
マズロー 250,264
待ち行列モデル 251
マッカーシー 247
MAPI法 251
マテリアルズ・ハンドリング 251
マトリックス型組織 252
マニュファクチュア 252
マネジド・キャパシティ・コスト 95
マネジメント・サイエンス 145
マネジメント・サイクル 252
マネジメント・バイアウト 252
マネジリアル・グリッド 253
マネジリアル・マーケティング 253
マルクス 164
マルチ・ドメスティック企業 253

マルチ・ベンダー 254
マレー 174
満足-生産性仮説 254
満足基準 254
マン・マシンシステム 254

〔み〕

ミーンズ 152
ミクロ組織論 249
ミクロ・マーケティング 249
見込み生産 181,255
ミシガン研究 255
ミドル・マネジメント 255
みなし労働時間制 105
ミニマックス原理 255
ミラー 85,259
未来原価 256
民事再生法 48

〔む〕

ムーアの法則 256
無関心圏 256
無関連原価 248
無形固定資産 93
無限責任社員 83
無効費用 4
無在庫型物流方式 127
無体財産権 82,179
無店舗小売商 87
村本福松 256

〔め〕

メイヨー 66,125,205,241,257
命令の一元制 257
メカニカル・オートメーション 24
メセナ 257
メタ意思決定 257
メモリ 258
メレロヴィッツ 162

〔も〕

目的論的判断 32
目標設定理論 258
目標による管理 258
目標変数 29
目標利益率 258

モジュール生産方式 259
モジリアニ 259
モジリアニ=ミラー理論 259
モダン 243
持株会社 103,242
持分会社 259
モデル・チェンジ 73
最寄り品 259
モラール 260
モラール・サーベイ 129
モラル・ハザード 260
モルゲンシュテルン 75
問題直視 98
モンテカルロ法 260

〔や〕

約束手形 187
役割給 261
役割理論 261

〔ゆ〕

誘因 82
有形固定資産 93
有限会社 261
有限責任事業組合 262
有限責任社員 83
有効性 262
有効費用 4
優先株式 36
輸出加工区 25
輸出事業部 262
輸出自主規制 262
輸出代替 262
輸出ドライブ 263
輸出マーケティング 263
ユビキタス 263

〔よ〕

ヨーロッパ会社 263
予算差異分析 222
予算統制 264
欲求階層説 264
欲求水準 156,264
4P 248

〔ら〕

ライセンシング 265
ライセンス契約 51
ライフサイクル 57

和文索引

ライフサイクルアセスメント 265
ライン・スタッフ組織 265
ライン・バランシング 266
ライン部門 266
ライン・レイアウト 266
ランチェスター戦略 267
ランニング・ロイヤルティ 275

〔り〕

リーガー 267
リージョナリズム 267
リーダーシップ 267
リーダーシップ・スタイル 268
リーダーシップPM論 268
リード・タイム 268
リーン生産方式 268
利　益 269
利益管理 269
利益計画 269, 269
利益志向 246
利益責任 112
利益統制 269
リエンジニアリング 269
リカード 217, 239
利害関係者 146
利　潤 269
利潤極大化説 270
リスク・マネジメント 270
リストラクチュアリング 270
リッカート 118, 270
利付債 101
立地特殊的優位性 156
リニア・プログラミング 271
リバース・エンジニアリング 55
リピット 268
流通系列化 214
流動均衡 193
流動資産 271
流動比率 271
流動負債 271
リレーションシップ・マーケティング 272
理論的学派 272
稟議制度 272

〔る〕

類比モデル 49
ルース・カプリング・モデル 273
ルードヴィチ 133

〔れ〕

レアメタル 273
例外の原則 273
レヴィー 217
レヴィン 63, 158
レオンチェフ 194
レスリスバーガー 66, 125, 241
レバレッジド・バイアウト 273
連結決算 274
連結の経済 274
連結ピン理論 274
連　合 274
連合体理論 275
連邦制分権化 275

〔ろ〕

ロイクス 133
ロイトルスベルガー 142
ロイヤルティ 275
労使関係 275
労使協議制 276
労資共同決定制 276
労使協力 150
労働基準法 129, 224
労働基本権 276
労働協約 276
労働組合 61, 277
労働権 277
労働権州 277
労働三権 276
労働志向的個別経済学 277
労働者重役制 277
労働集約型産業 278
労働生産性 149
労働生産性分析 150
労働争議 278
労働の人間化 142, 278
労働分配率 278
労働分配率分析 150
労務監査 278
労務管理 279
ローカル・オフィス 106
ローカルコンテンツ 69
ローシュ 237
ローマン=ルフチ効果 279
ローラー 54, 183
ロール・プレーイング 279
ローレンス 3, 237
ロジスティクス 93, 279
ロジスティック曲線 279
ロジャーズ 158
ロック 258
ロックアウト 278
ロット別生産 61
ロボット 280
ロワー・マネジメント 280
論理実証主義 280
論理的判断 32

〔わ〕

ワーク・サンプリング 281
ワーク・シェアリング 281
ワーク・メジャーメント 281
ワーク・ライフ・バランス 281
ワイク 273
ワイズマン 20
ワイナー 53
ワイヤーマン 191
Y理論 20
割引キャッシュ・フロー法 200
割引債 101
割増給 282
ワルド 255
ワルラス 194
ワン・イヤー・ルール 282
ワン・ライティング・システム 282

欧文索引
(太字ノンブルは見出し項目をあらわす)

〔A〕

ABC analysis 18
Abegglen, J. C. 6, 129
absorption costing 233
acceptance theory of authority 79
accountability 5
accounting audit 27
accounting auditor 27
accounting principles 27
achievement motive 174
acid test ratio 271
action research 5
activity (turnover) analysis 33
actor-network theory 5
Adams, J. S. 86
adaptive search method 187
added value 228
administered price 42
administrative decisions 43
administrative man model 70
advertising 82
affiliated firm 38
AFL・CIO 18
agency 196
agent 196
AIDMA's rule 4
Alderson theory 26
Alderson, W. 26
algorithm 7
all-inclusive concept 240
alowance 218
amalgamation 28
American Federation of Labor and Congress of Industrial Organizations 18
American-style management 7
analysis of budgetary 222
analysis of office work 124
analysis of profitability 128
analysis of safety 7
analysis of standard cost 222
anonymous association 196
Ansoff, H. I. 8, 115, 152, 153, 161, 172
Anthony's model of planning and control 7
anti-monopoly policy 195
applied research 22
arbeitsorientierte Einzelwirtschaftslehre 277
architecture 3
Argyris, C. 144
artificial intelligence 142
ASBJ 27
Ashby, W. R. 102
asset 114
association 61
Astley, W. G. 129
Aston approach 6
asymmetry of information 137
attribution theory 53
auditor 39
Aufsichtsrat 39
authority 78
authority and responsibility 79
authorized capital system 131
automatic defects control systems 119
automatic machining programming 120
automation 23
automaton 23
autonomous work groups 141

〔B〕

B2B 215
backward strategy 37
balance sheet 171
balance sheet equation 171

bar code 243
Barnard, C. I. 12, 158, 210
barriers to entry 108
Baumol, W. J. 16, 47
Bayesian decision theory 238
behavioral science(s) 85
Bell, D. 173
bench marking 239
Berle, A. A., Jr. 152, 210
Bertalanffy, L. v. 12
Beschäftigungsgrad 162
Betrieb 65
Betriebsdemokratisierung 72
Betriebsgemeinschaft 67
Betriebsrat 67
Betriebswirtschaftslehre 65, 68
big data 220
big science 59
bill 187
bionics-computer 211
black box model 231
blog 235
board of directors 198
bond 101, 126
bonus penalty system 242
boomerang effect 226
borderless 241
borrowed capital 174
bottom-up management 243
bounded rationality 155
brain storming 234
brand 232
brand equity 232
brand loyalty 233
break-even point analysis 169
B to B 215
B to C 215
budgetary control 264
bureaucratic organization 44

Burnham, J. 70, 152, 210
Burns, T. 97
Business to Business 215
Business to Consumer 215
business 218
business administration 65, 67
business analysis 72
business climate 72
business enterprise 46
business ethics 73
business game 219
business group 46
business integration 71
business model patent 219
business planning 68
business policies 72
business policy 70
business portfolio management 112
business school 219
business strategy 71, 111
business tie-up 47

〔C〕

CAD 56
cafeteria plan 33
CAM 56
Cannon, W. B. 244
CAP 56
capital 120
capital assets pricing model 108
capital equation 122
capital export 123
capital graph 122
capital intensity 122
capital stock 121
capital-intensive industry 121
capitalism 121
CAPM 108
cartel 37
cash flow 56
cash flow statement 56
CAT 56
CDP 57
cell production system 157
central processing unit 109
centralized management 237
CEO 108
CERES principles 157
certified public accountant 85
CF 56
CG 97
chain store 177
Chandler, A. D. Jr. 180
characteristics of German management 192
chief executive officer 108
CI 88
CIF 108
CIM 123
Clarkson model 61
classical theory of management 66
client and server 61
closed system 63
cluster strategy 62
COBOL 98
code(coding) 88
co-operative society 58
cognitive process 205
Cohen, M. D. 95
COLA 88
collaboration 95
collective bargaining 176
collective strategy 129
combination 97
come-up system 36
commensalism 129
committed capacity cost 94
committee organization 9
Commons, J. R. 152
communication 95
company 28
company system organization 40
comparative advantage 217
competency 97
competition 57
competitive advantage 58
competitive strategy 58
complex man model 228
complex system 228
compliance 98
computer 97
computer graphics 97
computer integrated manufacturing 123
computer language 97
computer literacy 98
computer system 98
concern 96
concurrent engineering 95
conflict 98
confrontation 98
conglomerate 96
consolidation of accounts 274
consumerism 96
consumers credit 134
contingency theory 96
contribution 82
control 182
control by return on investment 163
controllable cost 42
convenience goods 259
conveyor system 99
cooperative system 59
Copeland, M. T. 259
core competence 81
corporate alliance 47
corporate bankruptcy and rehabilitation/reorganization 48
corporate culture 49
corporate governance 88
corporate identity 88
corporate income tax 240
corporate separation 28
corporate social responsibility 71
corporation 34
cost accounting 76
cost-benefit analysis 222
cost control 76
cost function 76
cost leadership strategy 93
cost management 76
cost of capital 121
cost of living adjustment(s) 88
cost theory 77
costs 75
countervailing power 54
country risk 40

country-tailored product 80
CPM 62
CPU 109
creative power of information 136
creativity training 164
credence goods 144
criteria of satisficing 254
critical path method 62
critical rationalism 221
cross cultural interface 13
cross license 65
cross-culture 65
cross-shareholding 36
CS 109
CSR 71
current asset 271
current liability 271
current operating performance concept 192
current ratio 271
customer control system (customer database) 89
customs duties 39
customs union 40
cybernetics 103
Cyert, R. M. 275

〔D〕

Dale, E. 73
data 135
data communication 186
data processing 186
de facto standard 189
dealer helps 184
debt service ratio 189
decentralized management 237
decision accounting 10
decision-making 10
decision support system 10
decision theory school 11
decision tree 188
decisions premises 11
deferred asset 62
delegation of authority 79
delivery center 230
demand forecasting 132
dematurity 173

demonstration effect 189
department store 221
departmental management 230
depreciation 77
deregulation 52
derivative 190
descriptive science 50
design management 188
Deutscher Gewerkschaftsbund 186
develop-and-import formula 29
DGB 186
differential advantage 107
differentiation-integration model 237
digital technology 184
direct costing 182
direct department and indirect department 182
direct financing 182
direct marketing 172
direct numerical control 184
directors 198
disclosure 135
discount store 185
discretionary work 105
dissatisfaction-productivity hypothesis 254
diversification strategy 172
dividend payout ratio 211
division of labour 237
division of work 237
divisional strategy 111
divisional system 112
divisionalized organization 111
DNC 184
document management system 237
domain 197
DP 158
draft 187
drifting management 202
Drucker, P. F. 89, 152, 198
DSS 10
dumping 176
duopoly 32

dynamic organization 194

〔E〕

EA 21
EAP 128
eclectic theory 155
ecology 19
economical efficiency 74
economies of network 274
economies of scale 55
economies of scope 213
EDI 8, 127
EDINET 240
effectiveness 262
Effektensubstitution 133
efficiency 207
electric data interchange 8
electronic mail 9
electronic money 190
elements of management 44
empirical school 73
employee assistance program 128
employee attitude survey 129
employee counseling program 143
employee stock ownership plan 129
empowerment 22
endogenous variable 29
ENIAC 206
enterprise architecture 21
entfremdete Arbeit 164
entrepreneurship 8
entropy 22
entscheidungsorientierte Betriebswirtschaftslehre 11
enviromental management 38
environment 37
environmental assessment 38
EOS 127, 146
equifinality 193
equity 109
equity theory 86
Erfahrungsobjekt 74

ergonomics 205
Erkenntnisobjekt 74
ethnocentric 20
EU 9
European Union 9
excellent company 19
excessive liabilities 105
exit and voice 19
exogenous variable 29
expectancy theory 54
expectancy-disconfirmation 109
expense 128
expert system 19
explicit knowledge 8
export division 262
export drive 263
export marketing 263
export substitution 262
external diseconomies 30
external economies 30
external financing 200
external growth strategy 30
extraordinary gains and losses 196

〔F〕

FA 224
facility management 225
factory automation 224
family business 31
family company 194
Fayol, H. 43, 44, 79, 225
FCF 56
feasibility study 225
federal decentralization 275
feedback control 226
Feigenbaum, A. V. 184
fictitious capital 53
Fiedler, F. E. 226
Fiedler's contingency model of leadership 226
filing system 224
financial accounting 104
financial assets 60
financial leverage 224
financial management 104
financial statements 104
fixe Kosten 239

fixed assets 93
fixed assets to equity ratio 93
fixed assets to long term capital ratio 93
fixed costs 239
flexible manufacturing system 21
flexible office automation 234
flextime 235
flow chart 235
FMC 21
FMS 21
FOB 21
Follett, M. P. 133, 228
Ford, H. 99
Ford Motor Company 227
Ford system 226
Ford, H. 227
foreign direct investment 170
foreign exchange risk management 37
foreign investment 170
foreign/overseas subsidiary 27
foreman 138
formal organization 83
formal theory of authority 83
forms design 182
Forrester, J. W. 118
FORTRAN 98
forward strategy 37
franchise system 232
fringe benefits 233
FTA 40, 90
full cost principle 233
full timer 234
full-line strategy 234
functional decentralization 138
functional organization 138
functional workshop organization 52
fund planning 112
fundamental research 53
future cost 256
fuzzy computer 225

fuzzy systems theory 225

〔G〕

Galbraith, J. K. 54, 187
gap analysis 56
garbage can model 95
GATT 90
General Motors Company 157
general affairs department 164
general corporation 12
general inventory 101
general management 158
general merchandise store 157
general partnership company 86
general staff 156
general system theory 12
generic technology 110
Geographic Information System 183
Gesellschaft mit beschränkter Haftung 261
Gilbreth, F. B. 59
Gilman, S. 145
Gilmore-Brandenberg model 60
GIS 183
Global Positioning System 64
global company 63
global computer network 64
global marketing management 64
global strategy 64
GM 157
GmbH 261
GMS 157
goal setting theory 258
goning concern 87
goodwill 208
government 154
government-affiliated corporation 195
GPS 64
Gründergewinn, Promoter's Profit 162

great industry by machinery 45
gross margin 16
group dynamics 63
group technology 63
groupism 130
groupware 62
growth model of the firm 47
growth motive 152
growth strategy 151
Gutenberg, E. 11, 60, 117, 191, 272

〔H〕

halo effect 213
Hammer, M. 269
Handelswissenschaften 132
hardware 210
Hawthorne experiment 241
Heckscher=Ohlin theorem 239
HEIB 216
Heinen, E. 11, 211
Herzberg, F. 209
heuristic approach 221
hidden assets 229
high polymer material 86
Hilferding, R. 162
holding company 242
Hombrun, C. J. 129
home economist in business 216
homeostasis 244
homepage 242
Hoppe, F. 264
horizontal differentiation of function 139
House, R. J. 75
house organ 128
human capital 144
human engineering 205
human relations school 204
human resources management 144
humanization of work 278
hygiene factor 192
hyper media 211
hypothesis of economic man 74
hypothesis of whole man 158

〔I〕

IASB 89
IBM 4
IC 3
ICT 136
identification 53
idle costs 4
IE 14
IFRS 90
imperfect competition 58
IMS 3
incentive wage 207
income 269
income before income taxes 152
capital gain 13
income gain 13
income statement 169
incorporated association 127
incorporated foundation 102
increase of capital 163
indirect financing 182
indirect investment 40
individual personality 167
individual stockholder 93
inducement 82
industrial dispute 278
industrial dynamics 118
industrial engineering 14
industrial group 46
industrial property right 82
industrial relations 275
industry 107
informal organization 218
information 135
information and communication network 136
information management 135
information network type of distribution system 136
information processing system 136
information retrieval 135
information theory 137
infrastructure 15

Initial Public Offering 162
innovation 13, 132
innovative organization 32
input-output analysis 194
input-output 15
insider trading 13
insolvency 105
inspection 79
instalment selling 33
institutional shareholder 45
institutionalism 152
instore merchandising 14
integrated circuit 3
integration of production and distribution 150
Intelligent Transport System 85
intelligent manufacturing system 3
interchangeable parts system of production 89
interdisciplinary approach 14
inter-enterprise credit 46
interface 14
internal audit 27
internal control 200
internal financing 200
internal labor market 201
internal rate of return method 200
internal transfers and promotions 48
internalization theory 200
International Accounting Standards 89
International Business Machines Corporation 4
International Financial Reporting Standards 89
International Organization for Standardization 3
international cartel 90
international division 91
international division of labor 92
international logistics 93
International market segmentation 91
international marketing 92

international negotiation 90
international product strategy 91
international production 91
international purchase management 90
international strategic alliances 92
international trust 92
Internationalization of R & D 78
internationalization and globalization 90
interorganizational relations 166
intra-firm trade 48
intra-industry trade 107
intranet 15
inventory 174
inventory control 101
inventory valuation 174
investor relations 15
IPO 162
IR 15
islands of automation 123
ISO 3
ITS 85

〔J〕

Japan Business Federation 75
Japan Industrial Standard 204
Japan Productivity Center 204
Japan Trade Union Confederation 274
Japanese management system 204
JIS 204
job analysis 140
job demarcation 177
job design 140
job enlargement 139
job enrichment 140
job evaluation 140
job rotation 141
job shop production 94
job specifications 141
joint enterprise cooperative 46
joint venture 86
joint-stock company 34
JTUC 274
juridical person 240
just-in-time physical distribution 127
just-in-time 127

〔K〕

kaizen 29
Kameralwissenschaft 41
kanban system 41
Kapitalerhaltung 120
KD 207
keiretsu 47
Kern, W. 162
kinds of machine 45
knocked down assembling 207
knowledge 177
knowledge base 178
knowledge engineering 178
knowledge-intensive strategy 178
knowledge management 202
knowledge worker 179
knowledge-intensive industry 178
Kombinat 97
konstruktivische Betriebswirtschaftslehre 84
Konzern 96
Koontz, H. 6,42,60
Korvette, E. J. 185
Kosten 75
Kostenfunktion 76
Kostentheorie 77
Kostenwerttheorie 151
Kuhn, T. S. 213

〔L〕

labor and social security attorney 126
labor audit 278
labor-intensive industry 278
labor(trade) union 277
labour-management consultation system 276
LAN 266
Lanchester strategy 267
large scale integrated circuit 3
lateral thinking 144
law of exception 273
law of hierarchy 29
law of requisite variety 102
law of specialzation 159
Lawler, E. E. 54
Lawler, E. E., III 183
Lawrence, P.R. 3
lay off 12
LBO 273
LCA 265
lead time 268
leadership 267
leadership style 268
leading medium-sized firm 180
lean production 268
learning theory 31
Leerkosten 4
legal reserve 241
Leontief, W. W. 194
Leuchs, J. W. 133
level of aspiration 264
leveraged buy-out 273
Levy, S. 217
Lewin, K. 63,158
liability 229
license affiliation 51
licensed tax accountant 85
licensing 265
life cycle assessment 265
lifetime commitment 6
lifetime employment 129
Likert, R. 118,270
limited liability company 84,261
limited liability partnership 262
limited partnership company 83
line and staff organization 265
line balancing 266
line branch 266
line layout 266

line organization 183
linear programming 271
Lippit, R. 268
liquidity at hand 189
listed company 133
living wage 147
loan corporation 82
Local Area Network 266
local government 180
local procurement 80
local public enterprise 179
local purchase 80
localization 80
Locke, E. A. 258
logical positivism 280
logistic curve 279
logistics 279
Lohmann-Ruchti Effekt 279
Loitlsberger, E. 142
long range planning 181
long-term capital 181
loose coupling model 273
lot production 61
lower management 280
LSI 3
Ludovici, K. G. 133

〔M〕

M & A 21
machine 44
machinery and equipment management 156
machining center 250
macro marketing 249
macro-organizational theory 249
man-machine system 254
management 41, 65, 67
management buyout 252
management by objectives 258
management consultant 69
management control 70
management cycle 252
management integration 71
management right 68
management of office work 123
management of technology 51
management process school 42
management resources 69
management science 146
management staff 43
managerial accounting 41
managerial grid 253
managerial marketing 253
managerial philosophy 73
managerial revolution 70
manufacture 252
manufacturing automation protocol 251
MAP 251
MAPI method 251
March, J. G. 95, 275
margin trading 144
marginal profit 76
market aggregation 115
market development strategy 115
market failure 116
market penetration strategy 115
market research 116
market segment 116
market segmentation 115
market share 245
marketing 245
marketing channel 247
marketing concept 246
marketing cost 245
marketing for non-profit making organization 217
marketing information system 246
marketing intelligence system 245
marketing management 247
marketing mix 247
marketing organization 247
marketing research 248
marketing strategy 246
Marx, K. 164
Maslow, A. H. 250, 264
mass customization 250
mass production 172
material requirements planning 114
materials handling 251
mathematical school 145
matrix organization 252
maximin principle 255
Mayo, E. 66, 125, 205, 241, 257
MBA 219, 257
MBO 253
McCarthy, E. J. 247
McClelland, D. C. 97, 174
McClelland's motivation theory 249
McDonough, A. M. 135
McGregor, D. 20, 249
Means, G. C. 152, 210
mecenat 257
Mellerowicz, K. 162
membership company 259
memory 258
merchandising 134, 248
merger 28
merger & acquisition 21
merit rating 143
Merton, R. K. 44
Metaentscheidungen 257
method of persuasion 156
Michigan studies 255
micro marketing 249
micro-organizational theory 249
microelectronics 248
micromotion study 218
middle management 255
middle-scale enterprise 180
Miles, L. D. 32
Miller, M. H. 259
minimax principle 255
minimum wage system 102
Mobilisierung des Kapitals 122
modern theory of management 66
modified product 230
Modigliani, F. 259
Modigliani-Miller Theorem 259
module production system 259
monopoly 195

Monte Carlo method 260
Moore's law 256
moral hazard 260
morale 260
Morgenstern, O. 75
motion study 193
motivation 192
motivation factor 192
MRP 114
MTP 40
multi-domestic enterprise 253
multi vender 254
multi-process handling 172
multi-product, small-lot production 174
multinationalization model 173
multiple head office system 229
Murray, H. A. 174
mutual company 163

[N]

nano-tecnology 201
NASA 207
nationalization of industry 47
natural language processing 118
need hierarchy theory 264
needs 202
nenko/seniority system 206
neo-classical theory of management 66
neonormativische Betriebswirtschaftslehre 142
net income 192
net present value method 137
net-worth to total capital employed ratio 114
network 205
Neumann computer 206
Neumann, J. V. 98
new institutional economics 143
new venture 239
niche market 203
Nicklisch, H. 54, 203

non-Neumann computer 220
non-price competition 217
non-tariff barrier 218
non-current liability 94
non-operating income and expenses 18
nonlinear programming 208
nonprofit organization 216
normative Richtung 54
note 187
NPO 216
numerically controlled machine tool 20

[O]

OA 24
objectives of an enterprise 49
OD 165
O'Donnell Cyril 61
OEM 22
Off-JT 23
off the job training 23
office automation 24
office environment 25
office work 123
Ohio studies 24
OJT 23
oligopoly 32
Olsen, J. P. 95
on the job training 23
one writing system 282
one year rule 282
one-by-one production 12
open source 24
open system 24
operating audit 27
operating decisions 59
operating income 18
operating leverage 25
operating officers 119
operating ratio 162
operating rule 282
operating system 25
operations research 22, 145
opportunity cost 44
optical communication 217
optimal production scale 103

optimization criterion 102
OR 22, 145
order entry system 23
ordinary income 74
organization development 165
organization failure 168
organization man model 167
organization of progressive production 201
organizational behavior 167
organizational equilibrium 166
organizational influence theory 165
organizational personality 167
organizational slack 168
original equipment manufacturing 22
outside executive 126
outsourcing 5
owned capital 113

[P]

paradigm 213
parallel processing 238
Parasuraman, A. 101
Parkinson's law 209
part timer 234
partial ignorance 230
partnership 61, 95
path-goal theory of leadership 75
pattern recognition 211
pay for job 139
pay for knowledge 138
pay for skill 138
pay for the role grade 261
pay satisfaction model 183
payback period method 28
payment by results 207
payoff matrix 238
Penrose, E. T. 47
PER 34
perfect competition 58
periodic accounting of profit and loss 45
personnel management 279

personnel management based career path 88
PERT 209
PFI 155
philanthropy 226
physical distribution management 229
piece rate pay 187
planning-programming-budgeting system 216
plant export 232
plant layout 232
PLC 154
point of sales system 243
policy mix 244
policy of localization 68
polycentric 244
Popper, K. R. 221
Porter, M. E. 93, 241
portforrio 13
POS 243
post industrial society 173
postmodern and transmodern 243
power 213
PPBS 216
PR 212
pragmatism 231
predetermined time standard 215
presentation supporting system 235
price analysis 31
price competition 30
price discrimination 106
price earnings ratio 34
price leadership strategy 231
price policy 30
price theory 31
principles of management 43
principles of organization 167
prisoner's dilemma 130
private placement of new shares 170
privatization of public enterprises 49
Privatwirtschaftslehre 112

process control 84
process development 84
process innovation 155
product concept 236
product development strategy 152
product differentiation 153
product diversification 153
product export 154
product innovation 152
product liability 151
product life cycle 154
product mix 236
product portfolio management 154
product-market strategy 153
production for stock replenishment 255
production function 148
production management 148
production offshoring 25
production planning 149
production technology 148
production to order 181
productivity 149
productivity analysis 150
productivity dilemma 150
productivity improvement cooperative 57
productivity improvement movement 150
Produktionsfaktor 150
Produktionstheorie 151
professional manager 159
profit 269
profit management 269
profit planning 269
profitability 128
program evaluation and review technique 209
programming 236
project organization 236
promotion 214
PTS 215
public corporation 12
public domain software 212
public enterprise 81
public nuisance 81

public relations 212
public utilities 81
publicity 212
pull strategy 234
pure competition 58
push strategy 234

〔Q〕

qualitative research 186
quality control 223
quality control circle 57
quality of working life 278
quantitative research 186
queueing model 251
quick asset 193
quick ratio 271
QWL 278

〔R〕

RAM 258
rare metal 273
Rationalisierungsbewegung 87
rationalization of management 69
R & D 77
R & D project 78
R & D strategy 77
re-import 55
reacquired stock 113
reduction of capital 163
reengineering 269
regional corporate headquarters company 176
regional industry 176
regionalism 267
relationship marketing 272
reporting systems 240
representative directors 171
representative suit 35
requisite task attributes model 3
resale price maintenance policy 104
research and development 77
restructuring 270
retailer 87
retirement 185

return on investment 193
revenue 128
reverse engineering 55
Ricardo, D. 217
Rieger, W. 267
right of nullification 55
rights of shareholder 36
risk management 270
robot 280
ROE 128, 224
Roethlisberger, F. J. 66, 125, 241
Rogers, C. 158
ROI 193
role playing 279
role theory 261
ROM 258
royalty 275
running royalty 275

〔S〕

SA 146
SaaS 100
safety management 7
sales forecasting 215
sales maximization model 16
salesman management 214
satellite office 106
satisfaction-productivity hypothesis 254
scale merit 55
Schär, J. F. 109
scheduling 203
Schmalenbach, E. 52, 131
Schmidt, F. 131
Schönitz, H. 191
Schönpflug, F. 110
Schuleh, E. C. 258
Schumpeter, J. A. 13, 50, 132
SCM 106, 146
SE 263
search theory 175
secretary 220
seeds 202
segmentation 203
Seischab, H. 110
self-actualization 113
self financing 113

self-organizing 114
selling 245
selling, general and administrative expenses 215
semantics 157
seniority rule 158
sense of belongingness 53
sensitivity training 158
separation of ownership from management 141
sequential conrol 109
sequential organization 109
server 100
service industry 100
service staff 100
servqual 101
Shannon, C. E. 137
share 34
Sharp, W. 108
Sheldon, O. 110
Shine, E. H. 228
shopping goods 259
short range planning 175
short-term capital 175
silent partnership 196
simo chart 101
Simon, H. A. 12, 105, 155, 254
simulation 123
simultaneous motion cycle chart 101
single business strategy 130
SIS 20
small and medium enterprise management consultant 181
small and medium-sized enterprise 180
small group activities 133
smaller business 180
Smith, A. 74
social capital 124
social man model 125
social marketing 164
social skill 113
social system school 125
socialism 125
Socially Responsible Investment 126

Societas Europaea 263
society 61
socio-technical system theory 124
sociogram 165
sociometry 165
Software as a Service 100
software 169
South Essex study 105
span of control 43
span of management 42
special staff 159
specialist system 159
specialty goods 259
spillover effect 147
spin out 147
SRI 126
Staehle, W. H. 142
staff branch 146
stakeholder 146
Stalker, G. M. 97
standard cost accounting 222
standard industrial classification 222
standardization 221
Steinmann, H. 84
stock 34
stock acquisition right 142
stock option 146
stock prices 34
store automation 146
strategic alliance 161
strategic business planning 161
strategic decisions 160
strategic formation 160
strategic information system 20
strategic innovation model 160
strategic management 161
strategic portfolio planning 161
strategy 160
strategy of interorganizational relations 166
strategy of market position 116
subcontracting company

119
subcontracting industry 119
sunk cost 248
supermarket 145
supply chain management 106
supply-demand matching 130
Surplus 137
sustainable development 118
swot analysis 145
symbiosis 57, 129
symbolic model 49
synchronization 259
syndicate 143
synergy 120
syntax 157
system 116
system 4 118
system analysis 118
system audit 117
system design 117
system dynamics 118
system engineering 117
systemorientierte Betriebswirtschaftslehre 117

〔T〕

tacit knowledge 8
tact system 172
tactics 160
take-over bid 35
Tannenbaum, A. S. 213
target for profit rate 258
target market 222
tariff 39
tax haven 173
Taylor, F. W. 6, 74, 111, 185, 207
Taylor system 185
team work 177
technical skill 164
technological innovation 50
technologische Richtung 52
technology transfer 50
technostructure 187
telecommunication 190
telecommuting 102

test marketing 189
the law of the situation 133
the theory of linking pin 274
the third sector 83
theoretische Richtung 272
theory of agency 18
theory of coalition 275
theory of consumer behavior 134
theory of games 75
theory of organizational decision-making 168
theory of portfolio selection 242
theory of profit maximization 270
theory of property rights 141
theory X 20
theory Y 20
theory Z 156
therblig 101
think tank 142
Thorndike, E. L. 213
time study 111
time wage 111
to create a customer 89
TOB 35
top-down management 243
top management 197
total quality control 184
total system approach 194
Towne, H. R. 202
Toyota production system 197
TQC 184
trade agreement 276
trade assiciation 111
trade secret 199
trade union 61
training within industry 40
transaction costs 199
transfer machine 198
transfer of skill 131
transfer price 127, 198
treasury stock 113
trend analysis 199
trend method 145
triangular trade 107
trust 198

Turner, A. N. 3
TWI 40
types of business combination 47
types of decision-making 11
types of shareholder 36

〔U〕

ubiquitous 263
Ulrich, H. 117
umweltorientierte Betriebswirtschaftslehre 38
uncertainty 228
uncontrollable cost 42
unfair labor practice 230
unity of command 257
universal product 155
universal workshop organization 214
Unternehmen 46

〔V〕

VA 32
value analysis 32
value engineering 32
value judgement 32
value-chain 33
variable costs 239
variable Kosen 239
VE 32
Veblen, T. B. 143, 152
venture management 239
Verhulst, P. F. 279
Vernon, R. 173
vertical differentiation of function 139
very large scale integrated circuit 3
virtual corporation 209
virtual reality) 97
VLSI 3
vocational aptitude test 140
Volkswagen 227
voluntary chain 244
voluntary export restraint 262
von Neumann, J. 3, 23
vrio analysis 17
Vroom, V. H. 54

〔W〕

Wald, A. 255
Walras, L. 194
WAN 267
Web2.0 16
Weber, M. 16, 44, 249
Weick, K. E. 273
Weiner, B. 53
Werturteil 32
Weyermann, M. R. 191
wheel of retailing 87
Whitney, E. 172
wholesaler 26
Wiener, N. 103
willingness to cooperate 58
window dressing 238
wirtschaftliche Mitbestimmung 276
Wiseman, C. 20
Woodward, J. 97, 105
work measurement 281
work sampling 281
work sharing 281
work simplification 106
work-life balance 281
worker directorship 277
worker's participation in management 69
working capital 17
WTO 90, 176

〔Z〕

zaibatsu 103
zero defects movement 57
zero-based budgeting 158
zone of acceptance 132
zone of indifference 256

〈監修者紹介〉

吉田　和夫（よしだ・かずお）
　1925年　京都市生まれ
　1949年　同志社大学経済学部卒
　現　在　関西学院大学名誉教授・商学博士
　　　　　大阪学院大学名誉教授
　経営学原理・経営学史中心に著書・論文多数

大橋　昭一（おおはし・しょういち）
　1932年　愛知県生まれ
　1960年　神戸大学大学院経営学研究科博士課程修了
　現　在　和歌山大学客員教授
　　　　　関西大学名誉教授・経営学博士
　経営学原理・経営体制論中心に著書・論文多数

〈編者紹介〉

深山　明（みやま・あきら）
　1949年　神戸市生まれ
　1977年　関西学院大学大学院商学研究科博士課程修了
　現　在　関西学院大学名誉教授・商学博士
　工業経営論を中心に著書・論文多数

海道ノブチカ（かいどう・のぶちか）
　1948年　福島市生まれ
　1973年　神戸大学大学院経営学研究科修士課程修了
　現　在　関西学院大学名誉教授・商学博士
　経営学史・企業体制論中心に著書・論文多数

廣瀬　幹好（ひろせ・みきよし）
　1953年　香川県生まれ
　1980年　大阪市立大学大学院経営学研究科修士課程修了
　現　在　関西大学商学部教授・商学博士
　経営管理論・経営学史中心に著書・論文多数

平成 6 年 3 月30日	初版発行
平成11年 4 月 5 日	改増版発行
平成15年 9 月25日	三訂版発行
平成18年 3 月10日	四訂版発行
平成22年 3 月25日	最新版発行
平成27年 3 月31日	改訂版発行
令和 3 年 4 月20日	改訂版 6 刷発行

＜検印省略＞

略称：基本経営辞典(改)

最新・基本経営学用語辞典 (改訂版)

監修者	吉 田 和 夫
	大 橋 昭 一
発行者	中 島 治 久

発行所 同文舘出版株式会社

東京都千代田区神田神保町1-41 〒101-0051
電話 営業(03)3294-1801 編集(03)3294-1803
振替 00100-8-42935
http://www.dobunkan.co.jp

©K. YOSHIDA & S. OHASHI　　印刷：三美印刷
Printed in Japan 2015　　　　　製本：三美印刷

ISBN978-4-495-35716-0

JCOPY 〈出版者著作権管理機構 委託出版物〉
本書の無断複製は著作権法上での例外を除き禁じられています。複製される場合は，そのつど事前に，出版者著作権管理機構(電話 03-5244-5088, FAX 03-5244-5089, e-mail: info@jcopy.or.jp)の許諾を得てください。